沖縄戦、米軍占領史を学びなおす

記憶をいかに継承するか

屋嘉比 収

世織書房

はじめに
……記憶をいかに継承するか

例年、沖縄戦が終結したとされる六月二十三日の「慰霊の日」の午後、戦没者を刻銘した平和の礎の前で、次のような情景が見られる(1)。

〈戦没者の名前を指でなぞり、祈り泣きくずれる老婆の姿〉

その周りでは、戦没者の名前の前で遺族が線香をあげながら、ごちそうの盛られた重箱とともに花やお酒が手向けられ、親、子、孫の三世代が手を合わせている。祈りが終わった後は、木陰に入り三世代そろって重箱のごちそうを食べながら、刻銘された戦没者の話が交わされる。慰霊の日の午後から夕方にかけて見られるその情景は、三世代の家族による沖縄戦の惨劇を語り継ぐ場であり、家族そして人と人との絆を織り続ける空間のようにも思われる。だが沖縄にあっても、ことはそれ程平明ではない。

かつて平和の礎を訪れるのは「参拝」か「参観」かとの議論があったが、管理団体の行政側が、宗教的施設ではないので「参観」が適切だとの表明により、議論がおさまった経緯があった。しかし、戦争を体験した老婆に代表される遺族にとっては、どこで戦死したのかもわからず、遺骨さえもない戦没者が多くいるなかで、宗教的云々とは関係なく、戦没者を慰霊する行為としての「参拝」の意味合いが強いことは明らかだ。それについては、「遺骨もなくどこで戦死したかわからないが、平和の礎に刻銘された名前の前に来ると本人に会える」という遺族の方々の発言が、そのことを明白に示している。その発言が示唆しているように、多くの遺族にとって、平和の礎がたんなる「モニュメント」としてではなく、戦没者を慰霊する「メモリアル」として位置づけられていることがわかろう(2)。

一方、平和の礎の前で戦争を体験した老婆の祈る姿を見て感銘を受けながらも、体験者が年々減少する状況のなかで、このような情景がいつまで続くのであろうかとの懸念も、正直なところ否定しえない。その情景を見ながら、もはや問題は、沖縄戦体験者側の語り手側にあるのではなく、それを継承しようとする非体験者である私たちの聞き手側にあるのではないか、と思わざるをえないのだ。

さらに、そのような危機意識のもとで沖縄戦の継承について考えると、私たち戦後世代は、非体験者であるにもかかわらず、沖縄に生まれ育ったという〈特権〉により、体験者の体験にもたれかかり、その視線で安易に語りすぎているのではないか、という自省の声が聞こえてくる。今、戦後世代の私たちに問われている緊要なことは、非体験者としての位置を自覚しながら、体験者との共同作業により沖縄戦の〈当事者性〉を、いかに獲得していくことができるかにある、と言えるのではなかろうか。

このように考えると、先の老婆の祈りの情景は、レンズのズームを拡大するように周りの光景を含めて、あらためてとらえなおす必要性があるように思う。例えば、平和の礎を指でなぞる老婆の背景に、次のような光景が目に入ってくる。その老婆の背中を支えて、老婆の思いを共有しつつも、なんともいえぬ困惑の表情を浮かべている息子／娘たち。そして、その周りを無邪気に走り回っている孫たちの存在である。そして今、レンズの焦点は、とりわけ、その老婆の背中を支えて、老婆の思いを共有しながらも、複雑な表情を浮かべている息子／娘たちの存在にこそ、合わせるべきではなかろうか。この息子／娘たちは、体験者の老婆から戦争体験を聞く立場にありながら、同時に幼い自分の子どもたちへ祖父母の体験談を伝える立場にある。私を含めたその両義的立場にある息子／娘たちの世代が、平和の尊さや沖縄戦にかんする事実認識を含め、いかに想像力を喚起することができるかが、今問われているのだ。

そのためには、戦後世代として非体験者の位置を自覚しながら、沖縄戦の〈当事者性〉を獲得していく手立てとして、少なくとも三つの視点が必要だと私は考えている。

一つは、沖縄戦の〈継承〉という論点とともに、沖縄戦の体験談を〈共有し分かち合う〉という視点の必要性である。継承という語句の語感には、一つの確定化された事実認識を世代の責務として次世代へと手渡し伝えていくというイメージがある。その沖縄戦の事実認識を、次の世代へ確実に継承していくことは非常に大事なことである。と同時に、戦後世代が沖縄戦を考えるうえで大切なことの一つは、その次世代への継承とともに、沖縄以外の戦後世代に対し非当事者の自覚をもって横に開き、体験者の語る沖縄戦の教訓を多くの人びとと共有し分かち合って〈当事者性〉を獲得する努力を行なっていくことが重要ではなかろうか。

その際、沖縄戦の語り口における変容という問題を自覚しておきたいと思う。沖縄戦の体験者の語り口における特徴として、「一人称単数」と「現在形」による語り口が指摘できよう。体験者にとって沖縄戦は、今なお三人称として客観的に語ることができない出来事であり、同時に決して終わった過去ではなく、現在形として継続している出来事である。それに対し直接的な体験をもたない非体験者においては、沖縄戦の語り口が三人称や過去形にならざるをえない側面がある。

しかし、例えばチビチリガマで体験者の話として知花昌一さんから何度か話をうかがったことがあるが、戦後世代の知花さんの語り口そのものに体験者の語り口そのままが乗り移っているかのように、一人称単数による現在形の語り口であったことが、大変印象に残っている(3)。その語り口は、知花さんが繰り返しチビチリガマの体験者から話を聞くことにより、すなわち体験者と共同作業を繰り返すことで、非体験者である知花さんが〈当事者性〉を獲得していったことの証であると感受できる。

このように非体験者が体験者の語りを繰り返し聞くことで、沖縄戦の教訓を分有しながら〈当事者性〉を獲得し、さらに外に開いて語りなおしていくあり方が現在、いろいろなところで試みられているように思われる(4)。そのような試みは、沖縄戦の継承を考えるうえで、今後ますます重要な課題となるのではなかろうか。

二つめは、沖縄人に〈なる〉という視点である。ここで言う沖縄人は、出自としてではなく、多様な定義の束としてとらえたい。仮に沖縄戦の体験者を沖縄人と規定すると、戦後世代の非体験者である私たちは沖縄人ではないということになる。沖縄人でない私たちが、沖縄戦の体験を分有しながら〈当事者性〉を獲得していくことによって、どのような沖縄人になるのか。そのことは、出自に関係なく沖縄戦の認識は広く開かれており、それをいかにとらえるかは非体験者である私たち自身に問われていることを意味する。いかにしたら戦後世代の私たちが、非体験者である非当事者性を自覚しつつ、体験者の語る沖縄戦の教訓を分有して〈当事者性〉を獲得し、沖縄戦の内実に向き合うことができるか。その問いかけは、沖縄出身者であるから沖縄戦を知っており、自分が常にその中心に位置しているとの感覚を絶えず疑う、という考え方へと自ずとつながっていくことであろう。そしてそのことは、戦後世代が沖縄戦の教訓を分有することによって、沖縄戦そのものを相対化し、アジアに対する加害の問題を考えるうえで、一つの重要な糸口となると思われる。

三つめは、沖縄戦や米軍占領下という〈大きな物語〉に対して、家族史や個人史的な視点という〈小さな物語〉から考えてみることである。戦後世代の各々の家族史や個人史的な小さな物語は、沖縄戦や米軍占領下という大きな物語を考えるうえで、重要な意義をもっている。くわえて、沖縄戦や米軍占領下という大きな歴史物語に対し、「私だったらどうするか」（岡本恵徳）という私の主体的な視点から断片をつなぎとめて、それらの問題群を考えてみることも大事だと思われるからである。したがって、ここでは、私自身の家族史や個人史的な視点を語ることから始めることにしたい。

＊

首里の士族の家に生まれた祖父は、昭和初期のソテツ地獄の際、家計の窮乏のため漁村である糸満に流れた。その息子の一人は漁師となっており、俗に言う「糸満売り」に近い境遇だった。そのような状況下で、祖父が唯一誇りえたものは、士族を表象する名乗頭（5）であった（今日の視点からすると、名乗頭は士族の男性だけに付与されており、ジェンダーや階層的問題を含んでいる）。琉球では、士族を表すために、名前の最初に名乗の頭文字が与えられており、私たちの一門は秋氏に属しているので、名前の初めに「柴（サイ）」という名乗頭が付いている。士族を表象する名乗頭が、そのような境遇のなかで、祖父のアイデンティティを支える大きな糧であったことは想像に難くない。祖父は、糸満の地で四人の男子をもうけ、全員に名乗頭の付いた名前を命名したが、そのうち二人は中国戦線と沖縄戦で兵隊として戦死した。かろうじて戦争を生き延びた私の父親とその兄は、名乗頭の名前を名乗っており、私の父親の代まで踏襲されている。

その名乗頭をもつ名前を命名するのは、沖縄の人名における一般的な特徴の一つであり、別に取り立てて取り上げる特徴だとも言えないが、その命名の背後には、糸満に流れた祖父の誇れる唯一の帰属意識としてのアイデンティティが投影されていたのだ。父親は、その名乗頭に込めた祖父の思いを重々理解していた。しかし、父の兄は自分の子どもの代にも名乗頭を付けているが、父親は私たち子どもの代に、その名乗頭の付く名前を付けなかった。父親になぜ付けなかったのかと、その理由を酒の席でいろいろと聞いたが、戦後世代の私にとって胸を衝かれた思いで心に残っているのは、次のような理由であった。

父親は本土に出稼ぎに行って十代後半で兵隊に取られたが、戦場に行く前に敗戦を迎えた。幸いにも戦場へ行く直前での敗戦により、生き延びたというわけである。だが軍隊では、若くて下の階級だったため、理不尽な理由で散々殴られた。その一つに、名前のことがあった。姓自体も「屋嘉比」という沖縄特有の難解な読みに加えて、名乗頭も読みにくく、その理由だけで何度も殴られたという。ちなみに義父も戦争のとき軍隊で散々殴られて、その影響で耳が遠くなり、今でも耳の奥にセミが住み着いたような響音に悩まされている。それは、戦争を忌避する義父の大きな一つの理由になっている。

理不尽な天皇の軍隊の論理だと言えばそれまでの話だが、その苦い思いが子どもたちをそのような境遇に合わせないための親心として、私たちの名前に名乗頭を付けなかった最大の理由だったというのだ。それが、私に「収」というヤマト風の名前が付いている理由の背景だという。しかし、名乗頭に唯一とも言えるアイデンティティを託していた祖父にとって、孫の名前に名乗頭が付かないことに納得がいくわけはなく、祖父から父親は強固に反対され、そのことで後々まで非難される一因となった。祖父からすると、私たち孫の代は改名したことと同じだと受けとめられたのだ。

以上のことは、私の名前の背後にある、ささやかな〈小さな物語〉である。日本軍の中国での虐殺や朝鮮への厳しい弾圧と差別、沖縄戦での惨劇にくらべれば、微温的でおだやかすぎる話である。それは、父親が何気ないときに語った話から、私のなかで心に残った断片を自分の意思によってつなぎ止めたものだ。その意味で、この〈小さな物語〉には父親が語った話というより、それを継承したいとする私の意思がはたらいているかもしれない。だが私は、この家族史や個人史的な観点という〈小さな物語〉から、沖縄戦という〈大きな物語〉を考え凝視するための視点として、創造（想像）的に継承したいと考えている。また自分自身も、戦争を嫌悪する義父が話す、耳の奥で鳴き響くセミの声を聞く姿勢を同じように保ち続けたいと思う。そして、その〈小さな物語〉から凝視する視点を、自分の子どもたちにも伝えたいと思っている。

＊

続けて、米軍占領下の〈大きな物語〉に対する、私の個人的な〈小さな物語〉について同じように語ってみよう。

「日本復帰」直前の一九七〇年十二月二十日の深夜のコザ市（現・沖縄市）で、沖縄の民衆による「コザ暴動」があった。最近では、それは米軍圧政下に対する反発や抗議に根ざした沖縄民衆の非暴力による抵抗であり、それは「暴動」や「騒動」などではなく、「沖縄民衆の蜂起」として呼ぶべきであるとの注目すべき意見が提起されている(6)。だが、ここでは、これまで一般的に使用されている「コザ暴動」と記すことにしたいと思う。

「コザ暴動」の直接のきっかけは米軍人車両が軍雇用員をはねた交通事故で、それを米軍憲兵が詳しく取り調べもせず被害者を放置したうえで加害者と事故車を放免したことへの民衆の反発や抗議に対して、米軍憲兵が威嚇射撃をしたため騒動になったのが起因であった(7)。しかし、さきにふれたように「コザ暴動」の主因には、米軍統治下の暴力的で理不尽な米軍圧政に対する、沖縄住民の反発と抵抗が背景にあった。

この「コザ暴動」の要因の一つには、その約二週間前に米軍事法廷で糸満の轢殺事件の加害者の米軍曹が、証拠不十分で無罪になったことへの沖縄民衆の反発が存在した。そのため、加害者を放免した米軍憲兵に対し、民衆のなかで叫ばれた「糸満の轢殺事件の二の舞を繰り返すな」という認識が共有されていたことが大きな要因となったのだ。その糸満の轢殺事件とは、酒酔いスピード違反の米軍曹の運転する車が、歩道を歩いていた女性をひき殺した事件のことである。

当時中学生だった私は、事故発生からしばらくたった後、自宅からさほど遠くない現場に行って、遠巻きに見た情景を今でも鮮明に記憶している。米軍曹の乗用車が住民に取り囲まれ、事故発生からしばらく経っていたにもかかわらず、多くの住民が現場から離れることもなく、群衆と化した住民からは強い怒りの声と騒然とした雰囲気が高まっていた。その情況は、中学生だった私にも、群衆の高進していく怒りの声とともに、それとは対照的な米軍占領下の理不尽な現実へのやり場のない深い絶望感のようなものも同時に感じられた不思議な雰囲気だった。さらにその後、被害者が私の同級生の母親であったことを知り、ことさら事故の衝撃が自分の内で大きく広がっていったことが思い出される。

この事件は、米軍基地に隣接しない沖縄本島南部の漁村の日常生活のなかで、私の経験した米軍統治下における鉛のような重苦しさを感じた事件であり、私の記憶においても強く印象に残っている出来事である。そして、その事件の記憶は、さきにふれた米軍占領下における大きな事件となった「コザ暴動」へとつながっていて、私のなかで小さな物語として存在している。

さらにその後、この糸満の轢殺事件が、沖縄戦体験者のなかで、沖縄戦における惨状の記憶と重ねて想起されていることを知り、あらためて強い衝撃を受けた。それは、『仲宗根政善日記』のなかでの糸満轢殺事件の無罪判決とコザ暴動に言及した記述である。「ひめゆり学徒」を引率した仲宗根は、米軍法廷で糸満轢殺事件が無罪になったことが沖縄民衆の怒りを呼び、その後のコザ暴動の要因になった点を的確に指摘しながら、糸満轢殺事件について次のように記している。

> 轢殺犯人の無罪に抗議する沖縄県民の意識の中には戦争体験の核があるからなのだ。糸満町の街路上に轢殺されたよこたわる金城トヨさんの屍は、沖縄戦の残虐性を想起させる(8)。

その日記で仲宗根は、米兵による金城トヨさんの轢殺事件から「沖縄戦の残虐性を想起」し、その県民の抗議の背景に「戦争体験の核」があることを指摘している。そこでは、糸満轢殺事件に沖縄戦の惨劇が重ねられ、沖縄戦の記憶が想起されており、印象的である。その米軍占領下の事件から沖縄戦を想起するあり方は、戦後世代の私には思いもよらぬ視点ということもあって、あらためて胸を衝かれる思いがした。しかしよくよく考えてみると、その日記の記述は、糸満轢殺事件から沖縄戦の体験を想起する、仲宗根自身の私的記憶の連鎖について語っているとも解釈することができ、納得できる。

私たちは、沖縄戦後史を学ぶとき、知識では沖縄戦とのつながりを理解していても、一般的には沖縄戦と、その後の米軍占領下の時期とを分けて扱っている場合が少なくない。実際、研究が進展し深化するにともない、研究領域や対象時期はより細分化され限定されるようになり、そのため両者の研究課題は別の領域として扱われるのが一般的である。しかし、その二つの時代を生きてきた当事者にとって、その記憶のつながりを想起するあり方はごく自然なことであり当然なことだ。その記憶の連鎖の想起は、仲宗根だけでなく沖縄戦の体験者にとって、ほとんど共通する志向性だと言えるのではなかろうか。

仲宗根が、米軍占領下の事件から沖縄戦の体験の記憶を想起したように、ある出来事からどのような記憶を想起し、その断片をどうつなげていくかは非常に重要な意味をもっている。果たして戦後世代の私たちは、同時代の出来事から、沖縄戦や米軍占領下の出来事へと連なる記憶の連鎖をどのようにたぐり寄せることができるのか。それは私たちに課された重要な課題の一つだと言えるように思う。

これまで記したように、そこには自らの私的記憶という〈小さな物語〉から、沖縄戦や米軍占領下の事件という〈大きな物語〉へとつなげて、それらの記憶の断片を想起し重ねて考えるあり方が見られよう。そのような記憶の想起のあり方は、沖縄戦や米軍占領下を考えるうえで、決して手放してはならない視点であると私は考える。それは、客観的な事実認識の継承とともに、前述したような戦後世代の非体験者が記憶の断片をつなぎとめながら、「私だったらどうするか」という想像力を介した〈当事者性〉を拡張し獲得しようとする視点へとつながるものである。

＊

本書に収録された文章は、沖縄における現実的な課題から問いかけられ、米軍占領下や沖縄戦にさかのぼり、それに対して自分なりに学びなおし応えようとして書かれた論考が大部分である。したがって、沖縄戦や米軍占領下の歴史について系統的に書かれた論考であるとは言い難い。これまで論じられた沖縄戦や米軍占領下の歴史に対する系統的な分析というよりは、むしろその枠組みや視点を自分なりに押し広げたいという志向性をもって書かれた文章である。その意味で、沖縄戦や米軍占領下の歴史について、自らの視点で「学びなおす」というところに力点があり、表題もそのような理由によって名付けられた。「継承」するとは、「学びなおす」ということではなかろうか(9)。

本書の内容は、沖縄戦と米軍占領下という二部に区分けされているが、それは便宜的に分けただけであり、両者をとらえる歴史認識や問題意識は連続したものと考えている。

第一部では沖縄戦の領域を論じている。第一章から第三章までは、沖縄戦の実相における実証的な分析とその事実認識とともに、非体験者として沖縄戦をどのように考えるかという問題意識を背景にして考察した論文である。第四章から第九章までは、沖縄戦の諸相を考える認識枠組みや視点を自分なりに考えて論じた文章が中心である。

第二部では米軍占領下の歴史について論じている。第十章は、戦前、戦後を貫く植民地主義の暴力と、戦場、占領、復興の重層的関係を論じた論考、第十一章は、地域住民が日常生活で自由に越境していた国境線が、ある歴史的事件によって強圧的に国境線が顕現し一変するあり方を論じた論文である。第十二章は、戦後沖縄における高度経済成長について、二つの相異なる対位的物語から論じた論文、第十三章は、米軍占領下の混沌とした時代を越境していた複数の沖縄の主体について論じた論文である。

本書に収録されたそれらの文章は、これまで論じられることのなかった枠組みや視点から、自分なりに学びなおしながら考察して、新たな視点を提起しようとの意気込みで書かれた諸論考である。ご一読いただけたら幸いである。

沖縄戦、米軍占領史を学びなおす

目　　　次

11■233 「国境」の顕現
……沖縄与那国の密貿易終息の背景

12■265 米軍統治下における沖縄の高度経済成長
……二つの対位的物語

沖縄戦、米軍占領史を学びなおす

■ ■ ■ ■ ■ ■ ■ ■ ■ ■ ■ ■ ■ ■

I　沖縄戦を学びなおす

1 戦後世代が沖縄戦の当事者となる試み

沖縄戦地域史研究の変遷、「集団自決」、「強制的集団自殺」

はじめに

二〇〇〇年五月に歴史学と文学の二つの学会で「戦争の記憶」にかんするシンポジウムが開催された。歴史学研究会主催の「記憶の意味——コメモレイション（記念・顕彰行為）と現代」では、沖縄戦研究者の石原昌家氏が沖縄戦の記憶について、「戦争を記憶しつづけることの意味」という報告をしている（歴史学研究会・二〇〇〇）。日本近代文学会では、「戦争の記憶」という表題で、社会学の上野千鶴子氏や歴史学の成田龍一氏らを招いて文学研究者を交えたシンポジウムが開催されている（日本近代文学会・二〇〇〇）。この両者のシンポジウムのテーマや内容は、「戦争の記憶」にかんする両学会の関心の志向性がうかがえてたいへん興味深い。

そのなかで、日本近代文学会における成田龍一氏の「戦争と記憶、一九七〇年前後」という報告はとくに刺激的な内容となっている。成田氏は、この報告のなかで十五年戦争にかんする戦後の言説を分析して、戦争の「体験」・「証言」・「記憶」が三位一体として、その関係が時系列に変化していることに言及している。五〇年代から六〇年代には、兵士として戦争を「体験」した人びとにより作戦レベルや戦闘レベルから戦争の記憶が語られ、それらの語りは防衛庁（現・防衛省）戦史室の『戦史叢書』に集大成される。六〇年代後半には、トポスに集約された「庶民の証言」として沖縄の地上戦や広島・長崎の原爆体験、さらに東京大空襲の非戦闘員の被害の証言、戦地や銃後での加害や被害者体験が語られ、それらの証言の「事実性」が論議の対象になった。そして、七〇年前後の時期に戦争と記憶の語り方で大きな影響を及ぼしたのは、歴史学の家永三郎氏の『太平洋戦争』（一九六六年）であった。

成田氏によると、家永氏の『太平洋戦争』は、実証性を重視して軍や国家の膨大な資料を用い、それに新聞や手記や日記、そしてオーラルな証言を駆使して叙述されており、十五年戦争にかんする政府の公式記録の『戦史叢書』に対抗する、庶民・国民の生活体験の「証言」を折り込んだ作品の位置を担うことになったと言う。さらに注目すべき点は、庶民・国民の生活体験の証言が、その作品により実証的で「綿密に科学的な太平洋戦争史」を標榜した家永氏の歴史家の語りの文脈に位置付けられたため、その基準によって戦争と記憶の語りのなかで「証言の認知と証言の疎外」がなされ、その後のマスター・ナラティブの形成に大きな影響力を及ぼしたことが指摘されている点である。

そして九〇年代以降の「記憶の時代」になると、七〇年前後に家永氏の『太平洋戦争』によって形成されたマスター・ナラティブの書き換えや点検がなされ、戦争の論じ方の再検討や展開が行なわれている点も言及されている（成田・二〇〇〇）。この成田氏の指摘は、戦後日本の「戦争像の系譜」の分析（成田・二〇〇五）だけでなく、沖縄戦の記憶の語りにおける変遷を考えるうえでも、非常に興味深く示唆的である。

以下、この論考では成田氏の示唆を踏まえて、前半の三節では戦後沖縄における沖縄戦の語りの変遷についてふれながら、八〇年代以降に形成された沖縄戦の語りにおけるマスター・ナラティブの内容について言及し、さらに九〇年代後半以降にそれから疎外された問題を新たな視点や手法によって提起している試みについて論及する。そして、後半の二節では、具体的な事例として争点となっている「集団自決」について、教科書検定の経緯や法廷闘争での新たな概念構築の問題、非体験者としてどのようにアプローチするかという問題を中心に論じることにしたい。

1　沖縄戦後史と沖縄戦関係刊行物

まずは、掲載している資料(1)の図表と資料(2)の目録をご覧いただきたい（資料(2)は抄録とあるように資料の一部を私のほうで要約したものである）。いずれも沖縄戦研究者の吉浜忍氏の論考（吉浜・二〇〇〇）からの引用である。資料(1)の図表は、横軸には一九四六年から一九九九年までの沖縄戦後史の重要な出来事を、縦軸には各時期の沖縄戦関係刊行物数と県内市町村字（字は沖縄での地域共同体の基礎単位）史

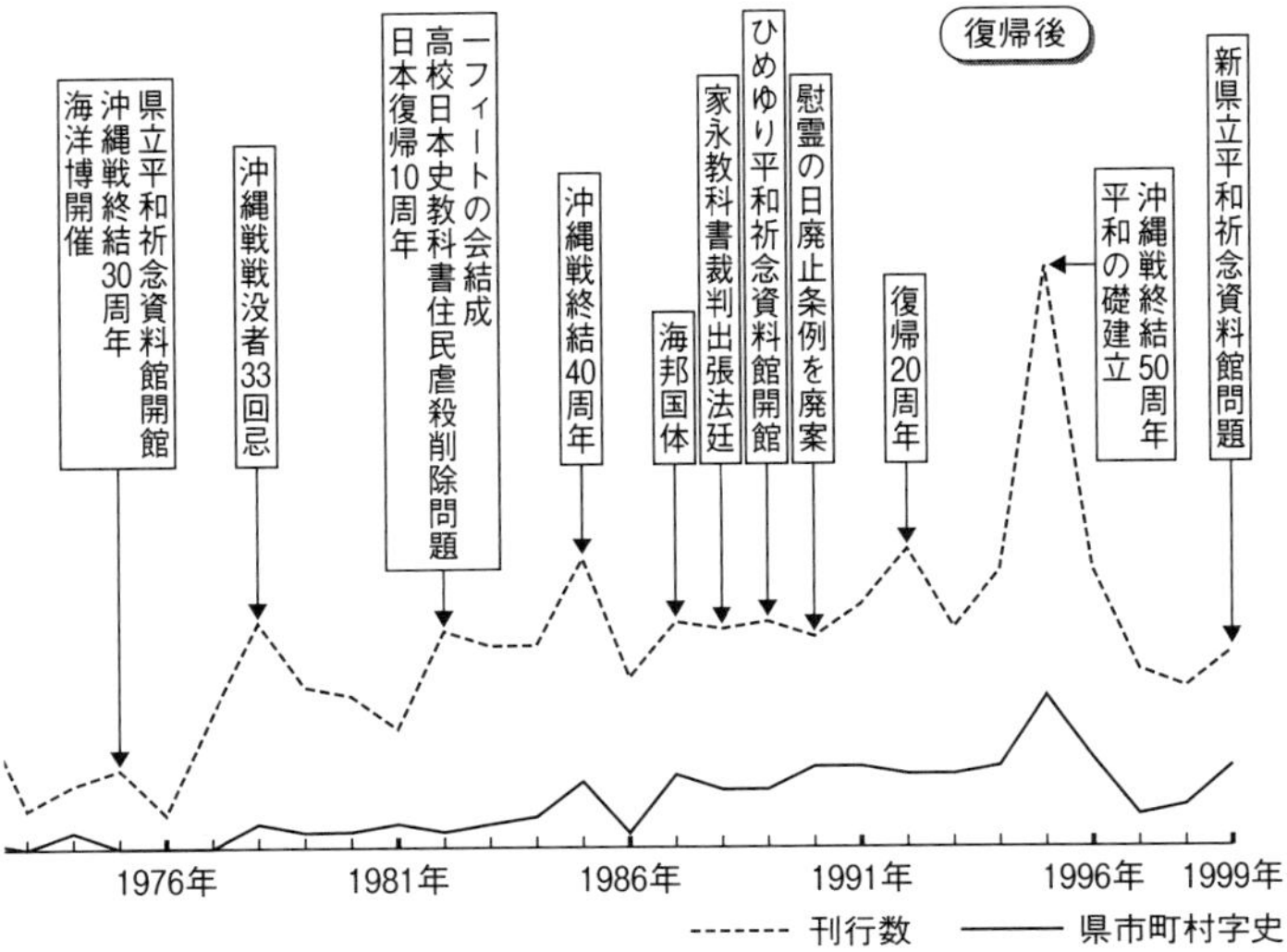

の点数を示し、折れ線グラフにまとめたものである。この図表を一瞥すると、沖縄戦関係刊行物数は一九九九年まで七七五冊が確認されており、沖縄戦関係刊行物数の推移が沖縄戦後史の節目の出来事に連動していることがわかろう。具体的には、一九七二年の日本復帰、七八年の沖縄戦戦没者三十三回忌（の翌年）、八五年の沖縄戦終結四十周年、平和の礎が建立された九五年の沖縄戦終結五十周年の節目の年に刊行数が増大していることが確認できる。くわえて、刊行点数を見ると、七二年の復帰以前(1)よりも、復帰以降が増大していることがわかる。とくに、沖縄での死生観において死んでも地上で生者の身近にいた死者がニライカナイへいくとされる三十三回忌を節目の転機として、一般の庶民の間でも沖縄戦での証言が多く語られるようになった七八年以降に刊行点数が増大していることが指摘できる。さらに、その刊行

資料(1)　沖縄戦後史と沖縄戦刊行物数

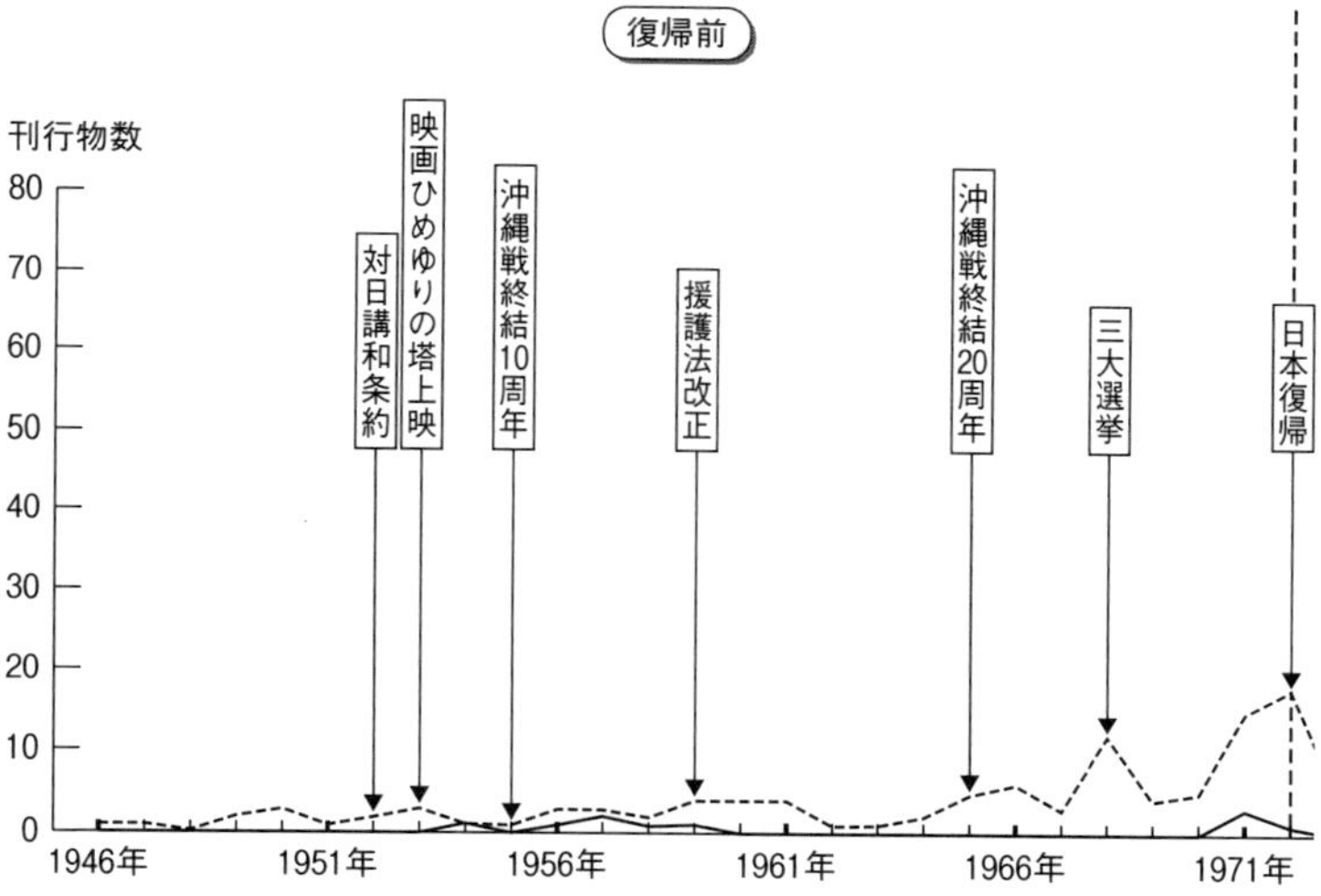

点数の推移は、沖縄戦終結何十周年という節目の年に増えているように、現実の出来事や課題の提起との関係で、沖縄戦が想起されるという事実を示している。

次頁の資料(2)は、各時期に刊行された代表的な沖縄戦関係刊行物の目録である。①の敗戦から一九五〇年代は、沖縄戦に従軍した本土在住の執筆者による体験記録が多く、軍隊の動向を基盤にした軍事作戦の叙述が中心であった。他方、沖縄側から行政による援護法に関係する報告書『沖縄戦における学徒従軍記』『沖縄戦戦闘概況』なども刊行されている。またこの時期に、ひめゆり学徒の手記を集めた『沖縄の悲劇——姫百合の塔をめぐる人々の手記』と、最初の沖縄戦にかんする住民体験記録集である『鉄の暴風』が発刊されたことも特筆されよう。②の一九六〇年代は、旧日本軍の戦闘記録にかんする著作の刊行が中心であっ

資料（2） 沖縄戦関係年代別代表的出版物目録（抄録）

① 1940年代～1950年代　本土在住作家・軍部作戦中心
『沖縄の最後』『沖縄俘虜記』
援護法目的の報告書『沖縄戦における学徒従軍記』『沖縄戦戦闘概況』
沖縄タイムス社『鉄の暴風』（1950）最初の沖縄住民証言による戦記
『沖縄の悲劇　姫百合の塔をめぐる人々の手記』『沖縄健児隊』

② 1960年代　旧日本軍の戦闘記録の刊行物が中心
防衛庁戦史室『沖縄方面陸軍作戦』『沖縄方面海軍作戦』（1968）
元第32軍参謀　神直道『沖縄かく潰滅す』（1967）
第３遊撃隊関係者　護郷隊編纂委員会『護郷隊』（1968）
元県庁職員　浦崎純『消えた沖縄県』（1965）

③ 1970年代　行政機関による沖縄戦体験記録の発刊
沖縄県『沖縄縣史　沖縄戦記録１』（1971）『沖縄戦通史』（1971）
『沖縄縣史　沖縄戦記録２』（1974）
那覇市『那覇市史　戦時記録』（1974）

曾野綾子『ある神話の背景　沖縄・渡嘉敷島の集団自決』（1973）
同小説『生贄の島』（1970）同小説『切りとられた時間』（1971）

④ 1980年代～1990年代　多種多様なジャンルでの刊行、平和学習ガイドブック
『総史　沖縄戦』（1982）『沖縄戦と教育』（1982）『水筒』（1984）
『歩く・みる・考える沖縄　戦跡・基地ガイドブック』（1988）
『宮古の戦争と平和を歩く』（1982）『八重山の戦争』（1982）
『沖縄戦の実相　家永教科書裁判５』（1990）

⑤ 1970年代以降の市町村史誌における沖縄戦体験記録の発刊
『本部町史』（1979）『宜野湾市史』（1982）『浦添市史』（1984）
『西原町史』（1987）『宜野座村史』（1987）『座間味村史』（1989）
『渡嘉敷村史』（1990）『北谷町史』（1992）『糸満市史』（1998）
『マラリア史料集成』（1989）『インヌミ　50年目の証言』（1995）
『与那原町の学童疎開　疎開関係目録』（1997）

（出典）吉浜忍「沖縄戦後史にみる沖縄戦関係刊行物の傾向」『沖縄県史料編集室紀要』第25号、2000年。

た。代表的著作は防衛庁戦史室編集による『沖縄方面陸軍作戦』『沖縄方面海軍作戦』の刊行であり、沖縄戦に従軍した第三十二軍参謀の上級兵士による『沖縄かく潰滅す』、第三遊撃隊関係者による『護郷隊』なども刊行されている。③の一九七〇年代では、自治体による県史や市町村史の一環として地域住民の沖縄戦体験記録集の発刊が始まったのが特徴である。七〇年代前半の『沖縄縣史』の沖縄戦記録集1、2の刊行や『那覇市史』の戦時体験記録集の発刊が、市町村史における住民の沖縄戦体験記録集の嚆矢となった。その成果を踏まえて、八〇年代以降では県内市町村史における地域住民の沖縄戦体験記録集の刊行が相次ぐことになる。次節で論及するように、この市町村史によって確立された「悉皆調査」という戦争体験記録の編集方法は、沖縄戦を記録、編集し研究するさいのマスター・ナラティブの位置を占めるようになる。

④の八〇年代から九〇年代では、市町村史の刊行と並行して、沖縄戦にかんして多様なジャンルにおけるさまざまな企画や表現手段による書物の刊行がなされた。例えば、八〇年代から盛んになった沖縄戦や平和学習のためのガイドブック『歩く・みる・考える沖縄——戦跡・基地ガイドブック』や『観光コースでない沖縄』の刊行など、それらと同様な試みはのちに宮古、八重山でも編集され刊行された。また、『水筒』などの劇画による沖縄戦関係著作の刊行は、若い世代への沖縄戦学習のための身近な表現手段による試みだったと言えよう。他方、沖縄戦の認識に大きな影響を与えた教科書検定にかんする出来事で、家永教科書裁判で争われた沖縄戦認識と記述にかんする裁判記録『沖縄戦の実相——家永・教科書裁判第三次訴訟地裁編5』『沖縄戦・草莽隊・教育現場——家永・教科書裁判第三次訴訟高裁編

3』などの基本文献も発刊された。今日から考えると、教科書検定問題や家永教科書裁判が、沖縄戦研究に与えた影響はきわめて大きかったことが指摘できる。それらのことからも教科書問題などの現実の課題に向き合うことで、沖縄のなかで沖縄戦が見直され「再発見」されている経過がわかる。このように資料(2)の目録を見れば、沖縄戦関係著作物の刊行と時代状況との関係性や、沖縄戦関係著作物の刊行における各時期の特徴や変遷がわかりやすく理解できる。

2　沖縄戦の語りにおけるマスター・ナラティブの形成——市町村史の意義

前節でふれたように、市町村史の沖縄戦体験記録集では、一九七〇年代の『沖縄縣史』や『那覇市史』の刊行が画期をなした。沖縄県史における沖縄戦記録集1、2は、七一年、七四年に発刊されたが、ほぼ十年前の六三年には県史発刊事業の編集審議会が設置され、六五年に住民側の戦争体験記録を主に編集すべきだという方針が決まり、六七年から個人体験記および座談会記録の収録作業が始まった。この時期には、とくに沖縄戦記録1での編集構成の中心だった地域ごとの座談会記録に対して、資料的価値がないので補足や傍証にすべきだとの批判的な意見が、編集委員会内部においても提起されていたという。次の沖縄戦記録2では、体験者からの聞き取りが基調となるが、「あくまでも事実の発掘と正確な記録を第一義的」とすることが強調され、聞き取り記録をする者に対して「真偽・虚実の判定役として体験者に向き合うこと」が求められていた（鳥山・二〇〇六、四〇〇〜四〇二頁）。

また、那覇市史における「戦時記録」(一九七四年)でも、公募による体験者自身の記録、編集記録委員による聞き書き、体験者の座談会記録などの編集内容で、県史の編集方針とともに証言の事実性や客観性が重視されており、その後の市町村史の戦争体験記録の編集に大きな影響を及ぼした。さらに、那覇市史に見られる戦争体験記録の運動の方向性は、七〇年前後に日本本土で興隆した「空襲記録」運動と軌を一にしていると指摘されている(石原・一九八六、二四四頁)。以上のことを踏まえたうえで、ここで強調したいのは、沖縄県史、那覇市史ともに歴史学における文書記録重視に基づいて、聞き取り調査においても事実性や客観性が重視されており、戦後歴史学の強い影響下で沖縄戦における聞き取り調査が行なわれていた事実が確認できる点である。

そのような沖縄県史や那覇市史の沖縄戦体験記録の編集成果に影響され、七〇年代後半から八〇年代、九〇年代にかけて県内市町村のほとんどにおいて市町村史編集室が設置され、沖縄戦体験記録集の編纂作業が精力的に推進されるようになる。その成果の最初は、『宜野湾市史』(一九八二年)として刊行された戦争体験記録集である。それは、その後の市町村史編集において市民の公募原稿や体験の聞き取り記録、各字の戦災情況の記録などの内容により、沖縄戦体験記録が市町村史の一巻を占めた最初の発刊となった。そして、沖縄戦体験記録集の編集において画期的な編集方針と内容を提示したのが、一九八四年に発刊された『浦添市史』であった。その編集方針や内容は「浦添方式」と称され、後続の市町村史編集に圧倒的な影響を及ぼすことになった。その浦添市史の刊行以降、沖縄戦の巻の編集方針として以下の三つの視点が踏襲されるようになる。一つは悉皆調査に象徴される実証的科学的な分析、二つは軍隊ではなく民衆の視点、三つは証言の比較検証による事実性と客観性の追及、である。その三点の視点が浦添市史の戦争体験記録で確立されたが、とくに悉皆調査という調査手法は画期的で後続の市町村史編集に決定的な影響を与えた。

悉皆調査とは、市町村内の戦時期の字集落と戸数や家族数を復元し、調査表に基づいた聞き取り調査により集落全戸の戦災情況を明らかにすることである。浦添市の悉皆調査には四年間の年月が費やされ、調査員として沖縄戦研究者の石原昌家氏のゼミ学生たち延べ四十三名が、夏休みの時期を中心に約一〇〇〇人余りの体験者に聞き取り調査を行なっている。また、この悉皆調査が形成された背景には、「沖縄民話の会」の学生たちによる古老からの民話採取の作業があり、それにならい「戦争体験記録を一定の『データ』化すべく提起されたのが『戦災実態調査』」だったと指摘されている。その悉皆調査の成果は、市史のなかに浦添市内の十八の字集落の戦災地図と戦災実態調査表として掲載されている。その調査によって、浦添市の戦没者数が、これまで県援護課の公式数であった三、九二五人を上回って、四、一一二人であることが明らかになった（田里・一九九四、三八五〜三九四頁）。

しかし、浦添市史の悉皆調査の試みは画期的な意義をもたらしたが、その過程でいくつかの課題や問題点も浮き彫りになった。前述したように、悉皆調査は調査表に基づいた聞き取り調査により集落全戸の戦災情況を明らかにすることを目的としたが、戦後の基地拡張や開発による集落の消失や移動などにともない、各集落の戦災情報の相違や聞き手側の知識などの要因により、聞き取り調査の密度の濃淡が明らかとなった。聞き取り調査の調査員は大学生たちが担ったが、浦添市出身以外の若い学生がほとんどであり、当時の浦添の集落の情況や戦闘状況を十分に理解しないまま調査表を機械的に埋めるような聞き取り調査も少なくなく、それによる調査の濃淡が浮かび上がったという。そのため、後続の市町村史では浦添市史の悉皆調査の成果を受けて、次の課題として悉皆調査の手法や調査の中身があらためて編集上の問題点として浮上することになった。

その浦添市の成果と課題を受け継ぎ、いくつかの工夫により悉皆調査の精度をより高めたのは、一九八七年に刊行された『西原町史』の戦争記録編である。西原町史は悉皆調査の精度を高めるため、学生だけでなく、各字に地元出身の戦争体験者を調査員として関与させ、聞き取り調査の精度の進展をはかった。地元で生まれ育ち地元の歴史や文化をよく知っている戦争体験者が、インフォーマントとしてだけでなく、聞き取り調査の調査員として深く関わることにより、調査票の精度はより詳しいものとなった。

さらに、各字ごとの悉皆調査という手法を受け継ぎながら、悉皆調査の精度を深めていくあり方とは別に、地元の戦争体験を、地元出身の高校生や大学生が主体となって継承することを重視した沖縄戦体験記録の編集を行なったのが南風原町史である。南風原町史は各字ごとの悉皆調査を一九八三年から始め、町内十四字の沖縄戦体験記録を毎年一字ずつ刊行して一九九六年に終了し、そのまとめとして『南風原が語る沖縄戦』(一九九九年)を発刊している。その編集方針は、地元の戦争体験を地元在住の若者たちが学び継承することを重視して、町内各字の戦争体験記録を一年ごとにまとめる編集手法が取られ、市町村史の沖縄戦体験記録の編集のあり方に一石を投じるものであった。それら南風原町の試みは、その後町内に存在する陸軍病院壕を条例により戦争遺跡として指定して、戦争遺跡というモノを通じて沖縄戦の継承につなげる試みへと連動している。

沖縄では、戦後五十周年の節目の年に「平和の礎」が建立されたが、それに合わせて各市町村では戦没者基礎調査が推進され、その結果、新たな戦没者数が明らかになった。その戦没者基礎調査の進展を踏まえて、市町村史の戦争体験記録における悉皆調査の精度は一段と深まっていった。具体的には、悉皆調査における調査記録票の記述項目が増えて、より詳細な調査になった点である。一九九八年と二〇〇〇年に刊行された『糸満市史』の戦時資料編（上・下）では、南部激戦地で一家全滅の多い地域ということもあって、調査項目で家族の所在地や戦没地の確認などの精緻化が図られ、それを基に図表による系統的な分析が提示されている。

そして、沖縄県内の市町村史の戦争体験記録集の最高水準を示したのが二〇〇二年と二〇〇四年に発刊された『読谷村史』における戦時記録編（上・下）である。読谷村史では上巻付録別冊で悉皆調査の成果に基づいた村内二十二字の「読谷山村の各字戦時概況図及び屋号等一覧表」が刊行されている。その悉皆調査には、体験談話者二十二字四九九人、村外県外関係者五九人で延べ五五八人が証言をしており、戦時体験・戦災実態調査の調査員として各字から七～八人以上の体験者を中心に二五五人の方々が調査に関与したことが記されている。とくに、調査員として各字から体験者を中心に二五五人が関与したことで調査の精度を一段と高めたことが特筆される。一九八八年から十四年の歳月をかけて地道な聞き取り調査によってまとめられた労作で、読谷から県北部への避難者数と避難経路や避難地などが明らかになっており、調査票項目も三三項目にも及び、聞き取り調査の精度の高さが際立っている。また、二〇〇五年には『具志川市史』戦時体験（Ⅰ・Ⅱ）と戦時記録の三巻本も刊行されており、読谷村の戦時記録編とともに、現在沖縄の市町村史における戦時体験記録編の双璧をなしている。

このように代表的な市町村史に言及する形で、沖縄における市町村史戦争体験記録集の変遷を見てきたが、浦添市史の悉皆調査を画期として、後続の市町村史はその問題点や課題を踏まえて新たな視点や工夫を加えることで、戦争体験記録集の深化と進展を図ってきたことが確認されよう。そして、前述した悉皆調査や民衆の視点、証言の比較検証による客観性の追及などの市町村史に体現された編集の方針や手法は、八〇年代以降の沖縄戦研究におけるマスター・ナラティブを形成していったのである。そして、その編集の方針や視点は、戦後歴史学の手法や価値観に依拠しており、その成果を踏まえたものであった。そのことも含めて、八〇年代の沖縄では市町村史の興隆をふまえ「地域史の時代」と称されており、沖縄研究の進展に市町村史が大きな役割を果たし、とくに沖縄戦研究に多大な貢献をもたらした点は特筆されよう。しかし、市町村史において築かれた沖縄戦研究のマスター・ナラティブの果たした役割は大きかったが、そこに組み込まれず排除された問題や課題も徐々に明らかになってきた。それを受けて九〇年代後半以降には、マスター・ナラティブの成果を踏まえながらも、そこで疎外され排除された問題や課題にさまざまに取り組む試みが提起されてくる。

さらに、八〇年代後半には市町村史の基盤にある字誌が、全県的に興隆していく時期となり（中村・一九九一）、その字誌編集を通して学んだ課題や問題点を乗り越えようとする試みもいくつか提起されている。具体的には、読谷村楚辺誌の編集を通じ、そこで感じた問題点を乗り越えて、文字記録とは別に、映像表現において沖縄戦体験者の記録を押し進めている「島クトゥバで語る戦世」の試みがあるが、これについては次節にて言及する。また、さきにふれたように遺跡による沖縄戦の継承として、南風原町は全国初の町条例により村内の陸軍病院壕を文化財に指定し、戦争遺跡保存全国シンポジウムを開催するなど「南風原町陸軍病院壕」として整備し二〇〇七年に公開している。そのような企ては、八〇年代以降の沖縄戦研究のマスター・ナラティブを継承しながら、それを検証しさらに進展させる試みだと位置付けられよう。

3　九〇年代以降の沖縄戦の語りの再検討
──「証言すること」の再検討＝「島クトゥバで語る戦世」の試み

第1節で言及したように、沖縄での一般住民による戦争体験の証言は、いくつかの例外を除いて、戦後すぐに始まったわけではない。一般住民のなかで多くの証言が公けに語られるようになるのは、いくつかの先例はあるが主として復帰以後で、沖縄戦から三十三回忌が過ぎた一九七八年以降に多く広がっていった。しかし、体験者は年々減少しており、現在、人口構成においても全体の二割をきっており、ある推計によると二〇一八年には証言できる体験者は一人もいなくなるという指摘もある（『沖縄タイムス』二〇〇三年六月十七日）。そのような状況下でも、焦燥感や危機感により自らの戦争体験を証言するようになった方々が少しずつ増えているとはいえ、体験者のなかにはいまなお証言を拒む人びとも多数いる。しかし、二〇〇七年の教科書検定問題への危機感により、六十数年を経てようやく沖縄戦の体験を語るようになった人びとも少なくない（沖縄タイムス社編・二〇〇八）。沖縄戦の体験者にとって、証言録という文字記録の領域でさえこのような情況なのであり、ましてやカメラの前で顔を出して証言するのはごく限られた人びとであって、沖縄でビデオによる戦争体験者の証言記録の編集が行なわれたこの十年近くのことだと言えよう。

ビデオによる戦争体験者の証言記録の採録と公開は、行政機関との関わりで言うと、二〇〇〇年四月に開館した沖縄県新平和祈念資料館が最初であった（視点はまったく違うが、映像記憶という点で言うと、一九八三年以降の一フィート運動の影響も指摘されよう）。旧平和祈念資料館では、改装された一九七八年に住民証言録という文字記録の展示スペースが初めて設けられたが（中山・一九七七、一〇五～一一一頁）、証言ビデオブースが設置されたのは新平和祈念資料館が初めてであった。新平和祈念資料館によると、現在公開している戦争体験証言ビデオは五三二件の証言テープで、その一部は貸し出しされている。また、ひめゆり平和祈念資料館も二〇〇四年四月のリニューアルの際に、ビデオブースが設置され、ひめゆり学徒の語り部二十二人の証言ビデオが見られるようになっている。そのような証言ビデオの採録と公開の動きとは別に、戦争体験者の証言をビデオに撮ることの重要性を認識し、行政機関に頼ることなく独自で「琉球弧を記録する会」を結成し「島クトゥバで語る戦世」のプロジェクトを立ち上げ推進しているのが、読谷村楚辺区在住の写真家の比嘉豊光氏と村山友江氏らであった。

その背景には、比嘉と村山が、戦後、米軍によって基地建設と拡充にともない私有地や字地を強制収用され、字ごと集団移転を余儀なくされた読谷村楚辺集落の字誌『楚辺誌』の編集作業を担った経験が大きかった。楚辺誌では「戦争編」（一九九二年）と「民俗編」（二〇〇一年）が刊行されているが、両書はいずれも七〇〇頁と九〇〇頁の大冊で、その内容と収録された貴重な写真も含めて沖縄ではもっともすぐれた字誌の一つだと評価されている。比嘉と村山は、楚辺誌の編集実務を担当することで、その編集作業の過程のなかから多くのことを学んだ。

前節でふれたように、沖縄は、全国的に見ても有数な市町村史の盛んな地域の一つであり、とくに必ず一巻として割り当てられている沖縄戦の戦争体験記録集では、その前に刊行された戦争体験記録集の成果を踏まえて、調査手法や記述内容など編集作業の深化、進展がなされた。八四年に浦添市史の戦争体験記録編（第四巻）において、初めて各集落全戸の悉皆調査に基づいた戦争体験記録編が刊行されたが、楚辺誌はその悉皆調査の編集手法を受け継ぎ、さらに聞き取り調査において楚辺地区の地域住民を主体にした編集態勢を組織して、調査の精度をより進展させ拡充をはかった。

比嘉と村山は、その楚辺誌の編集作業での具体的試みとして、戦争体験者である地域のお年寄りを巻き込んで、彼／彼女らが中心になって聞き取り調査を行なうかたちで編集作業を進めた。その作業過程では、楚辺で生まれ育った戦争体験者であるお年寄りが証言者となり、また別の場面では聞き取り者となって、お互いの役割を入れ替えながら調査が行なわれたのである。そこでは、自ずから「島クトゥバ」（楚辺の言葉）が、会話や聞き取りの主体となった。なぜなら、沖縄戦体験者の世代にとって、「標準語」は学校教育で学んだ後で修得した言葉であり、生まれ育った母語である「島クトゥバ」が当時も今も日常の言葉として使用されているからである。聞き取り調査は島クトゥバで行なわれ、編集のさい村山が島クトゥバを標準語に翻訳し文章にまとめ、また比嘉が証言者の表情を含む聞き取りの様子を写真に撮ることで編集作業が進められた。むろん、その編集作業の過程で、他の編集員をまじえて証言の事実確認や比較検証も行なわれた。

その編集作業を通して、比嘉と村山は二つのことを発見する。一つは、聞き取り調査における「島クトゥバ」がもっている意義の発見である。それは、島クトゥバで聞き取り調査しているときは必ずしも自覚的に意識化されていたのではなく、その編集作業で島クトゥバを標準語に翻訳し文字化する過程で、事後的に認識されたものである。その過程で、証言者の島クトゥバによる語りや豊かな表情や身振りと、標準語（文字）にされた内容との落差を強く意識するようになった。そのことは、島クトゥバに代表される語り口や身振りに含まれる身体化された表情の発見でもあった。もう一つは、沖縄戦における身体化された傷痕の発見である。前述したように、比嘉は『楚辺誌』の戦争体験聞き取り調査の際に、集落のすべての証言者の表情を一人ひとり写真によって生き生きと写し撮っている。その写真のなかには、戦争で被弾して負傷した傷痕の写真も数点掲載されている。これまで刊行された字誌を含む沖縄の市町村史誌において、身体の傷痕を写した写真が収録されたことはなく、この『楚辺誌』での比嘉の試みが初めてだと言えよう。その弾痕の写真は、一見すると衝撃的で強烈な印象を与えるため、地域誌での掲載にはなじまないと考える向きもあろうが、むしろ証言者と聞き取り者との親密な信頼関係を示す証としてとらえるべきであろう。それは、証言者に対して比嘉や村山が信頼関係を築いたことによって成し遂げた結果であり、その信頼関係に基づいて撮りえた写真であることに間違いない。

さらに、証言者が身体の傷痕を開示するシーンは（楚辺誌とは別の証言者）、「島クトゥバで語る戦世」の映像においても記録されている。その映像を見て驚いたのは、二人の年配の女性が、沖縄戦の傷痕として、身体の痕跡（記憶）である弾痕を、証言の自然な流れのなかで自ら開示したことだ。これまで私は、沖縄戦の証言映像を少なからず見たが、女性が自ら身体の傷痕を開示する映像を見たのは初めてだった。一方、戦争被害を告発する他の映像で、何度か身体の傷痕をあらわにして訴える場面を見たことがあるが、そのときの映像とはまったく異なる印象をもった。「島クトゥバで語る戦世」の映像で印象的なのは、二人の年配の女性が証言の延長で、ごく自然な振る舞いとして自らの傷痕を開示していることである。

例えば、一見すると、二人の女性の映像は、対照的な映像にも感じられる。その一人の女性の映像は、その背景から証言者と聞き取り手との間で交わされる会話がかすかにもれ聞こえるが、映像には証言者の声はなく、文字による説明と背中の傷痕が映し出されるだけだ。比嘉や村山によると、事前に言葉を交わすなかで、言葉で説明するよりは証言者自らが傷痕を開示することになったという。もう一人の女性の映像は、インタビューでの聞き取り手との会話の流れのなかで、証言者が証言の延長線上で説明するために、自ら傷痕を開示する場面が映し出されている（琉球弧を記録する会・二〇〇三、七二・九六～九七頁）。そのシーンだけを見ると、両者の映像は対照的な感じがするが、インタビューの自然な流れの一場面として、証言者と聞き取り手との関係性における信頼の表情や雰囲気が、両画面からうかがえる点が共通している。その点で、島クトゥバで行なわれる証言者の戦世の語りや表情は、標準語でのやり取りとは異なって、証言者とインタビュアーとの関係性の密度を、さまざまな様態をもって浮かび上がらせる効果をもたらしている。

また、「島クトゥバで語る戦世」の映像は、観る側にとって、観るたびに喚起される場面が異なってくる。例えば、九十歳を超える老婆の証言で、次のような語りのシーンがある。戦場で逃げまわるなかで、家族のなかの七人が戦死し、やっと終戦となって屋敷に帰るとすべて家屋が破壊されており、ご飯を炊くものさえない。ようやく捨てられていた鉄カブトを拾ってきて、それにわずかの米を入れて炊いたら「アシカジャー（汗のにおい）」がしたと語って、しばらく沈黙があって老婆が無言のまま涙する場面がある。この老婆の沈黙が語る意味は深い。あるいは、夫が召集された老婆の語りで、最初は夫が召集されても全然悲しくなかったが、字から出征した兵士から戦死者が出たときから、夫は死ぬかもしれないと中国に向かって、その方向があたっているかわからないが、毎夜外に出て夫の無事を祈っていたと述べながら涙する場面（同前書、五〇・六七頁）。それらの映像場面を観て、仮に文字による証言記録であれば、私はこのように心をゆさぶられたであろうかと考えざるをえなかった。

二人の老婆の沈黙や涙のシーンは、文字記録で限られた字数で記録することは、技術的な工夫を施しても、それを十全に表象してうまく伝えることは困難をともなうように思う。さらに、「事実性」や「客観性」を重視する証言記録という観点からすると、そのようなシーンは削除されるのが一般的ではなかろうか。映像における島クトゥバの語りでは、話し手が自然に語っており、事実性や客観性を重視する映像証言とはまったく異なっている点が特徴だ(2)。

現在、沖縄戦にかんする体験証言記録を、媒体手段や言葉により分類すると、次の三つに分類できよう。一つは、文字による戦争体験記録。それは、市町村史の戦争体験記録集に代表される。二つは、映像による「標準語」での戦争体験証言記録。それは、沖縄県新平和祈念資料館の「戦争体験証言ビデオ」に代表される。三つは、映像による「島クトゥバ」での戦世の語り。それは、比嘉と村山による「島クトゥバで語る戦世」の映像に代表される。この三つの相違について検討したいが、これまで一の文字記録と二・三の映像記録との違いについてふれてきたので、ここでは二と三の映像における「標準語」と「島クトゥバ」との違いについて考察してみたい。

例えば、同じ証言者(川上雄善さん)が、「島クトゥバで語る戦世」と、新平和祈念資料館の「戦争体験証言ビデオ」で証言しているが、両者の映像が受け手に与える印象はまったく異なっている。両者の証言はほぼ同じ内容だが、前者は島クトゥバで、後者は標準語において証言がなされている。前者の映像では、カメラアングルはほぼ一定だが、ズームアップが自在になされている。映像でインタビュアーが話すのは最初の一言二言でときどき質問が入ることもあるが、島クトゥバによって、語り手が思いのままに話すことを中心においている。主導権はインタビュアーにあるのではなく、語り手にある。映像では語り手がほとんど話して聞き手の質問もほとんどなく、語り手のさまざまな表情や身振りが際立っている。後者の映像では、固定カメラで一定している。映像ではインタビュアーの質問項目に基づいて発せられる質問に対して、証言者が一つずつ標準語で答える形で進められている。聞き取りの主導権は証言者にあるのではなく、インタビュアーにある。それは、証言の事実性や客観性の正確さを何度となく証言者に問い糾すインタビュアーの姿勢に現れている。証言者は、標準語で証言するということもあって、その表情から緊張感や自然に表現しえないもどかしさが感じられ、インタビュアーの質問に答えるのが精一杯という感じである。

この両者の映像が私たちに与える印象の違いにおいて、その大きな要因となっているのは、インタビュアーとインフォーマントとの関係性に起因していると言えよう。オーラルヒストリーが、インタビュアーとインフォーマントとの相互関係による共同作業で成り立っているのは言うまでもない。その両者の関係性の密度が、オーラルヒストリーの成果の大部分を決めるといっても過言ではない。その点で「戦争体験証言ビデオ」では、証言の事実性や客観性を重視して質問項目によって標準語で質問するインタビュアーが主導権の中心を占めており、七〇年代から八〇年代の「証言」の時代を体現した聞き取り手法に基づいた映像だと言えよう。それに対して、「島クトゥバで語る戦世」の映像は、島クトゥバを母語とするインフォーマントの自然な語りが中心であり、インフォーマント自身が聞き取りの主導権を握っている。ここで重視されているのは、インフォーマントの「証言」ではなく、「語り」である(3)。そこには、インタビュアーが主導権を握っていた七〇年代から八〇年代の「証言」とは異なった、インフォーマント主導による自然な身振りを交えた「語り」がある。そのインフォーマント主導による自然な「語り」に大きな意義をもったのが、生まれ育って自然に身に付けた母語である「島クトゥバ」の役割である。「島クトゥバで語る戦世」の試みとして比嘉や村山が重視したのは、インフォーマントが自然に思いのままに語ってもらうための「島クトゥバ」がもつ役割への注視であった。

ポール・トンプソンによると、インタビューの方法には二つの代表的なアプローチがあると言う。その一つは、「客観的／対比的」アプローチで、客観的な比較資料を作成するためインタビュアーがすべての証言者に対して共通の一連の質問を行なう質問表を用いて、インフォーマントをコントロールするあり方である。このアプローチでは、「人々は、インタビュアーによってあらかじめ決定された枠組みを強制されることになり、語り手の経験を知るためにふさわしい領域についてはまったく質問されないまま終わることもある」と指摘されている。もう一つは、「ナラティブとしてのインタビュー」と称されるアプローチで、インタビュアーとインフォーマントとの間において、形式にこだわらない自然な対話があると言う。そこでは、「インタビューされる人の証言がインタビュアーの質問によって限定されていなければいないほど、よいインタビューである」と評価される（トンプソン・二〇〇二、三九二〜三九七頁）。トンプソンのいうこの二つのインタビュー方法は、二つの沖縄戦体験の映像記録である「戦争体験証言ビデオ」と「島クトゥバで語る戦世」におけるインタビューの方法の違いとしてとらえることができるのではなかろうか。

この比嘉や村山の「島クトゥバで語る戦世」の試みは、母語である島クトゥバで体験者に思いのままに語らせ、それを記録として残す、いわば体験者と戦後世代との共同作業であることが浮かび上がってくる。この映像においても、聞き手である比嘉と村山の姿勢や視点がもっている重要な意義が再確認されよう。米山リサ氏は、証言者に対する聞き手の重要性について次のように述べている。

証言者の役割、というよりも、語られている過去に聞き手がどのような態度で向きあうのか、ということなのだと思います。どのようにして、その想起のプロセスに関与してゆくのか、自ら体験していない過去を、どうやって「一緒」に思い出すのか。もともと共通の地平などない共同の想起といってもいいかもしれませんが、それが「いま」に介入する過去をつくることになるでしょう（富山編・二〇〇六、二三〇頁）。

この米山の指摘は、聞き手である比嘉と村山の姿勢や視点を言い表しているように思う。比嘉と村山の姿勢や視点は、八〇年代の市町村史の事実性や客観性を重視した戦争体験記録集を踏まえて、文字記録の編集の際に疎外され削除されてしまう、インフォーマントの島クトゥバによる表情豊かな「主観的な語り」へ着目し、それをすくい取る試みであった。それは、八〇年代の市町村史において、聞き取り調査員が主導権を握って事実性や客観性を重視した戦争体験記録集に対する批判にもなっており、自らも関わった『楚辺誌』の戦争体験記録集を乗り超える手法として考えられた映像記録の試みである。さらに比嘉や村山の試みは、映像証言として戦争体験記録を撮るという試みだけでなく、多くの人びとに沖縄戦体験記録に関心をもって観てもらうために、証言者の生活する地域での映像公開や、展示運営のあり方にもさまざまな試みや工夫を行なっている（屋嘉比・二〇〇七、二二八〜二三六頁）。

それらの試みは、これまで市町村史に主導された沖縄戦研究のマスター・ナラティブに学び、今なお試行錯誤の過程にあると言えるが、それを批判的に再検討して乗り越えようとする試みであることは疑いない。

4 「集団自決」と「強制集団死」

第1節で見たように、沖縄戦関係書物刊行に見られる沖縄戦研究の興隆は、戦後沖縄史の節目の出来事と深く関わっていた。とくに、現実の問題や課題から、沖縄戦の認識が問われ、県民のなかで沖縄戦に対する関心が高まっていったことがわかる。そのなかでも一九八二年、二〇〇七年の教科書検定問題（大城・二〇〇七、謝花・二〇〇八、世界・二〇〇八）が、沖縄戦の認識や沖縄戦研究の進展に大きな影響をあたえた点はよく知られている。ここでは、主として一九八三年の教科書検定における沖縄戦の記述の問題、とくに争点となった「集団自決」の解釈や認識について論じることから始めたい。

一九八二年夏、江口圭一氏が執筆した高校教科書の沖縄戦にかんする「戦闘員約一〇万人、民間人約二〇万人が死んだ。……また、戦闘のじゃまになるなどの理由で、約八〇〇人の沖縄県民が日本軍の手で殺害された」という記述に対して、文部省は次のような検定意見をもって四回の修正要求を行なった。①数字の根拠が確かではない。②日本軍の手で殺害されたこと自体に疑義がある。③出典の『沖縄縣史』は一級資料ではなく、回顧談や体験談であって研究書ではない、などである。文部省は、この検定意見によって、日本軍による沖縄住民の殺害の事実を否定し、その記述の削除を求めたのである(4)。

この教科書検定の様子が報道されると、沖縄県内では日本軍による沖縄住民殺害の記述削除に対して、広範な反発や抗議の声が上がり、記述の撤回運動が起こった。県内地元紙では、教科書検定での住民殺害の記述削除の経緯が明らかになった七月から九月まで、ほぼ連日にわたってこの教科書検定にかんする問題が取り上げられている。当時の地元二紙を読むと、教科書検定により現実の政治的課題が突きつけられたことで、あらためて沖縄戦に対する関心が高まり、県民が沖縄戦に向き合った経緯がよくわかる。また、地元紙も、教科書検定を批判する沖縄県民の沖縄戦に対する認識の高まりを受けて、戦争体験者への取材調査や連載記事によって、県民世論に対し積極的に応えようとしていることが確認できる(屋嘉比・二〇〇二、一五一～一五五頁)。結局、文部省は、沖縄県内の多くの反発や抗議、強い批判の声に押されて、住民殺害の事実を認め記述を復活することで事態は収まるように見られた。

しかし、文部省は検定意見として、日本軍による沖縄住民の殺害の記述を認める代わりに、住民殺害より事例数の多い「集団自決」の記述を加筆するよう強く求めた。その背景には、後述するように、文部省のなかに「住民殺害」と「集団自決」を分離して解釈しようとする強い意図が働いていた。その詳細については、この教科書検定の内容や経過をめぐり家永三郎第三次教科書訴訟として法廷のなかで争われ、沖縄戦の認識に関わる最大の争点として浮き彫りになっていく。家永第三次教科書訴訟では、いくつかの問題が争点となったが、ここでは最大の争点となった「集団自決」の認識や解釈にかんする原告(家永側)と被告(国側)との違いについて見ることにしたい。

前述したように、文部省は、日本軍の沖縄住民殺害の記述を認める代わりに、「集団自決」を追加記述するよう強く求めた。日本軍が直接手を下した「住民殺害」と、日本軍が直接手を下さなかったとする「集団自決」を区別分離し、「集団自決」は国を守るための住民たちによる「崇高な犠牲的精神の発露」だという解釈を強調するためであった。それに対して原告家永側は、「住民殺害」と「集団自決」は同質同根であり、日本軍による直接の殺害だけでなく、間接的な犠牲も含めて、両者は沖縄戦の特徴であると指摘し、「集団自決」は住民が自発的に行なったのではなく、日本軍による強制と誘導に基づくものであると批判し強く反論した。

ここで確認できるように、法廷で交わされた「集団自決」に対する認識や解釈において、多くの証言に基づき日本軍の強制と誘導によると強調する家永原告側と、住民側の自発的な犠牲的精神の発露だとする国被告側との認識に大きな違いがあることが明らかになった。それに対して、原告側は、「集団自決」は日本軍による強制と誘導によって起こった惨劇であり、国側の「集団自決」の解釈や認識との違いをより明確にして、「集団自決」が住民の自発性によって起こったという誤解を与えないために、自発性の意味をともなう「集団自決」における「自決」の語句を削除して、「集団死」という概念を提起したのであった（安仁屋・一九九〇、石原・一九九六）。この法廷での論争の過程から安仁屋政昭氏や石原昌家氏によって提起された「集団死」という語句は、家永教科書検定訴訟という文脈のなかで構築された概念として、高く評価されるべきであろう。

しかし、それは同時に、文部省の教科書検定という枠組みを前提とした「集団自決」の事実性や認識が争われた法廷闘争(5)のなかで、被告国側の見解に対する対抗言説として形成された概念であることも否定できない。すなわち、土俵は文部省の教科書検定という枠組みであり、その枠組みでの国側の見解に対する原告側の対抗言説として「集団死」という概念が構築されたのである。

そもそも、体験者たちが述べているように、自ら身を引き裂くように語った「集団自決」の惨劇の証言について、その真偽が法廷で争われること自体に、私自身も強い違和感と憤りを感じるものの一人である。つまり、法廷で「集団自決」が争われること自体が、その惨劇を生き抜いてきた体験者に対する、「法」による「法」の名を借りた「暴力」ではないのか。それは、「法外にあった者が法内へと取り込まれるさいの一種の暴力」(岡野・二〇〇二、二一四頁)であると言えよう。悲惨な体験ゆえに心のなかにしまい込んで、できたら話したくない「集団自決」の惨劇の証言を、六十数年を経て法廷で語らざるをえない体験者の心情を考えてみると、なおさらそのように思わざるをえない。

「集団自決」を法廷が裁くということは、どういうことなのだろうか。高橋哲哉氏は、一般的には法と暴力とは対立的にとらえられており、法律は人間社会において不法な暴力を抑止して取り締るものと考えられているが、このような考え方は、「法と暴力とが支配の手段としてつねに絡まりあってきた歴史をかえりみれば」、単純な理解に過ぎないと批判している(高橋・二〇〇七、ii頁)。すなわち、支配の手段として、法と暴力とが一体化をなすことがあるのはこれまでの歴史が如実に示しており(仲正・二〇〇一、三一~一九・一九一~二二〇頁)、「集団自決」の全体像は、教科書検定を争う法廷による裁きだけで解明することはできない。つまり、「集団自決」を、事実の一義性という観点から「集団自決」の事実性の解明をなすという法廷での裁きは、「集団自決」の一部を解明しているとは言えるが、その全体像を明らかにしているとは言えないのだ。

事実、「集団自決」は、さまざまな場所や状況のなかで起こっており、複合的な要因がからんでいて、その形態は一様ではない。しかし、ここで誤解のないように言明しておくが、沖縄戦研究の成果が示しているように、「集団自決」の背景には、日本軍の存在があり、日本軍による強制と誘導があったことを抜きにして論じることはできない（安仁屋・一九八九、石原・二〇〇二、林・二〇〇一）。言い換えると、多くの地域で起こった「集団自決」の実態は、それを取り巻く状況や環境によって多種多様であるが、日本軍の存在と日本軍による強制と誘導が決定的な要因であることは疑いない。

それを法廷の場において、例えば「集団自決」における「軍命の有無」の問題だけが争点として論じられ、背景にある構造的要因や状況、住民の動向や心情などがほとんど顧みられない状況に対して強い憤りを感じざるをえない。その背景には、法廷における証言の意義、すなわち証言における事実性や客観性、事実の一義性が最重要視されるあり方が根底にある。南京大虐殺事件をはじめ多くの裁判に関わり、法廷で証言した経験をもつルポライターでジャーナリストである本多勝一氏によると、「証言」の核心とはいかに正確な「事実を提示」しているかにあり、裁判の証拠として「法廷の証言になりうるか、あるいは反対尋問に耐えうるか」にあると言明している。また裁判での「事実性の検証」を重視する証言に対する認識は、歴史事実として実証するために文献史料の事実性や客観性を検証する史料批判の重要性を強調した、戦後歴史学の認識や価値観と類似している点も指摘されている（歴史学研究会・一九

八八、一二九〜一八四頁)。その意味で、本多氏が提示した法廷で証拠となる「証言」という理解は、証言の事実性や客観性を最優先する戦後歴史学の認識や価値観と同じであり、それと一体化したものであると考えられよう。

しかし、問題は、さまざまにある証言という形態が、事実性や客観性を重視した法廷における「証言」という基準により、承認された「証言」としての認知と、それから疎外される証言とが区別される点にある。でも、高橋哲哉氏が指摘するように、生き残った体験者の証言には思い違いや不整合、潤色などがあるのは普通であり、部分的に瑕疵があるからと言って、証言全体を退ける理由にはならない(高橋・一九九九、一二六頁)。むしろ問題は、その疎外され排除された証言を含めて、証言や語りについて私たちがどう考えるかにあるのではなかろうか(保苅・二〇〇四)。

例えば、沖縄戦における証言として疎外され排除された証言であるトラウマの記憶や語りえぬ記憶をいかにとらえるか。新城郁夫氏は、嶋津与志氏の『沖縄戦を考える』のなかで言及されている、デイゴの花が咲く時期になると沖縄戦を思い出してマブイ(魂)に取り付かれ、病人のように十日間も寝たきりになるという女性の証言を引用して、次のように述べている。そのような話は、客観的実証的な「証言」という基準からすると証言に値しないかもしれないが、この女性の「語ること証言することの困難さを隠さぬこうした言葉こそが、かえって、『沖縄戦の実相』にふれようとする者に研ぎ澄まされた想像力を要求し、戦争体験のない私(たち)をも対話的関係に引き込んで行く力を持っている」。さらに、「客観的事実の検証という側面だけでなく、文学を含め、実証的証言という枠組みからこぼれ落ちていくような多くの語りを包含するような、そんな沖縄戦の語りの総合的な見直しがもとめられているのではないか」と重要な指摘を行なっている（新城・一九九九、六〇～六一頁）。

それらの指摘からうかがえるように、今問われているのは、客観性や実証性という事実の一義性を最重要視する法廷における証言のあり方だけを重視するのでなく、それから疎外され排除されたもう一つの「証言」への注視であり、それらの「証言」をすくい上げて新たに考察することにあるのではなかろうか。言い換えると、それは「証言」に対する「記憶」という問題群の検討であり、客観性や実証性を重視して聞き手が体験者に求める「証言」ではなく、語り手が自由に主体的に話す「語り」と呼ぶべきものの関心へとつながるものであろう。

冨山一郎氏は、戦後歴史学の証言認識と法廷での証言との重なりについて、「法廷の証言は、証言のかたちにのっとってやらなくてはいけないし、そこには歴史学の合法性と同様に、言葉の正当性をあらかじめ定義する制度が存在します。あるいは法廷闘争の中の証言に歴史学的真実性を求めることは、歴史学的真実が政治的正義と重なる、いいかえれば二つの制度が癒着する事態だといえる」と述べている。そして、「記憶」の問題設定の観点から、続けて次のような注目すべき指摘を行なっている。

「記憶」にかかわって開始される関係性、法廷闘争にのみ行き着くわけではないということが重要なのです。いいかえれば、法廷には法廷の正義に収まりきらない未来への予兆がいつも含まれているのです。あえていえば「記憶」という設定には、法廷には収まりきらない政治とその運動形態への可能性が法廷の中に存在するということであり、この可能性を正面に据えようとすることが、「記憶」という問題設定なのだと思います（冨山・二〇〇六、二三四頁）。

今、「集団自決」の問題においても、冨山氏の指摘するような視点からの考察が広く求められているように思う。ここで、再度確認することにしよう。教科書問題の法廷闘争を通じて、国側の言う住民の崇高的な犠牲的精神に基づく「集団自決」という考え方を批判し、その対抗言説として住民の自発性を否定した「集団死」さらに「強制集団死」という概念を構築した学問的営為は高く評価されるべきである。それは、「事実性」を追求した七〇年代以降の沖縄戦研究の学問的成果と言えるもので、その作業を決して軽視することはできない。しかし、その成果に深く学びながらも、「事実性」の提示だけでは「集団自決」の全体像を解明することができないことも明らかである。米山氏が指摘しているように、「従軍慰安婦」や「集団自決」のような大きな争点になっている問題は「事実を客観的に示すことで事実の歴史を語れるというナイーヴな認識にたつかぎり、保守派が別の実証的研究を例にとって別の事実を示しても、議論はすれ違いに終わるだけで、対抗する力とはなりえない。しかし、歴史表象における位置の抗争を認識することは、事実を追及する歴史研究の作業を軽視することと同じではない」（米山・二〇〇三、一〇〇頁）のだ。問題は、米山氏の言うように、事実を追求する歴史研究の作業を軽視せずに、「歴史表象における位置の抗争」を私たちが深く認識することにある。

このことを繰り返し確認しながらも、次節においては、「集団自決」を法廷闘争で体現されている

「事実性の検証」というあり方とは別に、「集団自決」の問題群を、本論のテーマである「記憶」の問題として次世代がどのように考察し継承するかという視点から論じてみたいと思う。

5 「集団自決」の記憶をどう分有するか

a 「集団自決」解釈における問題構成の組み換え

戦後世代の私たちは、沖縄戦の体験者にはなりえない。しかし、『新版・母の遺したもの』を著した宮城晴美氏（宮城・二〇〇八）や、『証言 沖縄「集団自決」』をまとめた謝花直美氏（謝花・二〇〇八）の仕事は、先述の比嘉氏と村山氏の仕事同様に、家族や体験者などの戦争体験の聞き取り調査を重ねることで信頼をえて、体験者との共同作業を深めることにより、戦後世代である非体験者が「当事者性」を獲得していくことが可能であることを私たちに示している。この二人の聞き取り調査による体験者との共同作業の仕事は、非体験者である戦後世代が、沖縄戦の「当事者性」を獲得していこうとするすぐれた事例だと言えよう。すなわち、戦後世代は、体験者にはなりえないが、体験者との共同作業を積み重ねることで「当事者性」を獲得することが可能だということである。この節では、「集団自決」の問題群に対して、非体験者である次世代が「集団自決」の「記憶」を検証し学ぶことで、沖縄戦の継承をめぐって、いかに「当事者性」を獲得できるかについて考えてみたい。

慶良間諸島で起こった「集団自決」の実態を見てみると、まずは日本軍―第三十二軍―慶良間諸島の二つの守備隊と住民との間にある上意下達のタテ構造による強制という問題が指摘できる（大江・二〇〇七）。タテ構造による強制という問題は、軍と住民との関係だけにとどまらない。この構造には、住民のなかの階層性の問題や家族の家父長制にともなうジェンダーの問題なども含まれている（林・二〇〇一、宮城・二〇〇八）。まずは「集団自決」の問題が、軍民の上意下達におけるタテ構造の強制を抜きにして論じることができない点を確認しておこう。したがって、軍命の問題を、将校個人による軍命の有無に限定し矮小化することはできない。問題は、その背景にある日本軍と住民との間にある上意下達のタテ構造の強制であり、そのタテ構造の強制という状況下のなかで軍命の有無の問題が検討されなければならないのだ。沖縄戦という軍民混在の戦場実態のなかで、軍隊の駐屯していた地域や軍隊が隣接していた地域で「集団自決」が多発している情況を考えると、日本軍と住民との間にある上意下達のタテ構造下のもとで、日本軍による住民への「集団自決」の強制が行なわれたことは疑えない事実だと言える。

そしてさらに重要なことは、そのタテ構造の強制の末端にある家族や個人が、その構造的強制下の状況のなかで、親が子に手を掛け家族同士で殺しあうという転倒した「集団自決」の行為に至った事実をどう考えるか、ということである。言い換えると、軍による上意下達のタテ構造の強制のなかにおいて、個々の住民が自己としてどのように考え行動し、転倒した「集団自決」に至ったのかという点を考察することである。むろん、それを検討するには、前述した当時の共同体のなかの階層性や家族関係、ジェンダーの問題を踏まえた分析が必要である点を再度強調しておきたい。そして、沖縄戦における「集団自決」では、軍による上意下達のタテ構造の強制のなかで、その末端にいる個々の住民が抱えた葛藤や矛盾を看過するのではなく、その矛盾のあり方そのものを執拗に考え続けることも非常に重要なテーマとなろう。では、日本軍による上意下達のタテ構造の強制のなかで個々の住民が抱えた矛盾に対して、私たちはどのようにアプローチしたらよいのだろうか。

岡本恵徳氏は、沖縄戦や「集団自決」を考えるさいの肝要な点として、沖縄戦や「集団自決」の客観的な事実性の究明だけでなく、それを追及する私たちの「主体側の問題」を問うことの重要性をいちはやく指摘している（岡本・一九七〇）。そして、その問題意識のもとで、「集団自決」を論じた論考「水平軸の発想」のなかで次のように述べている。

集団自決が渡嘉敷島だけの、特殊で偶然的なものではないのだから、真に沖縄戦の体験をとらえその意味を問いつづけるためには、渡嘉敷島での集団自決は沖縄のすべての人のうえに起こりえたものとして対象化されなければならないだろう。そしてその際、それは再び同様な条件に置かれるならば、わたし自身が起こすかも知れぬ悲惨であるという怖れを発条とすることにおいてはじめて対象化することは可能となるだろうと思う（岡本・一九八一、二三七頁）。

ここで、岡本氏が述べているのは、軍による上意下達のタテ構造の強制のなかで個々の住民が抱えた矛盾に向き合う視点として、さらにその矛盾を自らの問題として引き寄せるために、「わたし自身が起こすかも知れぬ」という位置から考察することの重要性への指摘であった。すなわち、沖縄戦や「集団自決」に向き合うことは、「集団自決」を客観的実証的な視点から対象化するあり方だけでなく、論じる主体が「わたし自身が起こすかも知れぬ」という自らの問題として考えることの重要性への認識である。それは、非体験者である私たちが、「集団自決」の出来事に自らの問題として向かい合うことで、「当事者性」をとらえ返し拡張していく行為主体につながる視点(阿部・二〇〇五)でもあるように思う。その「わたし自身が起こすかも知れぬ」という自らへの問いかけは、矛盾を抱えながら「集団自決」で亡くなった個々の住民に対する、戦後世代による自らの発話の位置をも組み込んだ「応答するエイジェンシー」として位置付けられるものではなかろうか。では、その具体的な課題として、「集団自決」の証言群から、非体験者である私たちは誰の声を聴いて、何に応答することができるのだろうか。以下、その問題について考えてみることにしたい。

渡嘉敷島の「集団自決」で母親と弟妹の三人に直接手を掛けた金城重明氏は、当時の「地獄絵さながら」の状況を、次のように記述している。

> 男性はついに小木をへし折りました。そしてその小木が彼の手に握られるや否や、それは〝凶器〟へと変わったのです。彼は、自分の愛する妻子を狂ったように殴殺し始めました。この世で目撃したことのない、いや想像したことさえない惨劇が、私の眼前に出現したのです。以心伝心で、私ども住民は、愛する肉親に手を掛けていきました。地獄絵さながらの阿鼻地獄が展開していった

のです。剃刀や鎌で頸動脈や手首を切ったり、紐で首を締めたり、棍棒や石で頭部を叩くなど、戦慄すべきさまざまな方法が取られました。母親に手をかした時、私は悲痛のあまり号泣しました。私たちは「生き残る」ことが恐ろしかったのです。……愛する者を放置しておくということは、彼らを、最も恐れていた「鬼畜米英」の手に委ねて惨殺させることを意味したからです。「集団自決」が進行するにつれ、「生き残る」ことへの恐怖心と焦燥感のボルテージが、極度に高まってくるのを強烈に感じました。「生き残ったらどうしよう」と〝共死〟の定めから取り残されることへの恐怖は頂点に達しました。私どもは死の虜になってしまっていたのです（金城・一九九五、五四～五五頁）。

この引用文で、「集団自決」の惨状から生き残った後で米兵に陵辱されるよりは、「愛するがために」と金城氏自身が自らの母親弟妹に手を掛けた状況が叙述されている。さらに、その行為の背景にあったのは、共同体での〝共死〟の状況から取り残されて「生き残る」ことへの恐怖心や焦燥感だったことが吐露されている。

この金城氏の文章は、何度も反芻して書かれた「厚い記述」（クリフォード・ギアツ）であるがゆえに、いくようにも読み込めるように思う。金城氏のこの記述を読みながら私が思ったことは、個人と共同体が合一化した状況下で、それから取り残される恐怖心から、金城氏自身が母親弟妹に手を掛けた理由として「愛するがために」という心情を自ら引き寄せていったのはなぜか、ということであった。それには、後年、キリスト者として新生した金城氏の考えが、事後的に反映しているかもしれない。かりにそうだとしても、私は、「愛するがために」と母親弟妹に手を掛けたという金城氏の悲痛な心情を決して否定するものではない。だが、歴史修正主義者たちが卑劣にも、金城氏の記述をすでに「家族愛」の物語に流用しているように、「集団自決」の問題を思想的に考えると、「愛するがために」ということをいかに克服するかが、沖縄の戦後思想において大きな課題であることは疑いない（西谷・仲里・二〇〇八、五四頁）。

b 「集団自決」の証言から私たちは何を読み取るべきか、誰の声を聴くのか？

その「愛するがために」母親弟妹に手を掛けたという金城氏の発言を、どのようにとらえたらよいのであろうか。引用文にあるように、一人の男性が妻子を殴殺したことから、集団のなかで「集団自決」が「以心伝心」として広がり、金城氏自身も同様の行為へと至ったことが記されている。よく知られているように、その理由は、家族や親戚が生き残って米兵に捕まると陵辱され殺害されるから（住民はそのように教え込まれ信じていた）、「愛するがために」肉親から手を掛けたということが大きな要因であった。そしてそのような認識に至った背景にあるものは、日本軍による上意下達の強制的構造のなかで共同体と個々の住民とが一体化していたという事実である。実際、「集団自決」に対するこれまでの思想的な理解は、日本軍が通達した「軍官民一体化の共生共死」の思想の強制による、いわば共同体と個が合一化した状況下で起こった惨劇であるととらえられている。

岡本恵徳氏は、渡嘉敷島の「集団自決」の真の原因は「〝戦争〟を不可避な宿命のように受けとり、それを相対化することができずに、島が孤立しているというような自然的条件と、共同体に加えられる権力の意志や〝戦争〟などを同じように考え、あらがい難いものとした共同体成員の認識のありかたに原因は求められなければならず、『共同体の生理』をそのような方向に巧みに機能させた支配のありかたこそ問われなければならない」と指摘しながら、それは「『祖国への復帰運動』の基盤となっているのではないか」と述べている（岡本・一九八一、二四二～二四三頁）。

岡本氏の論考に限らず、七〇年前後の「集団自決」にかんする注目すべき議論は、共同体論と復帰運動の問題とが重ねて論じられている場合が少なくない。しかし、ここでは、「集団自決」の問題を、「復帰運動」のあり方と重ねて、沖縄における「共同体」問題として考察するあり方とは、ひとまず切断して考えてみたい。なぜなら、「復帰」以後の開発によって沖縄の多くの共同体は大きく変容し空洞化している現実があり、「集団自決」の問題を二一世紀における沖縄戦の記憶の継承という文脈で考えるためには、「共同体」と個の関係という問題意識を踏まえながらも、「共同体」と「復帰問題」との論点はひとまず脇において、若い世代が「集団自決」からどのような声を聴き取るかについて考察したいからである（屋嘉比・二〇〇三、一四三～一五一頁）。さらに、この三十数年間で、市町村史編集の進展もあって、「集団自決」にかんする事例や証言記録は数多く蓄積され、研究状況も大幅に発展した背景がある。現在、「集団自決」については多くの事例が報告され、その状況も一様ではなく多種多様な要因がからんでいることが提示されており、「集団自決」の全体像の解明は、三十数年前に対象となった慶良間諸島の事例だけでは普遍化できない状況にある。

ところで、刺激的な「共同体論」である『無為の共同体』を著したジャン＝リュック・ナンシーは、個が共同体に内在化し「絶対的合一」へと至った場合について次のように述べている。

絶対的内在への意志に支配されている諸々の政治的、集団内的企ては、死の真理を自らの真理としているのだ。内在や合一的な融合が包みもっている論理は、死に準拠した共同体の自殺の論理以外の何ものでもない（ナンシー・二〇〇一、二三〜二四頁）。

その箇所は、共同体と個の合一性の融合によりファシズムへ向かう死の論理を示すものとして、よく引用される箇所である。しかし私は、その箇所よりも、むしろ共同体と個の合一的な融合に亀裂を入れる「コミュニケーション」について言及した、次の部分に注目したい。ナンシーは次のように述べている。

コミュニケーションとはまず何よりも、この有限性の分有とその共―出現からなる。つまり、〈共同での存在〉を――まさしくそれが一つの共同存在でないという限りで――成り立たせるものとして開示される脱―臼と問い質しからなるのである（ナンシー・二〇〇一、五二頁）。

この引用した文章を、私は次のように理解している。共同体と個との関係で、個が共同体に内在化し合一的な融合におおわれると、死に準拠した共同体の自殺の論理に至ることになるが、その合一的な融合の状況を脱臼し問い質すのは、特異存在の発するコミュニケーションである、と。

例えばここで、「集団自決」とは、共同体と個との関係が合一的な融合の状況下における、日本軍の上意下達の構造的強制によるガマでの住民同士の殺害をさすものと定義できよう。しかし、証言を読むとガマのなかで「集団自決」が起こっている状況下にあっても、その状況を脱臼し問い質す「他者の声」が発せられた多くの事例が確認できる。ここで私は、それらの証言を、共同体と個が合一的に融合して死に準拠した「集団自決」に至る状況下で、その状況を脱臼し問い質して亀裂を入れた「コミュニケーション」としての「他者の声」として考えてみたいのである。

以下、そのような「共同体」の原理的な考察を踏まえたうえで、共同体と個との合一性に亀裂を入れた、「集団自決」の証言である具体的事例について検討してみたい。それは、ガマのなかに避難した住民大多数の「集団自決」に至る発言や行為に対して、亀裂を入れた発言や行為への着目である。いわば、共同体と個が合一化し拡大した「自己」(共同体)の声」に対して、それとは異なる「他者の声」を聞いた具体的事例の検討だと言える。ここで私が注目したいのは、その「共同体的構造」のなかで「他者の声」を聴き、自己のなかに亀裂を呼び込んだ証言の数々だ。

すなわち、「集団自決」において、「共同体的構造」と個人との関係の補完性や合一性だけを見るのではなく、共同体的構造のなかで「他者の声」を聴いて個別な行動を起こした人びとの証言に対する注視である。ここで言う「他者の声」とは、共同体と個が合一化して拡大した「自己（共同体）の声」とは異なる声をさす。それは、観点を変えると、個と共同体が合一したなかでの、いわばまっとうな「狂気」の声とも言えよう。そのまっとうな「狂気」の声とも言える「他者の声」には、むろん家族や親戚の声も含まれる。家族内での年齢、性、社会的立場の違い、また親戚内の年齢構成や社会的立場や階層の違いが、死に準拠したガマの大多数の「自己（共同体）の声」とは異なった声を生み出したのだ。「集団自決」の多くの証言に接してみると、家族や親戚内で力をもっている人が、その「他者の声」を聞き取っていかに行動するかが、決定的な分岐点になっていることがわかる。以下、一部ではあるが、それらの事例を示す具体的な証言に当たることにしよう。

沖縄戦の激戦地だった南部の糸満市米須出身で当時十歳だった大屋初子（旧姓・仲宗根）さんは、米須区民が多く隠れていたカミントゥ壕に避難した。そこに米軍が押し寄せ住民に投降を求めるが、壕の入口に日本兵がおり住民の投降を許さなかったため、壕のなかで避難民による「集団自決」が始まった。他の家族の手榴弾爆発により二人の妹が巻き添えで亡くなったことにより、仲宗根さんの家族も「集団自決」を覚悟するが、初子さんが「絶対死なない」と大声で泣いたため、父親は「初子が泣いているから壕の外の明かりを見てから外で死のうね」と壕を出て、米軍の捕虜となり生き残った（糸満市史編集委員会・一九九八、八九八〜九〇〇頁）。

糸満市摩文仁村出身の久保田清さんは、防衛隊員として召集され、戦場のなかを逃げて家族が避難していた米須の壕にたどり着いた。すでに妻と子ども三人は亡くなっており、父と息子一人が壕のなかに残っていた。そこにも米軍が侵攻してきたので、壕からさらに海岸地域へ避難しアダン林に隠れていたが砲撃されたため、もっていた鍬で息子に手を掛け「自決」するつもりだったが、息子が「お父さん、死なない」と泣き叫んだので我にかえり、米兵に投降して捕虜となった（同前書・九〇〇〜九〇二頁）。

さらに、「集団自決」の島として知られている渡嘉敷島と慶留間島でも同様な証言が確認できる。二〇〇七年の教科書検定で、日本軍による「集団自決」の強制が削除されたことへの危機感により、六十数年を経た後で証言をした人びとのなかにも同様な証言は少なくない。

渡嘉敷島の北村登美さん（九十七歳）は、避難したフィジガー（第一玉砕場）で起こった「集団自決」の状況下で、叔父の「逃げなさい」という一言により、その場から逃れて山中をさ迷った後、米軍の捕虜となった。同じくフィジガーにいた新崎直恒さんや吉川嘉勝さんは、他の家族が手榴弾で「集団自決」を始めた状況下で、母親の「手榴弾を捨てなさい、死ぬのはいつでもできるからこの場から逃げよう」という言葉により、惨劇から生き残った。同じくフィジガーの「集団自決」の場にいた新垣守信さんも、姉のここから「逃げるんだよ」という一言で我にかえり、山中へ避難しのちに捕虜になって生き残った。慶留間島で米軍が攻撃してきた避難所のウンザガーラから十四、五人の住民とともに逃れた中村八重子さんも、「集団自決」のための道具をもってなかったため、みんなで崖から一斉に飛び降りようと話がまとまりかけたとき、偶然にも木々に実っていたヤマモモを食べたさい酸っぱい果汁で我にかえり、自決を思い留まって生き延びた。そのことを、後に「死からの解放の味だった」と回想している（謝花・二〇〇八、二七・三九・四八・六一・一七七〜一七八頁）。

そして、読谷村のチビチリガマでの「集団自決」の証言においても、同様な証言が提起されている。チビチリガマでは、地元住民の一三九人（一四〇人？）が避難して、八十三人の住民が「集団自決」で亡くなっている。戦後三十数年間、地域においてタブー視され、まったく語られることのなかったチビチリガマの「集団自決」の実相が下嶋哲朗氏や知花昌一氏による関係者への聴き取り調査によって、初めてその全体像が明らかになった（下嶋・一九九一、知花・一九九六）。そして前述の『読谷村史』の発刊によって、チビチリガマでの「集団自決」の全容がより鮮明に浮かび上がってきている。それによると、米軍が上陸した四月一日には南洋（サイパン）帰りの男性二人が、サイパンで起こった「集団自決」のことを想起し、チビチリガマでも「自決」するため着物や毛布などに火をつけたこと。それに対して、四人の女性たちが反発して火を消し止めて、その後ガマに避難していた住民の間で「自決」の賛否について激しい口論があり、「自決派」と「反自決派」に分かれて激しく対立したことが明らかになっている（読谷村史編集委員会・二〇〇二、四六二頁）。

四月二日の「集団自決」が起こったときには、中国戦線に従軍した経験のある在郷軍人の話や、中国での従軍看護婦でたまたま帰省していた地元出身女性の発言や行動が、「集団自決」へ誘導する直接的なきっかけになったことはすでに明らかになっている。チビチリガマの「集団自決」はガマという閉鎖的な空間で起こったが、そこに避難していた人びとの経験や記憶を介して同時代のさまざまな情報や状況認識がガマのなかで輻輳しながら折り重なっていた点が重要である。つまり、閉鎖空間であるチビチリガマの「集団自決」でも、日本軍の東アジアへの「加害」の経験や記憶が、「日本臣民」である沖縄県民の「被害」へと輻輳しながら折り重なりつながっていたのだ（屋嘉比・二〇〇〇、一一九〜一二五頁）。

そして最近では、前述した『島クトゥバで語る戦世』で証言したチビチリガマからの生存者である与儀トシさんの話は、ガマ中の「集団自決」からいかに生き残ってきたか考えるうえで、注目すべき証言となっている。与儀トシさんは、さきにふれたサイパン帰りの二人の男性による「自決」のための放火に反発し、火を消し止めた女性の一人であり、ガマのなかで「私達は死なない」と自決を拒否し反対した四人のなかの一人であった。そして注目されるのは、ガマで「集団自決」が始まり広がっていく状況下で、トシさん自身も「私達も死ぬのかなと思っていた」ときに、彼女に「自決」を思い止まらせたのは、その映像の証言で明らかにされている「オカー（母ちゃん）、死ぬなよ」と発した息子の声であったという点である（琉球弧を記録する会・二〇〇三、七三〜七六頁）。

その与儀トシさんの証言で注目される点として二点指摘しておきたい。第一点は、個と共同体の心情が合一的に融合した「集団自決」の状況下においても、ガマのなかで議論があった点である。それは他でもあって、最近、沖縄島南部の玉城糸数のウマックェーアブのガマでも、避難した三十六人の住民のなかで「自決派」と「反自決派」の意見に分かれ、意見の食い違いで親同士が子どもを引っ張り合う事態になり九人が「集団自決」の犠牲となって、二十七人が命を取り留めたという証言が明らかになった（『琉球新報』二〇〇八年六月十八日）。ガマのなかに日本兵が一緒にいるかどうかで決定的に異なるが、表層上は「集団自決」の心情がおおっている状況のなかでも、「集団自決」に反対する意見をもっていた人も少なからず存在した。その意味で、子どもや老父母の「他者の声」は、そのような声を代弁する役割を果たしたとも解釈できよう。第二点は、トシさんの証言がこれまで言及した証言とほとんど同様な内容を含んでいるように、「集団自決」が発生した閉鎖空間であるガマのなかにおいても、誰の声を聴くかによって、自分自身を縛っている状況から決定的に分岐できることが示唆されている点である。トシさんは、ガマをおおう共同体の声とは異なった息子の「他者の声」を聴き、生き残ったのである(6)。

以上の証言の確認でわかるように、ガマのなかで「集団自決」の圧倒的な声が吹き荒れているなかで、子どもや老父母の「他者の声」が、「集団自決」を執行しようとする父親や母親の共同体と合一した自己の声に亀裂を入れ、その「他者の声」を聞き入れるか否かが決定的な分岐点になっている事実が確認できよう。そのように考えてみると、前述した「愛するがために」という思考は、個と共同体の合一的な融合による「死に準拠した共同体の自殺の論理」の反転した裏面だと言えるのではなかろうか。そして注目すべきは、その「愛するがために」という思考を超える一つの方途として、個と共同体の合一的に融合した「自己(共同体)の声」に亀裂を入れる「他者の声」を聴いて生き抜いた人びとの発言と行動への注視である。くわえて、戦後世代で非体験者である私たちが聴く声とは、日本軍の上意下達によるタテ構造の強制の末端で、個と共同体の合一的な融合の声に亀裂を入れる「他者の声」を聴いて生き抜いた、そのようなスライバー(豊かな人)の声と行動ではなかろうか。

c 「集団自決」「集団死」「強制集団死」「強制的集団自殺」

「集団自決」は、沖縄島や周辺離島だけでなく、南洋諸島や東南アジアの島々、そして満州地域において肉親の間で殺し合った陰惨な事例が報告されている。それらの地域で起こった「集団自決」の実相は多様で、さまざまな複合的な要因が絡み合っており、決して一様ではない。しかし、繰り返し確認するが、「集団自決」は日本軍が駐屯した地域を中心に多くの地点で起こっており、「集団自決」が「日本軍の強制と誘導による住民の死」であることは多くの研究成果が示している（林・一九九二、二〇〇一）。

「集団自決」という名称は、一九五〇年前後に体験者たちが「玉砕」と呼称していたのを、『鉄の暴風』の取材記述のさいに太田良博氏が命名したという事実は知られている（太田・二〇〇五、二五〇頁）。それ以後、「集団自決」という名称が一般化していくが、八二年の教科書検定問題が起こって第三次家永教科書裁判での法廷闘争のなかで、国側の「殉国美談」による「集団自決」の解釈に対する対抗言説として、住民の自発性を否定した「集団死」という概念が構築されたことはすでに言及した通りである。さらに、二〇〇〇年代に入り、「集団自決」における日本軍の強制をより明確にするために、石原昌家氏を中心に「強制集団死」という新たな概念が提起されている（その前には「軍事的他殺」という語句も提起している）。それら「集団死」「強制集団死」という二つの概念は、教科書検定問題などの沖縄戦を歪曲しようとする現実の政治課題に対する対抗言説として構築されたが、それは「集団自決」における日本軍と住民との間にある上意下達のタテ構造による強制という側面に焦点を当てた概念の構築だったと把握できよう。

繰り返し述べているように、「集団自決」における上意下達のタテ構造による強制を強調して、概念を構築していった学問的営為は高く評価されるべきであり、「集団自決」における日本軍の強制と言う問題が法廷で争われている現状からしても、構造的強制の事実性を明確にすることは非常に重要な意味をもっている。しかし、にもかかわらず「集団自決」の全容解明からすると、それはある一側面にしか過ぎない。すなわち、そのタテ構造の強制の末端にある家族や個人が、その構造的強制下の状況のなかで、親が子に手を掛け家族同士で殺し合うという転倒した「集団自決」の行為に至ったことをどう考えるか、という問題は依然として残ってしまうのである。「赤ん坊が自ら自決するか」という問いの重要性を認めつつも、タテ構造の強制下のなかで赤ん坊に手を掛けた、転倒した父親や母親の矛盾した行為をどう考えるのかという問いも、同じく重要である。繰り返すが私は非体験者の一人として、日本軍によるタテ構造の強制のなかで末端の住民が、転倒した「集団自決」に至った矛盾した行為を、自分の問題として「わたし自身が起こすかも知れない」と考えることが肝要だと思っている。

そのような観点から、私は「集団自決」に対して「集団死」や「強制集団死」の概念の構築の意義を認めつつも、他方で日本軍によるタテ構造の強制のなかで末端の住民の転倒した矛盾を自分の問題として考えるためには、「強制的集団自殺」という概念にこだわりたいと思う。この「強制的集団自殺」という語句はノーマ・フィールド氏が提起した概念で、彼女はその理由を次のように説明している。

……「集団自決」の中立的英訳は"collective suicide"〔集合的自殺〕となるだろう。でもこの場合、中立的訳語では十分でない。なぜなら、生命を終えることが「自己決定」され、まさに自分の手で遂行されたとしても、その自己決定は二重の強制力のもとでなされているからである。一つには、二国の軍隊の存在、もう一つには、日本皇民をつくりだすための長年の教化・訓練というかたちでの強制力。だから私は、「集団自決」は〝compulsory group suicide〟〔強制的集団自殺〕だと考えている(フィールド・一九九四、七五〜七六頁)。

私は、その指摘を受けて、日本軍によるタテ構造の強制のなかで末端の住民の転倒した矛盾を考察するためにも、あえて、タテ構造による「強制」と、住民の「自殺」という形容矛盾を包含した概念である「強制的集団自殺」という語句にこだわってみたい。

その背景には、大別すると、二つの理由がある。一つは、前述しているように、「集団死」や「強制集団死」という概念は、教科書裁判において文部省の見解を批判する対抗言説として形成された点に起因する。なぜならそれは、法廷での対抗言説として構築されたとしても、文部省の枠組みを前提にした裁判であり、教科書検定という土俵のなかでの議論であることに変わりないからである。繰り返しふれているようにそもそも「集団自決」の実相は多様で複合的な要因が絡み合っており、教科書検定という文部省の枠組みを前提にした裁判における「事実性」の究明という観点だけでは、その意義の重要性を認めつつも、「集団自決」の全体像を解明することはできない。誤解を招く言い方になるかもしれないが、教科書検定という裁判の文脈のなかで争われた事実認識は、「集団自決」の把握において重要な論点を提起したことに間違いないが、その全体像のある一部の側面を明らかにしたに過ぎない。言い換えると、「集団自決」を文部省が設定した教科書検定の枠組みのなかだけで論じるのではなく、その問題が内包しているさまざまな思想的課題を含めて、多様な論点からとらえなおすことが重要だと私は考えている。その観点から、「集団死」「強制集団死」という概念の構築の意義を高く評価しつつも、逆にその概念の流布によって、多様で複合的に絡み合った「集団自決」の全体像が、見えなくなるのではないかという懸念をもっている。

もう一つは、その全体像が見えなくなるという懸念と深く関わっているが、戦後世代の非当事者である私たちが沖縄戦や「集団自決」を継承するために、誰の声を聴き取るかという重要な課題とつながっている。先に沖縄戦体験者は年々減少して二〇一八年には証言できる体験者は一人もいなくなるという推計に言及したように、これからはこの数字を無視して沖縄戦の継承問題を考えることはできない。もはや問題は、沖縄戦の体験者である語り手側にあるのではなく、それを継承しようとする私たち非体験者である聞き手側にある。すなわち、戦後世代の非当事者の私たちが、沖縄戦や「集団自決」の問題から何を読み取り、それをいかに継承することができるかが重要であり、そのことが厳しく問われているのだ。そのさい、前述したように戦後世代で非体験者である私が「集団自決」の問題を考えるときに、自分がその場にいたら「わたし自身が起こすかも知れぬ」（岡本恵徳）という自分自身に問いかける姿勢が最も大事であり、その問いを糸口として、「集団自決」の記憶をどのように分有できるかを考えることが肝要だと思う。

前述したように、渡嘉敷島の「集団自決」の生き残りである金城重明氏は、肉親を米兵に蹂躙されるよりは、「愛するがために」と自分自身で手を掛けたと証言している。しかし、その「愛するがために」という思考は、個と共同体の合一的な融合による「死に準拠した共同体の自殺の論理」の反転としてあった。むしろ重要なのは、そのような個と共同体の合一的な融合による「自己（共同体）の声」ではなく、それに亀裂を入れた「他者の声」を聴いて、そこから生き残った人びとの行動である。非体験者である私たちが、まさしく「集団自決」から聴き取るべき声とは、そのような声と行動ではなかろうか。

高橋哲哉氏は、記憶の「継承」とは原理的に、同一者の反復ではありえず、差異を含んだ反復や忘却を含んだ反復でしかなく、「すべての証人は、そのつど自分の位置から新たに証言する」ことになると述べている（高橋・一九九九、七七頁）。逆に言うと、自分の位置から沖縄戦を絶えず再審する点にこそ、体験者と次世代との共同作業による、記憶の「継承」の可能性があると言える。記憶を「継承」するということは、「学びなおす」ということだ。そのような困難で地道な作業を積み重ねていくことが、戦後世代の非体験者が沖縄戦や「集団自決」を自分自身の問題として、「当事者性」を拡張しようとする試みへとつなげていく方途であると私は確信している。

2 ガマが想起する沖縄戦の記憶

1 証言の時代と沖縄戦の記憶

一九九一年八月、金学順さん(一九二四~九七年)は、アジア・太平洋戦争の際に日本軍によって「慰安婦」を強制されたことを、初めて本名を名乗り韓国ソウルで告発した。その告発に続いて、日本軍に侵略され占領された東アジアや東南アジアの国々の元「慰安婦」の被害者たちから、日本軍による戦争犯罪に対して次々告発がなされている。「慰安婦」の被害者として、韓国だけでも約一六〇名、東アジア全体では数千人もの人が名乗り出ているという。そして、日本政府への謝罪と賠償を求めた戦後補償裁判も相次いで提訴され、九八年二月段階で四十七件の裁判が日本で行なわれている。

徐京植氏は、その金さんの告発は日本に対する戦争被害についてこの十年間における「証言の時代」

を決定づける重要な事件だと指摘して、それの占める意義について次のように述べている。

東アジアにおいても戦争被害の「記憶」が呼び覚まされ、それまで声を発することを抑えられていた「証人」たちが一斉に立ち現れてきたのである。それ以前の日本と東アジアの歴史にはなかった、まったく新しい事態であるといえよう(1)。

そのような戦争被害にかんする「証言」の提起によって新しい事態を迎えているとき、日本と東アジアの歴史のなかで戦後世代の私たちは沖縄戦の記憶について、どのように語ることができるのであろうか。そしてそのような状況にあって、日本と東アジアの戦争の記憶のなかで、私たちは沖縄戦の記憶として何をどのように継承すべきであろうか。

この小論では、そのような状況認識を受けて、沖縄戦における惨状の場として象徴的な意味を付与されているガマ(自然洞窟)に関連して、そこで想起される三つの沖縄戦の記憶について考えることにしたい。そして、その沖縄戦の記憶を、戦後世代として日本と東アジアの戦争の記憶のなかで開いて考えてみたい。

2　新平和祈念資料館問題が提起するもの

今年（二〇〇〇年）四月、沖縄県は新平和祈念資料館（以下、「新資料館」と記す）を開館した(2)。開館後の今日でもいくつかの問題点が指摘されているように(3)、昨年来、新資料館の編集姿勢のあり方やその展示内容に関係して多くの疑問点が提起され、県民のなかで大きな論議となっている。昨年の八月、その新資料館の展示製作の過程で、その展示監修をまかされた監修委員会で承認されていた案が、県の事務当局によって、監修委員会に無断で大幅な見直しを行なっていた事実がマスコミにより明らかになった。監修委員会で承認をえた展示（記述）案に対し、県の事務当局はその記述内容を変更する「見え消し」（新旧対照表）という文書を作成して、それの大幅な改竄を秘密裏に行なっていた事実が判明したのである。県が変更した内容は多岐にわたっており、その分量もA３判で四十一枚を数え、変更した箇所も二二二点にものぼるものだった。その見え消しの文書から県当局による展示内容の変更や改竄が、組織的に全般にわたって行なわれていた事実が明らかになっている(4)。その後、その事実を追求された県当局の釈明は、事実説明の場においても二転三転し、説得力のある説明が為されなかったため、県民から強い反発や激しい批判を受けることになり、結局、監修委員会で承認されていた案に戻される結果となった。

そのような県当局による展示内容の改竄や変更に対する論議のなかで大きな焦点の一つとなったのが、

沖縄戦で避難壕となったガマのなかで、沖縄住民に向けられた日本兵の銃口の問題である。
その展示編集を監修する委員会では、沖縄戦の聞き取り調査や研究成果に基づいて、ガマでの日本兵による強制的な沖縄住民の追い出しや住民虐殺を表すため、泣いた幼児の口封じを強要して沖縄住民に銃を構えて立つ日本兵の構図が採用され、承認を受けていた。しかし県当局は、その模型の制作過程のなかで請負い業者に対し、監修委員会で承認された銃を構えて立つ日本兵の像を変更して、銃を取り外した人形制作を指示し、発注していた事実が後に報じられた。そしてその後、事務当局がそのような内容変更を進める転機となった、保守県政へ変わった新たな知事三役への説明会にかんする県の内部文書が明らかになり、展示変更にかんする知事三役の関与があらわになったのである。それによって、事務局が新資料館の展示内容を知事三役に説明した際に、以下のような稲嶺恵一知事の発言により、事務局で監修委員会の案の見直しが始まったことが後で判明した。その知事の発言とは次のような内容である。

「事実ではあるが、あまりに反日的になってはいけない」
「沖縄も日本の一県にすぎないので、日本全体の展示（記述）については考えなければならない」

また別の報道では、その展示内容に関する監修委員会の案に対して、知事が「国策に反する展示はいかがなものか」と発言したとも報じられている。しかし知事は、その後の釈明会見で「国策に反する」との発言はしていない、また具体的な展示変更の指示はしていなく感想や意見を述べただけで、謝罪も含め責任の所在については明確に言及することはなかった。

その新資料館の問題は、県当局の事務執行における瑕疵もあって主としての行政手続き上の問題として矮小化され推移したが、その問題が沖縄戦の記憶に関わる重要な歴史認識の問題を提起していることは言うまでもない。

ところで、日本社会の人口構成における戦争体験者の占める割合は、年々減少しており、戦後世代が全体の八割を占めるようになった。それを受けて、今日の社会で戦争を考えるときに、「戦争の体験」ではなく、「戦争の記憶」の問題が重要な課題として浮上している。その背景には、非体験者が戦争をどのように考えて、いかに継承するかという問題が横たわっており、その観点から「戦争の記憶」の問題が重要な論議の対象となっている。沖縄においても、戦後世代である非体験者の位置から、沖縄戦の記憶の何をどのようにして引き継いで語るのかという重要な課題が提起されている。

そのなかで「戦争の記憶」に関連して、日本国民の「公共の記憶」（パブリック・メモリー）にかんする重要な問題が、今日あらためて論議の対象として提起されている。そのナショナリズムと記憶との問題を考えるうえで、現在でもその基本的な典拠となっているのが、よく知られているエルネスト・ルナンの『国民とは何か』である(5)。ルナンはその講演で、国民とは「共通の記憶」に依拠していると同時に、その共有されない多くの事柄を「忘却」していると強調し、その「忘却」は国民を創造するための本質的な因子ともなるが、それは「歴史的誤謬」でもあると指摘し、そして「歴史的探求」とはそのことを明るみに出すことだと言及している。

さらに、タカシ・フジタニ氏によると、その「公共の記憶」が形成されるのは、国民の平等な参加による理性的で開かれた公共的な討論で生まれるのではなく、交渉や闘争の過程を通じながら排除や暴力行為をともない、権力や利害関係によって形成されるという。そして、その関係で形成された「公共の記憶」からは、抑圧され周縁化された戦争の記憶が存在すると指摘されている(6)。

これらの議論が示しているのは、日本国民の「公共の記憶」とは国民の「共通の記憶」に依拠していると同時に、ある記憶を抑圧し周縁化したり、あるいは「忘却」することによって形成されている記憶だという点である。

姜尚中氏によると、日本国民の「公共の記憶」は、かつては加害も被害も多様な広がりをもって認識されていた戦争の記憶が、戦後を重ねるにつれ「日本単一民族の記憶」として、「唯一の被爆国」という定型化された語りで語られるようになったという。そしてそれは、戦争の記憶をアジアの諸民族と共有することによってではなく、それを忘却あるいは隠蔽することによって、日本国民の物語として語られるようになった。さらに、その日本国民の物語は、沖縄の基地問題に象徴されるように、周辺部を切り捨てた「本土」中心の歴史として語られたと指摘している(7)。姜氏のその指摘をまつまでもなく、日本国民の「公共の記憶」から沖縄戦の多様な実相のほとんどが忘却されており、あるいは記憶されているものでもある定型化された語りによって、沖縄戦が語られていることが指摘できよう。その沖縄戦の定型化された語りとは、沖縄戦が日本の国土防衛のために崇高なる犠牲的精神を払った沖縄住民の闘いとして語られ、記憶されていると言ってよい。くわえて、沖縄戦の多様な記憶は、日本国民のパブリック・メモリーから排除され、ほとんどが忘却されているのだ。

ところが、冷戦構造が崩壊して戦後五十年を迎える前後から、日本国民の「公共の記憶」に対し、国内外からその「忘却」した記憶としてあらためていくつかの課題が突き付けられた。それは、冒頭にふれた「従軍慰安婦問題」であり、在日朝鮮・韓国人の諸権利に関する問題であり、戦後沖縄の基地問題につながっている沖縄戦の多様な戦争の記憶の問題である。

そして、その沖縄戦の記憶の問題を考えるうえで、さきの新資料館問題で論議され、その焦点の一つとなった沖縄住民に向けられた日本兵の銃口の問題は、重要な問題を提起していると言えよう。すなわち、沖縄住民に向けられた日本兵の銃口の問題は、日本国民のパブリック・メモリーの定型化された語りから、排除され隠蔽された沖縄戦の記憶について提起するものであるからだ。前述したように、沖縄戦は、日本国民のパブリック・メモリーにおいて、国土防衛のための崇高なる犠牲的精神を払った沖縄住民の闘いとして記憶され、定型化して語られている。しかも沖縄戦の多様な記憶は、戦争にかんする日本国民のパブリック・メモリーのなかに、容易に包摂されることはない。今回、その資料館問題で焦点となった、沖縄住民に向けられた日本兵の銃口の問題は、そのことを端的に示している。

その問題には少なくとも次の二つの論点が含まれている。その一つは、日本兵が沖縄住民(民間人)を虐殺した事実である。日本(兵)対沖縄(住民)という構図からうかがえるように、その背景には近代日本の「国民の歴史」のなかに存在する、沖縄差別という課題が指摘できよう。もう一つは、国家の軍隊が同じ国民を虐殺した事実である。沖縄戦の体験で決して消すことのできない記憶は、軍隊が民間人を殺害した点からうかがえるように、国家が帰属する国民を殺害した事実である。沖縄戦をどう認識するかというときに、その問題に内包されている二つの論点をどう考えるかが、重大な分岐点であることは言うまでもない。

沖縄住民に向けられた日本兵の銃口の問題には、その二つの論点についてどう考えるかが私たちに突き付けられているのだ。その二つの論点に対して、現在次のようなまったく対照的な二つの主張が提示されている。その一つは、前に引用した沖縄県知事の「反日的になってはいけない」「日本全体の展示（記述）については考えなければならない」という発言のなかに象徴的に示されている。その考えは、沖縄戦の認識を沖縄側から変更することで、公的な日本国民の戦争の記憶を補完しようとする動きである。それに対してもう一つは、その日本国民の戦争の記憶から排除された沖縄戦、例えばその銃をもった日本兵の像に象徴されている、日本軍による沖縄住民（民間人）の虐殺の問題について、それのもつ意味をあらためて問い直そうという動きである。そのようなことからも、新資料館において、沖縄住民に銃を構えて立つ日本兵の像をいかに展示するかということが、日本国民のパブリック・メモリーと沖縄戦の記憶を考えるうえでも、重要な問題を提起していることが確認できよう。

アジア・太平洋戦争にかんする日本国民のパブリック・メモリーにおいて、日本兵が沖縄戦のなかで沖縄住民（民間人）を虐殺した事実や、国家の兵隊が同じ国民を殺害した事実は、沖縄戦の記憶のなかで直視したくない居心地の悪いものとして排除され忘却されてきた。しかし今日、その沖縄住民に銃を構えて立つ日本兵の像を排除し隠蔽するあり方では、沖縄戦の実相に根ざした多様な記憶を明らかにすることはできない。なぜなら、その沖縄住民に銃を構えて立つ日本兵の像にこそ、沖縄戦の実相を示すものとして、沖縄住民の大多数の人びとがそれにリアリティーを感じていると指摘できるからである(8)。

岡本恵徳氏が、その問題に関連して言及しているように、記憶とは現在と切り結ぶ地点でしか意味をもたず、一つの物語性をもつことは避けられない。その記憶の確かさを保証するのは、語り手と聞き手との関係から生ずるリアリティーにあると言えよう(9)。その点で、沖縄戦にかんして日本と沖縄とでは、その場所性や位置の違いによって、リアリティーの感じ方において大きな違いが指摘できる。そのリアリティーの違いは、沖縄戦の記憶を考えるさいに、重要な意味をもっている。だからこそ沖縄では、日本とは異なる沖縄の場所性や位置に根ざしたリアリティーを主張することがきわめて大事ではなかろうか。沖縄住民に銃を構えて立つ日本兵の像は、沖縄戦の記憶におけるリアリティーを示すものとして、その像を排除し隠蔽することなく、それが提起している問題を絶えず想起することが肝要だ。

ところで、沖縄が悲惨な戦場となり、そのようなリアリティーをもつにいたったのは、沖縄戦が地上戦であったという事実が決定的な意味をもっている。それは今でも沖縄戦を称して、「国内唯一の地上戦」という形容が紋切型のようになされていることからもうかがえよう。だが、その国内唯一の地上戦という指摘は、硫黄島での戦闘もあり、事実としても間違っている。しかし、その指摘が内包している問題性は、その事実として間違っているだけでなく、戦争がアジア・太平洋地域で行なわれたにもかかわらず、国家の枠組みで区切ろうとするその認識枠組みにあると言える。そしてさらに重要なことは、国家の枠組みによって認識するのではなく、地上戦を「出来事」としてとらえる視点の重要性にあるのではなかろうか。その地上戦を「出来事」としてとらえる視点は、秋山勝氏が指摘するように、アジア・太平洋戦争において東アジアや東南アジアでは地上戦となった地域が一般的であり、むしろ地上戦でなかった地域は、日本本土や米国本土に代表されるわずかな地域にすぎない点を明らかにしてくれる(10)。それは場所性だけでなく「出来事」という観点からしても、地上戦の体験のない日本本土こそ、東アジア地域においては例外的であると言えよう。その日本本土における日本国民のパブリック・メモリーを、東アジア地域へと認識の座標軸を広げて考えてみると、その記憶が日本「本土国民」にある定型化された語りにしかすぎず、ある限られた記憶にすぎないことがその点からも明白となろう。

その意味も含めて、アジア・太平洋戦争にかんする日本国民のパブリック・メモリーから排除され忘却されている沖縄戦の記憶を、東アジアの歴史や現在のなかで、沖縄の現在と切り結び、どのように語りなおしていくことができるかが問われている。そのさい重要なことは、ヨネヤマ・リサ氏が指摘するように、戦争の記憶としてたんに「忘れ去られていたものを回復するという、反・忘却（counter-amnesis）」だけではなく、その「想起のされ方、つまり何を思い出すかというばかりでなく、何のために、どのようにして、どのような位置から思い出すのか」(11)という点が肝要だと言える。同じくフジタニ氏は、さきに引用した文章の後半で、戦後数十年を経た今日、その抑圧された戦争の記憶の回復については、体験者と非体験者とが協力して、現在と切り結んだ「語りなおす」（リナラティヴァイス）ことの重要性を強調している(12)。

冒頭で引用したように徐氏の指摘する、戦争の「証言の時代」において日本と東アジアの歴史のなかで新たな事態を迎えている状況で、戦後世代の私たちは沖縄戦の記憶をどのように継承すべきであろうか。私たちは、沖縄戦における沖縄住民に向けられた日本兵の銃口の記憶を、決して忘却することなく記憶して、絶えず想起すべきである。その日本兵の記憶は、日本国民のパブリック・メモリーを批判し、地上戦であった東アジアの抑圧された戦争の記憶につなげる沖縄戦の記憶のために、新たに語りなおさなければならない。そしてその沖縄戦の記憶は、それからつながっている沖縄の巨大な米軍基地や新たな基地建設を許すことなくその「現実」を改革するために、さらに東アジア地域における「記憶の未来化」（ヨネヤマ・リサ）のためにも語りなおさなければならないのだ。

3　チビチリガマとシムクガマ

さて、その沖縄住民に向けられた日本兵の銃口の記憶とは別に、ガマにおける沖縄戦の記憶について考えるときに、重要な論点を提起しているのは、沖縄県中部の読谷村にある二つのガマ――チビチリガマとシムクガマにおいて見られた二つの対照的な住民の戦争体験である(13)。

その二つのガマは、沖縄戦における住民の戦争体験として、まったく異なった対照的な帰結をもたらした。ここでは、その二つのガマの戦争体験から、沖縄戦の記憶を日本と東アジアの歴史と現在のなかで考えるために、何が引き出せるかを考察してみたい。

チビチリガマでは、よく知られているように、そのガマに避難した地域住民のなかで「強制的集団自殺」(compulsory group suicide)(14)が発生した。一三九名の村人が避難したそのガマにおいて、その六〇パーセントに達する八十三名(15)の人びとが、親が子を、子が親をと肉親に自ら直接手に掛ける「強制的集団自殺」によって亡くなった。他方、そのチビチリガマから約一キロくらい離れた所にあるシムクガマでは、そこに避難していた千人あまりの村人が、「強制的集団自殺」に追い込まれることなく捕虜となって生き残っている。その二つのガマのなかで対照的な帰結をもたらした住民の戦争体験は、沖縄戦の教訓を考えるときにも非常に示唆的な問題を提起している。それはまた、沖縄戦の記憶が戦争にかんする日本国民のパブリック・メモリーを相対化する前述の視点と重なり、沖縄戦を東アジア地域のなかで考えるためにも重要な論点を提起している。

言い換えると、その二つのガマでの戦争の記憶は、沖縄戦における住民の戦争体験をあらためて二つの回路から考えることをうながすものである。その一つは、沖縄戦での沖縄住民の被害者体験へとつながっていく、「日本国民としての沖縄県民」が東アジア地域で行なった「加害者性」にかんする問題である。もう一つは、沖縄住民の戦争体験を移民体験における生活の視線からとらえることで、その「日本国民としての沖縄県民」の回路とは別のあり方を、切り開いていく可能性についてである。

その二つのガマのうち、チビチリガマでの「強制的集団自殺」の問題を考察してみると、その二つの論点のなかでの、前者の「日本国民としての沖縄県民」が東アジア地域で行なった「加害者性」の問題へとつながっていく。それは、「強制的集団自殺」にいたった要因に関係する。例えば、チビチリガマでの「強制的集団自殺」にいたった要因として直接的な契機になったのは、ガマに村人と一緒に避難していた中国に出兵した経験をもつ在郷軍人と中国戦線に同行した従軍看護婦の言動であった。その二人が戦場体験に基づいて話した日本軍による中国での蛮行や残虐行為の話が、ガマのなかで「強制的集団自殺」にいたる重要な契機になったのである(16)。中国での戦場体験で直接に見聞した在郷軍人や従軍看護婦の発言が、米軍に捕まって捕虜になると、中国で日本軍がやった蛮行と同じ惨状が我が身にもふりかかるという、その脅迫力として働いたのである。

チビチリガマから生き返った人の証言によると、ガマのなかで従軍看護婦であった女性は、薬品を充鎮した注射器を取り出し、家族や親戚を集めて、自分の目で見たことだとして日本軍が中国で行なった、さまざまな残虐行為を話して聞かせた。そして「軍人は、ほんとうに残虐な殺し方をするんだよ」と述べながら、注射をせがむ家族や親戚に手を掛けたと言われている(17)。また他の証言によると、日中戦争において中国で戦争をしてきた在郷軍人のオジイは、日本軍が中国でやった残虐行為を「今度はうちらがアメリカーからやられる番だ」と言ってチビチリガマの入り口に火をつけたと言われている(18)。

そのような中国での戦場体験に基づいた二人の衝撃的な発言は、極限的な状況下に追い込まれていたガマのなかで、住民の不安をあおる強い脅迫力となった。これまで指摘されているように、沖縄戦の実相が多様であるように、沖縄戦で発生した「強制的集団自殺」の実相も一様ではない。ただ、チビチリガマの場合では、中国での日本軍の残虐行為を見聞した同じ村人の証言が、「日本国民」としての沖縄住民を「強制的集団自殺」へ誘導する直接の大きな脅迫力として働いた点は、それらの証言が示している通りである。
沖縄県内の市町村史における戦争体験記を読むと、沖縄戦での多様な体験記に比較して、兵隊として東アジア地域に出兵した体験記の数はあまり多いとは言えない。しかも、その体験記として収録された聞き取りや手記を読むと、ある共通する一つの視線の位置を感じる。それは自らも日本軍の一兵卒として戦闘に加わったにもかかわらず、「日本軍は、ほんとうに残虐だった。私も目撃したことがある」というように、日本軍の当事者である日本（本土）の兵隊ではない、沖縄の兵隊としての視線がほとんどだという点である。ここでは、その典型的な二つの事例を引用してみよう。

第一線では日本軍は悪いことをしている。本土の人なんか、仕事といって日本刀を持っている。日本刀を買って行くのもいた。中国に駐屯している時など、まだ人を斬ったことがないからといって支那人を集め、試し斬りをした人もたくさんいる。口に出していえないだけで、日本軍は相当悪いことをしている(19)。

内地の兵隊は殴るから、沖縄の人の頭には「兵隊に行って死ぬというのは、戦闘で死ぬということではない。殴られて死ぬことだ」という思いがあった。みんなそう思っていたはずだ。また、実際殴っていた。……日本人はほかにも悪どいことをした。日本軍は討伐に行くときでも、現地言葉で「苦力」といっていたんだが、民間人に荷物を持たせていた。そして少しでも歩き方が悪ければ、ショウミハン（銃の台尻）で頭を殴りつけてイチコロに殺害した。日本人は……人間じゃなかった。身の毛がよだつほどだ(20)。

その引用文に見られるように、沖縄出身兵隊の証言は自らの立場を「本土の人」「内地の兵隊」とは異なる位置におき、その視線から中国で残虐行為を行なった「日本軍」や「日本人」を批判している。たしかに、郷土部隊をもたなかった沖縄は、九州所在の各師団の歩兵連隊に分散入営したため、「植民地の被支配民族なみに扱われ」、さらに「方言の違いは差別をいっそう大きく」(21)していたこともあった。また他の証言にもいくつか出てくるが、中国人や朝鮮人が、琉球人は日本人とは異なる人たちだと親しく接して良くしてくれる場合も少なくなかった(22)。そのような背景もあって沖縄出身の兵隊が、軍隊のなかでも日本（本土）出身兵とは異なる感情や視線を抱いていたことも首肯けよう。このように日本軍とは異なる位置からの証言が、東アジア地域へ出征した沖縄出身の兵隊の証言の大部分として県内市町村史に収録されているのである。

しかし、共同体の寄合いでの内輪の酒の場において、沖縄出身の元兵士たちの発言は、日本軍の当事者として、その中国での蛮行を誇らしげに語る場面が少なくないという。新崎盛暉氏は、それについて次のように述べている。

……話の仲間に加わったNさんは、日中戦争に従軍したころの蛮行を得意気に、また懐かし気に語る部落のボスたちの話をした。彼らは部落の寄合いなどで、何度となく、中国大陸で婦女子を犯したことをとくとくと語るとともに、上すべりな自衛隊配備反対闘争などはやがて消滅してしまうであろうし、消滅させてみせると予言してはばからない、というのである。この話は、わたしにとって大きな衝撃であった。沖縄で繰り返し語られる戦争体験は、悲惨な地上戦の被害者体験であった。しかし、その沖縄で、まったく別の戦争体験が息づいていたのである(23)。

新崎氏が指摘するように、沖縄のなかには一般に沖縄戦の体験として言われている「悲惨な地上戦の被害者体験」とは、「まったく別の戦争体験が息づいていた」のである。そしてその「まったく別の戦争体験」とは、中国での戦場行為に代表される東アジア地域において日本軍が行なった残虐な蛮行である。沖縄出身兵隊も日本軍の一兵士として中国に出征しており、中国で残虐行為を行なった日本軍の兵隊であったことはまぎれもない事実だ。市町村史に収録されない、共同体での寄合いで得意気に語られる中国でのその残虐行為についての話は、沖縄の戦後世代が沖縄戦の記憶を考えるときに、決して「忘却」してはならない記憶だと言えよう(24)。

そのような文脈をおさえたうえで、沖縄の戦後世代としてチビチリガマの戦争の記憶を考えるときに、次のような点が指摘できるのではなかろうか。チビチリガマにおける「強制的集団自殺」は、日本軍の東アジア地域での蛮行とは決して無縁ではない。日本軍の東アジア地域での蛮行は、チビチリガマにおける「強制的集団自殺」へとつながっているのだ。チビチリガマのなかで、中国での日本軍の残虐行為の証言が、「日本国民」としての沖縄住民を「強制的集団自殺」へ誘導する直接的な脅迫力として働いた。そこで、「日本国民」の東アジアへの「加害」が「日本国民」である沖縄県民の「被害」へとつながったのである。沖縄の戦後世代として、沖縄戦の記憶を東アジアの歴史や現在のなかで継承しようとするとき、その「加害」が「被害」へとつながっていることを決して「忘却」してはならない。

そして沖縄戦のガマのなかで、日本軍が同じ「日本国民」である沖縄住民を虐殺したという事実。同じく中国での日本軍の残虐行為の証言が、「日本国民」としての沖縄住民を「強制的集団自殺」へ誘導した事実。その「被害」と「加害」というまったく異なる二つの対照的な経験や記憶が、「日本国民」としての沖縄住民に折り重なったことを「忘却」してはならない。チビチリガマでの沖縄戦の住民の戦争体験は、「加害」と「被害」というまったく異なる二つの相貌を内包しながら東アジアの戦争体験へとつながっているのだ。その点こそが、東アジアの現在を考えるうえで、沖縄の戦後世代が沖縄戦の記憶を継承しなければならない重要な論点である。

さて、もう一つの読谷村のシムクガマにおける戦争の記憶についてである。前述したように、そのシムクガマではさきのチビチリガマのような「強制的集団自殺」もなく、避難していた約千人あまりの村人が米軍に投降して捕虜となって生き残った。それは、そのガマに避難していた二人の村人の判断と行動によるものであった。そして、その背景には、移民によって体験した二人の生活経験に根ざしたものが大きかった。二人は若い頃、農業移民のためハワイに渡った。その一人は農業から稼ぎの良い乗り合いバスの運転手になり五年ほどで帰郷するが、もう一人はいろんな職に就きながら二十五年間にもわたってハワイで移民生活を過ごした。その間に英語を習得し、コミュニケーションの機会を広げ、移民先のハワイでアメリカ社会の生活を経験したのである。二人にとって、そのハワイでの移民経験はその後に帰郷した沖縄での生活にも大きな影響を及ぼした。その経験は、日本がアメリカと戦争を始めたときに、周囲や日本兵に対して、「日本の政治家、軍人は、アメリカの国の力の大きさを分かっているのか」「戦争は何のためにするのか。国民と財産を守るためではないのか」という発言へとつながっていった。そして戦時下においては、そのような日本軍へ楯突くような言動をしたことにより、村人から彼らは「非国民」と呼ばれることになった(25)。

しかし、その「非国民」と呼ばれた二人の判断と行動が、シムクガマに避難した千人あまりの村人を米軍から救ったのである。米軍がシムクガマに近付いたとき、ガマのなかでは青年たちが米軍への突撃を叫び、一時、緊張感が走った。だが二人には、移民先の生活経験から民間人に対して「アメリカ兵は手向いしなければ殺さない」との判断があり、二人はガマを出て米軍と交渉し、千人あまりの村人を救出したのである。その判断と行動にかんしては、個人的な資質の側面もあろうが、やはりその場面で重要な働きをしたのは移民によって外国生活を体験し、そのなかで培った経験知が大きな意義をもったことは疑いない(26)。それは、移民体験が沖縄戦のなかで沖縄を日本国家の縛りから解き放った事例だったと言える。

4　移民体験と沖縄戦

沖縄移民の特質としては、移民先の日系社会のピラミット構造のなかで最下層に位置し、日系社会のなかでも沖縄独自の歴史や文化に根ざし地縁や血縁などの強い紐帯に結ばれた、きわめて個性的な社会的組織力のある集団だと言われている。そして、その特質の一つとして、「沖縄県移民は海外の移民受入社会において、すんなりと溶け込むすべを心得、その社会で生きぬくバイタリティーがあり、また、移動性に富む国際人ともいえよう」(27)と指摘されている。ここでとくに注目したいのは、そこで沖縄移民の特質の一つとして、移民先の地元民と接触して溶け込み、移民先に無理なく根付いていくあり方が指摘されている点である。

また、沖縄移民の特徴は、移民先の社会や時代との関係によってもいくぶん変化するものだが、そのなかで非常に興味深く感じられたのは、フィリピンに移民した沖縄移民の特徴に関する分析についてである。そのフィリピンでの沖縄移民の特徴の一つとして次のような点が指摘されている。沖縄県移民は現地人から「オートロハポン」(別の日本人、変な日本人)と言われ、「本土出身者」と区別されて見られていた。それは、現地人との友好・信頼関係が良好であった沖縄移民が、日系移民社会において差別された境遇にあることを、現地人が同じ被差別・抑圧された共通の立場として親しみを感じていたからだと言う。そしてそのことは、アジア太平洋戦争において、敵国の「日本国民」であるにもかかわらず、沖縄県人は現地人から手厚い保護を受けたり、また戦後においてもその友好関係は今日までつづいていることからもわかると指摘されている(28)。その指摘は、フィリピンだけでなく東南アジアや南太平洋の国々における沖縄移民の特質を指摘するものとしてたいへん興味深い。

冨山一郎氏は、『戦場の記憶』のなかで、沖縄からの南洋移民を分析することで、「沖縄人」にとって「日本人」になるということの意味を刺激的に論及している。冨山氏によると、ミクロネシアで「ジャパンカナカ」と呼ばれていた「沖縄人」が「日本人」になるということには、帝国意識による指導者としての「日本人」を志向する文脈と、南洋群島の植民地経営を支えた差別的労務管理から沖縄の人びとが脱出して成功者になるという二つの文脈をもっていた。さらに、その指導者と成功者としての「日本人」は、ズレを生みながら癒着していたため、沖縄の人びとにとって生活改善運動は上からの官製運動というより、自発的な自身の運動として展開することになったと分析されている。その際、沖縄の人びとは、自らの内部に払拭すべき「他者」を構成したと指摘している。そして、その沖縄住民の自決や虐殺を、「『玉砕』という戦場の記憶を経験として語り得るとすれば、それは『日本人』になるということのなかで払拭され、指導されるべき客体として措定されていった他者を、いかに獲得するのかというところからはじめなければならないだろう」(29)と言及している。

ではその冨山氏が言うように、沖縄の人びとが「戦場の記憶を経験として語り得る」ために、「客体として措定されていった他者を、いかに獲得する」ことができるのであろうか。その際、さきに引用したフィリピン移民における沖縄移民の特徴は、非常に重要な示唆を私たちに提起しているように思われる。すなわち沖縄の人びとは、東南アジアやミクロネシアでの成功者と指導者としての「日本人」を志向するのではなく、「オートロハポン」(別の日本人、変な日本人)や「ジャパンカナカ」と呼ばれながら、同じく差別され抑圧された立場を感じてくれる現地人と友好や信頼関係を築き、その社会に溶け込んでいく志向性を押し広げることにあるのではないか。

そしてそれは、移民した社会に溶け込み、そこで体験した生活の経験知を生かして、シムクガマに避難した村人を救った「非国民」の判断と行動にも重なる志向性だといえるように思う。さらにその「非国民」の判断と行動は、東アジアにおいて、「沖縄人」が指導者と成功者としての「日本人」になるのではなく、「被害」と「加害」が折り重なった沖縄戦の記憶を手放すことなく、「オートロハポン」(別の日本人、変な日本人)であり続けることへとつながっていくことではないか。それは「沖縄人」が払拭した他者を獲得する一つの可能性であると言えよう。

3 沖縄戦における兵士と住民

防衛隊員、少年護郷隊、住民虐殺

はじめに

これまで沖縄戦にかんする認識について、次のような論点が指摘されてきた。一つは、「沖縄戦は沖縄近代の総決算」という論点である。もう一つは、「沖縄戦は総動員体制の極限」という論点である(大城・二〇〇五)。前者は、近代日本国家による沖縄への差別的偏見の歴史のなかで、沖縄戦の悲劇を、その差別から脱却するために日本国家へ同化した沖縄近代史の総決算として位置付ける認識である。後者は、沖縄戦を総力戦体制の極限としてとらえ、とくに戦争完遂のために一般住民を戦場動員した軍隊の論理に焦点を当てて分析する認識である。その二つの論点は、沖縄戦にかんする認識として相反するものではなく、相互に影響を与えながら、沖縄戦の全体像についての認識を形成している。

また、前者の「沖縄戦は沖縄近代の総決算」であるとの認識には、二つの側面が指摘されている。一つは、日本軍部による沖縄人に対する歴史的偏見についての位相である。例えば、明治期、大正期、昭和期の各時代を貫いて存在した、日本軍部の沖縄人に対する所見として、次のような記述が明らかになっている（傍線は引用者）。

「本県〔沖縄〕下一般ノ軍事思想ハ不充分ナリ。本県ニ於ケル軍事思想ノ幼稚ナルト国家思想ノ薄弱ナルトハ遂ニ徴兵ヲ忌避シ、動モスレバ兵役ノ大義務ヲ免レントスルモノ多シ。」（明治四十三年度『沖縄警備隊区徴募概況』）

「皇室国体に関する観念、徹底しからず。進取の気性に乏しく、優柔不断、意志甚だ薄弱なり。遅鈍、悠長にして敏捷ならず。軍事思想に乏しく、軍事と為るを好まず。」（部外秘『沖縄県の歴史的関係及人情風俗』大正十一年十二月沖縄連帯区司令部）

「所謂『デマ』多キ土地柄ニシテ、又管下全般ニ至リ、軍機保護法ニ依ル特殊地域ト指定セラレアル等、防諜上極メテ警戒ヲ要スル地域ニ鑑ミ、軍自体此ノ種違反者ヲ出サザル如ク。」（昭和十九年度石兵団会報綴〈六十二師団〉第四九号）

それらの史料の記述が端的に浮き彫りにしているように、日本軍部の沖縄住民に対する偏見や差別の認識が、沖縄戦の悲劇を生み出す要因になったと指摘されている。そして、その差別から脱却するために沖縄側から日本へ同化し、「りっぱな日本人になる」という沖縄近代史を貫いて存在する同化と恭順の歴史が、沖縄戦の悲劇へと導いたとする論点が、もう一つの側面である。その論点の背後には、沖縄自身による沖縄近代史への批判的な歴史認識が伏在している。

また、後者の「沖縄戦は総動員体制の極限」であるとの認識は、いわゆる沖縄戦における「軍民一体」化の状況を分析しながら、とくに軍隊の論理に焦点を当てて強調している。

以下、本章では、沖縄戦における住民と兵士の関係について、「沖縄戦は沖縄近代の総決算」であるとの認識を踏まえながら、もう一つの「沖縄戦は総動員体制の極限」であるとする認識について中心に論及してみたい。沖縄戦における住民と兵士の関係を考えるうえで、最初に沖縄住民の戦力化と住民への防諜対策について論及し、次に住民と兵士の接点として現地召集された防衛隊と少年護郷隊・鉄血勤皇隊との行動様式の違いについて検討し、最後に日本軍による住民虐殺の論理について考察することにしたい。

1　沖縄住民の戦力化と住民への防諜対策(1)

沖縄本島を中心とした南西諸島は、明治初期の熊本鎮台沖縄分遣隊や徴兵事務を取り扱う連隊区司令部の常駐はあったが、一九四一(昭和十六)年まで軍事的にはまったくの空白地帯であった。本土各県と異なった歴史や文化を有する島嶼県・沖縄は、徴兵令も日本本土より二十五年間も遅れて一八九八

（明治三十一）年に施行され（宮古、八重山はその四年後に施行）、郷土部隊をもたない唯一の県だった。だが、対英米戦争が勃発する直前の一九四一年八月から十月にかけて沖縄本島中部の中城湾と八重山西表島船浮湾に陸軍要塞が建設され、小規模な砲兵部隊が南西諸島にも駐屯するようになった。その後、米軍の南太平洋や東南アジアへの進攻に伴い、南西諸島近海でも米潜水艦の出没によって輸送船の被害が相次いで起こるようになり、四三年六月ごろから既存飛行場の拡張や新たな飛行場設置のための用地接収が始まっている。さらに、大本営は戦局の急転に伴い新たな政策方針を策定し、四四年三月に沖縄守備軍として第三十二軍を新設し駐屯させ、多くの住民を軍事動員して飛行場建設と持久戦のための陣地構築に一段と邁進するようになる。そして、同年七月にサイパン島が陥落して絶対国防圏の後退が明らかになると、南西諸島とくに沖縄本島は本土防衛のための防波堤として全島要塞化の拠点として位置付けられ、航空要塞化がより徹底された（大城・一九九九）。

一方、軍部は戦場動員のために、一九四二（昭和十七）年十月、在郷軍人や国民兵の召集を規定した「陸軍防衛召集規則」を施行した。その規定は、現役兵以外の男子青壮年者を軍事動員して、実際に戦力化することを想定して制定されたものである。その後、同規則は改定され、法令上の概念として国民兵は在郷軍人のカテゴリーのなかにくみ込まれ、それにより防衛召集の主体となるべき在郷軍人の範囲が一段と広がることになった。具体的には、後述するように、南西諸島では四四年六月に学徒を含む十七歳から十九歳の青年男子が兵籍に編入され、主として飛行場建設や陣地構築のための軍事動員として第一次召集が行なわれた。さらに、十七歳から四十五歳までの第二国民兵全般の兵籍編入も実施されるようになり、同年十月から十二月にかけて第二次召集が行なわれ、翌四五年一月から三月にかけて第三次の防衛召集が続いた。だが、それらの防衛隊の現地召集の際には、各部隊では規定を逸脱して、正規の手続きをせずに年齢を拡大し、恣意的に召集した事例も少なくなかった。

ところで、当時、戦意高揚のための「軍民一体」化という理念の堅持が喧伝されるなかで、とくに日本軍が強調したのは「時局認識」に基づく「防諜観念ノ徹底」という課題であった。本土決戦のための出血持久作戦として位置付けられた沖縄戦では、「防諜観念ノ徹底」は軍部からの重要な上意下達事項として、地方行政機関→民常会→隣保組織を通して徹底して遂行された。例えば、一九四一（昭和十六）年五月と四二（昭和十七）年七月に全国的に開催された防諜週間では、住民に対して挙国一致の信念を強固にし、長期戦に備えた戦時生活の刷新・引締めが強調され、対戦国の秘密戦策動への防止＝スパイ防諜が末端の常会においても厳守事項として周知徹底されている（『朝日新聞』沖縄版、一九四二年七月三十一日）。

その後、前述したように、住民動員による本格的な飛行場設営や陣地構築がより一層推進されるようになると、対戦国の秘密戦策動防止だけでなく、地域住民の言動も防諜の対象になった。なぜなら、それらの軍事施設が、狭隘な面積の沖縄本島で急激に構築設営されたため、軍民混在のなかで軍事施設と民間施設の境界線が曖昧となり、軍の機密が住民に知られる事態が生じてきたからである。

そのため、陸軍は、一九四三（昭和十八）年五月二十四日に「軍防諜参考資料（秘）」として「沿岸築城防諜上ノ諸注意」の文書をまとめている（なお、同文書には「昭和二十年一月陸軍省印刷」との記述もある(2)。それによると、「陣地ノ秘匿」は完全とするのが理想だが、諸般の関係で、ある程度の部外への漏洩はやむをえないと断りつつ、防諜対策として次のような点を強調している。まずは「国民防諜観念ノ昂揚、敵諜報網ニ対スル積極的破砕並ニ欺騙」で補うことを指摘し、具体的には「重要ナル秘匿事項ニ関シテハ之ヲ知得セシムル範囲程度ヲ定メ其ノ範囲程度外ノ漏洩ヲ厳ニ戒シムル処置ヲ講スル」こと、「欺騙」では「演習ノ名称」を明示することと「偽陣地ヲ設クル」ことを記している。そして、機密漏洩を防止するために軍民の領域分離を周知徹底させ、「陣地周邊ノ各地域ニ対スル防諜措置」として、以下の四地域に区分した図表で次のように説明している。第一地域は住民の立入を全面禁止した「衛構物ノ直接周囲」、第二地域は住民立入を原則禁止した「陣地構築地域」、第三地域は立地区住民の出入りを禁止した「陣地施設周辺ノ町村」、第四地域は外国人旅行者を制限した「沿岸地方」に区分けしている。そのように図表によって四つの地域に区分して、諜報防止による立入者の禁止や制限について説明しながら、国民防諜の強化の徹底をうたっている(3)。

さらに一方では、そのような軍民の領域分離の周知徹底とは別に、防諜対策には「官民ノ積極、消極両部面ニ亙ル協力ハ極メテ必要」だとして、「防諜上ノ措置ヲ組織化シ挙村保秘ニ協力スルノ態勢ヲ作ル必要」性を強調している。そして、具体的な「官民防諜組織」として「現状トシテハ各地区毎ニ其ノ地ノ憲兵、警察署長、課長、町村長、在郷軍人分会長、其ノ他要ノ団体ノ長等ヲ網羅セル協議会式ノモノヲ設置シ部隊ノ要求ヲ之ニ明示シテ各組織ニ依リ末端ニ徹底ヲ図ル」ことを特記している。その記述の内容は、具体的には後述するように、沖縄戦の際に沖縄本島北部で護郷隊の下部組織として「国士隊」と命名され組織された、防諜・治安・諜報対策の住民側協力機関の設置へとつながっていった。

ところで、沖縄守備三十二軍司令官・牛島満は、四四年八月三十一日付の訓示で「軍ノ屯スル南西諸島ノ地タル正ニ其ノ運命ヲ決スベキ決戦会戦場」であり、沖縄は「実ニ皇国ノ興廃ヲ双肩ニ負荷シアル要位」であると指摘し、「現地自活ニ徹スベシ」「地方官民ヲシテ喜ンデ軍ノ作戦ニ寄与シ、進ンデ郷土ヲ防衛スル如ク指導スベシ」と訓示した。そしてそのためにも、「防諜ニ厳ニ注意スベシ」と指摘し、防諜対策の対象として軍に留まらず沖縄住民も対象であることを強調している(4)。その訓示からもうかがえるように、沖縄に駐屯した第三十二軍は、「現地自給主義のもとに、作戦展開のあらゆる面で地域住民の協力をうけながらも、他方その軍民協力が密接になればなるほど逆に軍機を漏洩する対象として住民を警戒」(玉木・一九八七a)していたことが確認されよう。

我部政男によると、日本軍の沖縄住民対策は当初から矛盾した二つの課題を抱え込んでいた。一つは狭隘な島嶼である沖縄のなかで住民の協力をいかに調達するかであり、もう一つはその状況下で軍事機密をいかに保持するかである。しかし、すでに日本軍の沖縄住民観で言及したように、日本軍は沖縄住民が国家意識や皇民意識が希薄であるとして沖縄住民をほとんど信用していなかった。「皇国ノ興廃」の「運命ヲ決スベキ決戦会戦場」である沖縄で、信用できない沖縄住民を戦力化して活用しなければならない日本軍は、軍事機密が洩れることを極力警戒しつつも、住民の協力を引き出さねばならなかったのである。そして、そのような矛盾した課題を抱えた状況下で起きたのが、日本軍による沖縄住民に対する「スパイ嫌疑」であった(我部・一九七九、二〇〇一)。

2　住民と兵士の接点としての防衛隊と少年護郷隊

さきにふれたように、沖縄戦の戦場において住民と兵士の接点に位置していたのは、現地召集された兵士たちである防衛隊であった（大城・一九八五）。以下の二つの節では、その防衛隊と、同じく住民と兵士の接点の位置にあった少年護郷隊・鉄血勤皇隊との行動様式に見られる両者の違いについて考察したい(5)。

防衛隊員とは、兵役法でいう現役兵や召集兵とは異なり、陸軍防衛召集規則に基づいて防衛召集された男子を言う。防衛隊員は、召集される直前まで一家の大黒柱として家族を養っていた生活人が多く、防衛召集された後は駐留軍各部隊に属した補助的兵員として位置付けられた。前述したように、その任務は、所属部隊の陣地構築や糧秣及び兵器や弾薬の運搬に関わる仕事が中心であった。防衛隊員には、配属部隊から軍服や戦闘帽、編上靴や地下足袋などが支給されたが、原則として武器の支給はなく、ごく一部の組織に割当として複数隊員ごとにわずかな小銃器が支給されただけであった。

林博史によると、沖縄における防衛召集は大きく言うと三つの時期・内容にわけられる。第一期は、一九四二年九月二十六日に施行された陸軍防衛召集規則が、四四年十月十九日に改正されるまでの期間である。第二期は、その防衛召集規則を改正した十月から十二月の時期で、その期間には改正された兵役法施行規則に基づいて満十七歳から四十五歳までの男子が根こそぎ動員された。第三期は、四五年二月から三月の時期で、第九師団の台湾への転用に伴う戦力増強策として、大規模な防衛召集が行なわれた。その三つの時期において、実際には、兵役法施行規則で定められた年齢を超えて十三歳から六十歳までの約二万数千人にのぼる沖縄の男子が防衛召集され、その六割に相当する約一万三〇〇〇人が戦死している（林・二〇〇一）。沖縄戦に従軍した日本軍兵士のうち、正規の軍人軍属と現地で召集された防衛隊員を含む沖縄出身者は全体の四分の一を占めており、それらの数字から見ても沖縄戦における現地動員がいかに根こそぎ動員だったかが確認されよう。

また、第一期では前述の防衛召集規則による防衛隊とは関係なく、軍中央部と在郷軍人会の指導と要請によって、四四年七月中旬に沖縄本島の中部地域で日本全国に先駆けて「在郷軍人会防衛隊」が発足している。その在郷軍人会防衛隊は、いわゆる「義勇隊」として各地区に駐屯している軍の指揮下に入り、直接に指導援助を受けている。ただ、それは防衛隊の召集と法的には別のものであるが、その任務や仕事内容において重なっている点も少なくない。その沖縄での在郷軍人会による防衛隊構想については、南方諸島（環太平洋島嶼地域）で実施した「兵補制度」にならった「防衛隊」構想との関連性が指摘されている（我部・二〇〇一）。さらに、四五年三月に閣議決定されて日本本土では沖縄戦末期の六月末に法制化された義勇隊計画構想も、沖縄ではすでに二月時点において前倒しして実現されている。玉木真哲によると、そのような沖縄の住民戦力化（戦闘任務と後方勤務を併せもつ）の中心組織としての在郷軍人会防衛隊と義勇隊は、日本本土での本土決戦計画が準備されつつあった段階の国民動員計画と、陸軍が南方占領地域で実施した住民戦力化との関連のなかで把握されるべきだと主張している（玉木・

一九八五)。

ところで、防衛隊の証言は数多くあるが、所属部隊と防衛隊との関係や動向についてはあまり明らかになっていない。そのため、ここでは所属部隊と防衛隊との関係を知るうえでも参考になる、軍と在郷軍人会防衛隊との関係や動向について、独立混成第一五連隊の陣中日誌(6)にある連隊作戦命令(以下、「作命」と記す)によって確認してみよう。

独立混成第十五連隊は、作命第四号によると、一九四四年七月五日、宮崎県新田原飛行場から空輸で那覇に向かっている。その翌日の作命第五号によると、同連隊は独立混成第四四旅団の指揮下に入り、嘉手納付近に集結し以後の行動の準備をすることが通達されている。また、第十五連隊が指揮下に入った独立混成第四四旅団作命第二号(七月十二日)によると、帝国在郷軍人会沖縄支部が管内で防衛隊を編成したので、作戦に当たって旅団がその指揮に当たることが明記されている。そして、各地区隊長が担当区域内の防衛隊の装備訓練を援助指導することと、作戦にかんして防衛隊に独立した任務を与えて軍隊の作戦行動を援助しながら指揮することが記されている。それを受けて、独混十五作命第九号(七月十六日)においても同様の内容が通達され、さらに区域内の防衛中隊の装備訓練を指導するうえで、その指導の重点は監視捜査警戒及び夜間における奇襲動作にあると明記されている。作命第十号(七月十八日)では地区隊は洞窟、掩蔽部の強化作業と補強を実施すること、同十一号(七月二十日)では陣地築城のために各部隊は爆破作業を習得することが通達されている。さらに、同十二号(七月二十六日)では複廓陣地の地形を精査することが通達され、中部地区管内の拠点陣地地区の特性及び利用手段、道路改修増設、洞窟の状況と補修、弾薬と糧秣の予想貯蔵位置、戦車障害物、水や樹木の状況などを偵察して報告することが命じられている。そして、同十三号（七月二十六日）では警備中隊の召集を解除し、現在実施中の陣地構築を中止する通達が出され、同十四号（七月二十八日）では陣地構築を一時中止し、教育訓練すなわち射撃、内攻、手榴弾、格闘並びに敬礼演習を実施することを通達している。

その後、同旅団は移駐しているが、そのわずか一ケ月足らずの通達内容の推移からも、軍の指揮下で在郷軍人会防衛隊がどのような活動をしたのかがうかがえよう。防衛召集規則に基づいて召集された防衛隊も、所属部隊の指揮下のもとで、似たような活動を行なっていたと思われる。

ところで、防衛隊の任務や仕事は、飛行場建設と陣地構築という戦闘部隊の支援としての土木作業が中心であったが、一方では「軍の主力部隊温存のための捨て石部隊」でもあった。林によると、沖縄戦の戦場の最前線に残された部隊隊員の過半数が防衛隊員であり、防衛隊員は作業要員あるいは戦闘部隊の支援要員として使役される一方、斬り込みなどの実戦にも投入され、軍の主力部隊温存のための捨て石にされた（林・二〇〇一）。そのような状況のなかで、防衛隊員は沖縄戦の戦場をどのように考えて行動したのであろうか。ここでは、陣地構築などの後方勤務を担った防衛隊員と、戦場での戦闘要員として駆り出された防衛隊員の証言を検討しながら、その問題について考えてみたい。

例えば、後方勤務を担った防衛隊員の証言には次のようなものがある。ある防衛隊員は、米軍上陸前に石部隊に所属し丸太運搬に従事した後、上陸後は弾薬運びが任務で、食事は握り飯一日一回だけの激務であった（「体験記・比嘉実盛」読谷村史編集委員会編・二〇〇二、三六七〜三七〇頁）。また、ある防衛隊員は、米軍上陸前には壕掘りの仕事に従事しながら、ときには日本兵と酒盛りをする余裕もあったが、米軍が上陸した後には仕事も激務となり二等兵として軍規を厳しく徹底される（「体験記・比嘉次郎」同前・三七九〜三八一頁）などさまざまであった。

一方、戦闘員として直接戦場に駆り出された防衛隊員の証言には次のようなものがある。伊江島で防衛召集された防衛隊員は、当初、飛行場の滑走路整備などの土木作業が中心で、武器も少なく一個分隊に一、二梃の小銃しか支給されず、そのため竹先を油焼きした竹槍で戦闘訓練を行なっていた。だが、戦況が悪化すると、ダイナマイトで急造爆雷を造って、それを背負い敵の戦車に突っ込む訓練をさせられた。そして、米軍が上陸したら戦車部隊に、急造爆雷を背負ってキャタピラの下に突っ込めという命令を受けて、実際に何度も斬り込み隊の一員として戦闘に加わったという（謝花良雄「防衛隊に召集」本部町教育委員会編・一九九六、一一八〜一二四頁）。このように、所属部隊によって防衛隊員の仕事の内容や環境は実に多種多様であり、時期によってもさまざまに変化し異なっていることがわかる。

防衛隊員のなかには、たしかに日本兵の戦陣訓を地でいって米軍の捕虜になることを潔しとせず手榴弾で自決した人たちもいたが、戦場動員された防衛隊員の一般的な意識や行動については次の証言がよく示しているように思われる。

大工だった山川岩平は、北部大宜味村から防衛隊として召集され、金武地区に配置された。海軍服が一着支給されただけで小銃も与えられず、丸腰のいわゆる「棒兵隊」で、本土出身の兵士たちにこき使われ壕掘りや特殊艇運搬の仕事が中心だった。その後戦況が厳しくなり、海軍兵にも退去命令が出され北部の山へ退却することになって、部隊の統制もとれなくなっていた。炊事班に移動した山川は食糧確保に大変だったが、部隊の総意として米軍のいる名護に斬り込みに行くことになった。しかし、山川は、家族の近くまで来ているのに死ぬことはないと思い直し、斬り込みへ行く途中で部隊から逃亡して家族の元に帰って行ったのである。沖縄戦の前に中国への従軍経験もあった山川だが、軍人意識を優先するよりも、妻子への思いや肉親の情こそが生命の支柱であったと証言している（山川岩平「家族のためにも死んでたまるか」福地・一九八五、一四〇〜一四五頁）。このように沖縄県内の各市町村史などに収録された多くの防衛隊員の証言を読むと、どうせ死ぬのなら戦場を離脱して肉親とともに死にたいと、家族の元へ帰って行った防衛隊員の数が多いのが特徴である。

戦線を離脱して家族の元に帰る防衛隊員の背景や理由として、林博史は、日本軍による沖縄住民や沖縄出身兵士への差別や横暴に対する反発、家族の心配、戦争の状況に対する冷静な認識と米軍への理解、そして自分たちは軍人や戦闘要員ではないという意識があったと分析している（林・二〇〇一）。それらの防衛隊員の特徴は、次節の皇民化意識を徹底して植え付けられた学徒兵たちとは異なる、生活人としての防衛隊員たちがもっていた特有の意識と行動様式が生み出したものと理解されている(7)。それらの特徴は、兵士と住民との接点に位置する防衛隊員の意識や行動を考えるときに最も重要な論点だと言えよう。

3　少年護郷隊・鉄血勤皇隊

さて、一九四四年七月にサイパンが陥落した後、大本営は、後方特殊戦部隊としてニューギニアでの第一遊撃隊、フィリピンでの第二遊撃隊に続いて、沖縄でも遊撃隊（ゲリラ隊）を編成することになった。日本軍は、沖縄戦での主要決戦場を沖縄本島南部地区に設定していたため、北部地区の山岳森林地帯を作戦地域とする第三と第四の二つの遊撃隊を編成した。第三遊撃隊は、管内の一集落に一分隊という基準で分隊を結成し、その三、四分隊を併せて一小隊を編成し、さらにその三小隊を併せて一中隊を組織して、全体では総員約六〇〇名で四個中隊として編成されていた。また、第四遊撃隊も、総員は三九三名で同じく四個中隊として編成された（護郷の会・一九八六、防衛庁防衛研修所戦史室編・一九六八）。両遊撃隊には、中隊長に大本営から派遣された陸軍中野学校出身の将校が、小隊長には在郷軍人の地元有力者が、分隊長には在郷軍人で地元青年に人望のある人物が就任した。また、遊撃隊の隊員は、在郷軍人である分隊長以上の幹部要員を除いて、十六歳から十九歳までの徴兵適齢期以前（後に十七歳以上に変更）の地元の青少年たちを防衛召集して、部隊が編成された。

第三遊撃隊は、作戦地域が独混第四十四旅団と同じ管内であったため、当初はその指揮下にあったが、同旅団が島尻へ転出したので、その後国頭支隊の宇土部隊の指揮下に入ることになった。さらに、四五年一月に第九師団が台湾に転出すると、再度沖縄守備軍における配備変更がなされ、兵力増強のために新たに防衛召集が行なわれた。その沖縄現地からの兵員の防衛召集は、前述したように、わずか半年足らずで、三次にわたって根こそぎ召集されている。第一次召集は、四四年十月に行なわれ、分隊長以上の幹部要員を含む各中隊要員に相当する人員が召集された。召集は、まず在郷軍人を幹部要員として臨時召集し、その幹部要員らが地元の青年学校の青少年を兵員として集めるという手順で進み、中隊長と少年兵を橋渡しする幹部要員には、十月中旬に名護国民学校で約二週間にわたって幹部教育が行なわれた。また、第一次召集された十六歳から十九歳までの約七〇〇名の地元青少年に対し、十一月から約四十日間にわたって初年兵教育が実施された。なお、第三遊撃隊は、防諜上の観点から秘匿するために「第一護郷隊」と呼称され（第四遊撃隊は第二護郷隊と呼称）、その名称は地元召集された隊員に対して、「自分の郷土は自分で護るのだ」という精神教育の準拠の役割を果たしたという。その意向もあって、第一護郷隊の教育の中心は精神教育に重きが置かれ、遊撃戦の遂行に必要な特殊技能の教育は枝葉末節のこととして位置付けられた(8)。

そのことは、第一護郷隊の「防衛隊指導計画」という文書で次のように記されている。第一護郷隊は、「国頭地区在郷軍人ヲ糾合戦力化シ郷土防衛ノタメ皇民皆兵ノ中核」として位置付けられ、その指導において「軍人精神ニ透徹シ挺身墳墓ノ地ヲ護ランスル熱烈ナル護郷愛ヲ鼓吹ス」と明記されている（『本部町史』九八六～九八九頁）。また、その指導計画で「徹底セル幹部教育ヲ実施ス」とあるように、先頭に立って一般隊員たちを誘掖指導するために、在郷軍人の中堅幹部の再教育に力を注いでいる点が確認できる。

しかし、第一次防衛召集で一七歳前後の青少年たちを召集して、約一ケ月の期間で初年兵教育の初歩を訓練するだけでも大変なことだった。なぜなら、入隊時の青少年のなかには、まだ幼くておとなしい少年たちがほとんどを占めていたからである。例えば、入隊の際に軍服へ着替えるときに、軍服や軍靴のサイズが合わなかったために大騒ぎになったというエピソードがある。また、入隊選考の際にあまりにも小さいので不合格にすると、入隊したいと泣き出したため、大きい少年と相撲で勝ったら入隊を許可するという条件を出したら、その相撲に勝って約束どおりに入隊を許可された少年もいたと記されている（護郷隊編纂委員会・一九六八。以下、「『護郷隊』」と記す）。さらに、同じ集落の出身者で分隊を形成して配置され、隊長も青年学校で訓練を受けたことのある顔見知りの在郷軍人ということもあって、召集された少年たちには、入隊当初、あまり緊張感が感じられなかったという（喜納宗和「負傷兵をかかえながらの戦闘」福地・一九八七、二六〜二九頁）。でも、それらの少年たちにも、護郷隊の一員として二等兵の階級が与えられた。常置員として少年兵の教育を担当したある在郷軍人は、「一億総蹶起の戦時体制とはいえ、こういう少年達までかり集めて、この郷土で実際に戦わねばならないかと思うと、悲痛な気持が胸をしめつけ」（山川文雄「教育隊とタニヨ岳」『護郷隊』一二七頁）たと、のちに述懐している(9)。

また、一九四五年一月以降に第二次防衛召集として召集された少年兵たちにも、第一次と同様に初年兵教育が実施された。さらに三月二十六日には、県立第三中学校の鉄血勤皇隊の約一五〇名が第一護郷隊の指揮下に入り、情報要員として隊本部や各中隊に分属され、小隊長には三中の教員が就任することになった。護郷隊中隊長は、陣中日誌のなかで三中鉄血勤皇隊に対して最初は、護郷隊に伍して劣らぬ学生もいれば子どものような学生もおり、しかも軍事的な職能のない教員が小隊長では何の役にも立たないと否定的に記している（『護郷隊』）。そのような幹部の評価とは別に、三中鉄血勤皇隊の学徒兵たちは他の中学の勤皇隊と同様に各中学校出身という愛校意識が高く、三中生として自ら率先して軍隊に貢献し一体化しようとする意識がとくに強かったという。皇民化教育を徹底して注入された中学生の鉄血勤皇隊にとって、皇軍の戦勝を信じて戦争完遂のために自ら皇軍へ一体化して貢献する姿勢は、当時の学徒兵として当然とるべき行動様式だったのである。

そのような鉄血勤皇隊の姿勢は、住民と兵士との接点に位置していた防衛隊とは異なり、彼等の主要な意識と行動様式を構成していたと言えよう。防衛庁戦史は、その鉄血勤皇隊と命名された学徒隊の活動に対して、「その若さと地理に明るいことは伝令、偵察などのほか斬込みの案内などに特性を発揮した」と記している(10)。それは少年護郷隊も同様であった。

米軍が上陸した沖縄戦末期になると、各部隊は食糧や弾薬も底を突き、きわめて困難な状況にあったが、地元出身の青年兵（護郷隊では隊員の教育上、少年兵を大人扱いとするため青年兵と呼称していた）たちの地理勘が情報の収集や食糧の取得、挺身攻撃にとって大いに役立った。また、地元の一般住民の遊撃戦に対する協力は良好であり、護郷隊の成果をあげるのに大いに役立ったと陣中日誌にも記されている。そのことは、逆に少年護郷隊の意識や行動様式の特徴を余すことなく表しているように思われる。少年護郷隊にとっては、自分自身の生まれ育った村や山のなかが戦場であり、両親や兄弟姉妹を身近に感じながらの戦闘だったのである。それは、この戦争に対する彼らの心構えや心情に大きな影響を及ぼし、護郷隊に対する一体感や自発的協力をより堅固なものにしたのは疑いない。例えば、その意識は、次のような護郷隊少年兵の行動様式に典型的に見られるように思う。

当時十四歳で久辺国民学校高等科に在学していた金城正光少年は、地元の山岳地帯の地理に詳しかったため、辺野古岳山野に移動した日本兵グループの道案内役として行動を共にするようになった。人一倍に日本軍の勝利を信じていた金城少年は、食糧事情の厳しい状況下で飼育していた鶏や非常食用に貯えていた食料を、家族に無断で持ち出して、日本兵に提供するなど積極的に協力した。山中を転々として常に日本兵と行動を共にしていた金城少年に対して、あるとき日本兵から、集落一帯へ侵攻して来た米軍と戦うために、米兵より銃を奪う作戦に加わるようにとの話が持ちかけられる。その作戦により、日本兵たちは米兵の乗ったジープを待ち伏せて手榴弾を投げ、その間に米兵から三梃の自動小銃を奪う戦果をうることができた。だが、日本兵は銃弾がないから戦えないと、さらに金城少年に地元二見区にある米軍の弾薬集積所から銃弾を強奪するよう言葉巧みに誘導したのである。日本兵は、非戦闘員である金城少年を弾薬集積所へ先兵として侵入させて強奪させる作戦をたてたが、金城少年は米兵に見つかってしまい、弾薬を担ぎ出そうとしていたところを銃殺されてしまった。

その話を証言した金城ウトは最後に、「その時、後方に潜む友軍が反撃したかは定かではないが、戦争の分別も知らぬ少年を駆り立て、銃弾の犠牲に落し入れた責任は誰が負うのでもなく、若くして悲そうな死を遂げた家族は悔やむに悔やみきれないほど戦争の癒しがたい心の傷を残した」(『辺野古誌』五六一〜五六二頁)と述べている。その証言が提示しているのは、日本軍に協力的な非戦闘員である少年の心を巧みに利用した日本兵の非情な軍隊の論理である。

そして、そこにあるのは、前述の防衛隊と護郷隊少年兵との間に見られる意識や行動様式の違いでもある。その意味で興味深いのは、護郷隊中隊長による防衛隊に対する認識であろう。護郷隊中隊長・村上治夫は陣中日誌で、防衛隊について次のように記している。

三日四日に掛けて中頭地区より脱走し指揮系統も何れも乱れた兵隊が、国頭地区に逐次多くなって来た。もう既に彼等は戦意を喪失している。全く嘆わしい次第だ、……陣地を一巡して廻るところういう者にぶつ突かる。防衛隊が一番多い。戦斗意識に代るに家族を思いこれを探し出そうとする努力……何も訓練され教育されたことの無い兵隊だといっても余りにも意気地がなさ過ぎる。凡そ日本人のとるべき態度であろうか、青年兵の純な戦闘意識の中にこんな状況を入れることを極度に警戒した（『護郷隊』四七頁）。

そして、その防衛隊に対する評価とは対照的に、当初は子ども扱いしていた三中鉄血勤皇隊が、護郷隊での戦闘経験を重ねることで斬り込み隊を志願するまでになった姿勢に対しては、「此等隊員の純な熱情に動かされ感激」したと評価が一変している点が確認できる（同前）。その護郷隊中隊長による防衛隊と、少年護郷隊や鉄血勤皇隊に対する評価の違いが、両者の行動様式の違いを、逆に浮かび上がらせていると言えよう。

4　日本軍による住民虐殺の論理

沖縄戦における住民と兵士との関係を考察する際に、避けて通ることのできない問題が日本軍による住民虐殺の問題である。ただ、日本軍による住民虐殺の問題において、安仁屋政昭が繰り返し強調しているように、日本軍の四分の一は沖縄出身兵士で構成されており、日本軍イコール日本出身兵士ではないと言う点である（安仁屋・一九七八、一九九〇）。日本軍による沖縄住民虐殺は、証言事例を読むと日本出身兵士による沖縄住民虐殺が圧倒的に多数であることに変わりないが、沖縄出身兵士が沖縄住民の殺害に関わった事例も、少ないが証言されている。それに関連して、大城将保は「軍隊の規律の下では『本土出身兵』と『沖縄出身兵』を区別する理由は何もない。要は兵士個々人の問題ではなく、軍の作戦方針や軍隊の論理そのものが問われなければならない」（大城・一九八七）と指摘する。ここでは、それらの問題も含めて日本軍兵士による住民虐殺の論理について考えてみたい。

沖縄戦における日本軍による住民虐殺として提示されている実数には、一九八八年二月に開かれた家永第三次教科書訴訟沖縄出張法廷の際に、大田昌秀が調査して明らかにした一六一件二九八人という数字がある（『沖縄タイムス』一九八八年二月九日）。その数字は、大田自身が「たいへん控えめな数字」だとことわっているように、あくまでも当時刊行されていた沖縄関係書物や証言記録集だけの調査から確認されたものである。その数字は、調査した一般図書二八八冊から導き出したものであり、その後に五〇〇冊以上の沖縄関係書物や市町村史誌が刊行されていることや（吉浜・二〇〇〇）、新たな住民虐殺の事実が明らかになった事例も少なくないので、その数字がさらに増えることは間違いない。安仁屋は、自身のフィールドワークや沖縄全域の各市町村史誌による実態調査に基づいて、その数は数千人にものぼると推計している（安仁屋・一九九〇）。しかし、その数字は戦後六〇年を経ても今なお確定されておらず、その全体像はいまだ解明されていない。

ところで、日本軍による沖縄住民殺害の原因には、さまざまな要因が指摘されているが、石原昌家は、日本軍による直接・間接の被害の態様を次のように類型化している。

「日本軍に直接殺害された人の態様」として、①スパイ視、②食糧強奪、③避難壕からの追出し、④軍民雑居の壕内で、乳幼児が泣き叫ぶのを殺害、⑤米軍の投降勧告ビラを拾って所持しているものをスパイ・非国民視、⑥米軍への投降行為を非国民視、⑦米軍の民間人収容所に保護された住民を非国民視・スパイ視して襲撃、⑧砲煙弾雨の中での水汲み・弾薬運搬の強要、⑨米軍に保護され、投降勧告要員にされた住民を非国民視・スパイ視など。また、「日本軍に間接的に死に追い込まれた人の態様」として、①退去命令、②「作戦区域内」からの立退き・立入り禁止によって砲煙弾雨のなかで被弾、③日本兵の自決の巻き添え、④砲撃の恐怖・肉親の死などによる精神的ショックで精神障害になり、戦場をさまよい被弾、⑤日本軍の集団死の強制、⑥軍民雑居の壕内で泣き叫ぶ乳幼児を、肉親が殺害することを強要、⑦立退き命令などによる肉親の遺棄、などをあげている（石原・一九九六、二〇〇二、二〇〇五b）。

その石原が類型化した日本軍による沖縄住民の直接・間接の被害の原因を見てもわかるように、軍事機密の漏洩防止を大義名分とした沖縄住民への「スパイ嫌疑」が、一番多い理由としてあげられている。すなわち、住民虐殺の最大の原因は「日本軍による沖縄住民へのスパイ・非国民視」にあると言える。そのことは、沖縄戦末期に北部地区で地域住民の生殺与奪権を握るようになっていた敗残兵たちが、住民を脅迫し恫喝する最終的な切り札として「スパイ」という言葉を使用していた点からも首肯されよう（福地・一九七五）。以下、その日本軍による沖縄住民殺害における「スパイ嫌疑」の問題について考察したい。

スパイ嫌疑に基づく日本軍による沖縄住民虐殺については、久米島の鹿山事件や大宜味村渡野喜屋事件などの集団虐殺、さらに中南部の戦場やガマ内での殺害の事例に見られるように、日本出身の兵士たちによる虐殺が圧倒的に多かった点が報告されている。そのことの意味は、繰り返し問われなければならない。

ただ、前述したように、その日本兵は大部分が日本出身兵士だが、そのなかには沖縄出身兵士もいたことを忘れてはならない。例えば、護郷隊において将校の道案内をしていたのは沖縄出身の防衛隊員であり、また地元の国民学校高等科の少年たちも多かった。郷土史家の島袋全発は、沖縄戦末期に沖縄本島北部へ避難疎開したさいに、スパイ嫌疑をかけられ処刑直前で釈放されるという九死に一生をえる体験をした。疎開先で、「英語」が話せるというだけで何の根拠もないまま、何者かに北部で遊撃戦を展開していた護郷隊に通報され、スパイの疑いをかけられたのだ。全発夫婦にスパイ嫌疑をかけて厳しい詰問をしたのは、沖縄出身の学徒兵として皇国意識を徹底して植え付けられた少年護郷隊員であった。兵士たちは、老夫婦の両手を後ろ手に縛り上げて二人の顔を殴りつけ、強引に自白を強要したが、全発夫婦は白状しなかった。避難先から処刑のために場を移す途中において、全発が少年たちに殺すなら殺してもよいが後で後悔することになるよと、ようやく自らの名前を明らかにしてつぶやいたところ、急遽その場で解放されたと言われている（『辺野古誌』四八八頁）。

このように、スパイ嫌疑をかけられて処刑されるときに、直接に処刑するのは上層部の日本出身兵士がほとんどだが、その処刑に至るまでスパイ嫌疑をかけて告発し詰問することに、護郷隊少年兵を含む沖縄出身兵士たちが関係している事例も少なくない。

さらに、そのスパイ嫌疑による住民殺害を考えるときに、決して看過できない問題がある。その問題とは、日本軍が防諜対策により沖縄住民を協力者として養成し、住民同士を相互監視させて、スパイ嫌疑を告発させる組織を結成させて運営していたことである。

沖縄本島北部に駐屯していた国頭支隊は、一九四五年三月一日、支隊管内の軍官民に対する防諜の指導及び宣伝の実施、並びに遊撃秘密戦準備のため「国頭支隊秘密戦大綱」を通達している。その大綱のなかで、「防諜ノ徹底」のため「組織アル諜報網ヲ構成シ適切ナル任務付与」として「要所ニ分子ヲ獲得シ置ク」ことを明記し、その秘密戦実施計画として戦意昂揚・防諜思想普及の講演会や諜報分子獲得懇談会の開催を計画している（『沖縄秘密戦』四九〜五二頁）。そして、その大綱に基づき国頭支隊の秘密戦において、防諜・治安・諜報対策に協力する地域住民の特務機関が組織されている。さらに、その特務機関の任務を記した「国頭支隊特務機関要綱草案」によると、同機関は「国頭支隊秘密戦ニ協力スル官民特攻隊」として位置付けられ、その任務は「隊外宣伝、防諜、諜報、謀略ニ任ジ支隊ノ秘密戦ニ協力スルモノ」として明記されている（「国頭支隊特務機関要綱」同前・一三九～一四四頁）。

そして、その特務機関は、「国士隊」と命名されて三月十二日に結成されている。その国士隊に参加している人びとは、国頭地域の各地区から選ばれており、各地区の翼賛会壮年団長・町会議員・警防団長・県会議員などを歴任した地元有力者たちが名を連ねている。その特務機関にかんする文書によると、その任務は「宣伝、防諜、諜報、謀略」で、「宣伝ノ対象ハ担任区域内ノ軍人軍属ヲ除ク一般官民」、また「諜報」や「防諜」では「容疑者」を含む「担任区域内ノ一般民心ノ動向ニ注意」することが特記され、その報告には暗号として「翼賛会」を使用することまで明記されている（「細部指示事項」同前・一二一～一三五頁）。

実際、沖縄戦末期になると、国頭地域では多くの住民虐殺や殺害が発生した。大宜味村や今帰仁村では、スパイ狩りに暗躍した敗残兵グループが、あらかじめ住民から情報を集めてスパイ容疑者の名簿（ブラック・リスト）を作り、特定の人物や集団を狙い打ちにしている（大宜味村史編集委員会編・一九七九）。大宜味村喜如嘉では、沖縄戦での組織的戦闘が終わった四五年六月下旬に米軍の捕虜となり、その後に収容所から解放されて自宅に帰ってきた地域の有力者たちが、敗残兵からスパイ嫌疑をかけられブラック・リストに数えられていたことが明らかになっている（福地・一九七五）。

また、日本軍による住民虐殺事件としてよく知られている事例に、本部国民学校校長の照屋忠英の殺害がある。照屋は、天皇・皇后の御真影と教育勅語を身命として守り抜こうとした忠勇な臣民であり、地元地域では日本軍に献身的で協力的な校長として知られていた（照屋・一九七八）。だが、照屋は親戚と避難の際に一人だけはぐれてしまい、かなり耳が遠かったこともあって、兄や親戚の名前を大声で呼びながら山中をさまよい歩いていたところを、日本兵に捕まりスパイ嫌疑をかけられて斬殺された。その虐殺事件は、地域住民に大きな衝撃を与え、それ以降は日本兵を怖がって誰も口答えするものがいなくなったと言われている（神田教元「年はいくつか五十歳」福地・一九八五、一六七〜一六八頁）。その後、照屋が名前を呼んでいた親戚のところへ食糧強奪に来た敗残兵が、照屋との関係を聞いた後に、村の指導者層の名前をほとんど書き連ねた帳面を出して、明日斬ってやると残忍な言葉を吐いていたことが証言されている。その親戚は幸いにも身を隠したために難を逃れたが、昼間は米兵に見つからないように逃げ隠れし、夜は敗残兵の出現におびえる恐怖の日々がしばらく続いたと述べている（照屋忠次郎「日本兵による虐殺」本部町教育委員会編・一九九六、二一四〜二一六頁）。それらの証言事例からうかがえるように、日本兵がスパイ容疑者の名簿を作成して持ち歩いていたことが確認されている。

このように日本兵がスパイ容疑者の名簿を作成していたことに対して、大城将保は、日本兵の名簿に誰が情報を提供していたのかということについて、その情報提供者には、前述した国士隊や護郷隊、さらに防衛隊員の関与も考えられるとしながら、「地域住民の中に通報者がいなければありえない話」だと強調している。そして、同様な事例が沖縄全域で多発しており、日本軍に「一貫して計画的・組織的な防諜対策（住民スパイ狩り）が一斉に行われたことを窺わせる十分な証拠」があり、そのような「軍の〝スパイ狩り〟の論理は、沖縄にかぎらず、中国戦線や南方戦線にも一貫している」と指摘している（大城・一九八七）。むろん、その背後には、地域住民に対する軍の強要と誘導があったことは言うまでもない。

そのような証言を踏まえた後で、他の二つの地域における住民虐殺の歴史的事例に言及し、それを参照しながら、あらためて日本軍による沖縄住民虐殺の論理について考察してみたい。

一つは、関東大震災における朝鮮人虐殺である。最近、新たな史料の発掘もあって、研究が著しく進展して多くの点が明らかになっている。現在確認されているところでは、関東大震災で虐殺された朝鮮人が約六〇〇〇人以上、同じく中国人が約七〇〇〇人以上も虐殺されたと言われている。松尾章一によると、在日朝鮮人・中国人への大量虐殺が起きた最大の要因は、軍隊が駐屯して一切の治安を掌握した戒厳令下の戦時的状況下にあった点だと言う。したがって、第一の加害責任者は軍隊と警察だということになるが、同じく一般民衆によって組織された自警団も虐殺の加害者であった。自警団には、右翼的な在郷軍人・青年団の思想的影響が大きく、それに主導された民衆の流言蜚語の発生が虐殺を増大させている。今日の研究では、朝鮮人や中国人に対する流言蜚語が、事実無根であることはすでに明らかになっている。その流言蜚語の遠因は、大震災で朝鮮人暴動に杞憂を抱いた民衆が直覚的にその実現を恐れたこと、またその近因は、平素の杞憂が実現されることに不安に陥り疑心暗鬼のうちに流言蜚語が発生したと言われている（松尾・二〇〇三、山田・二〇〇三）。そして、大震災における流言蜚語では、「避難者その他の来往雑踏をきわめ形勢異状なるに加えて、内地人と朝鮮人の区別が困難になったため、言語不明瞭なものは朝鮮人とみなし、集団をなした避難民を見て『不逞鮮人』の団体だと速断し、朝鮮人労働者が雇主に引率されて作業場に赴くのを朝鮮人団体の来襲と誤信したような例が少なくなかった」(松尾・二〇〇三、一二七頁)と指摘されている。

とくに、内地人と朝鮮人の区別が困難になったため、「言語不明瞭なものを朝鮮人とみなした」事例と似たような経験として、大震災の際に沖縄出身者も同様な詰問や暴力を受けたことが知られている。当時改造社に勤めていた沖縄出身者の比嘉春潮によると、大震災の直後になまりの強い沖縄人は「言葉が少し違うぞ」と自警団に取り囲まれて殴られたことや、日本人と確認するため強制的に「君が代」を歌わされた事例を指摘し、上京していた沖縄人のなかにも犠牲者がいたことを述べている(比嘉・一九六九)。それらの事実から、大震災の騒擾時に暴力を加える区別の基準として、「言葉」が重要な表象として判断の材料になったことが指摘されよう。

もう一つは、済州四・三事件における済州島住民虐殺の事例である。済州四・三事件では、約三万人の済州島住民が虐殺されたと言われている(徐・二〇〇四)。金成禮によると、済州四・三虐殺の被害者である済州島民の女性の経験は、国家が住民を「アカ」と人種化(racialization)し、性的に対象化(sexualization)し、国家暴力の性政治の技術(technology of sexual politics)を可視化した具体的事例だと指摘している。そして、国家暴力が正当化される過程において、近代国家の「生の政治」(bio-politics)が必然的に「死の政治」(thanato-politics)を伴う二律背反的な特性をもつというフーコーの指摘を引用しながら、次のように述べている。

ここで「死の政治」は、国家が住民の生を管理し組織するための「生の政治」の一面であり、また住民に対する国家暴力と殺傷はこのような生の政治の論理によって合理化される。住民の生を引き受けることを任務とする権力は、持続的な調節と矯正の機制として、住民の国民あるいは市民としての資格を定め、評価し、等級をつける規準化（regulation）を実施する（金・二〇〇一）。

そしてそれに続けて、当時の大韓民国における規準化は「反共主義」だったと指摘している。すなわち、「反共主義」による「アカ狩り」によって、済州島の多くの住民が虐殺されたのである。

では、その二つの歴史的事例を参照しながら、沖縄戦での日本軍による住民虐殺の論理を考察してみると、どのような「規準化」があったと考えられるのだろうか。前述したように、日本軍による沖縄住民虐殺の最大の原因は、日本軍による沖縄住民の「非国民＝スパイ」視であった。例えば、前述したように、郷土史家の島袋全発は、「英語」が話せるというだけで何の根拠もないまま、スパイの疑いをかけられ、殺害される寸前で釈放される体験をした。そのスパイ嫌疑の要因は、「敵対国語」である英語を解していたという理由であった。そのことは、「沖縄語」の使用(11)だけが問題だったのではなく、「敵対国語」を含む「非国民」の言葉（「非国家語」や「非日本語」）の使用が問題であったことを示している。なぜなら、日本軍が理解できない言葉、すなわち「沖縄語」や敵対国の英語を使用することは、「非国民」を表象するものとしてとらえられたからである。その背景には、沖縄戦末期の日本軍が、「国民」の規準化として、「国家語」である「日本語」を話す住民を「日本国民」として位置付け、「日本語」を正しく話せない国家意識や国体意識の希薄な沖縄住民を「非国民」として排除したことによる。

ところで、沖縄戦においては、「非国家語狩り」はあっても「アカ狩り」は確認されていない。それはなぜであろうか。それは、沖縄戦における住民虐殺が、主として沖縄出身者を含む日本軍の手によって沖縄住民がスパイ嫌疑をかけられ処刑されているからだと言えよう。むろん、敵対国軍としてのアメリカ軍兵士は可視化されていたが、沖縄住民が虐殺された直接の現場にはアメリカ軍は不在であり（むろん交戦中の抑圧はある）、日本軍が沖縄住民と混在していた点が最大の要因だったからである。そこには、「日本国民」としての等級を付ける規準化としての「国体」の存在があり、「国体」という天皇の国民国家を背負った皇軍としての日本軍の暴力がある。だからこそ、「国体」意識が希薄であった沖縄住民の「非国民」性や、「非国家語」（「非日本語」）である沖縄語を使用する沖縄住民がスパイ視され虐殺されることになったのである。

沖縄で、「反共主義」としての「アカ狩り」が現れるのは、沖縄戦のときではなく、その後の米軍が沖縄を「占領下」においた一九五〇年代であった。米軍政府によって、人民党の瀬長亀次郎に代表される政治家、労働組合の活動家や日本復帰運動の担い手であった教職員会に対して、反共キャンペーンによる弾圧が加えられた（国場・二〇〇四）。当然のことだが、米軍占領下の沖縄では、皇軍としての日本軍は存在せず、沖縄に駐屯し沖縄住民と混在するのは「反共主義」としての米軍の存在であった。そこで、米軍占領下の一九五〇年代の沖縄社会に現れたのが、沖縄住民に対する「反共主義」としての「アカ狩り」だったのである。

沖縄住民からすると、沖縄戦における「非国民」という規準化によって「非日本語狩り」が行なわれた論理と、米軍占領下の一九五〇年代の沖縄における「反共主義」による「アカ狩り」の論理とは、共通する支配者の論理として受け取められる。それら二つの住民虐殺の歴史的事例を比較参照することからも、あらためて日本軍による沖縄住民虐殺の論理の特徴が浮び上がってくるのである。

4 仲間内の語りが排除するもの

「島クトゥバで語る戦世《いくさゆ》」の映像がもつ衝撃は、制作者の意図をはるかに越えてさまざまな影響を与えている。その映像がはらむ問題提起は、多方面において静かに浸透している。たぶん制作者たちには、その作品の制作に着手した当初、先を見通した明確な構想などなかったのではないか。しかし、そのことは何ら問題ではない。

その映像制作の前提には、読谷村楚辺の字史を編集する過程で感じた違和感へのこだわりがあった。それは字史の戦争体験集を編集するなかで、「島クトゥバ」で語る証言者の生き生きとした表情やその話の内容が、標準語に翻訳し文字で記録編集される過程で失われていくことへの違和感とこだわりだった。ただそこまでは、地域史の戦争体験集の編集に関わったことのある人であれば、何となく感じる点である。実際、私を含めほとんどの人はそこで終わってしまう。

しかし、比嘉豊光と村山友江の非凡なところは、その違和感を手放すことなく、実際に証言者の場所におもむき、島クトゥバで語る沖縄戦の語りを地道に映像に撮り続けたことだ。しかも、すでに高齢者である戦争体験者の戦世の語りを短い期間のなかで、奄美を除く琉球弧の島々の戦争体験を島クトゥバで語ってもらい、すでに二百名以上の人びとを映像に収めている（二〇〇四年現在）。その字史編纂の過程で二人が感じた違和感への執着が、先を見通した明確な構想に基づく制作手続きの有無などを、はるかに飛び越えて圧倒的な衝撃をもたらす作品を生み出したのである。何はともあれ、その映像作品を制作した三人（比嘉と村山、そしてビデオ編集の山城吉徳を含む）に対して、その地道な作業の実践に心より敬意を表したい。そして同時にそれは、見る側にいる私たち一人ひとりに対して、その映像作品からあなたは何を読み取って展開させるのかという問いが突き付けられている点を確認しておきたい。

その映像作品が与えた衝撃の具体的な内容については、例えば私が思いつくままにあげてみても、「島クトゥバ」で語ることの意義、さらに「証言」と「語り」との差異、そして証言者と聞き取り者との関係性についてなど、さまざまな問題群が提起されている。ここでは、その証言者と聞き取り者との関係性がもたらす問題群について少し考えてみたい。

＊

その証言者と聞き取り者との関係性から、この「島クトゥバで語る戦世」の映像を見て感じる特徴は、聞き取り者は二、三の質問をするだけで、証言者に自らのペースで自由に語ってもらい、その語りの主導権はあくまでも証言者側にあるという点である。各証言者によって、語りのリズムや語りの間や話す速度などすべて異なっており、ほとんど証言者側に委ねられている。その背景には、従来の戦争体験の証言の大半が「標準語」によって行なわれたことに対して、この映像ではすべて「島クトゥバ」で話されていることが重要な要因になっている。沖縄戦を体験した世代にとって、日本語（標準語）は、学校教育により後で獲得した言語であり、生まれながら身体化された自らの言葉ではない。それに対し、沖縄戦の体験者に、身体化された言葉である「島クトゥバ」で自らの感情や当時の記憶を自由に語らせ、そのまま記録した意義は決定的な意味をもっている。

そしてさらに、その話を引き出す聞き取り者が、「島クトゥバ」を自らの言葉としている点も大きい。すなわち、「島クトゥバで語る戦世」の作品において、証言者が「島クトゥバ」で話していることだけが重要なのではなく、聞き手も同様に「島クトゥバ」を自らの言葉として共有している点が、同じく重要な意味をもっているのだ。

その点は、証言者と聞き取り側との関係性を考察するうえで大切である。その同じ言葉を共有していることから証言者と聞き取り者との関係を徐々に築くことで、例えば、女性の証言者が自発的に自身の身体に刻まれた弾痕を、映像の前に晒すような関係性にまで制作者と築くまでにいたっている。それは、これまでの戦争体験の証言映像と決定的に違う点であり、その作品がもっている優れた特徴の一つだと指摘できよう（拙稿「記録による記憶の浮上――『島クトゥバで語る戦世』の試み」）。しかし同時に、その証言者と聞き取り者との間における「島クトゥバ」という言葉の共有が、あらたな問題を提起しているのではないか、とも私には思える。具体的には、この作品の最初に出てくる男性証言者の語り口が孕んでいる問題群についてであり、以下そのことについて言及したい。

＊

その男性証言者は兵士で、その話の内容も衝撃的である。米軍の空襲を受けて、二、三日ガマのなかから出られなくなり、その狭いガマで自殺未遂の兵士から乞われて彼の首を日本刀で切り落とした話や、銃撃を受け負傷し破傷風にかかってもがき苦しんで叫んでいた同僚の兵士をガマに入って来た海軍の兵士が直ぐに銃殺した話、さらに銃撃により自分自身も足を貫通する大怪我で負傷したためガマに置き去りにされた話などが語られている。これまでもそれと似たような戦争体験を聞いたことはあったが、今回の証言者の語りはこれまでになく、淡々とした語りで、逆に強い印象を覚えた。そのいずれも衝撃的で、まさしく息を飲み、圧倒される内容だったが、その淡々とした語りとの対照が妙な感覚の澱として残った。その背景には、「島クトゥバ」が証言者と聞き取り者との共有する言葉としてあり、それによって身振りも交えた証言者の語りや話の内容が、より一段と戦世のリアリティーを感じさせたからであろう。そして同時に、その「島クトゥバ」で語られる話の内容に、語り手と聞き手が同じ言葉を共有し、気心が知れている「仲間内の語り」がもつ不気味さを感じたのは私だけであろうか。

兵士として沖縄戦を体験した証言者が、気心の知れている聞き手に対して、薄ら笑いの表情を浮かべ、話の途中で鼻のなかをほじりながら語る内容――その自殺未遂の同僚兵士の首を斬る話や、負傷し破傷風にかかってもがき苦しむ兵士を銃殺した語りを、私たちはどのように受けとめるべきであろうか。その際、その兵士であった最初の証言者の語りが、聞き手も同郷で同世代であるという気安い仲間内の語りがもたらす表情だということに、私はあらためて注意を喚起したい。その残虐場面にもかかわらず、気を許したなかで語られる語り手の表情は、たぶん語り手と聞き手が同じ「島クトゥバ」を共有している同郷で同世代であることに大きく起因している。そしてその語りは、いわば語り手と聞き手が同じ言葉を共有したうえで語られる「仲間内だけの語り」とでも呼ぶべきものだ。

しかし、その仲間内の語りは、ある両義性を抱えている。すなわち、語り手と聞き手が同じ言葉を共有しているから、さまざまなことが気楽に語られて、その真相が浮かび上がってくる利点があるとともに、その同じ言葉が共有されているがゆえに、他者の視線や語りを遮断して排除する「仲間内の語り」に陥る危険性という、両義的な側面をもっているのではなかろうか。

*

その証言者の映像を見ながら、私自身が思い浮べていたのは、かつて新崎盛暉が沖縄のなかに潜在するもう一つの戦争体験の証言として記している、中国に従軍した沖縄出身元兵士たちの話だった。それは、中国へ従軍した沖縄出身元兵士たちが、共同体の寄合いが終わり内輪の酒の席になると、日本軍の兵士として従軍した中国大陸で婦女子を犯した蛮行を誇らしげにとくとくと語っていたという話である（新崎盛暉『世替わりの渦のなかで』）。

他方、県内各市町村史にも、日本兵として中国大陸に従軍した元兵士の証言記録は、沖縄戦の体験記とくらべて圧倒的に数は少ないが収録されている。しかし、その収録された体験記や証言に共通する一つの視線は、自らも日本軍の一兵卒として従軍したにもかかわらず、「日本軍は本当に残虐だった」と言う証言に代表されるように、日本軍の当事者である日本の兵士ではなく、沖縄の兵士として、日本兵の残虐行為を批判する発言である。沖縄出身兵士と言えども、日本軍として中国に従軍しており、日本軍の一員としてそのような残虐行為や蛮行に手を染めていることはあらためて指摘するまでもない。

むしろここで問題にしたいのは、その蛮行にかんする事実関係の如何ではなく、市町村史などの公的な体験記録集での「証言」と、共同体の寄合いなどの仲間内での「語り」との違いにかんしてである。その意味で、「島クトゥバで語る戦世」の映像が、従来の標準語による「証言」とは異なり、これまでほとんど公になることのなかった共同体の寄合いなどで話される「仲間内の語り」を期せずして浮び上がらせた点については特筆に値しよう。それは、体験者に「島クトゥバ」で語らせた製作者側の執着がもたらした結果であり、高く評価されるべき点である。と同時に、その作品を見る読み手側の一人として私たちは、製作者が「島クトゥバ」を日本語に翻訳して記録することの違和感にこだわり、このような見事な作品を生み出したように、その兵士の語りに対して感じた違和感について率直に提起すべきではなかろうか。

その兵士の語り口から、私は次のような問題群を引き出して考えてみたい。例えば、それは、同じ言葉を共有している仲間内の語りに起因する問題点であり、「共感の共同体」（酒井直樹）における他者の視点の欠如と他者の排除の問題点としてとらえるべきではないか。言い換えると、その兵士の語りは、同じ言葉を共有することのコミュニケーションの親密度からくる表情豊かな語り口が、その臨界点を越えることにおいて、期せずして露呈した他者の視点を排除し欠如した語り口を含んでしまうという、その両義的な問題点である。

「島クトゥバで語る戦世」の映像に収録された証言者は、圧倒的に女性たちが多い。制作者の比嘉豊光によると、男性は話の途中から自慢話になる傾向が強く、編集された映像には結局、女性たちの話が多く収録されることになったと言う。

最後に、もう一度繰り返そう。その「島クトゥバで語る戦世」の圧倒的な映像から、私たちは何を読み取って受け取るべきか。その映像が、従来の「証言」には見られない新たな語り口を浮き彫りにしたことの評価とともに、その語り口が私たちに突き付ける問題群をどのように分節化するかが、読み手である私たち一人ひとりが問われているのだ。「島クトゥバの戦世」の映像を繰り返し見るうちに、私の関心は、その島クトゥバに起因する表情豊かな語り口のなかに潜む、同じ言葉を共有している語りがもつ排除する問題へと向かざるをえなかった。この映像を繰り返し見るたびに、いつも新たな問題を喚起される。

5 質疑応答の喚起力

文富軾氏の講演について

今回（二〇〇一年）の「国際共同ワークショップ」では、「戦後東アジアとアメリカの存在」と言うテーマについて、多くの刺激的な論点や多様な解釈が提示され、私が日頃考えている沖縄の問題を開くうえでも重要な示唆をうることができた。その二日間にわたって報告された研究成果も多領域に及び刺激的で興味深く拝聴したが、そのなかでいまでも、ある喚起力をもって持続的に問いかけてくるのは、韓国の文富軾氏の講演である。

文氏の講演の主題は、一九八〇年五月に韓国で起きた「光州抗争」と、その背後に位置する「アメリカの存在意味と役割」を問うものであった。文氏はそれを論じる前に、自分自身は光州抗争の直接の当事者ではないと断りつつも、その主題は、文氏が当事者の一人として参与した、一九八二年三月の「釜山米国文化院放火事件」にも密接に関連していることを強調していた。文氏は、その釜山米国文化院放火事件について、「光州抗争に加えられた残酷な虐殺と直接に関連しており、私の行動がその歴史的時期におけるアメリカの存在意味と役割をあらわにさせることを目的としていたものであった」と明快に指摘している。その講演のために事前に配布された文富軾氏の二つの論考（板垣竜太訳「光州と反米‥『分裂のなかの反復』を超えて」、金慶允訳「二〇世紀の野蛮と決別するために」）によると、光州抗争で光州市民を武力弾圧した軍部政権の背後には、アメリカの存在があったことが明確に述べられている。その二つの論考では、一九九五年一二月の「五・一八民主化運動等に関する特別法」が制定されて、光州抗争の記憶が法制度的にも国家の〈公式的な記憶〉に編入されたことにより、韓国の人びとの光州抗争に対する歴史理解が変化してきた点が分析されている。そしてその背景には、韓国の人びとの欲望を支配し一元化している〈国家の欲望〉があり、その韓国社会での〈欲望の構造〉の作動が、アメリカと言う国家の位置と力に深く関わっている点も同じく指摘されている。またその歴史的な背景には、戦前期の植民地下での日本帝国主義的権力のファシズム的性格やその規律的権力があり、くわえて戦後期の冷戦体制と分断国家の形成の過程が大きく起因していることも強調されている。さらに、韓国軍隊におけるベトナム戦争と光州抗争との深い関連性が指摘され、韓国社会において「個人的価値」に先立つ上位の価値として、「国家や安保」の「絶対的な価値」の存在が論及され批判的な分析が行なわれている。

このように、文氏の講演ならびに二つの論考は、明快な論理構成に基づく刺激的な分析によって貫かれており、非常に興味深い内容だった。しかし、私自身がことさら感銘を受けて強く印象に残っているのは、文氏の講演の後に行なわれたフロアとの質疑応答における、ある一場面であった。それは、若い世代の日本人女性から出された質問に対して、文氏がそれに応答した場面である。その質疑応答の内容の詳細については、両者の声が後段部の私の席から遠くて聞こえにくかったこともあって、そのやり取りの表現の細部にかんしては多少の齟齬があるかもしれない。そのため、できれば表現の詳細を確認したかったがその手立てがないため、ここではそのときの私自身の記憶に依拠してこの文章を進めることをお許しいただきたい。そのときの質疑応答の大筋は以下のような内容だったと記憶しており、さほど大過はないものと思う。彼女は、文氏に対して次のような趣旨の質問を行なった。

なぜ、あなたは過去の傷ついた悲しみを記憶するのか、悲しみや苦痛を記憶するのではなく、未来につなげるような前向きなポジティブな記憶を想起し、継承しようと考えることはないのか。

文氏は当初、質疑者に対して、通訳をはさんで短い沈黙をおきながら、その質問の真意が十分に理解できない、と困惑の表情を浮かべるように語りかけた。そして、次のような主旨の言葉をつないだのである。「もしかするとその質問には、これまで私自身が考えなかった、あるいは考えることをしてこなかった問題が含まれているかもしれないので、あらためて考えてみたいと思う」と。とくに、その発言部分は私のなかで強く印象に残っている。

文氏の講演の主題からすれば、その質疑者の質問内容そのものに大きな問題があると私には思われた。ところが、文氏はその質疑者に対して、質問の意味が理解できないから応答しないと言うのではなく、逆に自分の枠組みそのものを問い返す態度で応答したのである。その場面は、質疑者の質問自体が的外れな質問だったといえるにもかかわらず、文氏はその質問の意味を自分自身で何度も自分に問いかけて、その質問のもつ意味の可能性を自分で押し広げながら、応答しようとする文氏の姿勢がよく表れていた。その他者からの問いかけの意味の可能性を押し広げながら、自分自身の思考枠組みそのものを問いなおして応答しようとする文氏の「聴くという行為」が、文氏の短い沈黙の後の困惑の表情とともに鮮烈な印象として私のなかに残っている。

＊

二日間にわたって多くの刺激的な研究報告があったなかで、なぜ、私にとってその質疑応答の場面が鮮烈な印象として残っているのだろうか。なぜ、私は、若い日本人女性のあの質問と、それに真摯に答えようとする文氏の姿勢に関心をもったのであろうか。それは、若い日本人女性の質疑の内容に、日本と韓国との歴史的関係について現在の日本で広く流布している問題とすべき代表的な解釈を見出したからか。たしかに、その側面がないとは言えない。若い日本人女性のその質問内容が、「記憶の政治学」の観点からしても多くの問題点を含んでいることは明らかだ。彼女は、誰に対して何をどのように語ろうとしたのだろうか。過去の悲しみを忘却して未来に前向きでポジティブな記憶を想起しようと言う、その質問によって彼女はいったい何を主張しようとしたかったのか。

文氏の講演に対して、自らの発話の位置に自覚的であったら、そのような質問を提出すること自体が、多くの問題点をはらんでいると考えることは容易に想像できよう。その質問の内容そのものが内包している問題点こそ、逆に問われてしかるべきだと会場で感じた人たちは決して少なくなかったであろう。その意味で、彼女の質問内容の問題点を指摘して、批判することは決して難しいことではない。しかし、私がその場面に強い印象をもったのは、彼女の発したその具体的な質問内容の問題点ではなく、その質疑に応答する文氏の誠実な姿勢とともに、その両者の質疑応答の場面に看取された、「語ること」の姿勢と「聴くという行為」にかんする問題と言えるものだった。

まず、「語ること」の姿勢について、その若い日本人女性の質問を通して考えた点について述べてみたい。私が、その日本人女性の質問を聞きながら想起していたのは、加藤典洋氏が以前に、本土の人間が沖縄戦の問題を考えることにふれて書いていた、「がんばれチヨジ、という場面」(『新沖縄文学』九四号、一九九二年十二月発行)という短いエッセイであった。それは、加藤氏が所属する大学の学生たちが、校外実習で沖縄に行って戦跡巡りをした際に書いた感想文の報告集に対して、その戦跡案内をした沖縄の学生たちが批判したことに言及して書かれたものである。

加藤氏は、そのエッセイで、この問題にふれながら沖縄戦の問題を考える「入口」について述べている。それによると、沖縄の学生たちの反発や批判をまねいたのは、加藤氏の教えた学生の一人が、沖縄での郊外実習の報告書に書いた、次の感想文をきっかけにするものであった。

ひめゆりの塔の平和祈念《(ママ)》資料館を見た。これでもか、これでもかと押し寄せる女学生の顔、顔、顔。そして惨事を綴った手記。私はもう嫌だった。戦争の惨事は確かにこれでもか、これでもかの砲撃だったのだ。それくらい分かっている。私はこの資料館の悪意が嫌なのだ。悪意と呼ぶには余りにも失礼なら死者とその生き残りの者、その同窓生たちの怨念が嫌だったのだ。何のための資料館か。戦争を二度と繰り返さないためのもののはずだ。これじゃ自己完結してしまいそうだ。泣いている人もいた。当時を思いだして、或いは想像力でもって。でも私は泣きたくなかった。実際は涙が出そうになったときもあったけど、今私が泣いたら、この涙は私にとってのカタルシスにすぎない。

加藤氏は、学生のその感想文を読んで「応援したい」と思って、彼女に「負けちゃだめだヨ」と言い、その理由について「生き難さ」の程度を表すものとして重力の比喩にたとえて言及している。加藤氏のたとえによると、沖縄戦体験者が一・七で、沖縄の学生が一・二の重力に対し、その本土の学生は〇・七の重力のなかに生きる人間だけど、その学生の感想には異質な世界に接して受け取るまっとうな態度が示されている、と次のように論じている。

〇・七の重力の中で生きる人間は、そこから考えることをはじめる時だけ、その考えについてそれが普遍性にいたる必要と根拠をすでに含んでいると、みなすことができる、というのがわたしの考えで、……誰でも、自分がこう感じる、ああ感じた、というところからしか考えすすめることはできません。その場合だけ、なぜそう感じたか、と自分の感じたことの中身と理由を検証しつづける理由が彼ないし彼女の中に生じます。そこが入口。これを否定しては身もふたもない。そして、入口がある限り、人はどこまでも出口を探しつづける理由をもち、出口を探しつづけることができます。こういう「入口」は認識不足、不勉強の結果だ、という言い方に負けるな、ということだったでしょう、わたしが言いたかったのは。自分の最初の反応、唯一の考える足場を、自分で守ってやれと言いたかったのです。

私は、その学生たちを引率した加藤氏と同僚の教員たちとは、沖縄へ来るたびにほぼ毎回と言っていいほど会っており、その背景の事情はよく知っている。その戦跡案内には私自身は同行しなかったが、沖縄での校外実習の概要や両者のやり取りにかんする背景についても、私なりにある程度理解しているつもりだ。その引率した教員たちとの会話を通して、また校外実習にくる本土の学生たちの率直な感想からも、沖縄出身の私にとって沖縄戦を考えるうえで触発される点は決して少なくなかった。むしろ、その件では当初、戦跡巡りでの本土の学生たちの態度について詳細を知らなかったこともあって、沖縄の学生たちが本土の学生を認識不足だと反発し批判するあり方は、私には一方的な批判のように思えた。

私自身も沖縄の人間であるとは言っても、沖縄戦を体験していない世代であり、加藤氏の比喩で言うと一・三当たりの重力で生きる人間の一人として、一・七の重力を生きる沖縄戦体験者の語り口に対してある距離感を感じていたことも事実である。だから、その〇・七の位置からであっても、沖縄戦体験者の語り口への違和感を率直に吐露しているように見えた本土学生の語り口のほうに対して、むしろ共感する点があり、理解を示していたように思う。たまたま沖縄に生まれ育ったというだけで、一・二の重力のなかに生きる沖縄の学生たちが、〇・七の本土の学生たちを、一方的に認識不足だと批判するようなあり方のほうにこそ、むしろ違和感を感じていたと言えよう。

乱暴な言い方をすると、その沖縄と本土の学生との間での〇・五の違いの幅とは、沖縄戦体験者の一・七と沖縄の学生の一・二との違いの幅とも同じ幅であり、沖縄戦体験者の沖縄戦の理解を基準にしたらお互いさまで五十歩百歩の違いのようにしか思えなかった。むしろ沖縄という帰属性により、沖縄の学生が沖縄戦体験者に自明のように一体化して本土の学生に語っている語り口のほうに、違和感を抱いていたように思う。つまり、沖縄の学生が自分の位置を自覚することなく、沖縄という帰属性だけに寄りかかり、沖縄戦体験者に当然のように一体化している無自覚なその語り口にこそ問題があるように思えたのだ。それは、沖縄の学生たちの語り口というよりも、沖縄戦について非体験者の私自身が本土の人に語るさいの語り口にも、それと大同小異の語り方が見出されることへの居心地の悪さもあって、その自分自身への疑念が、そのような違和感を生み出していたと言えるかもしれない。

しかし、その沖縄の学生たちによる批判の問題よりも、この問題の展開のなかで最も気になったのは、沖縄戦の体験者であるひめゆりの語り部たちが、その件に対して多くのことを語ることはなく、彼女たちの直接の声がほとんど聞こえてこなかったことである。その後、戦跡案内のさいに本土の学生たちの態度や姿勢に少なからず問題があったことが指摘され、それに対する本土の学生たちからの謝罪もあってその問題は終息に向かった。しかし、先に引用した本土の学生の感想文の語り口そのものにかんする問題は、その後も深く論議されることはなく、今にいたっている。

＊

その「語ること」にかんする観点からすると、自分が感じた地点を入口として、それを足場として考え続けることで普遍性にいたる道すじを守り大事にするという、前述の加藤氏の指摘にはある種の納得がいったし、語り始める「入口」の多様性を認めることの重要性について教えられた点は少なくなかった。ただ、そこで主要な問題となっているのは、問いかける側の始点としての「語ること」の姿勢だけが課題になっているという点である。しかし、先にひめゆりの語り部たちがその件で直接に発言することはほとんどなかったと述べたが、そのひめゆりの語り部たちは、沖縄戦の語り部であるとともに、他方で本土の学生たちの問いかけや発言に対して、聴く側の位置にある人たちでもある。

本土の学生たちに対して沖縄戦を語り、そしてその反応を直接に聴く立場にも位置しているひめゆりの語り部たちが、その件で多くを語らなかったのは何故だろうか。多くを語らなかったのは、「聴くという行為」の問題と関係していると言えるからではなかろうか。そうであるなら、ひめゆりの語り部たちは、本土の学生たちの問いかけの何をどのように聴いているのであろうか。ここで、本土の学生たちの「語ること」の問題とは別の問題群として、ひめゆりの語り部たちに代表される沖縄側の「聴くという行為」の問題があらためて立ち上がってくるように思われる。つまり、沖縄戦について、「語ること」や語り方だけが問題なのではなく、沖縄側の「聴くという行為」の意味を問うことも、同じく重要な課題として存在していると言う点である。

その「聴くという行為」の意味について、あらためて考えることの重要性を喚起して、その意義を私に想起させてくれたのは、前述の質疑応答における文富軾氏の誠実に応答する姿勢であった。文氏は、前述したようにその日本人女性の質疑に対して、その質問の意味を自分のなかで自分自身に何度も問いかけて、その質問のもつ意味の可能性を押し広げながら、真摯に応答していた。その他者の問いかけにより自分自身の枠組みをも再思三考しようとする文氏の姿勢は、「光州抗争」の衝撃を受けて、「釜山米国文化院放火事件」の当事者の一人となった文氏自身の経験に裏打ちされた、その後の文氏の思考行為の強靱さを示唆するものだと言えるように思う。文氏が今回のワークショップに提出した、その二つの論考がもっている圧倒的な喚起力は、それはその論考のなかで文氏の思考行為の軌跡が率直に語られていることに大きく起因していよう。

それによると、文氏のなかでこの二十年間という年月は、光州抗争という「一つの事件に縛られていた」時間だったと言う。文氏はその一つの論考のなかで、自分自身について、高い歴史意識や確固たる批判的な社会意識をもっていたわけでもない、ごく平凡な神学学生に過ぎなかった、と述懐している。しかしそのようなごく平凡な神学学生だった文氏が、その光州抗争の衝撃に身悶え、深く傷つきながらも、ナチズムの狂気に抵抗した一人の青年神学者を思い浮かべ、その「酷い虐殺の時代にクリスチャンであることの意味を問い続ける」ことにより、釜山米国文化院放火事件にいたっていった内面の心情について感銘深く語っている。とりわけ、衝撃的なのは次の部分である。文氏が当事者の一人となった釜山米国文化院放火事件では、同じ仲間であった一人の大学生が死亡し、他の何人かはケガを負った。文氏は、その事件を振り返って、「人を殺害した罪悪を告発しようとして人を殺してしまったこのアイロニカルなあきれた結果」に戸惑い混乱に陥ったことを正直に告白している。

一般的には衝撃的な事件を体験すると、その体験の圧倒的な力にさまざまに制約されるものだが、そこにはそのような「単一なコード」による思考行為は見出せない。そこで語られているのは、その「アイロニカルな結果」を一つのイデオロギーや理念の力で取り繕ろうとするのではなく、そのことを自分自身のなかで何度となく自省しながら自己内対話を続ける文氏の強靭な思考行為と誠実な姿勢である。その文氏の姿勢に、先の質疑者に丁寧に応える姿勢が重なるとともに、他者の問い掛けにより自分自身の枠組みを繰り返し内省する、文氏の「聴くという行為」の姿勢が重なってくる。

斎藤純一氏によると、聴くという行為や耳を傾けるという行為は「自己をヴァルネラブルにする行為」だという。その聴くという行為は、「他者の声や言葉を、他者にとっての世界の受けとめ方を自らのうちへ招き入れる行為であり、他者と自己の間にある差異や抗争のみならず、自己と自己との間の抗争をも露わにする行為」でもある。そしてその行為は、「自らの解釈枠組みを絶えず自己破壊的に吟味し直すこと」につながり、他者の語る多様な内容や語り方に対して、「一つの解釈枠組み」や「均質で単一のコード」に支配された形によらず、それらの相違に応じた異質な「複数のコード」をもって応接することをうながすという（「表象の政治／現われの政治」『現代思想』一九九七年七月号）。

文氏の質疑に応答する姿勢は、斎藤氏が指摘する、まさしくその「聴くという行為」と重なっていると言えるのではなかろうか。その「聴くという行為」が、文氏の思考行為のなかで、重要な位置を占めていることは想像にかたくない。なぜなら、文氏の二つの論考には、あの「釜山米国文化院放火事件」の衝撃的な経験に基づいて縁取られた「自らの解釈枠組み」さえも、「絶えず自己破壊的に吟味し直す」強靱な思考行為の軌跡が語られているからである。それは、文氏が、あの事件を一つのイデオロギーや理念の力による「一つの解釈枠組み」や「均質で単一のコード」によって解釈することなく、その事件がもたらした「アイロニカルな結果」について執拗に自らを問い続けている姿勢に如実に表れているといえよう。そこには、不遜な言い方をすると、あの事件から絶えることなく文氏が思考行為を重ね続けることによって、「一つの解釈枠組み」から生まれ変わっていった、文氏の「聴くという行為」の姿勢が示唆されているように思われる。

正直なところ、文氏の講演やその後の質疑応答の姿勢から、その思考行為のもつ強靱さに、ただただ圧倒されるだけであった。したがって、そのような解釈をここで述べることがどれほどの意味をもつのか、私自身にもわからない。ただ、「自らの解釈枠組みを絶えず自己破壊的に吟味し直す」その文氏の「聴くという行為」を考えてみたときに、自らの感覚を根拠に考える足場を「入口」にして普遍性にいたる加藤氏の「語ること」の姿勢との差異が、私のなかで明確に浮かび上がってきたことは事実である。思うに、「自らの感覚を根拠」に「語ること」とは、自らの解釈枠組みに対して、自己創造的であるかもしれないが、自己破壊的に吟味し直すことが乏しいといえるのではなかろうか。そこには、他者との関係における死角があるといえるように思う。必要なことは、「語ること」だけでなく、他者を介して「聴くという行為」のもつ意義を同じように問い続けていくことの重要性である。

文富軾氏の講演と質疑応答は、「語ること」の姿勢を、はるかに透かして思考する「聴くという行為」のもつ重要性を私たちに示唆してくれた。そこにあるのは、自らの解釈枠組みを肯定的に固執するあり方ではなく、自らの解釈枠組みを「絶えず自己破壊的に吟味し直す」ような持続的な思考行為といえるものだ。文氏のその質疑応答での姿勢は、「聴くという行為」のもつ思考行為の重要性について、今回のワークショップのなかで、瞬時ではあってもそれを浮び上がらせた貴重な場面であったのは間違いない。

6 戦没者の追悼と〝平和の礎〟

はじめに

ベネディクト・アンダーソンは、ナショナリズムについて論じた『想像の共同体』のなかで、国民国家と戦死者との関係について、次のような興味深い指摘を行なっている。二〇世紀の二度にわたる世界大戦の異常さは、人びとが類例のない規模で殺し合ったことよりも、途方も無い無数の人びとが、「祖国のために」と自らの命を投げ出したことにある(1)。そのため、近代の国民国家は、祖国を守るために戦死した兵士を祀る記念碑を建て、それに公共的・儀礼的敬意をはらうことで、国民的想像力を刺激し、国民の一体感や親和性を喚起すると論じている(2)。

そのアンダーソンの指摘は、今日、国民国家とナショナリズムとの関係、ならびにその戦没者を追悼する記念碑を考えるうえで重要な問題を提起している。国民国家がナショナリズムによって国民の一体感や親和性を喚起することで、その延長線上において国家のために国民が「自発的な強制的自己犠牲」(3)を強いられ、さらに国家がその記念碑を建てて戦没者を追悼することによって、その汚辱にまみれた戦争の実相が「殉国美談」の物語として語り直され賛美されるという指摘はとくに重要である。

それは例えば、小泉純一郎元首相が、靖国神社を参拝した際、理由としてあげている特攻隊員の遺書の問題とも深く関係している課題だと言えよう。小泉元首相は、靖国神社参拝の理由として、特攻隊員の遺書に記された「国家に殉じる純粋な気持ち」に感激し、戦争で命を失わなければならなかった戦没者に思いをはせて、心から哀悼の気持ちを捧げることを強調している。ここで看過できない点は、首相のその戦没者を哀悼するという発言が、国民の間で靖国参拝に対するさまざまな重要な批判の論点よりも、死者を追悼するという人間の自然な感情に根ざしたわかりやすい論理として、思いのほか高い支持をえている点である。しかし、その戦没者を哀悼する論理は、死者を哀惜するという人間の自然な感情に根ざしながら、同時に国家のために崇高な犠牲的精神を果たしたあり方に矮小化し、賛美し顕彰する危険性をはらんでいる。今私たちに問われているのは、その戦没者を哀悼する国家の論理とは異なった、死者の追悼のあり方をいかに提起できるかにあるのではなかろうか。

この小論では、その国家の哀悼の論理に対して、まず沖縄戦に関連して建立された沖縄県内の慰霊塔の碑文の調査分析に言及し、つぎに沖縄戦という土地の記憶に根ざした「平和の礎」の意義と問題点を検討することで、非体験者の戦後世代が戦没者を追悼するあり方について考えてみたい。

1　沖縄戦にかんする慰霊の塔の碑文調査

一九七九年八月から八〇年代初頭にかけて、靖国神社国営化に反対する沖縄在住の七人のキリスト教信仰者たちが、沖縄戦に関連して建立された約一四〇の慰霊塔の碑文調査を行ない、その報告書を発刊している(4)。その碑文調査によると、沖縄県内で建てられた慰霊塔の碑文には、次のような傾向や特徴が見られると言う。

第一には、地元沖縄の人びとの手によって建てられた慰霊塔の碑文と、本土関係者によって建てられたそれとの間に、大きな違いが指摘できる点である。前者では、慰霊塔自体も質素な作りで、なかには碑文のような記述のないものもあり、また記述がある塔でも戦争の事実経過やその塔の建立の経緯を淡々と記したものが多い。後者では、多額の費用を要した造形美に訴える塔が多く、その碑文の基調も戦死を美化し戦争を肯定的に評価するもので、戦没者の遺徳の顕彰が特徴的だという。とくにその特徴は、旧軍人関係者が建立した塔の碑文において顕著であると言及されている。

第二には、慰霊塔の碑文における沖縄と本土関係者とのあいだに、そのような傾向の違いが指摘できるが、他方で地元沖縄で建てられた塔のなかでも、軍隊単位で戦没者のために建てた塔や沖縄遺族連合会の建てた塔の碑文には、戦争、戦死の肯定讃美や愛国憂国の心情、そして英霊を顕彰する碑文が多かった点である。つまり、沖縄と本土という枠組みとは別に、慰霊塔建立の主体が誰であるかによって、すなわち旧軍人か民間か、あるいは建立主体の組織や団体の政治的な性格などの違いによって、その碑文の内容に大きな相違が指摘できる。

第三は、それらの慰霊塔が建立された年代によって、塔の外観やその碑文の内容に大きな差異が指摘できる点である。一九四〇年代に建てられた三つの塔は、いずれも地元の人びとの手により、碑文のあるものは事実経過のみを記した質素な造りであった。また五〇年代に建てられた二十一の慰霊塔も、そのなかの一つを除いて、同じく地元の人びとによって建てられたもので、碑文も同様に事実経過を記したものがほとんどである。

しかし、一九六〇年代になると、記念碑のあり方に大きな変化が起きてくる。六〇年代に建てられた慰霊塔は全部で七十三の塔があるが、その六割近い四十二の塔が他府県の人びとの手によって建てられたものである。その八割近い塔の碑文は、戦争や戦死を肯定し賛美する論調だと分析され、軍関係戦没者のために沖縄遺族連合会が建てた塔にも、同様な論調が多く見られる。さらに、七〇年代に建てられた二十の塔のうち、他府県の人びとの手によって建てられた三塔にも、同様な論調が指摘されると言う。

このように、六〇年代に経済成長が進展して日本の国際社会での地位が上昇している状況下で建てられた慰霊塔には、本土側の建てた碑文と沖縄側の遺族連合会が建てた碑文にも愛国の心情を訴える共通した発想が見られ、四〇年代や五〇年代に建てられた碑文の内容とは明確な違いがある。

しかし、とはいえ沖縄戦を体験して、その記憶を共有しているか否か、あるいはどの立場で沖縄戦を体験したかによって碑文の内容に大きな違いが指摘できることに変わりはないと言う。概して、沖縄現地の建てた慰霊の塔の碑文は、事実関係のみを記した素朴なものが多く、後々の、戦死を美化し英霊を顕彰するような、遺族連合会の手になるものを別にすると、靖国神社の文脈から縁遠い内容だと分析される。

以上のような沖縄戦にかんする慰霊の塔の碑文調査報告が私たちに示している点は、一九七〇年代末から八〇年代初期という早い段階で、戦没者の追悼という祈念行為に関心を寄せる必要性を喚起しただけでなく、その記念碑や碑文の内容を詳細に検証し分析することの重要性をいち早く提起した点にあると言えよう。

そして、その沖縄県内の慰霊塔の碑文を検証するきっかけが、沖縄県外からの問題提起であったと言うことは重要である。それは、これまでの地道な平和交流の成果によって培われたものであり、その対外交流による問題提起は、記念碑の碑文の内容だけでなく、戦没者を追悼すると言う記念行為のあり方や、沖縄の人びとが沖縄戦の記憶を考えるうえでも重要な示唆を与えている。

例えば、その碑文調査の代表を務めた平良修氏は、その解説の文章「沖縄戦跡の慰霊碑に欠けているもの」のなかで、「慰霊祭は身内の死を悼むだけではなく、自分たちが害を与えた者たちへの痛みをも含むものでなければならない」(5)と注目すべき指摘を行なっている。その指摘は、後述するように、「平和の礎」における戦没者を追悼するという記念行為と沖縄戦の記憶を考えるうえでも、非常に重要な論点を提起していると思われる。

2　平和の礎の概要、意義と問題点

沖縄県は平和行政として、戦後五十周年の節目に向けて、全戦没者の追悼と平和祈念、平和の創造と発信、平和の交流、平和文化の創造、平和・共生思想の実践という五つの理念を柱とする「沖縄国際平和創造の杜」を構想した。「平和の礎」は、その「沖縄国際平和創造の杜」構想の一環として、沖縄県が、沖縄戦終結五十周年を記念して本島南部の糸満市摩文仁にある平和祈念公園内に建てた、沖縄戦全戦没者の名前を刻んだ記念碑のことである。

マリタ・スターケンは、戦争の記念碑を、「モニュメント」と「メモリアル」という二つの概念に区分している。スターケンによると、「モニュメント」は勝利を記念して建てられており、そのため碑文の説明書きも少なく、匿名性が強い。そして勝利した対象となるものを賛美するだけではなく、建築上の形式も意識して建てられている傾向が強い。

それに対して「メモリアル」は、ある特定の価値観のために捧げられ犠牲となった命や生活を想起させ、悲しみや責務を内包し、同時にある特定の歴史叙述を生み出す枠組みを提供するという。そのため、死者のリストやテクストを強調する傾向があり、目的も達成されずに失われた命の存在、そしてその個々人の名前を明らかにするよう要求する、と指摘されている(6)。そのスターケンの分類からすると、「平和の礎」は「モニュメント」ではなく、間違いなく「メモリアル」として位置付けられることが確認できよう。

その「メモリアル」としての「平和の礎」は、太平洋の青い海を背景にした「平和の火」を、ほぼ半放射状に波形の形の刻銘碑が囲むデザインとして造られている。その波形の形の刻銘碑は、四方（一方四列と三方十一列）に区劃されて、高さ一メートル余で、総延長一キロにもなる黒いみかけ石板からなり、その屛風状に並ぶ三〜五つ折りの一一四基で一一八四面に及んだ石板には戦没者の名前が刻銘され、また刻銘碑の周辺には、沖縄で拝所や墓で植えられる神聖の木のクワディサー（モモタマナ）が植樹されている。

その平和の礎をデザインした設計者によると、その主題は「平和の波、永遠なれ」というコンセプトで、太陽が昇る東の太平洋の海の眺めを背景に大切に設計され、沖縄から平和の波を世界に向けて発信するイメージによって創作したと言う(7)。

その刻銘碑には、沖縄戦で亡くなった戦没者を、敵・味方に関係なく、国籍を問わず、軍人・民間人の区別なく、すべての人びとを刻銘する理念が謳われている。ただ、刻銘された戦没者は、原則として沖縄戦の時期に限定されているが、沖縄出身者の戦没者だけは十五年戦争の期間にまで広げて刻銘されている。その平和の礎が除幕された一九九五年六月の刻銘板に刻銘された人数は、二三四、一八三人であった。その出身地域別内訳は、日本が二二〇、〇一七人（沖縄県が一四七、一一〇人、県外が七二、九〇七人）、外国は一四、一六六人（米国が一四、〇〇五人、台湾が二八人、朝鮮民主主義人民共和国が八二人、大韓民国が五一人）となっている。刻銘碑には、新たに戦没者が確認できたら、毎年、その分の氏名を追加刻銘することになっており、現在最も新しい戦没者の数（二〇〇八年六月二十三日現在）は、二四〇、七三四人である。その出身地域別内訳は、日本が二二六、一六三人（沖縄県が一四九、一三〇人、県外が七七、〇三三人）、外国は一四、五七一人（米国が一四、〇〇九人、台湾が三四人、朝鮮民主主義人民共和国が八二人、大韓民国が三六四人、イギリスが八二人）となっている。英国の戦没者が新たに確認されたこと と、台湾や北朝鮮の人数に変化はないが、韓国の戦没者数が多く確認できて刻銘されている点が注目される。ただ、その韓国や北朝鮮、台湾の刻銘板では空白の部分が目立つが、その空白の意味については、後で論及したい。

平和の礎の刻銘板は、地域別に四つのゾーン（A・Bが沖縄県、Cが県外、Dが外国）に区分けされていて、その刻銘は五十音順（英字はアルファベット順、ハングル文字順）に字（集落）、家族ごとに刻銘されている。また、刻銘板に記名されているのは、氏名だけであり、死亡した場所や日付はなく、軍民関係なく記名されているので、軍の階級や出身地も加えられていない。だが、そのように刻銘された名前の一群を観るだけでも、その背景にあるさまざまな諸相が喚起される。例えば、沖縄県出身者の刻銘板を見ると、集落、家族ごとに刻銘されているため、同じ姓の名前が連続して続き、親戚一門の戦没者の名前が一つのかたまりとしてあり、早く確認できるという利点がある。そして、その刻銘された名前が個人から兄弟親戚へとつながっており、その戦没者の背景にある集団的記憶がいろいろな形で浮び上がってくる。それは例えば、戦没者数の多寡だけでなく、刻銘板に同じ姓の名前が続き、突然に「□□の子」「△△の長女」という刻銘に出会う場合も同様である。

そのように刻銘されている事例は、礎全体で二百件もあると言われているが、地上戦になったことで生まれた子どももすぐに戦場に巻き込まれ、名前を付けてもらえる間もなく亡くなった状況がうかがい知れる。また沖縄出身者の刻銘碑には、女性の名前としてカマドやナベなどの台所名やウシやヤギなどの動物名と同じカタカナ表示の名前が数多く確認できるが、その沖縄独特の名前文化は出稼ぎ先で差別の遠因にもなって改名の対象にもなっており、その名前の付け方からも当時の沖縄女性の地位が想像される。

このように、見る側の視点によって、刻銘された氏名から、戦没者の情報だけでなく沖縄文化の多種多様なことまで想像でき、平和の礎から沖縄戦のことだけでなくさまざまな沖縄文化の情報が受信できるようになっている。

その平和の礎における理念、その具体的な形として示される刻銘のあり方については、それを審議する「平和の礎刻銘検討委員会」のなかで多くの活発な議論があったと言われている。とくに、先述した「沖縄国際平和創造の杜」の構想の一環として、「平和の礎」と一体の施設として位置付けられている「沖縄新平和祈念資料館」(以下、「平和資料館」と記す)との機能や役割の分担も関係して、いろいろな角度から論議されたと言う。

しかし、その平和の礎の理念や刻銘のあり方に対して、識者や関係者のあいだから多くの疑問や要望が提起されている。例えば軍人と民間人も同じように刻銘すると、加害者である戦争指導者と被害者である民衆が一緒に扱われることで戦争責任が不問にされ、戦争の本質を覆い隠すことになるのではないかとの疑問が提起された。また沖縄出身者の刻銘だけを十五年戦争の期間に拡大したため、沖縄戦の犠牲者が水増しされたなどの批判が出された。さらには、市町村の担当者からは調査報告が短期間のため名簿の検討が不十分であるとの疑問も提出された(8)。

また要望としては、名前の他に性別や年齢、死亡した場所なども明記すべきであり、さらに刻銘の順序を、戦争の実相を伝えるためにも、戦地ごとや、疎開のときの船舶ごとに刻銘すべきであるなど、いくつかの提案が提出された。しかし結局、沖縄戦の実相にかんする解説については、平和の礎と一体の施設として位置付けられた平和資料館で確認してもらい、平和の礎における役割と機能は「戦争の事実を記録する」ことを最優先させて(9)、その刻銘の方針が決定されたと言う。

ところで、前述したスターケンは、記念碑を「何かを隠したり映し出す機能を果た」す役割を担う「スクリーン」としてとらえている。その「スクリーン」としての記念碑では、特定の枠組みの物語が語られると、他方でその特定の物語から「隠される物事」も出てくる。したがって記念碑は、そのスクリーンの役割として、「物事を隠すかわりに、自身が支配的な物語を提示し、かつ膨大な記憶や個人的な解釈をも映し出す」(10)こともできると指摘している。

このように、記念碑のもつ性格として、ある方針を採用することで、ある物事や情報が排除され隠蔽されることにもなるが、他方でその方針によって特定の枠組みの物語が形成されることにもなるのだ。すなわち、その「戦争の事実を記録する」という平和の礎の方針では、そのスクリーンの機能を通して、今後、沖縄戦の記憶にかんする特定の枠組みの物語が作り出されていくことにもなるわけである。

したがって、今後の課題は、敵・味方関係なくすべての戦没者を刻銘するという、平和の礎における特定の枠組みの物語が、これから世界の人びとに向かって、いかに説得力ある主張として発信できるかにかかっていると言えよう。

ところで、その敵・味方に関係なくすべての戦没者を刻銘するという平和の礎の理念の背景には、沖縄の「外来者を排除しない伝統的平和思想」が存在していると言う説明があり、例えばその沖縄の「伝統的平和思想」には、沖縄の人びとのなかに伝統的に流れている本質的な特徴として「イチャリバチョーデー」「チムグルサン」「非武の文化」「平和愛好の民」などの考え方が背景にあるとも指摘されている。

しかし、私自身は、そのような沖縄の「伝統的平和思想」の存在を根拠にして、平和の礎の理念を「本質主義」的に説明するあり方には与しない。沖縄の「伝統的平和思想」は、沖縄の人びとの本質的な特徴として昔からあるのではなく、歴史的に形成され構築されたものだと考えるべきである。すなわち、沖縄の「伝統的平和思想」は、歴史的に形成され構築されたものにすぎないのだ。その意味で、さきにあげた沖縄の「伝統的平和思想」は「歴史化」(11)されなければならない。

さらに、私の考えでは、それらの沖縄の「伝統的平和思想」は、ずっと昔からあるのではなく、むしろ戦後の厳しい政治的情況に向き合うことによって、新たに「発見＝創造（Invention)」された言葉だと言えるように思う。つまり、基地問題をはじめとして沖縄の困難な状況下で沖縄住民の意思が問われたときに、あらためて沖縄の歴史や沖縄戦が語りなおされる過程で、それらの言葉が「発見」されたのである。その意味で、それらの「発見」された言葉には、戦後沖縄社会における価値観が反映されており、その状況に対峙した沖縄の人びとの「主体性」が投影されている。

また逆に、「命どぅ宝」「非武の文化」などのそれらの言葉を、事実性や実証性の観点から根拠不明で曖昧だとし一方的に裁断して否定するあり方に対しても、私は批判的だ(12)。それらの言葉は、その歴史的な「起源」の問題としてとらえるのではなく、その言葉が語りなおされた時代的な背景や社会の価値観などを含めた「系譜」の問題としてとらえるべきだと考える。むしろ、そのような言葉がなぜ形成され、なぜ戦後沖縄で繰り返し語られるようになったのか、その背景にある沖縄社会の状況や価値観を考察して同様に論じなければ、それが意味する全体像を把握することはできない。

例えば、その「平和の礎」の背景にある「国籍や軍人、非軍人の別なく、また老若男女の別もなく沖縄戦で犠牲になった者は、一人残らず刻銘される」と言う理念について、県知事としてその事業を推進した大田昌秀氏は、沖縄戦の体験に言及しながら次のように述べている。

私は、その沖縄戦の激戦の最中で、親が子を殺すのを目撃したほか、友軍兵士同士がわずかの食糧を奪い取るため殺し合ったり、かと思うと敵兵が地元の老人や子どもたちの命を救っているのとは逆に、守るべき地元住民を友軍兵士が殺戮する信じ難い場面に何度も遭遇しました。それだけに戦争を憎む気持ちと敵味方を越えて戦争での犠牲者を悼む思いは、人一倍強いように思います。おそらくこうした思いは、戦争を生き延びた人々に共有のものと考えます(13)。

その大田氏の苛酷な戦争体験から導き出された主張に、戦後世代の一人として、ただうなずくしかないが、しかし、ここで重要視したい点は、その苛酷な戦争体験の衝撃さだけではなく、その体験が戦後沖縄の厳しい現実に遭遇するさいに、絶えず記憶として想起されている点である。

むしろ私は、その戦争体験の苛酷さよりも、その体験を戦後五〇年のあいだ繰り返して問い続け、その節目節目に語りなおして「平和の礎」の事業に結実させた、その「持続する志」にこそ注目したいと思う。その沖縄戦の語りなおしの背景には、戦後五〇数年間を経ても沖縄には変わることなく存在している巨大な米軍基地の問題があり、その基地から派生する事件事故の多発する沖縄の現実への強い危機感と批判があるからだ。戦後の沖縄では、過重な基地負担というその沖縄の現実にあらがうことこそが、沖縄戦を語りなおし、「平和の礎」の事業に結実させた大きな要因であったと言えよう。

重要な点は、沖縄の「伝統的思想」という「本質」にあるのではなく、沖縄の「現実」に対峙することによって、沖縄戦が戦後に繰り返し語られている点にこそあるのだ。その意味で、「平和の礎」には、沖縄戦の苛烈で悲惨な体験が背景にあるが、戦後に基地問題をはじめとして沖縄の現実に対峙することで、あらためて沖縄戦に向かい合うことにより、その教訓として沖縄の平和思想が形成され構築された点が重要なのだ。

3　平和祈念資料館問題と沖縄戦の記憶

さて、先述したように記念碑である「平和の礎」は、沖縄戦の実相やその歴史認識を資料やモノで展示解説する「平和資料館」の役割や機能と一体のものとして造られている。しかし、その平和資料館の開館に向けた展示作業の過程で、沖縄戦の実相や事実認識にかんする展示のあり方と解説表示をめぐって事務局が、展示や記述の変更と削除を記した「見え消し」を独自に作成し、監修委員会に無断で制作業者に対し変更を指示していた事実が明らかになった(14)。

この事実は、多くの県民を驚かせた。新しく開館される平和資料館ですでに決定していた沖縄戦の展示のあり方に対し、監修委員会に断ることなく、事務局が独断でその展示や記述の変更を推し進めていたのである。さらに衝撃が広がったのは、県の事務局が保守県政の新知事や三役の意向を受けて、沖縄戦に対する歴史認識が公権力の介入により改竄された新たな事実であった。しかも、これまでの沖縄戦の歴史認識にかんする議論では、教科書裁判に象徴されるように、日本政府や文科省の意向と沖縄側の認識との対立という構図であったが、今回はそれと異なり沖縄県内部から初めて沖縄戦の歴史認識の変更が迫られた点が特徴である。

そしてその沖縄戦の歴史認識について、展示変更問題で具体的に問われたのが、ガマの惨劇を展示した模型にかんする変更であった。それは、ガマに避難した沖縄住民に対し「銃剣をむけて幼児の口封じを命じる日本兵」と、「負傷兵士に青酸カリ入りミルクのカンを強要する日本兵士」の模型である。

とくに反響を呼んだ模型の変更は、幼児の口封じを命じる日本兵から銃剣が抜き取られていたことであった。沖縄戦でガマに避難した住民に対し泣き叫ぶ幼児の口封じを銃剣で威嚇した事例や、なかには銃剣で刺殺される幼児を見たと証言する体験者の証言記録も数多くあり、そのような事例は、沖縄においては沖縄戦でのガマの惨劇として広く知られている事実である。監修委員会は、それらの証言や調査研究に基づいて、住民に銃剣を向ける日本兵の模型を展示することを了承して決定していたが、後で「反日的になってはいけない」との新知事の発言をきっかけに、その展示模型が事務局によって大幅に見なおされ、監修委員会に無断で、すでに発注していた模型の変更を業者に独自に指示していたのである。

その変更問題により、平和資料館の基本構想に反している点や、県の平和行政の姿勢、行政手法の問題、沖縄戦の歴史認識の問題など、多様な議論が起こっている。とくに、ここで注目してみたいのは、その展示変更問題が、沖縄戦の歴史認識、とりわけ沖縄戦の記憶を考えるうえで非常に重要な問題を提起している点である。

その「銃剣をむけて幼児の口封じを命じる日本兵」の「銃剣」問題が提示しているのは、沖縄戦の体験記や聞き取り調査で明示されている、日本兵による沖縄住民虐殺の問題である。むろん、日本兵には沖縄出身兵士も多数おり、沖縄住民虐殺には沖縄出身兵士も多く関わっていたとの指摘もあり、兵士＝日本兵と一般化することはできない。

しかし、ここで私が問いたいのは日本対沖縄という構図ではない。その「銃剣」が私たちに示唆している点は、徴兵による国民皆兵の軍隊が同じ国民を虐殺したという事実についてである。つまり、地上戦としての沖縄戦の教訓で確認しておきたいことは、日本兵が沖縄住民を守らなかったと言うことだけでなく、極限状況では国民の軍隊も国民を守らなかった、という事実である。そして、その沖縄戦の認識が重要なのは、沖縄戦に関する日本政府の「正史」や、その位置付けにある防衛庁戦史室が発刊している日本軍の沖縄戦に関係する戦史とは、著しい齟齬やズレをきたしていると言う点である。

例えば、防衛庁戦史室が発刊している『沖縄方面陸軍作戦』の記述では、「集団自決」について「……戦闘員の煩累を絶つため崇高な犠牲的精神により自らの生命を絶つ者も生じた」(15)と記している。しかし、指摘するまでもなく、その「集団自決」の実相は、多くの調査研究が示しているように、その「崇高な犠牲的精神を発露した」「殉国美談」の物語とは異なった、汚辱にまみれた惨状であった。前述したように、日本軍による住民虐殺の証言では、敵から守るべき日本国民の軍隊である日本軍が、同じ日本国民である沖縄住民を虐殺した事実が語られており、その真実も日本軍の戦史のなかで記述されることはなく、排除され隠蔽されているのが現状だ。

しかし、それらの事実は、沖縄戦を体験した住民からすると、沖縄戦の記述において、決して排除し隠蔽できる事実ではなく、むしろ絶対的に譲れない一線なのだ。教科書裁判における沖縄戦の記述にかんする最大の争点の一つがそこにあり、その事実認識が争点として争われたことは周知のとおりである。

それは、戦争の記憶の問題として考えると、「オフィシャル・メモリー」と「ヴァナキュラーな記憶」との齟齬や亀裂、そしてそのせめぎあいの場としての「パブリック・メモリー」の問題としてとらえることができよう。その事実認識を含めて、そのような日本兵による住民虐殺や「集団自決」などの沖縄戦の記憶をいかに主張することができるか。言い換えると、そのような沖縄住民がとらえた沖縄戦の記憶という「ヴァナキュラーな記憶」を排除し、「殉国美談」として包摂する日本政府の「オフィシャル・メモリー」に対して、沖縄戦の「ヴァナキュラーな記憶」を日本国民の共通の「パブリック・メモリー」として、いかに構築できるかが問われている。そのような構築の試みは、前述の教科書裁判をはじめとしてさまざまな領域で行なわれている。

しかし近年、そのような構図――権力によって与えられている正史のプロットと、その対極にある「ヴァナキュラーな記憶」。そして、その両者の対抗のアリーナとしての「パブリック・メモリー」が争点になるという構図――に対して、新たな問題が提起されている。岩崎稔氏によると、その正史ないし修史に対して、対抗的な「ヴァナキュラーな記憶」をたてて議論する戦略だけでは、すでに支えきれなくなっている状況があるという。つまり、状況の変化によってある局面では「パブリック・メモリー」が「和解」という名によって、「ヴァナキュラーな記憶」とのズレを曖昧に包摂し、回収するようになっているからである。岩崎氏はそれに対して、その両者の「もっと中間的な社会諸形式に媒介された記憶」のさまざまな文化現象の「無定型な社会的記憶を分節化していくことが必要」だと指摘している(16)。ここではその点を踏まえながら、それとは別のあり方として「平和の礎と戦争の記憶」を考察することから考えてみたい。

4　平和の礎と戦争の記憶

平和の礎には、沖縄戦の戦没者を追悼する「慰霊の日」の前後になると、県内各地から遺族を中心にして多くの参観者が集う。戦没者が亡くなった場所やその遺骨さえも不明な遺族にとって、今では平和の礎の刻銘板に記されている名前が、唯一その痕跡を確認できる証である。沖縄戦で家族の多くを亡くした遺族の口からは、「ここに来たら皆に会える」との言葉が聞かれるように、今では慰霊の日に遺族三世代で参拝し、近くの木陰で重箱を広げて沖縄戦の話が語られる場面に出会うことも少なくない。そして、体験者である老女たちが、親戚の名前が彫られた刻銘板の前に花を手向けて祈り、その名前をなぞる光景がよく見られる。そのような光景に出会うとき、私は次のように考えざるをえない。戦後世代の私たちは、そのような戦争体験者の祈りを共有しながら、沖縄戦の記憶を次の世代の子どもたちへどのように引き継ぐことができるのだろうか、と。しかしその際、少なくとも戦後世代の私たちは、戦争体験者の語りに一体化したような語り口は、もはやとれないという点だけは自覚しなければならないと思う。

岡真理氏は、母親や祖母が語るいつもの戦争に対する語り口、すなわち、自らの戦中戦後の苦しい時代の記憶を語り、戦争が終わってよかったねという、いわば自己完結的な語り口に対して、次のような違和感を提示している。

母と祖母の茶飲み話。それは明確に、国家による戦争が悪であったことを語っていたが、しかし、その戦争で不条理な死を被った者たち、戦争という〈出来事〉の暴力を現在の物語として生きざるを得ない他者の存在を想起する契機を欠落させ、自らの被害だけを記憶し、想起している(17)。

つまり、母親や祖母が語るそのような語りは、モノローグ的で自己完結的であり、その〈出来事〉の記憶が他者に対し分有されることはない。しかし、その〈出来事〉の記憶は、他者に分有し(され)なければならない。岡氏はそのように指摘して、その可能性の一つを同じく次のように述べている。

決して折り合わせることのできないズレ、〈出来事〉の暴力の痕跡を疵として現在の物語のなかに書き込むこと、そこに、〈出来事〉の記憶の分有の可能性が賭けられている(18)。

その岡氏の指摘に触発されながら、沖縄戦の記憶の分有について私は次のように考えてみた。平和の礎に刻銘された戦没者の名前の前で涙を流す老女の姿に、戦後世代の私たちは今なお癒えない沖縄戦の惨状を思いながらも、ただ頭を垂れるだけではなく、体験者とは別の視点をとる必要がある。つまり、沖縄戦の記憶を非体験者として、いかに分有できるかが私たちに問われているのだ。そのためには、体験した証言者の語る「日本兵による住民虐殺」の証言が、沖縄戦の記憶として、それが日本の「オフィシャル・メモリー」から排除され隠蔽され、また逆に国民の「パブリック・メモリー」に曖昧なまま包摂されたとしても、岡氏の指摘するように、その「決して折り合わせることのできないズレ」を絶えず想起し、「現在の物語」のなかで語り続けることが重要だと言う点である。

また、そのズレを隠蔽せずに語り続けることは、〈出来事〉の記憶を他者と分有する志向性として、テッサ・モーリス＝スズキ氏が「記憶と記念の強迫に抗して」という論文で指摘する、次の論点と重なっているように思う。

まず死者の多様性と戦争経験の複雑さを認識することから始めなくてはならない。「我々の死者」と「彼らの死者」との境界をまたぎ越すこと、その経験の違いを否定することなく共に記憶すること、その方法が見出されなくてはならない(19)。

このテッサ・スズキ氏の指摘は、戦争の記憶と記念行為の問題にかんする重要な問題点を提起している。それは、平和の礎の理念とも重なっており、体験者とは異なった戦後世代が平和の礎にどのような視点でのぞむのかを考えるうえでも、重要な示唆を提示している。氏によると、戦後数十年が過ぎた今こそ、あらためて記念行為と記憶について、さらにより深く再考することが必要だと言う。なぜなら記念行為で表明される「我々が忘れないために」との言葉も、その力点が「忘れない」という問題から「我々」という言葉のほうへ微妙に移動していき、さらに記念行為が「記憶すること」ではなく、儀式に参加する「我々」の都合へと変化している状況が指摘できるからである。そのため記憶は、記憶するか忘却するかではなく、どのように記憶するかが重要であり、多くの記憶の形態から、どの記憶を選択するかが肝要となる。その際、戦争の犠牲者を「我々」「彼ら」と言うように均一の集団に押し込むことなく、その境界を跨ぎ越して、多様な経験の違いを否定せずに共に記憶することの重要性が指摘されている(20)。

そのようなテッサ・スズキ氏の提起や先の岡氏の指摘をふまえて、平和の礎の記念行為と沖縄戦の記憶の問題について、戦後世代の一人としてどのように考えることができるであろうか。最後にそれについて二点指摘しておきたい。

第一に、平和の礎の韓国・北朝鮮や台湾などの刻銘板における「空白の意味」を考えることである。沖縄戦で亡くなったすべての人びとを刻銘すると言う理念によって平和の礎は建てられたが、朝鮮半島から強制連行された多くの軍夫や「従軍慰安婦」に代表されるように、その刻銘板に刻銘されていない人びとがいることを私たちは考え続けなければならない。さらに、刻銘されることは未来にわたり屈辱の証だとして、軍夫や「従軍慰安婦」の子孫のなかに刻銘そのものを拒否する人たちがいることについても同様に考えなければならない。その刻銘することを拒否する人たちがいることに思いが至らなかったことを反省しながら、沖縄戦で亡くなった戦没者をどのように追悼するかについて、対話を続けながらその共有できるあり方を模索して考えたいと思う。

そして私たちは、沖縄や日本の刻銘碑の前だけでなく、韓国や北朝鮮、台湾の空白の刻銘板の前にも同様に花を手向けて、祈らなければならない。さらに、沖縄戦の戦没者だけでなく、韓国や北朝鮮、そしてアメリカの戦没者に対しても追悼することを決して忘れてはいけないと思う。

第二に、追加刻銘することの意義を重要視することである(21)。沖縄戦のすべての戦没者を追悼するためには、その埋もれた事実関係を掘り起こして、その惨劇を忘れないためにも記録として残すことが重要である。その地道な追加刻銘の作業において、アジアの空白の刻銘碑に、戦没者の氏名をどのような形で追悼できるかが私たちに問われているのだ。同じく刻銘を拒否する遺族の人びとに、刻銘するか否かは別にしても、加害者としてどのような追悼の意思を表明できるかが私たちに問われている。なぜなら、沖縄戦の記憶を継承する意味においても、沖縄戦の実相を掘り起こして解明し、その事実を追加していく意思が平和を継承する意思へとつながっていると考えられるからである。

私たちは、沖縄戦で亡くなったすべての人びとを追悼するためにも、追加刻銘を地道に続けていくことが重要であり、そのためにも刻銘を拒否する遺族の人びとに対しては、加害者として誠意をもちながら平和の礎の理念を語り続けなければならないのである。

7　追悼する地域の意思

沖縄から

1　自衛隊による儀式と追悼の慰霊祭

今年（二〇〇五年）の「慰霊の日」の前後に、沖縄に駐屯している自衛隊に関係した儀式と追悼の慰霊祭が行なわれた。その二つの儀式と慰霊祭は、沖縄という地域から近代日本の国民国家と戦死者の追悼の問題を考えるうえで、たいへん興味深い問題を提出している。

その一つは、沖縄に駐屯している自衛隊員が初めてイラクへ派遣されることになり（九州・沖縄からの隊員派遣は初めて）、那覇基地所属の約一〇〇〇人の隊員と沖縄県議会与党議員でつくる防衛議員連盟の十九人による見送りの儀式が大々的に行なわれたことである。新聞報道によると、自衛隊は「隊員の安全」などを理由にイラク派遣の詳細は明らかにしていないが、派遣される隊員は一〇〇〇人を超える見送りのなかを行進して、団長から訓辞を受け万歳三唱で送り出されたと報じられている(1)。ただ、計六人の派遣隊員はその儀式行事の後、実際にはすぐに出発しなかったことからうかがえるように、自衛隊にとっては沖縄から初めて自衛隊員がイラクへ派兵されることの意義の重大さを含めて、そのイラク派遣を大々的に儀式化してアピールすることこそが重要な事項として位置付けられていたのは疑いなかろう。

その新聞記事を目にしたとき、最初のイラク派遣で北海道旭川駐屯地から自衛隊員が派遣された直後、その報道を受け友人たちと次のような会話をしたことを思い出した。自衛隊による最初のイラク派遣において、北海道旭川駐屯地で小泉首相や石破前防衛庁長官らが出席し盛大に「隊旗授与式」の儀式が行なわれたが、その次は、沖縄や東北地方の日本の周辺部に駐屯し自衛隊基地に所属している隊員から派遣されるのではないか。また、自衛隊中央部においては、北海道の次に沖縄や東北地方に所属や駐屯している自衛隊員からイラクへ派遣されることはすでに想定済みのことではないか。さらに、もし仮にイラクの戦争で自衛隊員に死者が出た場合、国民の一体感や統合を高めるために盛大な国家追悼の儀式が挙行されるのではないか。とくに、沖縄においては、日本の「オフィシャル・ヒストリー」のなかに沖縄戦の記憶を包摂し回収しながら、さらに沖縄から派遣されて戦死した隊員の功績をたたえ、より盛大な国家儀礼が挙行されることは十分に予期されよう。そして、同自隊員の死は、日本政府による沖縄戦の「オフィシャル・メモリー」のように、国家防衛のための「崇高的な犠牲的精神の発露」だったと声高に顕彰されることも同じく十二分にありうる話だと語り合ったことであった。

仮に、そのような沖縄出身の自衛隊員の死を国家儀式として盛大に沖縄で挙行されたとき、私たちはどのような態度をとるべきであろうか。その際、周辺部の地域で行なわれる国家による哀悼の儀式に対して、いかにそれを相対化し批判的な論点を提示できるかが私たちに問われてくる。さきの新聞記事は、それらの問いが、近い将来にありうる話であることを私たちに示している。

もう一つは、慰霊の日の早朝に、陸上自衛隊那覇駐屯地の幹部や隊員ら約一〇〇人が、沖縄戦の第三十二軍司令官の牛島中将らを祀った沖縄県南部の糸満市摩文仁の黎明之塔前で慰霊祭を行なった件である。新聞報道によると同慰霊祭は、自衛隊広報では公的行事ではなく私的行事で問題はないと説明しているが、沖縄に駐屯する自衛隊の幹部クラスのほとんどが出席した行事だったことを報じている(2)。同慰霊祭を主導した陸上自衛隊第一混成団長は、あいさつのなかで「沖縄を守るために戦った第三十二軍を現在の沖縄の防衛を担うわれわれが追悼するのは大切なこと」、さらに第三十二軍が沖縄の防衛任務に死力を尽くした点の意義を強調し、「いざとなれば県民のために命をささげる、同じ任務を担うわれわれが、将兵を追悼するのは意義あることだ」と述べたと伝えている。

その発言内容が、沖縄住民の沖縄戦にかんする事実認識やその記憶に照らし合わせて見たとき、大きな問題点や重大な齟齬を抱えていることについては、後で論述するが、なにより、「慰霊の日」の前後に自衛隊が行なったイラク派遣の儀式や追悼の慰霊祭が、いみじくも沖縄という地域から近代日本の国民国家と戦死者の追悼の問題を考えるうえでさまざまな問題点を露呈させている点は確認しておく必要がある。例えば、その問題点とは、その追悼の慰霊祭やイラク派遣の儀式に見られるものが、慰霊祭と言う追悼の儀式を通じて沖縄戦の記憶に対する過去の横領と、「新たな死者」をも織り込んだ自衛隊と国民の一体化をアピールする儀式だったと言う点である。

2 戦没者追悼での国家と地域との違い

ベネディクト・アンダーソンは、周知のようにナショナリズムについて論じた『想像の共同体』のなかで、国民国家と戦死者との関係について、次のような興味深い指摘を行なっている。二〇世紀の二度にわたる世界大戦の異常さは、人びとが類例のない規模で殺しあったことよりも、途方もない無数の人びとが「祖国のために」と自らの命を投げ出したことにあると言う(3)。そのため、近代の国民国家は祖国を守るために戦死した兵士を祀る記念碑を建て、それに公共的・儀礼的敬意を払うことで、国民的想像力を刺激し、国民の一体感や親和性を喚起することに問題点を見出している(4)。

その指摘は、今日、国民国家とナショナリズムとの関係、ならびにその戦没者の追悼を考えるうえで重要な問題を提起する。とくに注目される点は、国民国家がナショナリズムによって、国民の一体感や親和性を喚起することで、その延長線上において国家のために国民が「自発的な強制的自己犠牲」を強いられ、さらに国家がその記念碑を建てて戦没者を追悼することによって、その汚辱にまみれた戦争の実態が、「殉国美談」の物語として語りなおされて賛美されることである。

たしかに、アンダーソンが言うように、近代の「国民国家」の形成にともなって、「祖国のために」

と自らの命を投げ出す人びとが形成され、そして戦争による死者を国家が「英霊」として位置付けるようになったととらえることができよう(5)。だが、国民国家が確立される以前は、死者への追悼は家族親戚や地域社会の問題として考えられ、実際そのなかで死者の追悼が静かに行なわれていた。

例えば、大江志乃夫氏が、日露戦争に従軍して朝鮮半島や中国の戦地に行った福井県大野郡羽生村の兵士たちの故郷への手紙を分析した著書によると、明治三十年代後半の兵士たちにはまだ「国家」と言う概念は新しい抽象的な言葉としてしかとらえられていない。彼等の日常生活は、村共同体の一員として営まれており、古くからある民間信仰の神仏に共同で祈り願うのであって、当時は個人祈願などの習慣もまだ確立してなかった。さらに、自己の命を供する対象としての抽象的な「国家」は、「本村民諸君」と言う実体のそのままの外延としての「国家の御諸君」と言う具体的な共同体成員のイメージに重ね合わせて理解されていたと言う。したがって、その日露戦争時と、後の日中戦争・アジア太平洋戦争時の兵士たちとの意識の間には、国家認識において大きな違いがあった。すなわち、昭和期の「天皇の軍隊」と言う概念、死して「靖国の神に祀られる」と言う思想は、明治三十六年以降に初等教育で使用される国定教科書によって注入された思想であり、それ以前の世代の一般民衆には、そのような思想はなかったと指摘される(6)。

この大江氏の分析にあるように、死者への追悼は、本来、国家が独占するようなものではなく、むしろ家族や地域社会において慰霊され意味付けられていたのだ。

この小論では、死者への意味付けを国家に独占させないためにも、以下に、国家の追悼とは異なるあり方や論理について考えてみたい。ここでは、死者の意味付けを、国家から地域へ取り戻すささやかな可能性について模索してみたいと思う。死者の意味付けを国家から、〈私〉の方へ取り戻すあり方(7)とともに、国家から地域へ取り戻すというよりも、国家とは異なる〈地域〉における死者の意味付けとしての追悼のあり方について、沖縄から考察してみたい。

3 「バナキュラーな記憶」を手放さないこと

沖縄と言う地域における死者の意味付けとしての追悼のあり方について、二つの論点からその可能性を考えてみたい。その一つは、「バナキュラーな記憶」をけして手放さないということである。

前章で述べたように、沖縄戦の記憶の問題を考えるときに、日本政府における「ナショナル・ヒストリー」や「オフィシャル・メモリー」と、沖縄と言う地域の「バナキュラーな記憶」との齟齬や亀裂、そしてそのせめぎ合いの場としての「パブリック・メモリー」としてとらえることができる。そのことが具体的な争点として争われたのが、一九八〇年代の教科書検定や第三次家永教科書裁判を通してであった。以下繰り返しになるが、その経緯について少しふれておきたい。

一九八二年夏の教科書検定で、江口圭一氏が執筆した日本軍による沖縄住民虐殺の記述に対して、文部省が削除の修正意見を付けたのが発端だった。日本軍による沖縄住民虐殺の記述が教科書検定で削除されたことが報道されると、県民世論が反発して県議会の抗議の意見書をはじめとして、多数の市町村議会でも同様な意見書の採択がなされ多くの県民から批判が噴出した。同教科書検定では、一方でアジア諸国への「侵略」を「進出」に書き換える修正が出されたため中国や韓国との間で外交問題化したこともあって、文部省は一転して沖縄の住民殺害の記述を認め、代わりに「集団自決」について書くようにと強制した。しかも、文部省は、日本軍が直接に手を下した殺害行為と、そうでないものを区別するため、「住民殺害」と「集団自決」を分離させ、「集団自決」を沖縄住民の「国家」への「崇高な犠牲的精神の発露」だと解釈し、それを記述するようにと強制したのである。だが、文部省の言う沖縄住民の「崇高な犠牲的精神の発露」としての「集団自決」の解釈や認識は、実際にガマ（自然洞窟）で起こった陰惨な「集団自決」の実態とはまったくかけ離れた、沖縄戦の実相を著しく歪曲するものであった。その文部省の見解に対し、第三次家永教科書裁判での沖縄出張裁判における安仁屋政昭氏や石原昌家氏らの証言によって、自発的な意味を帯びた「集団自決」ではなく、軍の強制と誘導による住民の「集団死」という概念が構築されたのである(8)。

その経緯を踏まえて、沖縄戦の「集団自決」における記憶の抗争について考えてみると、以下のような点が指摘できよう。日本政府や防衛庁戦史室が「オフィシャル・メモリー」として刊行している『戦史叢書　沖縄方面陸軍作戦』では、「集団自決」の記述について次のように記している。

この集団自決は、当時の国民が一億総特攻の気持にあふれ、非戦闘員といえども敵に降伏することを潔しとしない風潮がきわめて強かったことがその根本的理由であろう。前述のように小学生、婦女子までも戦闘に協力し、軍と一体となって父祖の地を守ろうとし、戦闘に寄与できない者は小離島のため避難する場所もなく、戦闘員の煩累を絶つため崇高な犠牲的精神により自らの生命を絶つ者も生じた(9)。

そこにあるのは、「集団自決」を国家のために身を投げ出して、崇高な犠牲的精神を発露した「殉国美談」の物語としてとらえる論点である。

しかし、沖縄戦における住民の「バナキュラーな記憶」を記した沖縄の多くの市町村史の戦争体験記録集や体験者個人の書いた著作が示しているのは、その「殉国美談」の物語とはまったく異なるガマの内部での陰惨な惨状である。例えば、渡嘉敷島の「集団自決」の生き残りである金城重明氏は、その状況を次のように記している。

配られた手榴弾で家族親戚同士が輪になって自決が行なわれたのである。しかし手榴弾の発火が少なかった為、死傷者は少数に留まった。けれども不幸にしてその結末はより恐ろしい惨事を招いたのである。……夫が妻を親が我が子を兄弟が姉妹を、鎌や剃刀でけい動脈や手首を切ったり、こん棒や石で頭部を叩いたり、紐で首を絞めるなど、考えられる凡る方法で、愛する者達の尊い命を断っていったのである。文字通りの阿鼻叫喚であった。……当時の精神状況からして、愛する者を生かして置くということは、彼らを敵の手に委ねて惨殺させることを意味したのである。従って自らの手で愛する者の命を断つ事は、狂った形に於いてではあるが、唯一の残された愛情の表現だったのである(10)。

そこにあるのは、狭い島内のなかで日本軍から強要された状況下における「阿鼻叫喚」の惨状であり、ならびに体験当事者による「愛するがゆえに手をかける」と言う苦悩の極致にある矛盾した行為である。その「集団自決」の実態からも、「国家」への「崇高な犠牲的精神の発露」とは、いかに無縁な心性や感情が働いていたかが確認できよう。

ここでさらに、もう一つの「集団自決」にかんする沖縄の「バナキュラーな記憶」について引用してみよう。それは、最近刊行された『読谷村史』に掲載された沖縄本島の読谷村波平に位置するチビチリガマでの「集団自決」にかんする記述である。

米軍の上陸を目のあたりにしたその日、南洋（サイパン）帰りの二人が初めて「自決」を口にした。焼死や窒息死についてサイパンでの事例を挙げ着物や毛布などに火を付けようとした。それを見た避難民たちの間では「自決」の賛否について、両派に分かれて激しく対立し、口論が湧き起こった。二人の男は怒りに狂って火を付けた。放っておけば犠牲者はもっと増えたに違いない。その時、四人の女性が反発し、火を消し止めた。四人には幼い子がおり、生命の大切さを身をもって知っていたからだ(11)。

その記述は、チビチリガマ（自然洞窟）で起こった「集団自決」の最初の状況をよく伝えている。「集団自決」はガマと言う閉鎖的な空間のなかで起こったが、そこに避難した人びとを介して同時代のさまざまな状況や情報がつながっていることがよくわかる。チビチリガマから約数百メートル離れたシムクガマでは、ハワイ移民から帰ってきた二人の老人の交渉によって、避難していた約一〇〇〇人の村民が救われたことは広く知られている。その事例が代表するように、沖縄では移民帰りの人びとによって、ガマでの「集団自決」から救われた事例が証言として多く報告されている。しかし、先の引用した記述からは、移民帰りである二人の男性の発言や行動が逆に「集団自決」の一つのきっかけになったことが確認できるのである。

すなわち、問題は「移民」そのものと言うよりも、その記述からは、どこに移民していたのかが「集団自決」の最終局面で大きく作用していることがうかがえる。サイパンをはじめとして日本軍が駐屯していた南洋諸島に移民して帰ってきた人びとの情報や状況把握が、チビチリガマではむしろ「集団自決」が始まる一つの要因になったことをその記述は示している。さらに、チビチリガマでは中国戦線に従軍した経験のある在京軍人や、日本軍の従軍看護婦として中国戦線から帰省していた女性の発言や行動が、同じく「集団自決」へと誘導する直接的な脅迫として働いたことも明らかになっている。そこで、「日本国民」の東アジアへの「加害」が、「日本国民」である沖縄県民の「被害」へとつながった点が強調されている(12)。

それらの論述が示しているのは、前述したように、「集団自決」はガマという閉鎖的な空間のなかで起こったが、そこに避難した人びとを介して同時代のさまざまな状況や情報につながっているという点である。そのような状況のなかで、加害が被害に転移する「集団自決」が起こったと考えられる。そのような論点に注目することは、死者を意味付ける国家の追悼とは異なる論理や広がりを検討することにもつながるのではなかろうか。そして、その「集団自決」における沖縄の「バナキュラーな記憶」が示しているのは、政府の「オフィシャル・メモリー」が記す「崇高なる犠牲的精神」などでは決してなく、バナキュラーな記憶に根ざしながらも、そのバナキュラーな記憶を超えていく記憶の束の連鎖とでも呼ぶべきものであると言える。その意味においても、沖縄戦における住民の「バナキュラーな記憶」を手放さないことが最も肝要であることは言うまでもない。

「パブリック・メモリー」が「和解」という名によって「バナキュラーな記憶」を包摂し回収しようと企てることに対して、むしろ私たちはその違いやズレこそ浮き彫りにしなければならない。安易な共感よりも、その違いやズレを際立たせることが今最も必要だと考える。

4　平和の礎と地域の慰霊の可能性

沖縄における追悼のあり方において、考えなければならないもう一つは、「平和の礎」の可能性について検討することである。

沖縄県は平和行政の推進として戦後五十周年に、「全戦没者の追悼と平和祈念」「平和の創造と発信」「平和の交流」「平和文化の創造」「平和・共生思想の実践」という五つの理念を柱とする「沖縄国際平和創造の杜」を構想した。「平和の礎」は、その「沖縄国際平和創造の杜」構想の一環として、沖縄県が、沖縄戦集結五十周年を記念して本島南部の糸満市摩文仁にある平和祈念公園内に建てた、沖縄戦全戦没者の名前を刻んだ記念碑のことである。

その「平和の礎」は、太平洋の青い海を背景にした「平和の火」を、ほぼ半放射状に波形の形の刻銘碑が囲むデザインとして造られ、その波形の形の刻銘碑は、四方（一方四列と三方一一列）に区画されて、高さ一メートル余で、総延長一キロにもなる黒いみかげ石板からなり、その屏風状に並ぶ三～五つ折りの一一四基で一一八四面に及んだ石板には戦没者の名前が刻銘されている。また刻銘碑の周辺には、沖縄で拝所や墓で植えられる神聖の木のクワディサー（モモタマナ）が植樹されている。平和の礎をデザインした設計者によると、その主題は「平和の波、永遠なれ」というコンセプトで、背景として太陽が昇る東の太平洋の海の眺めを大切にして設計され、沖縄から平和の波を世界に向けて発信するイメージによって創作したと言う。

その刻銘碑には、沖縄戦で亡くなった戦没者を、敵・味方に関係なく、国籍を問わず、軍人・民間人の区別なく、すべての人びとを刻銘する理念が謳われている。ただ、刻銘された戦没者は、原則として沖縄戦の時期に限定されているが、沖縄出身者の戦没者だけは十五年戦争の期間まで広げて刻銘されている。刻銘碑には、新たに戦没者が確認できたら、毎年、その分の氏名を追加刻銘することになっており、現在最も新しい戦没者の数（二〇〇八年六月二十三日現在）は、二四〇、七三四人である。その出身地域別内訳は、沖縄県出身者が一四九、一三〇人、県外出身者が七七、〇三三人、外国出身者が一四、五七一人（米国が一四、〇〇九人、台湾が三四人、朝鮮民主主義人民共和国が八二人、大韓民国が三六四人、イギリスが八二人）となっている。

とくに沖縄県出身者については、平和の礎への刻銘のために各市町村がその下位の行政組織の字（あざ）レベルまで再調査を行ない、戦没者のほぼ正確な数字が確認されている。例えば、米軍が沖縄本島に最初に上陸した地域の一つである北谷町は、十行政区（十三字あるが基地に土地を接収されている字も多いため、十の行政区に区分けされている）の戦没者を再調査し、平和の礎に北谷町出身者として二、二九九人を刻銘している。実は、各市町村出身者の戦没者は、県の「平和の礎」だけに刻銘されているのではなく、各市町村が独自に建立した慰霊の塔においても刻銘されているのが沖縄では一般的である。北谷町の場合では、慰霊の塔が「平和之塔」という名称で町内の高台に建立され、二三一六柱が同塔に合祀されている。同「平和之塔」の建立の経緯を見てみると、沖縄県内の各市町村における慰霊の塔の、建立の経緯の典型を示していると思われ、大変興味深いものがある。

北谷町の「平和之塔」の建立の経過には次のように記されている。それによると、最初の建立は敗戦から九年後の昭和二十九年十月に、北谷村が村出身者の九六八柱の軍人、軍属及び準軍属を合祀するために建てたと言うことがわかる。その頃は、沖縄戦から十年前後がたって沖縄のなかでもようやく落ち着いてきた時期であり、また「戦傷病者戦没者遺族等援護法」の問題とも少なからず関係していたことがうかがえる。財政的には米軍占領下の地方行政ではまだ厳しい状況にあり、寄付や補助金を中心にして建立されたのであろう。それは、翌年の昭和三十年九月にハワイ県人会の寄付により、塔の周辺、花形ブロック等が整備されていることからもうかがえる。つまり、「平和之塔」の最初の建立は、戦後十年前後に、地域住民の浄財を基に琉球政府の補助金と移民した町出身者の寄付金によって整備されたことがわかる。

さらに、昭和三十八年十二月には、北谷町傷痍軍人会の寄付により、塔の入り口と鳥居が整備された。そして復帰後、特筆すべきなのは、戦没者の三十三年忌法事の年である昭和五十二年十一月に、北谷村によって戦没者が再確認されその刻銘が行なわれ、あらためて一二九四柱が合祀されている点である。昭和二十九年が最初の調査だとすると、戦没者の三十三年忌法事の年である昭和五十二年の再調査が二回めであり、さらに戦後五十周年に「平和の礎」に刻銘するための再々調査が三回めの調査であると言うことが確認できる。

このように「平和の礎」の刻銘に結実するまでに、少なくとも三回にわたる戦没者の調査が、各市町村や字において行なわれていることがわかる。それらの事実から、戦没者の追悼が国家の意思とは関係なく、地域の意思によって節目の年に独自に慰霊祭が行なわれ、記念碑が建立補強されている事実が確認できよう。

すなちわ、沖縄においては、戦没者の追悼は決して国家だけに独占されているのではなく、地域においても独自に、その戦没者の調査と追悼の慰霊祭が行なわれていたのだ。その再々調査の過程で、地域において夕ブー視されていた日本軍による住民虐殺や「集団自決」の事実が明らかとなり、各市町村史の戦争体験記録編においてその実相があらためて究明され記録されている。

その最初の契機となった歴史的節目は、私が見るところ、前述した一九八二年の教科書検定で沖縄戦の住民虐殺が削除された問題が一つの画期になっているように思われる(13)。それ以降、これまで読谷村波平でタブー視されていたチビチリガマでの「集団自決」の事実が明らかとなったことや(14)、戦後五十周年に建立された「平和の礎」への刻銘のための再調査の過程では、具志川市や玉城村などで新たに「集団自決」の事実が明らかになっている。このように、国家の「オフィシャル・メモリー」によって沖縄の「バナキュラーな記憶」が削除、隠蔽された事件を契機として、沖縄では「国家」への「崇高な犠牲的精神の発露」をたたえる国家の哀悼の論理とは異なった地域における戦没者の追悼のあり方が「平和の礎」に連なる地道な調査と慰霊作業として行なわれていたのである。国家の儀式とは異なる、地域が死者を追悼する意義について、私たちはあらためて再認識すべきではなかろうか。

しかし、近年沖縄でも「平和の礎」の「靖国化」が懸念されており(15)、高橋哲哉氏が指摘するように、「決定的なことは施設そのものではなく、施設を利用する政治である」(16)ことは間違いない。したがって、「平和の礎」をどのように私たちが読みなおしていくことができるかが問われていると言える。その意味で、沖縄の「バナキュラーな記憶」に根ざしながら、その「バナキュラーな記憶」や日本の「ナショナル・ヒストリー」を超えるあり方として、「平和の礎」を他者に開き、矛盾を見据えることが肝要だと言えるのではなかろうか。例えば、私自身も何度も強調してきたが、「平和の礎」での韓国や北朝鮮の刻銘碑の空白部分に象徴される日本の植民地主義における加害性について、私たちは沖縄においても繰り返して問わなければならない(17)。また、テッサ・モーリス＝スズキ氏が指摘しているように、沖縄や日本の自国の国民だけを哀悼するのではなく、国境を跨いで外国の刻銘碑に刻銘された人びとの人生を想像し追悼すること(18)が重要だと言うことを確認しておきたい。

8 殺されたくないし、殺したくない

沖縄の反戦運動の根

はじめに

今回（二〇〇三年）のイラク戦争に対する日本の反戦運動の特徴として、女性や若者を中心とした「軽いノリ」による、誰でも参加できる雰囲気のデモのかたちが指摘されている。この静かでゆるやかなデモのかたちは、今回のイラク戦争から始まったと言うよりも、この数年来の日本の反戦運動に見られる特徴の一つだと言えよう。鶴見俊輔氏は、九・一一事件以降に始まった京都ピース・ウォークの参加者の三分の二が女性たちであった点にふれ、そのことが三八年前のベトナム戦争反対のデモ行進とは違う性格をもたらしていると言及している。そして、両者のデモの違いについて次のように述べている。「歌も、合言葉も、身ぶりもかわった。かつての戦争反対デモは、戦中の軍隊の行進の形から手が切れていない。スローガンも、軍隊式である」(1)。

イラク反戦における今回のデモで多く見られたかたちは、いわばスローガンやシュプレヒコールのない静かでゆるやかなデモであった。そこで交わされる合言葉や身振りも、それまでのデモの形態とは明らかに異なるものであり、それは一つの可能性としてとらえられている。むろん、そのような反戦運動のかたちは、その場の雰囲気を楽しむ志向性が強く、一過性で継続的な運動としてパワーにはならないとの批判的な見方が根強くあることも承知している。たしかに、反戦デモに参加している若者たちの表情を見ていると、ワールドカップで日本選手を応援して一体感を感じていた感覚と同様な雰囲気を思わせるような側面もなくはない。

今回、初めてデモに参加した若者たちにとって、そこで感じた一体感や軽い高揚感は、サッカー場で感じたプチ・ナショナリズムに共通するような感覚があったのかもしれない。その意味で、今回の若者たちを中心にした「軽いノリ」の日本の反戦運動のかたちは、例えば北朝鮮問題が争点になったときに、ナショナリズムに陥ることなく、どのような広がりをもった運動として展開できるか。そのときが、姜尚中氏が指摘するように、若者たちを中心に盛り上がりを見せた今回の日本の反戦運動の内実が、あらためて試されることになろう。そのためにも、若者たちや女性たちを中心にした新しい反戦運動のかたちが、他のさまざまな運動とつながり、いかに展開して広げることができるかが今後の重要な課題であることは言うまでもない。

1　沖縄の反戦運動の新たな動き

沖縄においても、イラク戦争に反対する運動のなかで、そのような若者たちや女性たちを中心とした新しい反戦運動のかたちがいくつか見られた。中学生が自らの詩を朗読したり、高校生が平和を願う創作ダンスをニューヨークの地で演じて「平和」の意思を訴えたりした。また、これまで反戦運動にまったく参加したことのない若者たちが、自らの発想や独自のやり方によって、従来の沖縄の反戦運動にはなかった新たなパフォーマンスを行なったりした(2)。沖縄の反戦運動において、静かでゆるやかなデモの形態は、一九九五年の米兵による少女暴行事件を糾弾し抗議した集会のころから見られる傾向だが、このような若者たちによる独自の関わり方や多様なパフォーマンスは、イラク戦争に反対する平和運動においても示された特徴だと言えよう。

一方で、沖縄・平和市民連絡会を中心にして、新しい試みを取り入れながらも、これまでと変わらない形態による沖縄の反戦平和の主張や行動も地道に行なわれた。平和市民連絡会では、二〇〇二年十一月から「止めよう　イラク攻撃」という定期的なデモや集会、長期にわたる座込みなどを行なって、県民に反戦平和の主張をさまざまにアピールした。また、一月十三日から二十一日まで八名のメンバーが「直接イラクの民衆と出会い反戦平和の心を可能な限り分かち合う必要を感じ、行動する」ため、攻撃直前のイラクに行って沖縄からの反戦平和の主張を訴えた(3)。さらに、国連安全保障理事会でアメリカが提案していたイラクへの武力行使決議案に、まだ態度を保留していた非常任理事国の大使館に対して、平和市民連絡会から三名の沖縄戦体験者を派遣して、イラク戦争反対の要請行動を行なっている。その行動の背景には、イラク派遣団の趣意書や非常任理事国大使館への要請書にも明記されているように、子どもや老人、女性という弱者の立場にある人びとが多大な犠牲を強いられた沖縄戦体験の教訓の今日的継承と、今なお巨大な米軍基地が存在する沖縄から米軍機が飛び立ってアジアの民衆を殺戮している、沖縄の加害的位置を直視して米軍基地に反対する主張が述べられている。その二つの視点が沖縄の反戦運動に占める重要な意義については、後にあらためて言及したい。イラク戦争に対する沖縄の反戦運動では、このような平和市民連絡会の多様で活発な活動が、若者たちの新しい反戦運動の行動にも少なからず刺激を与えて相互に影響を及ぼしたように思われる。

これまで沖縄の基地問題は、ほとんどが経済問題とリンクして論じられてきた。例えば、名護市辺野古海岸への新たな基地建設の見返りに、日本政府から沖縄北部地域への経済振興策として多額の補助金が投入されていることは周知のとおりである。それにともない地域の人びとは、基地問題と経済振興とのはざまで苦悩し、かつての地域共同体の紐帯も寸断された状況にある。そのようなことから、基地反対派にとっても、基地問題は政治的課題としてだけでなく、経済問題として考えなければならない点も多い。これからの沖縄の平和運動にとって、「いかに食うか」という経済問題を抜きにした基地反対の運動では上滑りするという認識が共通の課題になりつつある(4)。そのような状況のなかで、イラク戦争に反対する運動において、基地問題と経済問題との関係について、その前のアフガニスタンの戦争に対する反応とは異なった、新たな発言や行動が見られた。それは、観光業界の一部に現れた動きで、全体からすればまだ小さな動きだが、注目すべき興味深い動きのように思える。

二〇〇一年の九・一一事件からアフガニスタンの戦争にかけて、沖縄経済のリーディング産業と言われている観光業は多くの経済的打撃を受けた。その観光業の深刻な被害に対して、沖縄県は全国に向けて「だいじょうぶさぁ～沖縄」という大キャンペーンを行なった。しかし、そのキャンペーンは、テロ事件により入域観光客数が減少したので、観光客を誘致するため沖縄は安全であるということをアピールするものであった。その安全宣言では米軍基地と観光という本質的な問題が不問にされたため、その虚妄性に多くの批判が提出された。実際、観光業に従事している人びとから、経済的損害を訴えて、いくら安全宣言をしても、その問題が根本的に片付くことはなく、「米軍がイラク攻撃をしたら、観光客はまた減るだろう」との発言が聞かれた。そして今回、米軍のイラク攻撃が開始される前から、那覇市の国際通りの観光土産品店の前に「私たちはイラク戦争に反対です」という立て看板が見られるようになった。

さらに注目される点は、「安全と平和が経営の基本」と言う考えのもとで、イラク戦争による観光被害への危機感を抱く沖縄県内の観光関連企業四十社が賛同し共催して、ダグラス・ラミス氏の講演「イラク攻撃と国際情勢――平和と沖縄自立を考える集い」が開催されたことである。この講演会を主催した関係者が述べた「沖縄の雇用・経済問題を担う企業は基地の存在に脅かされている。企業は今、経済自立と基地問題を真剣に考えているようだ」(5)と言う発言に示されているように、米軍のイラク攻撃によって観光業のなかから基地問題と経済問題との関係を根本的に問う気運があらためて高まりつつある。たしかに、そのような動きはまだ緒に付いたばかりで限られた動きだと言えるが、今後は観光業のなかから、米軍基地と観光産業との関係を根本的に問いなおす声が、ますます大きくなっていくことは間違いなかろう。

2　殺されたくないし、殺したくない

ところで、インターネットを通して世界的な反戦運動が広がった背景には、九・一一事件の遺族がニューヨークのデモに参加していた事実に象徴されるように、「人を殺したくないし、殺されたくもない」と言う根源的な人間の尊厳を守る気持ちが共有されていたからだと言われている(6)。さらに、アメリカのイラク攻撃に対し反対していたフランスやドイツの反戦運動の背景には、過去の世界大戦の反省が色濃く投影されている点が指摘されている。

鶴見氏が前述の文章において強調している論点も、戦争反対の根拠を理論ではなく、日々の生活の延長線上にある「殺されたくない」と言うことを根拠にするあり方であった。鶴見氏は、同文章で、昭和戦前期に表舞台で国民に向かって戦意を鼓舞する演説を行なっていた歌人の土岐善麿と、日々の生活のため台所で乏しい材料から別の現状認識を保っていた妻との違いについて述べている。そして、自分の生活のなかに根をもたない「理論は、戦争反対の姿勢を長期間にわたって支えるものではな」く、妻／

女性たちにおける日々の生活に根ざした「無言の姿勢」のなかにある平和運動の根の重要性を強調し、その延長線上にある「殺されたくない」と言う点に戦争反対の根拠を求めていることを主張している。さらに、「イラクでは、女性、子供、そして戦闘力のない老人が殺される。そのことは、アジアの中で大きな富と武力をもつかつての日本が、アジアに対してしたことを思わせる。これに反対する運動は、新しい形を必要とする」(7)と述べている。

この鶴見氏の文章は多くのことを喚起する。生活に根ざした平和運動の根、「殺されたくない」と言う戦争反対の根拠、そして戦闘力のない女性や子ども、老人の立場から見える視野、さらに日本に侵略されたアジアの視点など重要な論点が提出されている。そして、そのような視点から考えることで、いかに戦争に反対する新しい形の運動を構築できるかが問われている。以下、それらの問題を、沖縄の現在に照らしながら考えてみたい。

沖縄では九・一一事件直後から駐留米軍の警戒態勢がとられ、基地周辺では厳重な警備が行なわれた。その際に米軍が発令した警戒態勢のレベルは、「コンディション・デルタ」で、それは最高度の警戒態勢を意味するものだった。夜半に九・一一事件を報じるテレビ映像に最初に接したとき、嘉手納基地に近接した場所に住んでいる私を襲ったのは、やはりその嘉手納基地があるがゆえの不安と恐怖であった。それは、もしかすると嘉手納基地が「標的」になるかもしれないという不安と怖れだった。そんな感情に揺れながら、繰り返し報じられる、旅客機がツイン・タワーに突入してビルが崩落するシーンを、焦点の定まらぬまま何度も見ていたことを今でも思い出す。私の不安を裏うちするように、その翌日から嘉手納基地では、機関銃をもった数名の米軍兵士がゲートごとに常駐警備して検問を行なうようになり、場所によっては戦車に乗った兵士が厳戒態勢をとる状況に劇的に変化した。その後、本土から派遣され拳銃を携帯した日本の警察官が、その米軍兵士を補佐するため警備に当たることになり、嘉手納基地では、米軍兵士が基地の警戒警備のため、フェンスの内側から沖縄住民が住んでいる方向に銃口を向け、ゲート前では日本の警官たちが拳銃を携帯して警備態勢をとるようになったのである。

それらの米軍基地の警戒態勢を見たとき、その不安や恐怖感とともに、いったい彼らは誰から何を守るために、そのような厳戒態勢をとっているのかと考えざるをえなかった。米軍基地を守るためフェンスの内側から米兵に銃口を向けられた沖縄の私たちは、果たして守られる側にいたのだろうか(8)。沖縄住民の方向に銃口を向ける米軍兵士たちの姿から、沖縄戦体験者の少なくない人たちが、戦争のときに避難したガマ（洞窟）で日本兵に銃剣で威嚇され追い出された沖縄戦の記憶を想起しただろうことは、容易に想像できる。それらは、米軍基地が標的になると言う不安感とともに、米軍基地の厳戒態勢の巻き添えにより、場合によると沖縄住民が銃口の的になるのではないかとの恐怖感に重なっている。そしてそれは、「殺されたくない」という心情へつながるものである。その「殺されたくない」という心情は、同じく嘉手納基地から発進した米軍爆撃機で「殺される人びと」への思いへとつながっていく。その延長線上において、米軍基地があるがゆえに、そこから発進した米軍爆撃機によって殺される人びとに対する、沖縄の私たちの想像力が問われることになる。そこには、「米軍基地の中にある沖縄」の現実があり、だからこそ逆に、生活に根ざした反戦運動や基地反対運動により、人びとを「殺したくない」ということへ結び付く回路があると言えよう。

3　沖縄戦の記憶

ところで、米軍では、空爆に誤爆は付きものであり、その誤爆の比率がときどき問題になったとしても、誤爆そのものは必要悪だと考えられている。つまり米軍は、誤爆を「戦時に避けられない犠牲」としてとらえているのだ。また米軍は今回のイラク戦争で、自国軍の死者について正確に確定し報告しているが、犠牲になったイラク市民の死亡者数やイラク兵士の死者の数字を確定する計画もないと言われている(9)。アメリカによるアフガニスタンへの報復戦争のさい、米国のメディアでは、米軍の誤爆によって死傷したアフガニスタンの人びとの映像が映し出されたが、その映像の下の方に、この惨劇はテロ事件に対する正当な報復により行なわれたというキャプションが添付されていた。しかし、今回のイラク戦争では、米国のメディアが、米兵の侵攻する戦闘状況は中継しても、米軍の誤爆により死傷したイラク市民の惨状はまったくと言うほど報じられていなかったという。つまり、アフガニスタンの戦争のときには、キャプション付きでも米軍による誤爆の映像が報じられたにもかかわらず、今回のイラク戦争では、アメリカのメディアにおいて、その誤爆によるイラク市民の惨状はほとんど報じられることがなかったのだ。両戦争の報道において、日本のメディアも米国のメディアに大きく依存していることを考えると、あらためてメディアを批判的に読み解くことの重要さを痛感せざるをえない。

水越伸氏は、イラク戦争の報道に対して、メディアリテラシーの観点から、その報道内容を注意深く読み批判的にとらえ返すことと、「テレビや新聞が声高に語る速報性や客観性を信奉するだけではなく、情報を自分なりに消化し、一つの物語としてとらえ」ることを指摘している。そしてその物語を構築するあり方として、「自分たちにとってこの戦争が何なのか、その意味を掘り下げる」一例として「身近な高齢者の戦争観を聞いてみる」ことを提案している(10)。その意味において、戦争報道に対して、それを批判的にとらえ返し、自分たちの生きる場から生活に根ざした別の現状認識へ広げるためにも、どのような物語を構築することができるかが問われている。それは言い換えると、生活に根ざした生きる場のリアリティーに基づいて、いかに平和運動を構築していくことができるかが私たちに求められていると言えよう。

ここで、九・一一事件直後の「沖縄のリアリティー」についてふれ、巨大な米軍基地のある沖縄の現実のなかで、今なおその平和運動の一つの根になっている「沖縄戦の記憶」について考えてみたい。そして、その米軍基地のなかにある沖縄のリアリティーに基づきながら、戦争体験者を中心に広く共有された心情について考察してみたいと思う。その心情は、沖縄在住の歌人で沖縄戦体験者である新里スエさんが詠んだ、次の短歌に如実に表れている。

空爆のニュース日すがら流れいてむせび泣くなり沖縄の老母(11)

この短歌は、アメリカが連日にわたりアフガニスタンを空爆しているニュースが一日中流れているのを聞きながら、沖縄戦を体験した老母がその記憶を想起して、むせび泣いていると言う内容である。「空爆」という表現からわかるように、九・一一事件そのものについて詠んだ歌ではなく、その後の十月七日のアメリカによるアフガニスタン空爆にかんして詠んだものである。九・一一事件が米軍基地のある沖縄にも大きな衝撃を与えた点は疑いないが、沖縄の多くの人びとにとってはむしろ、その後のアメリカによるアフガニスタン空爆がより多くの不安と悲しみをもって受けとめられたと言うことである。その背景には、沖縄戦の体験やその記憶、そして米軍基地のなかにある沖縄の現実が投影されている。沖縄の老母が感じたリアリティーとは、九・一一事件そのものよりも、テロ事件にまったく関係のないアフガニスタンの「普通の人びと」が、米軍の誤爆によって死傷していることを伝える映像に対してであった。その老母にとっては、映像に映し出されたアフガニスタンの死傷した人びとの姿に、自らの沖縄戦の体験や記憶が重ねられ想起されているのだ。それは、近年沖縄でも沖縄戦の風化が言われて久しくなるが、それでも今なお広く共有されている心情だと言えよう。

沖縄では、九・一一事件で数千人の人びとが亡くなった事実に心を痛めながらも、その報復を理由にして圧倒的な軍事力をもつ米軍が、空爆によってアフガニスタンの「普通の人びと」を巻き添えにしている事実に対し、憤りを感じて批判する人びとが多かったように思う。その意味で、沖縄のリアリティーは、九・一一事件そのものよりも、アメリカの空爆でテロ事件に関係のないアフガニスタンの普通の人びとが犠牲になっていることへの憤りと悲しみであった。その背景には、前述したように、沖縄戦の体験や記憶を想起することにより、他者と分有する共苦（compassion）(12)とでも呼ぶべき心情に根ざしたものがあると言えよう。その沖縄のリアリティーは、東南アジアの国々が九・一一事件やアメリカの報復戦争に抱いた認識や論調とほとんど違いがないように思う。東南アジアの国々では、九・一一事件にも断固反対するが、そのテロリスト攻撃のために無実のアフガニスタンの市民を犠牲にするアメリカの武力報復にも多くの人びとが反対している。また、その報復戦争によって、無実の一般の市民が犠牲になることを問題視して、報復と復讐の連鎖につながる戦争行為に反対しており(13)、沖縄の一般的な認識と通じるものがある。

4　民衆の安全保障

さて、そのさまざまに語られている沖縄戦の体験や記憶のなかで、沖縄戦の重要な教訓として語られていることの一つは、「軍隊は住民（民衆）を守らない」と言う認識である。その認識は、戦争のときガマに避難していた住民が後から入って来た日本兵に威嚇され、泣き叫ぶ幼児が刺殺されたという沖縄戦体験者たちの記憶に基づくものだ。その戦争の記憶は、県民の間で広く知られており、沖縄戦の教訓として沖縄ではごく一般的に共有されている認識である。これまで、その惨劇にいたった要因としてさまざまな点が指摘されているが、もっとも大きな原因として論述されているのは、沖縄戦が住民を巻き込んだ地上戦であったと言う点である。その狭い島嶼という沖縄の地形のなかで、しかも軍民混在による地上戦が戦われた沖縄戦の経過から、「軍隊は住民（民衆）を守らない」という教訓が生まれたのは、けだし当然の帰結だったと言えよう。

その沖縄戦における地上戦の体験は、日本軍の無謀な軍事戦略策により住民を巻き込んだ戦争として、硫黄島を除く日本での唯一の地上戦だと指摘されている。しかし、その指摘は、日本国家という枠組みを前提にした場合に該当するものであり、十五年戦争での戦闘地域すなわち東アジアや東南アジアさらに南太平洋という地域に座標軸を広げて考えてみると、むしろ日本本土を含めて地上戦を体験していない地域の方が例外的であるということが確認できる。そのように把握してみると、地上戦としての沖縄戦の体験は、日本における例外的な事例だと考えるのではなく、東アジアや東南アジアさらに南太平洋地域に共通する歴史的体験だととらえなおして、考察することが重要だと言うことが認識されよう。

その東アジアに共通する地上戦としての歴史体験を、戦争の記憶の問題からとらえなおし、その観点から従来の平和や安全保障に対する考え方をとらえ返そうと言う動きが最近さまざまな場で提起されている。二〇〇〇年八月に沖縄では先進国首脳会議（サミット）が開催されたが、それに対抗して同じく沖縄で市民団体やNGO主催による国際会議や抗議集会などの多くのさまざまな「対抗サミット」が開催された(14)。その会議の一つとして、東京と沖縄の連絡委員会とタイ・バンコックのNGOとの共催による「(民衆の安全保障）沖縄国際フォーラム」が沖縄県浦添市で開催された。その会議は、安全保障にかんする五つのセッションで構成されたが、その一つとして「戦争と植民地の遺産――民衆の歴史認識」と言う分科会が設置され、戦争の記憶の観点から平和や安全保障の問題を考える議論がなされ活発な意見が交わされた。そして、その国際会議の最終日には全体の議論を集約する形で、その成果として大会宣言が採択され、この宣言文において「国家の安全は民衆の安全と矛盾します。軍隊は民衆を守りません」と言う明快な指摘とともに、「私たちは国家の安全からはっきり区別される民衆の安全保障を創り出すためにともに活動します」と高々と宣言された。

その国際会議を主催した一人である武藤一羊氏（ピープルズ・プラン研究所共同代表）は、その国際会議において「軍隊は民衆を守らない」との認識が確認された要因には、それが「沖縄だけでなく、韓国、インドネシア、フィリピン、南太平洋諸島をはじめアジア各地の民衆の共通の経験であることが、はっきり示された」点にあると指摘している。それはまた、「米国の覇権軍事戦略が、民衆の生活と環境を下から脅かす破壊的な『グローバル化』（米国側はそれを「国益」と呼ぶ）と不可分だという認識が共有化された」からでもあったと付言している。そして、その「軍隊は民衆を守らない」との認識とともに、沖縄戦の教訓として語られている「命どぅ宝」という考えが(15)、国際会議に参加したアジア太平洋地域の「民衆の膨大な経験との突き合わせの中で、相互に読み取れる教訓として、普遍的な意味を帯び始めた」と注目すべき指摘を行なっている。

さらに興味深い点は、武藤氏がそれに続けて、その「軍隊は民衆を守らない」との認識を根幹においた「民衆の安全保障」と言う考え方の重要性を強調し、その「民衆の安全保障」という論点を考えるきっかけが、一九九五年以降の沖縄の女性たちの運動に触発された結果によるものだったと述べていることである。その沖縄の女性たちの運動のなかで、軍隊や基地の組織的機関にはもともと性差別や人種差別が内在化されていることが強調され、その「女性の安全保障」という立場から「安全保障の再定義」の提唱が展開された点が重大だったと指摘している。また、その「民衆の安全保障」と言う論点の提起の背景には、国連開発プログラム（ＵＮＤＰ）が「国家の安全保障」に対して、経済（資本）のグローバル化によって、国境に関係なく人びとの生活と環境が破壊される状況のなかで提唱された「人間の安全保障」と言う考えが前提にあったと言う。

しかし武藤氏によると、その「人間の安全保障」の考えには、「経済と環境を『安全保障』の概念に組み込むという功績はあったものの、アメリカの軍事戦略や国家・軍隊の暴力などにはまったく目をつぶるという致命的限界」があり、「そのため『人間の安全保障』は『国家の安全保障』の補完物とみなされ」、とくに日本においては歪められて理解されている点が問題だと言う。そしてそれらに対する批判を含めて、「安全保障の再定義」につなげるために、「人間の安全保障」という考えから、沖縄戦の教訓でアジア太平洋地域の民衆に共通する歴史的体験である「軍隊は住民（民衆）を守らない」と言う認識を根幹に置いた「民衆の安全保障」という考えへ、と問題認識をさらに深めることになったと強調している(16)。

その武藤氏の提起する「民衆の安全保障」の考えは、沖縄戦の体験や戦争の記憶の観点から「安全保障」の問題へつなぐ視点として、さらには沖縄の歴史的体験をアジア太平洋地域の共通認識へと開く一つのあり方として、非常に重要な問題提起だと思われる(17)。そしてその考えは、女性や戦争の記憶の視点から、戦争や基地問題という平和や安全保障の問題を読み返すための注目すべき試みだと指摘できよう。さらに、その女性や戦争の記憶の観点からアジアの民衆の安全保障を考えることは、先のアジア・太平洋戦争においてアジア民衆に対し多大な被害を与えたことを反省の一つとして形成された、日本国憲法の意義を再構築することにもつながるものである。

ダグラス・ラミス氏は、日本が過去の戦争責任問題を明確に解決しないことから、結果的に日本の未来の自由な手をしばっていると強調している。私たちは、その言葉が含意する意味をあらためて確認しなければならない。その意味でも、武藤氏が指摘するように、「過去の解釈をめぐる闘争は、人々を引き裂く境界を越えつつ民衆の連合をつくる基礎として、民衆の安全保障のための闘いの決定的に重要な一部」であることを深く自覚しておきたい。

結びにかえて

さて、沖縄戦で「ひめゆり学徒」を引率し九死に一生をえ、戦後は沖縄研究や平和運動に尽力した仲宗根政善氏は、一九七〇年十二月の日記に、米軍基地とベトナム戦争に関する沖縄の人びとの意識に対して、次のような批判を行なっている。

米軍は沖縄基地から発進して、ベトナムの無辜の民を爆撃した。しかし沖縄人はそれに対して罪悪感を自らの責任としては感じない。米国の戦略に反対しているだけに、自分の罪ではないと感じている。米軍基地に対しても、必要悪としながらも、その基地によって犯される罪悪は、アメリカの責任として、自らは何らそれに関与していないという態度で通して来た。むき出しに反発も出来ただけに基地の持つ犯罪性には比較的無関心でありえた(18)。

この仲宗根氏の指摘から、すでに三十年以上の歳月が経過している。後半部分の基地のもつ犯罪性については、その後も沖縄では痛ましい事件が続いたが、前述の女性たちの運動を中心に、その基地のもつ犯罪性に対する抗議や批判、そして粘り強い基地撤去の運動が継続されている。三十年経った現在でも抜本的な解決には程遠いが、仲宗根氏が指摘した頃よりは少しずつではあるが、状況は一歩一歩改善に向かって動いているように見える。また、もう一つ、前半部分の仲宗根氏の批判については、今でも重要な批判としてまったく色褪せていない。例えば、その仲宗根氏の批判はベトナム戦争に関係して行なわれているが、アメリカのイラク攻撃についても「米軍の戦略に反対している」から「自分の罪ではないと感じている」、今の沖縄の私たちに対する批判としても受けとめることができよう。アメリカの戦争相手国がベトナムからイラクへ変わっても、無辜の民を爆撃する米軍機が沖縄の米軍基地から発進している事実に変わりはない。その米軍基地が沖縄に存在することに対して、仲宗根氏は、自らの責任として罪悪感を感じない沖縄人の姿勢を批判しているのだ。その仲宗根氏の批判は、三十年経った現在においても、重要な批判として沖縄や日本の私たち一人ひとりに問いかけている。

作家の崎山多美氏は、沖縄の復帰三十年を問うエッセイのなかで、三十年前の五月十五日の雨の日の私的記憶として、「復帰ハンターイ」のシュプレヒコールをあげて行進するデモのなかに、制服姿で一人参加した思い出を書いている(19)。その記述に対して、岡本恵徳氏は、三十年前の沖縄の「デモ行進」が、一人の女子高校生の心をとらえるだけの輝きをもちえていたことが印象的だと述べて、次のように指摘している。

つまり、一人で制服のまま中に飛び込む少女の、何ものかから解き放たれたいとする衝動を受け止めることの出来る〝デモ〟だったということです。私にもそういう解放感を求めてデモに参加した記憶があるので、余計にそういうところが印象に残るのかも知れません。デモという「政治的」行為が「個」の内面と分かち難く結びつくことの出来た時期があったということ、その「私的記憶」をどう語りえるか、そこが問題の一つなのだろうということです(20)。

三十年前の沖縄のデモは、たしかにその形態や身振りや合言葉において、軍隊の行進の形から手が切れていたとは言えない。しかし、そのときのデモは、一人の女子高校生が制服のまま飛び込むことをうながすような解放感があり、「政治的」行為と「個」の内面とが分かち難く結び付いていたことも事実である。その意味で、岡本氏が言うように、その私的記憶を次の世代の若者たちにどのように語るかが今後の重要な問題だと言えよう。そして世代間を越えて、「政治的」行為と「個」の内面とが分かち難く結び付いた新しい反戦運動のかたちを、いかに創造できるかが今の私たちに問われている。

9 歴史を眼差す位置

「命どぅ宝」という発見

はじめに

二〇〇〇年七月二十一日から二十三日まで、沖縄県名護市でサミット首脳会議が開催され、沖縄は世界のメディアから脚光をあびた。沖縄が注目されたのは、サミット日本開催で最初の地方都市での開催という事実によるだけではない。沖縄という地域に、日米安保条約の要である在日米軍基地が過度に集中しており、近年その基地の「整理・縮小」が日米両政府のあいだで重要な懸案事項になっているからである。一九九五年九月に沖縄本島北部で発生した在沖米海兵隊員三人による少女暴行事件を契機として、沖縄では復帰後最大規模の県民総決起大会が開催され、日米両政府に対して、在沖米軍基地の整理縮小や地位協定の見直しなどの諸課題が強く提起された。それに対し日米両政府は、「沖縄における施設及び区域に関する特別行動委員会（ＳＡＣＯ）」で合意した施設区域、とくに沖縄本島中部の宜野湾市の市街地に隣接する普天間飛行場を本島北部の名護市東海岸にある辺野古沿岸へ移設する計画を発表し、その北部地域への巨額な経済振興策を提示しながら、普天間基地の北部移設を推進している。

さらにその名護市東海岸への基地移設を推進する代償として、当時の小渕恵三首相の政治的判断によって最大のカードとして提示されたのが、同じ名護市西海岸での沖縄サミットの開催決定であった。沖縄県の事前の予想からしても、国内の他の候補地に比べて離島県である沖縄での開催は、警備の安全上の問題や他地域に比較して莫大なコストを要するなど、安全面や条件面においてきわめて困難な状況にあると報じられていたにもかかわらず、小渕首相の政治的判断によって最終的に決定されたのである。政府から沖縄開催決定の通知がなされたとき、稲嶺沖縄県知事自身が最も驚いたと報じられたように、それは沖縄でもまったく予想外の展開であった。

しかし、元首相が決断した背景には、普天間基地の名護市東海岸への移設問題が重要な意味をもっており、それと密接にリンクしていることは周知の事実だった。すなわち、サミットの沖縄開催は、同じ名護市に移設計画のある普天間基地の問題と一対のものとして考えられ、決定されたことは明らかであった。それはまた沖縄サミットにおいて、日米政府の両首脳が日米安保条約のキー・ストーンである沖縄の地で直接に友好的パフォーマンスを演出することで、日米同盟をアピールするために絶好の政治的効果を果たすとの思惑もあったことは疑いない。沖縄でのサミット開催が、そのような政治的背景や状況のもとで、本島北部名護市の西海岸で行なわれた事実がまず確認されなければならない。

1　平和の礎でのクリントン演説

一方、W・J・ビル・クリントン米国大統領は、その直前まで行なわれていたキャンプデービッドでの中東和平交渉が難航し、最後まで沖縄サミットへの出席が危惧されていた。だが、大統領の「平和の礎での演説」は、米国のアジア戦略のうえで欠かせない「日米安保と沖縄の重み」を考えると、沖縄開催に欠席することはできなかった。そのため大統領は、強行日程のなか東京経由の予定を変更しながらも、沖縄へ直行したのである。そして七月二十一日、クリントン大統領は大型の専用ヘリで、沖縄戦の犠牲者を祀った沖縄の聖地である、糸満市摩文仁の平和祈念公園内特設へリポートに降り立った。それから、「平和の礎」でのクリントン大統領の演説にいたるまでのセレモニーは、米国側が主導権をにぎって用意周到に準備された内容で、細部まで計算され尽くした演出であった。そのセレモニーにおいて演出されたパフォーマンスは、その演説の内容とともに、重要な意味をもっていることは指摘するまでもない。

細部まで計算された演出は、次のような場面から始まった。大統領が大型の専用ヘリで降り立った後から、「平和の礎」にいたるまでの道程を、沖縄県知事の案内と説明に耳を傾けて二人で会話を交わしながら歩いていくと言うものであった。次に、その途中にある犠牲者の名前が刻まれた礎の銘板の前では、大統領が沖縄戦で肉親を失った遺族の説明に、しゃがみながら視線を同じくして熱心に話を聞き入ると言う場面が演出された。それらは、沖縄の声にも耳を傾けている米国大統領の寛容と配慮を見せつけるパフォーマンスだったと言えよう。その後、クリントン大統領は広場の中心部にある「平和の火」に向かい、県知事とともに黙禱を捧げ、沖縄戦の戦没者に哀悼の意を表し、さらに大統領は沖縄の美しい自然景観を象徴する青空と青い海を背景に、まさしく「平和の礎」を舞台装置として最大限に利用し、クライマックスの演説に臨んだのである。演説の前には、県知事のスピーチと女子高校生のメッセージが述べられ、女子高校生から大統領へ花束の贈呈があり、米国と沖縄との友好関係を象徴するような演出も手抜かりなく行なわれた(1)。

その大統領の演説にいたるわずか十分たらずの「平和の礎」でのセレモニーにおいて、注目される点が少なくとも三点は指摘できよう。

一つは、このセレモニーでは、日本国政府の代表が不在であったと言う点である。米国大統領を案内して説明したのは、日本国政府を代表するものではなく、沖縄県知事や沖縄戦の遺族会の代表であった。それはサミット主催国のため主として日程的な都合によるものであろうが、米国大統領の演説が注目され世界中に報道されることを勘案すると、対外的に日本国家を代表する立場にない沖縄県知事が、このセレモニーのホストの位置を占めていた事実はあらためて注目されてよい。むろんそれは、日米両国家の関係において、すなわち日米安保条約に占める沖縄の位置の重要性に因るものである。だが、本来、二国間の安全保障という政府レベルで優先されるべき領域においても、日本国内の一地域にすぎない沖縄の意思が無視できないことを、それは暗に示している。残念ながら、沖縄県がその立場を有効的に活

用していると は言い難いが、逆に言うと沖縄は日米両政府間の交渉の間隙において、沖縄という地域から問題を提起することが可能な、両義的な位置を占めていることを表している。したがって、米国大統領も米国の東アジア戦略のうえで日米安保の要である沖縄を重要視せざるをえず、沖縄県民へ配慮する姿勢やパフォーマンスを過剰に演出せざるをえなかったと言うわけである。

二つめは、それに関連して、米国大統領が県知事と二人で歩きながら会話をするというパフォーマンスや、犠牲者の名前が刻まれた礎の銘板の前で沖縄戦の遺族代表と対話した点に見られるように、大統領が沖縄の人びとの話を聞いて配慮するという姿勢がことさら強調されたことである。そして、「平和の礎」と言う沖縄を象徴する場で、大統領は寛容さをもって沖縄の人びとの話に聞き入った後、自らの演説によって返答すると言う仕掛けが演出されたのである。その意味で、その仕掛けに見られる米国と沖縄との関係は、いまだ米軍統治下におけるパターナリズムの手法の延長線上にあると指摘することもできよう(2)。

三つめは、このセレモニーで米国と沖縄との関係を寓意する独自の役割として位置付けられたのが、クリントン大統領の演説の前にメッセージを読んだ女子高校生の存在だった。女子高校生はスピーチで、大統領の訪沖への歓迎の言葉を述べた後で、沖縄から発信される平和のメッセージが全世界の人びとの心に届くことを願って、大統領のメッセージをお願いしたいと言葉を続けた。そのさい、クリントン大統領にストレリチアと言う花束を贈呈し、その花言葉が「輝かしい未来」であることを付け加えた。その「輝かしい未来」という花言葉は、後で言及するクリントン大統領の演説内容の要点の一つである

「未来志向」と言う基調と見事に符合するものであった。むろん、大統領演説と県知事や女子高校生のスピーチとの内容は、外交ルートを通じて一定の連絡・調整がはかられていると考えるのが自然であろう。だが重要なことは、沖縄の女子高校生の願う「輝かしい未来」を、米国大統領が寛容に受けとめて、それに「未来志向」を基調とした演説を行なう演出がなされた点である。それは、事前に外交ルートを通じて連絡や調整がなされていることをほとんど知るよしもない一般県民にとって、その場面をとらえて、大統領は沖縄を配慮した演説を行なって良かったと評価する声へとつながっていく。事実、大統領の演説のなかで、県民感情を配慮しつつ、その女子高校生の願う「輝かしい未来」を受けとめ「未来志向」を基調とした内容に対して、県民のなかから感激したと評価する声が多く聞かれた。その符合については、県知事のスピーチと大統領演説のあいだで指摘されている「基地の整理・縮小」についても言えようが（しかし、大統領は演説のなかで「基地の整理・縮小」ではなく、「米軍の足跡を減らす」という曖昧な表現を使って述べている）、その「未来志向」の基調にくらべると、頻繁に発生した米軍人・軍属の事件・事故や普天間基地の移設問題について具体的な言及がなかった点で、県民から多くの不満の声が発せられた(3)。

そして、そのセレモニーにおける女子高校生の役割に対して、多くの県民が複雑な思いをもって重ねながら見ていたのは、九五年九月に起こった米軍人による少女暴行事件の記憶であった。作家の目取真俊氏は、このセレモニーの演出と少女暴行事件の記憶との関係について次のように批判的に指摘している。

……演出効果も計算され尽くしていた。特に、少女へのわいせつ事件が米軍への反発を呼び起こしているなか、女子高校生を参加させたことは、反発のイメージをやわらげるものとして、アメリカ国内向けの映像に十分な効果があっただろう。平和を願い、大統領に花を託す高校生の気持ちは純粋でも、それがテレビの映像として世界に発信されるとき、メディアの政治力学によっていくらでも意味は変容していくのである(4)。

そこで明快に指摘されているのは、メディアの政治力学とともに、アメリカや世界向けの映像のために演出されたパフォーマンスと沖縄における少女暴行事件の記憶に根ざした視線とのズレである。また、ヘリ基地反対協議会の宮城康博氏は、その女子高校生の姿に米海兵隊員に凌辱された少女のイメージを重ねて、自らの心情を次のように率直に吐露している。「沖縄の少女から求められて『輝かしい未来へ向けてのメッセージ』を行う米大統領という演出かもしれないが、演説を聞きながら米海兵隊員の凌辱の標的にされる沖縄の少女というイメージが脳裏に浮かび、大統領の手にする花を奪い返したい衝動に私はかられた」(5)と。そのセレモニーを見る視線において、少女暴行事件の記憶の想起は、目取真氏や宮城氏だけでなく、県民のなかで少なからず重なりあっていたと言えよう。

そのセレモニーで女子高校生は、自らの役割を明朗闊達に成し遂げてすがすがしい印象を与えたにもかかわらず、県民のなかでは、米軍と沖縄との関係において決して看過できない、九五年の少女暴行事件の記憶が鮮明に想起されたのである。そこで演出された友好関係の背後に、沖縄のなかに歴然とある構造的暴力としての米軍基地の存在が、その記憶を絶えず想起させるのである。

ところで、目取真氏も指摘するように、米国側は、そのような演出効果を十分に計算し尽くしたうえでの演出だったことは疑いない。例えば沖縄の一部で在沖米軍基地の存在意義をアピールしたクリントン大統領の演説内容は、各国のメディアによって世界へ発信され、それに伴い沖縄の平和のメッセージも世界に発信されたのだからサミットは成功だったという論調がある。それに対して、ダグラス・ラミス氏は、在沖米軍基地の存在意義をアピールしたクリントン大統領の「ゆがんだ平和のメッセージ」の方が比較にならないほどメディアによって発信された点を指摘している(6)。たしかにメディアによって、クリントン演説やその前日に行なわれた嘉手納基地を人間の鎖で包囲した基地撤去の運動の方が世界に発信されたことは間違いなかろう。

しかし、それに関連する報道としてほとんど取り上げられることはなかったが、その女子高校生が、セレモニーでの自らに割り振られた役割を無難にこなしながら、次のような発言も同時に行なっている点は注目に値する。彼女は、大統領に会えたことを夢のようだと喜びつつも、「せっかく来てくれたのだから、ついでに基地も一緒に持って帰ってほしい」と地元紙の取材に対して述べているのだ(7)。その女子高校生の発言は、クリントン演説に対する沖縄の本音の反応として、もっと注目されてもよい。なぜなら、その女子高校生の発言は、日米両国に対する沖縄に割り振られた役割を演じながらも、それからはみ出して相対化する主張も含意しており、現在の沖縄における面従腹背の「二重の声」を率直に表しているると言えるからである。

さて、「平和の礎」でのクリントン大統領の演説は八分弱のスピーチだったが、沖縄県民への配慮を示した表現が使用されるなど、セレモニーでのパフォーマンスと同様に、細部まで計算され尽くした完成度の高い演説だったと評価されている。その演説内容の基調については、少なくとも次の二つの論点が指摘されよう(8)。

第一点は、「日米同盟の重要性」と「沖縄の死活的役割」の再認識である。大統領は演説のなかで、沖縄は日米同盟関係の維持のため「不可欠な役割を担ってきた」が、沖縄の人びとは米軍基地を自ら進んで受け入れているのではないこと、そして米国は「沖縄における私たちの足跡を減らすために、引き続きできるだけの努力」をすると言及して沖縄への配慮を示した。しかし、「日米同盟の重要性」を強調するだけで、大統領の演説からは基地問題について具体的な提言が示されることはなかった。その大統領演説の問題点について、国際政治学者の宮里政玄氏は次のように鋭く指摘している。この大統領演説のようによく練られた演説では、実際の発言内容だけでなく、言及されなかった言葉も重要な意味をもっている。演説では、米軍基地への「感謝の言葉」や米兵のわいせつ事件に対する「釈明の言葉」、さらに沖縄基地保有にかんする「期限の言葉」も欠落している。たしかに、巧妙に「平和の礎」を利用して過去の戦争を忘れ「未来志向」をうたった巧みな演説であり、さらに沖縄の基地の縮小にも言及してはいたが、むしろ「実質的に沖縄基地の無期限保有の必要性を説く演説」だったと指摘している(9)。

また、この演説を含めて大統領の沖縄での発言をあらためて検討すると、大統領演説は米国の東アジア戦略に基づいて、沖縄の「基地は減らせない」との冷徹なメッセージの通告だったとの論評がなされている(10)。

第二点は、演説に通底する「未来志向」の基調である。この論点は、前述したように女子高校生のスピーチと呼応したことにより、県民の評価が高かった部分である。その「未来志向」の基調は、演説のなかで、一点めの基地問題をおおい隠し、それを弥縫するかのような役割を果たしている。そしてそれは、前述のセレモニーでの大統領のパフォーマンスと同様に、沖縄の声を大統領が受けとめ、それに応えるというかたちで演出されている。とくに大統領演説における「未来志向」の部分では、琉球大学の高良倉吉氏らが主張している「沖縄イニシアティブ」の論調と響き合っている点が指摘されている(11)。

「沖縄イニシアティブ」とは、高良氏、大城常夫氏、真栄城守定氏の琉球大学三教授により、サミット開催前の三月末に那覇市で開催された「アジア太平洋アジェンダ会議(APAP)沖縄フォーラム」において、「アジアにおける沖縄の位置と役割」として発表された提言である。この会議は、来県中だった小渕首相や中国、韓国、タイなどのアジア主要国、米国、カナダ、日本の国際関係や安全保障、経済開発の研究者やジャーナリストが出席して、「非公開の会議」(『琉球新報』二〇〇〇年五月七日)として行なわれた。会議を主催したのは、財団法人・日本国際文化センターで、主催者側は同会議を「七月の主要国首脳会議(九州・沖縄サミット)開催の意義についての知的貢献が期待される」と意味付けしている。高良氏は、その提言について、沖縄では「もっと自由にさまざまな意見が提示されるべき」であり、それは「私たちなりの一つの展望を自由に提示したまでである」と述べている(12)。高良氏のその指摘は当然のことであり、私自身もその部分については異論はない。

しかし、問題はそのような位相にあるのではない。その「沖縄イニシアティブ」の提言が、どのような文脈で、だれに向かってどう語られたのかが厳しく問われているのだ。三教授の提言は、小渕首相が出席した非公開の会議のなかで、沖縄サミット開催への「知的貢献」として、日本政府における沖縄の基地政策を沖縄側から補完する提言として行なわれた。この沖縄側からの提言は、具体的にはサミット後に名護市辺野古沿岸域への普天間基地移設が推進される状況下で、日米同盟が果たす安全保障上の役割を評価する立場から、沖縄の米軍基地の存在意義を認める見解として提起されたのである。その経緯が示すように、この提言は沖縄住民に対して行なわれたのではなく、日本政府の政策に寄与するために提起されたものである。すなわち、サミット前のその会議において、政府の沖縄の基地政策に対して沖縄側から積極的な支持を与えると言う、きわめて意図的な「政治的文脈」によって行なわれたのだ。確認するために繰り返して述べるが、「沖縄イニシアティブ」問題は、自分の考える意見を自由に述べただけだという一般論のレベルではなく、その提言がだれに向かって何をどのように語ったのかと言う、その提言の「政治的文脈」が問われていることを重ねて指摘しておきたい。

そして、その「沖縄イニシアティブ」を中心になってまとめた高良氏は、さらに平和の礎でのクリントン大統領の演説にかんして事前に、「沖縄をめぐる歴史や文化の問題、基地問題の論点などについて」「一度、東京の米大使館のスタッフから意見を求められ」、「助言」を行なった事実を、自ら述べている(13)。高良氏が、米国大使館のスタッフから大統領演説にかんして意見を求められたのは、沖縄の歴史文化について氏が精通しているとの点もあろう。だがしかし、その大きな要因は、高良氏が「沖縄イニシアティブ」で地元沖縄から米軍基地の存在意義を認める提言をした点が重要な意味をもっていたことは想像に難くない。米国側にとって、日米同盟の安全保障上の役割を評価して沖縄の米軍基地の存在を評価する高良氏の主張は、在沖米軍基地の存在意義をアピールしたい今回の大統領演説にとって、沖縄側からの最も良き理解者による論調であったと言えよう。高良氏は、沖縄サミット開催の前に「沖縄イニシアティブ」を提唱し、また平和の礎での大統領演説に助言をして関わっているように、きわめて政治的な役割を担い、それを果たすような言動を行なっている。しかし、ここで問題にしたいのは、高良氏のそのような直接的な政治的役割にかんしてではない。琉球史研究という学問的意匠による非政治的立場を装いながら、きわめて政治的な役割を果たしている、その〈政治性〉の問題についてである。それは、党派的な主義主張やイデオロギーなどの「政治性」とは位相を異にした、関係における認識や解釈などの〈政治性〉の問題である(14)。その点で、クリントン大統領が演説の最後の部分で言及した「命どぅ宝」という語句の解釈や認識の問題は、沖縄研究における歴史的眼差しのもつ〈政治性〉について具体的に問いかけるものであった。

2 「命どぅ宝」

高良氏は、クリントン大統領の演説の件で、アメリカ側のスタッフから、尚泰王が詠んだと言われている「命どぅ宝」の琉歌についての質問を受けて、次のような助言を行なったと述べている。専門家の意見を参考にして、その琉歌は尚泰王本人が詠んだ証拠は何もなく、むしろ昭和戦前期に劇作家の山里永吉氏が書いた脚本『首里城明け渡し』の沖縄芝居で上演され普及した、いわばフィクションであり、それを承知のうえで自由に判断してくださいと答えた。だが、大統領演説では、むすびの部分においてその琉歌に込められた精神や希望を、普遍的なものとして解釈して使用したと言う。そして高良氏は、そのように言及した後に「沖縄においては、多くのフィクションが罷り通って」おり、「反戦平和を希求する精神、すなわち『命どぅ宝』」は「そのようなキャッチフレーズの一つ」(15)だと指摘して次のように続けて述べている。

「『命どぅ宝』はいつ、どのような背景を帯びて歴史に登場したのか、その具体的な事情をこの私に説明してもらいたい。『昔から沖縄の人々は……』と言う時、その昔はいつのことなのか、どのような『沖縄の人々』がいかなる文脈でこうしたメッセージを唱えたのか、そのことを教えてほしい。沖縄の歴史を生きた先人たちが、どのような現実の中でこれらの言葉を発し、それがどう受け継がれてきたのか、歴史のリアリティーを説明してほしい。残念ながら、『沖縄のこころ』を表示すると力説されるこれらの言葉群は、その出所・経歴がまことに曖昧である。根拠不明な言葉を、あたかも不動の価値や前提であるかのごとく主張する安易さ、また、そのような事態のままでしかないことに対する緊張感の薄さは、たちまち『外部』の第三者の『侵入』を容易にする」と。

そして、高良氏は、大統領演説のなかで「命どぅ宝」という語句が使用されたのは、その「出所・経歴が曖昧で根拠不明な言葉をあたかも不動の価値や前提であるかのごとく主張している」沖縄側にも問題があると指摘し、大統領演説を批判する論者に対して「問われるべきなのは大統領演説のほうなのか、それとも私たちなのか」と逆に問い掛けたのである。

私は、その高良氏の文章を読んで、強い違和感をおぼえた。たしかに、その「命どぅ宝」という言葉は、史実性の観点からして曖昧で根拠不明な点もあり、その出所経歴を史実的に明確に説明する必要性があると言えよう。その点については、高良氏の指摘に異論はない。だがしかし、その高良氏の指摘は、「命どぅ宝」という言葉が内包する問題の半分を指摘しているにすぎない。むしろ重要なのは、次の点ではなかろうか。その「命どぅ宝」という言葉が、史実性において曖昧で根拠不明であっても、それが沖縄で広く流布し、しかもその言葉に沖縄の人びとが反戦平和の願いとイメージを託している「事実」こそが重要だという点である。歴史研究において、事実性や実証性の解明が重要な意義をもっていることはあらためて指摘するまでもない。ただ思想史研究では以前から、ファクト（事実）とは別に、そのイメージも独立に扱われ、イメージのもつリアリティーも同じように重要な分析の対象となっている。そのイメージがなぜ形成されたのか、その背景にある時代や社会の価値体系や思想状況の分析も、同じく重要な課題として論じられている(16)。

また、出来事に対する事実性の探究という位相だけでなく、その言葉に込められたイメージや言説がなぜ形成され編成されているかは、最近の歴史研究の動向でも重要なテーマの一つとして論究されていることは周知のとおりである。その意味において、今、沖縄の歴史研究に問われているのは、その「命どぅ宝」と言う言葉を、実証性の観点から批判的に論究して裁断することではない。むしろ、そのような史実的には曖昧で根拠不明と言える言葉が、なぜ戦後沖縄で形成され反戦平和のイメージを体現する言葉として流布しているのかを考察することも、同じく重要な課題だと言える(17)。

以下、その「命どぅ宝」という言葉を、その歴史的起源を考察して史実的に明らかにするあり方ではなく(18)、それをある時代状況や社会の価値観を背景に編成再編された言説としてとらえて、その分析を試みることにしたいと思う。

さて、その「命どぅ宝」という言葉は、庶民の生活のなかで息づきながら個々の場面で使用されていた事例もあろうが、戦中から戦後初期に書かれた文章ではほとんど確認することはできない。その言葉の一部である「命」という言葉が、沖縄社会のなかである時代の状況や価値観を体現して使用されるようになるのは、一九六〇年代後半においてである。

一九六八年九月に米軍の原子力潜水艦が那覇港に入港して事故を起こし、放射能汚染でコバルト60が検出され、また同年十一月には嘉手納基地内でＢ52が墜落して大爆発する事故があった。しかも、その墜落爆発した現場からわずか約一五〇メートル離れた地点には常時厳重警戒が行なわれていた知花弾薬集積所があり、翌日になって新聞でその地下室に核兵器貯蔵庫が存在することが基地関係者の談話として報じられたため、より緊迫した状況をむかえ、多くの県民に強い危機感が生じ広範な抗議運動が展開された(19)。そしてその墜落事故をきっかけに、県内百余の団体が参加して「いのちを守る県民共闘会議（Ｂ52撤去・原潜寄港阻止県民共闘会議）」が結成され、四万人余を集める県民大会が開催された。そのような緊迫した状況下に同会議の声明文のなかで発せられた、県民の「命を守るのを何よりも優先」[20]すると言う表現に象徴されるように、その「命」という言葉がこの時期の沖縄社会のなかで、ある切実さをもって語られるようになったのである[21]。しかし、そのときには「命」という言葉に新たな照明が当てられたが、まだ「命どぅ宝」という言葉は登場していない。その言葉が語られて使用されるようになるのは、むしろ復帰後であり、沖縄戦から三十三回忌を終えた後の一九七九年前後のことである。

その言葉が概念化された形で文章のなかで確認できるようになるのは、管見の限りでは、一九七〇年代前半の『沖縄県史』（一九七一年、一九七四年）や『那覇市史』（一九七四年）の沖縄戦体験記の聞き取り調査を通じて、沖縄戦研究者の大城将保氏が書いた論考「戦争体験は継承しうるか」が初出である。大城氏が聞き取り調査を行なった両体験記録は、行政機関が住民の沖縄戦体験の証言を採録し記述した、いわば沖縄戦を住民の視点から系統的に掘り起こした最初の記録集[22]と言えるものである。この時期は、全国的にも戦争体験記の掘り起こし運動が広がっており、県史や那覇市史の発刊はそれと連動するものと言えようが、その後の沖縄戦記録集の編集方法と視点において一つの画期を成し、大きな影響を与えている[23]。

その沖縄戦の聞き取り調査を基盤にして大城氏は、先の論考のなかで次のように論じている。これまでの沖縄戦にかんする戦史や記録は、軍隊本位の作戦中心の記述が主流で、沖縄戦の犠牲を「殉国美談」の物語として描く傾向が強く、一般住民の被災の実相が欠落し軽視されがちであった。また実証的な調査が乏しいため、経験主義的な記述が多く総体的な把握が弱かったが、ここ数年、客観的な視点で沖縄戦の実相が記録され、戦場の暗部にも照明が当てられて記録全体の裾野が広がり、戦史資料の集積や多様なアプローチがなされるようになった。さらに、沖縄戦における軍民関係を解明するためには、軍隊の価値基準と隔たりのある沖縄の防衛隊の実態を正確に把握しなければならず、その沖縄の防衛隊員に見られる行動様式の特徴として、軍隊の「玉砕の思想」とは異なった、「瓦全の思想」としての「命どぅ宝」の考えがあると指摘できる(24)。後に大城氏自身が、その「命どぅ宝」という言葉について、「もともとは七十年代以降さかんになった戦争体験の掘りおこし運動の中から用いられるようになった俚諺であった」(25)と述べている。

このように、この時期にはまだ、主として沖縄戦の聞き取り調査を行なっていた研究者を中心に使用されており、他の文章では確認できない。例えば、七九年の慰霊の日には、県原水協主催による「原水爆禁止、基地撤去、6・23沖縄大会」が摩文仁ヶ丘で開催され、同時に「語てぃいじゃなびらな戦世の沖縄」(語ってみましょうよ戦世の沖縄)と言う平和集会が一千二百人の人びとを集めて行なわれている。その平和集会は、約五十人の沖縄戦の語り部が、テント六十余に分かれて、各二十人近い参加者に沖縄戦の悲惨な体験を語り継ぐ催しとして行なわれ、地元紙でも「新生面開く反戦運動」と報じられて高い評価をえた集会であった。その集会の声明文「沖縄アピール」のなかで、「私たち一人ひとりが、黙して語らぬ死者のため息と怒りを共有して、『戦争』を語り受け継ぐ〝平和の語部〟になること」が高らかと述べられている。しかし、その声明文や関連記事のなかにも「命どぅ宝」という言葉はまだ見られない。

また八〇年の慰霊の日は、戦後三十五年の節目の年にあたったが、政府のなかで有事立法の動きがあり、県内二七団体により「6・23平和をつくる共同行動委員会」が結成され、それに反対する「共同行動声明」が発表された。だが、その声明文においても「命どぅ宝」と言う言葉は使用されていない。さらに八一年の慰霊の日には、非核三原則に矛盾する米核積載艦の日本への核兵器持ち込み疑惑が明らかになったこともあり、それに対して地元二紙が共同で沖縄の声として「平和と非核を求めるアピール」を発表している。しかし、その声明文や関連記事にも「命どぅ宝」という言葉は確認することができない。また八二年六月には、ニューヨークで第二回国連軍縮特別総会が開催され、沖縄からも十七団体二十七人が参加して全世界に「ノーモア・オキナワ」を強く訴えている。そして県内でもそれに呼応して平和連絡会議が結成され、六月を「沖縄・反核平和の月」と設定し、反核平和共同宣言をアピールして沖縄でも平和運動が興隆している。しかし、その宣言文でも「沖縄の心」という言葉は確認できるものの「命どぅ宝」という言葉はまだ見当たらない。

そのような状況が大きく展開したのは、一九八二年六月に文部省の教科書検定において、高校教科書から沖縄戦での日本軍による「住民虐殺」の記述が全面削除された事実が、地元紙で報じられてからであった(26)。地元紙は、その問題が沖縄戦の認識にとって重大な出来事であるととらえ、ほぼ三ケ月間にわたり連日、その事実経過や関連の連載記事ならびに識者の論説を長期にわたって掲載している。それに対して県内の関係諸団体もすばやく反応して、高教組や県労協などの教育民主団体を中心に結成されていた「民主教育をすすめる沖縄県民会議」がいち早く反対声明を出した。また、沖教組でも文部省の検定強化による民主教育の危機ととらえ、小中学校教科書での沖縄関係記述の洗いなおしの機関を設置することを決定した。さらに、この教科書検定では中国への「侵略」を「進出」と書き替えさせたことが明らかとなり、国会でも大きく取り上げられ、中国や韓国をはじめとしてアジア各国で教科書批判が拡大し外交問題と化した。しかし結局、外交問題では曖昧さを残しつつ記述修正の姿勢を打ち出した政府見解の発表によって、火種を残しながらも終息に向かった。

だがその対外的な政治的決着とは別に、沖縄では従来の沖縄戦の認識を否定するものとして県民から多くの反対意見が、地元紙の「読者から」の欄に連日にわたって数多く寄せられた。地元紙においても、教科書検定、住民虐殺、沖縄戦にかんする読者からの投稿によって、平和や戦争についてそのように数多く論じられたのは、かつてないことだったと指摘されている(27)。とくに注目される点は、この問題をきっかけとして県民のなかから、これまで語られることのなかった沖縄戦における新たな事実が相次いで証言され(28)、それをきちんと語り継いでいこうとする気運が顕著に表れた点である。

前述したように、当初この問題にすばやく反応して立ち上がったのは主として教育関係団体や沖縄戦研究者だったが、その反響がこれまでになく県内各層にわたって瞬時に広がっていった点が特徴として指摘できよう。それは、地元紙に県民から多くの投書が寄せられ、沖縄戦の体験者から憤りを込めた新たな証言が相次ぎ、新事実も次々と提起された事実が端的に示している(29)。その次々と現れた新しい証言者は、教科書検定で日本軍による住民虐殺が削除されたことに対して、「今、語らなければ再び悲惨なことになる」と、悲痛な叫びと固い意思によって、三十七年間の沈黙を破り、新たに語り始めたのである。そして、戦後世代も含めてその証言を聞いて受け継ごうとする催しや集会が行なわれ、あらためて沖縄戦の記憶の継承の重要性が再確認されたのである(30)。その一連の動きは、まさしく教科書問題を契機として、体験者を中心とした沖縄住民が沖縄戦にあらためて向かい合うことによって、沖縄戦の記憶が新たに語りなおされる過程であったと指摘できよう(31)。

このようにして、県民のなかで沖縄戦の記憶が新たに語りなおされることによって、それを象徴するように新聞紙面に新たに登場した言葉が、この「命どぅ宝」という言葉であった。

『沖縄タイムス』紙では、教科書問題が起こったあと、すぐに「削られた〝事実〟教科書検定を追う」を連載し、その後「平和への検証　いまなぜ沖縄戦なのか」を長期連載している(32)。その「第一部　実相」の結びにおいて、その「命どぅ宝」を二回にわたって取り上げて論じており、そのなかで次のように指摘している。取材班は、同連載のために沖縄戦体験者の証言を採録する過程において、日本軍の「玉砕の思想」とは異質な考えに突き当たった。それは、沖縄戦で防衛召集により編成された、沖縄住民を中心とする防衛隊員(33)の特徴的な行動様式である。その防衛隊員の行動様式において、どうせ負け戦で死ぬのなら家族と一緒に行動を伴にしようと、隊員個々の判断で部隊を離れたり逃げたりした行為が見られた。しかも、その行為が決して例外的な行動ではなかったという事実が、その聞き取り調査を通して浮び上がってきたと言う。そして、その防衛隊員の一般的な特徴として、「兵隊意識の欠如、希薄な玉砕思想」を指摘し、先述の大城将保氏の論文を引用しながら、その本土出身兵士とは異質な思考や行動様式について「命どぅ宝」という言葉で呼ぶことを紙面で提案している。

それは、教科書問題をきっかけとして、体験者の証言を採録しながら「沖縄戦とは何だったのか」を深く問いかける連載の取材過程で、「命どぅ宝」という言葉が見出され、その言葉が初めて新聞紙上で登場した瞬間であった。そのことは、「命どぅ宝」という言葉によって、沖縄戦の記憶を語る新たな枠組みが「発見=創造(Invention)」されたことを意味した。とくに注目したいのは、沖縄戦の研究者のあいだで使用されていたこの「命どぅ宝」という言葉が、新聞紙上で取り上げられ多くの県民の耳目にふれて認識されたことで、その後に沖縄戦を語るさいの一つの言説を形成したという経過である。

事実、その「命どぅ宝」という言葉は、その後、さまざまなところで使用されるようになる。例えば、高校や小中学校における6・23「慰霊の日」特別授業でのテーマ(34)や平和教育実践報告集の主題(35)、あるいは連続講座「沖縄戦と平和教育」の主題など教育現場において使用されるようになる。また、一九八三年に結成された「沖縄戦記録フィルム一フィート運動の会」に協力するため、翌年の慰霊の日には県内の音楽演奏家が集いコンサートを開催しているが、そのテーマが「ぬちどぅたからコンサート」として開催されている(36)。さらに、一フィート運動の会は八五年に「戦後四十年沖縄からのアピール」を発表しているが、その声明文のなかで再び私たちが戦争の被害者や加害者にならないこと、そのためには沖縄戦から体得した「命どぅ宝」と言う尊い教訓を、戦争への動きを阻止し、抗議して生き残る思想にまで高めて、さまざまな反戦平和を創る行動へと立ち上がることを呼び掛けている(37)。その後も、「命どぅ宝」は、沖縄戦から学んだ尊い教訓を表す言葉として、沖縄から日本や世界へアピールする際のキャッチフレーズとして重宝され、平和集会をはじめとして多用されるようになっていった。例えば、一九八五年には、沖縄が日本復帰した日に毎年開催されている「五・一五県民大会」（護憲反安保県民会議主催）の宣言文のなかで、初めて沖縄の声を内外にアピールする言葉として、その「命どぅ宝」という言葉が使用されている(38)。また、国際平和年であった八六年の慰霊の日には、屋良朝苗元県知事など有志四十一名が沖縄からのアピールとして、「命どぅ宝」の思想を主張した声明文を七ケ国語に翻訳して、それを各国指導者に送付している(39)。さらに八八年には、第三回国連軍縮特別総会へ一フィート運動の会をはじめとする県内の平和団体が参加しているが、そこでも沖縄から「命どぅ宝」の思想を世界にアピールしている(40)。

このように、「命どぅ宝」という言葉は、実証性の観点からするとたしかに、その出所経歴が不明で曖昧な点もあると言えようが、戦後沖縄の状況、とりわけ「復帰」後の沖縄を取り巻く状況と深く関わって登場し使用されていることが指摘できるのだ。とくに、その言葉が、八二年の教科書検定問題で沖縄戦における住民虐殺の記述が削除されたことをきっかけとして、沖縄戦を新たに語る言葉として登場していることが確認できよう。それは、沖縄戦の教訓から反戦平和を希求する沖縄の人びとと沖縄社会の価値観と理念を色濃く体現した言葉だったのである。

その経緯を踏まえてみると、むしろ問われているのは、この「命どぅ宝」と言う言葉のほうではなく、それを分析する側の眼差しであることがわかる。分析者は、その言葉のどの側面をとらえ、何を重要視して論じるかというように、分析者の視点そのものが問われているのだ。したがって、私は、その「命どぅ宝」が実証性の観点から史実的に根拠不明で曖昧だと批判するのではなく、むしろその言葉が戦後ならびに復帰後の沖縄社会の状況と切り結んだ沖縄の人びとの価値観と理念を背景に形成され、反戦平和のイメージを体現している事実にこそ注目したい。今歴史研究者に求められているのは、沖縄戦の教訓からえた平和に対する沖縄の人びとの願いが託された「命どぅ宝」を、実証性の観点だけから裁断するのではなく、それを複合的に眼差してとらえる視点にあるのではなかろうか。

結びにかえて

ところで、「命どぅ宝」という言葉が、そのような近年の平和団体のアピール文でキャッチフレーズとして使用されている現象だけをとらえて、それはもともとあった庶民の言葉を大衆運動の組織者が政治的に流用しただけにすぎないとの指摘がなされることがある(41)。果たしてそうだろうか。その指摘は、図式的でわかりやすい解釈に見えるが、前述したように実際はそうではなく、そのような解釈とは大きく異なるものであった。それは、少なくとも次の二つの論点から見ても皮相で浅薄な解釈だと言わざるをえない。

第一にその解釈では、大衆運動の組織者だけが「主体的」であり、庶民は彼らの為すがままで、常に受け身の状態であると言うことを前提にしている。しかし、その「命どぅ宝」は、八二年の教科書検定を契機として、体験者を中心にした県民が時代状況と切り結び沖縄戦を新たに語りなおすことによって、

「(再)発見」した言葉だった。それは、時代状況に危機意識をもった県民が、沖縄戦にあらためて向かい合うことで、その「命どぅ宝」という言葉に、沖縄戦の教訓としての反戦平和の価値観や理念を託したのである。それは言い換えると、県民が時代への危機意識によって、沖縄戦を「主体的」に語りなおしたことにより、形成された言説だったと言えよう。

その経緯が私たちに示しているのは、成田龍一氏が的確に指摘しているように、主体や客体はあらかじめ分割され固定されているわけでなく、「それぞれ具体的な状況や関係のなかで形成され、変化していく」(42)という論点とつながっている。そして沖縄戦の認識は決して固定されたものではなく、状況や関係のなかで新たな位置から語りなおされるものだ。その意味で、歴史は時代と切り結ばれ、現在から「再審」される(43)。そのさい、解釈のせめぎ合いにおいて、発話者の位置やその「主体性」が問われるのだ。

ここであらためて確認するために再度繰り返そう。「命どぅ宝」という言葉は、教科書検定で沖縄戦での住民虐殺が削除されたことにより、沖縄戦体験者を中心とする県民が、沖縄戦にあらためて向かい合い「主体的」に語りなおして「(再)発見」した言葉だった。この事実こそが、「命どぅ宝」という言葉をとらえるときに、最も重要な論点だと私は考える。その重要な論点を看過しながら、近年の平和団体のアピール文でキャッチフレーズとして使用されている現象だけをとらえて、大衆運動の組織者が一方的に民衆の言葉を政治的に流用したとする解釈が、いかに皮相で浅薄な解釈であるかがわかろう。

第二は、沖縄戦の記憶に関連する問題である。戦争の記憶は、時間の自然的な経過に関係なく、ある出来事をきっかけとして、突然に記憶が想起される場合がある。むろん沖縄戦体験者も例外ではない。前述したように、沖縄戦体験者の新たな証言は、教科書検定で沖縄戦での住民虐殺が削除された出来事をきっかけとして、戦後三十二年が経過したにもかかわらず記憶が突然に想起され、新たに語られ出したのである。何らかの状況や関係に刺激されると、時間の自然的な経過に関係なく、戦争の記憶は想起され新たな位置からまた新たに語られるのだ。

高橋哲哉氏によると、戦争の記憶を考えるうえで決定的に重要な点は、クロノロジーという自然や理性的な時間が流れる正常な秩序に対して、それを混乱させ転倒させて忘却への反逆を意味するアナクロニズムと言う視点にあると言う(44)。さらにその記憶の継承で重要なのは、証言者が「差異や忘却を含んだ反復」として「自分の位置から新たに証言する」(45)ことだと指摘している。「命どぅ宝」にまつわる言説の形成は、まさしくその指摘と重なるものであり、教科書検定をきっかけとして県民が沖縄戦の記憶にあらためて立ち向かい、それを「主体的」に語りなおすことで、「(再)発見」した言葉だったのである。

さて、もう一つ、「命どぅ宝」や「非武の文化」と言う言葉に対する琉球史研究の批判について指摘しておきたい点がある。それは、「実証的研究」という学問的意匠によって隠蔽された「政治的無意識」(46)に関連する問題である。琉球史研究は価値的判断を伴わない「客観的中立性」(それ自体も疑わしいが)という実証的研究の名のもとで、その「非政治的」立場を装ってきた。しかし近年の琉球史研究は、その「客観的中立性」という御旗によって、社会の支配的な価値観を無批判に受け入れている場合が少なくなく、「非政治的」立場を装いながらきわめて「政治的」な役割を果たしている場合が多い。今琉球史の研究者に鋭く問われているのは、発話する者の位置の政治性、すなわちあなたはだれに向かって何をどのように語るのか、という問題群への強い自覚ではないか。その意味で、実証的研究に埋没して自らの研究がおよぼす「政治性」を問わない琉球史の研究姿勢に対して、強い疑問が突きつけられていると言えよう。今、琉球・沖縄史の研究者の一人ひとりに鋭く問われているのは、実証的研究の蓄積だけでなく、少なくとも発話の位置における政治性の問題であることを自覚したい。

これまで見てきたように、平和の礎の前で行なわれたクリントン演説について、その演説の結びの部分で使用された「命どぅ宝」に関連する議論は、その言葉に対するたんなる認識や解釈の問題ではなく、論者の位置や視点に関わる〈政治性〉の問題を含んでいる。その意味で、その「命どぅ宝」をどう認識し解釈するかは、それを論じる論者の発話の位置の〈政治性〉が鋭く問われる問題だと言える。しかし、琉球史研究（沖縄研究）は、その視点が欠落しており、ほとんど問題にさえなっていない。今、沖縄研究（琉球史研究）に求められているのは、実証的な研究の蓄積だけでなく、学問的意匠で「非政治性」を装いながら、きわめて「政治的」な役割を果たしている言説への批判であることを強調しておきたい。

Ⅱ 米軍占領史を学びなおす

10 重層する戦場と占領と復興

1 東アジアで「戦後」を問うことの二つの認識

この「国際共同シンポジウム in Okinawa 東アジアの『占領』と『復興』を問う――暴力の継続と変成」は、この数年来行なわれている国際共同研究プロジェクト「変容する戦後東アジアの時空間――戦後／冷戦後の文化と社会」(代表／東京外国語大学・中野敏男)の一連のシンポジウムの一つとして開催されたものである。同プロジェクトは、戦時と戦後体制が国民主義への動員と参加において連続しているとの視点を打ち出した「総力戦体制」のプロジェクトを引き継ぎ、その後の変容する戦後東アジアの時空間を問いなおすための国際共同研究として位置付けられている。その第一回国際シンポジウムは、東京で「東アジアの『戦後』を問う――植民地主義の再編と継続する暴力」と言うテーマで開催され、その成果は二〇〇五年の春に『継続する植民地主義』（青弓社）として刊行された。

同プロジェクトの代表で同書の編者の一人でもある中野敏男は巻頭の論文で、この共同研究で「東アジアで『戦後』を問うこと」の認識として、この十年ほどの「戦争の記憶と責任が問われてきた思想状況」をふまえ、現在における「東アジアでの植民地主義と戦争の継続」に言及しながら、次の二つの前提を指摘している。

第一の認識は、「戦後」と呼ばれている時代が、戦時体制としての「総力戦体制」の「後」であると言う把握である。中野によると、戦前期に国民総動員体制によって国民の生活領域に介入した国家主義は、戦後期には「民主化」と言う名の国民主義と、生活諸領域をカバーする社会保障の国家体制化＝システム化との接合として引き継がれた。すなわち、戦時体制と戦後体制とは、国民主義への動員と参加と言う軸において連続であり、その把握が「戦後理解」の第一の認識となる。

第二の認識は、この時代が、植民地帝国日本の帝国主義的支配の「後」であると言う把握である。中野によると、日本帝国主義の植民地支配と戦争は、収奪と強制の暴力を背景に東アジア地域の既存の社会関係を解体し、人びとの生活基盤を奪い取り、強制を基盤とする自発性を促して動員し、帝国日本と植民地との圏域における政治的・経済的・社会的・文化的システムの連関を再編成した。そして、その関係は、「戦後」の東アジアの「国際的」な分業配置に継承され、新植民地主義的関係の基盤となり、さらにアメリカが政治的・軍事的な覇権による東西の冷戦戦略を利用して反共支配体制を構築した。その植民地主義の継続が、東アジアの「戦後」を理解するための第二の認識である(1)。第一回のシンポジウムでは、その二つの認識を前提にして、東アジアで「戦後」を問うための具体的な問題について多角的に論じられたが、その内容については前掲書を参照していただきたい。

ここでは、それを引き継いで沖縄で開催された第二回シンポジウム「東アジアの『占領』と『復興』を問う――暴力の継続と変成」においても、その東アジアで「戦後」を問うことの前提として、前述の二つの認識が踏襲されている点を確認しておきたい。中野が指摘するように、帝国日本の総力戦体制と植民地主義の暴力は敗戦によって解体されるが、その植民地主義の残滓はアメリカの冷戦戦略によって編成・再編され、戦後東アジアで共産主義と反共主義の対立激化を惹起させるとともに、新たな植民地主義の暴力と国民化・主体化をめぐる軋轢が幾重にも折り重なる「支配の構図」を生み出した。そして、その戦後東アジアでのアメリカ支配の構図における一つの縮図として位置付けられるのが、沖縄の「戦後」であり、沖縄の「現在」だと言える。

2　沖縄大会で何をテーマとするか

さて、第二回の沖縄シンポジウムでは、前述の東アジアにおける戦後を問うあり方と第一回のシンポジウムの成果をふまえて、この沖縄の歴史的経験を活かしうるようなテーマ設定とは何かが問われることになった。

沖縄では、「戦後への問い」は過去に対する問いではなく、「沖縄の現在」に対する問いと直結している。沖縄では、「戦後」を問うことは「現在」を問うことであり、「沖縄の現在」を問うことは、「沖縄の戦後」を問うことを含意している。そのことは、戦後六十年を経ても今なお巨大なアメリカ軍基地が沖縄本島の中央部に存在し、さらに日米両政府によって新たなアメリカ軍基地の建設計画が強行されようとしている今日の沖縄をめぐる政治状況が如実に示している。

実際、沖縄の地で、このプロジェクトのテーマである東アジアの「戦後」を問うことを考えようとしたとき、まさしく「沖縄の現在」を端的に浮き彫りにするような以下の象徴的な三つの「事件」が、私たちにテーマ設定としての「主題」を突きつけたのである。三つの事件とは、一つはアメリカによるイラク戦争であり、それに続くイラク「占領」と「復興」というテーマである。二つめは、普天間基地に隣接した沖縄国際大学にアメリカ軍大型ヘリが墜落爆発した事件。そして三つめは、一九九五年の少女暴行事件の記憶である。これら三つの事件には、沖縄に存在するアメリカ軍基地やアメリカ軍隊が深く関わっており、「沖縄の現在」を象徴するだけでなく、同時に沖縄を含めた「歴史としての現在」としてある東アジアの「戦後」をあらためて問う出来事でもあった。

アメリカによるイラクに対する戦争は、直接的にはサダム・フセイン政権における大量破壊兵器の存在やテロ支援などを理由にあげていたことからわかるように、二〇〇一年の九・一一事件の報復の延長線上に位置付けられる(だが、周知のように、アメリカやイギリス政府自身の調査でも、その理由に根拠がないことが明らかになっている)。日本政府は、そのアメリカのイラク戦争に対して、アメリカの同盟国としていち早く支持を表明し、イラクへと自衛隊を派遣した。そのことは、平和憲法の枠組みを逸脱するだけでなく、国連中心主義とアメリカとの同盟関係を二本の柱とした戦後日本の外交方針の転換を、内外に鮮明にするものであった。つまり、国連とアメリカとの関係に軋轢が生じた際に、日本政府は国連決議よりもアメリカとの同盟関係を優先することが、イラク戦争に対する方針で明らかになったのである。

しかしその過程で、在日アメリカ軍基地の七五パーセントが集中している沖縄からイラク戦争へ在沖アメリカ兵が派遣されたように、沖縄ではイラクの戦場と在沖アメリカ軍基地とが直結している事実があらためて浮き彫りになった。すなわち、イラク戦争によって、沖縄がいまだ「戦争と占領の継続の地」であることが、はしなくも顕現化したのである。

周知のように、イラク戦争自体は、アメリカ軍とイギリス軍を中心とする有志連合軍が圧倒的な軍事力によってサダム・フセイン政権を二ケ月足らずで崩壊させて勝利宣言を行なった。それから世界の耳目は、民主化のプロセスとして位置付けられた「占領」と「復興」政策へと関心が移り、特に「占領」のモデルが論議を呼び、注目をあびるようになったのである。

アメリカによるイラク戦争での勝利宣言の後で「占領」政策の中身が問われるなかで、ジョージ・W・ブッシュ政権がイラク占領のモデルとしてあげたのが、第二次世界大戦後の「占領」の成功例として評価した日本の「占領」であった。しかし、そのブッシュ政権の日本占領モデルの発言にいち早く反応し、軍事戦略を優先するイラク占領の参照すべき事例は、日本の占領なのではなく、むしろ沖縄の「占領」であると提起したのはジョン・ダワーだった(2)。

ダワーは、「当時の日本と現在のイラクは状況が異なる。むしろ日本本土と切り離された沖縄統治とイラク占領に共通点がある」と指摘しながら、沖縄の経験からイラクの将来をどう予想するかという地元紙のインタビューに対して、次のように明快に述べている。

沖縄の米軍基地はアジアでの米軍事戦略の象徴で、これは過去も現在も変わらない。イラクでも同じように軍事と戦略が優先されている。もちろん、広いイラク全土を無期限に占領することはないが、米軍駐留は無期限になるだろう。

そして、ダワーは続けて、沖縄の占領と共通する韓国の占領についても次のように言及している。

軍事中心の占領という意味では、沖縄は韓国とも共通点がある。そこで韓国の経験を見れば、イラクの将来が読めると思う。米国は李承晩、朴正煕という軍事政権で民衆を抑圧した。イラクでも似たような強圧的な政権が出現するのではないか。これではサダム・フセイン政権とあまり変わらない(3)。

ダワーのこの発言は、イラクの占領のあり方を問うなかで、日本の占領とは異なった、軍事優先の沖縄と韓国におけるアメリカ軍占領の共通点が示唆されていて大変興味深い。

しかし、イラクの「占領モデル」は日本の占領ではなく沖縄の占領だと主張するダワーの指摘は、その後二つの異なる意味に解釈され流用されているという。阿部小涼によると、ダワーの指摘は、日本のなかでは受け手の聞く位置によって「読み」方の微妙な差異を生み出している(4)。例えば、一方では日本を例に出してイラクの民主的な占領を印象づけるブッシュ政権の「詐術」を指摘し、巨大なアメリカ軍基地が現存する沖縄占領の問題性にあらためて焦点を当てようとする論説があり、他方ではイラクの現状と比較して敗戦後の日本占領の民主化の軌跡を論じ、日本戦後史のほうを再評価する論説へと分かれている(5)。また、アメリカのなかでは、保守派の観点から完全な読み替えやすり替えた言説が登場し、地域住民に寄り添った民主的な占領政策を推進している在沖アメリカ軍の「沖縄の経験」に学び、イラク占領を成功させようと結論付ける論説さえも発表されている。それらの言説に対して阿部が的確に指摘しているように、巨大なアメリカ軍基地の存在や少女暴行事件に象徴される沖縄の状況は、決して在沖アメリカ軍によって「地域住民に寄り添った民主的な占領政策」が推進されているのではなく、沖縄の現在はいまだ「戦争や占領の継続のなか」にあるのだ。

したがって、沖縄を論じる者は、そのような状況認識のもとで、何をどのように眼差すかが厳しく問われていると言えるだろう。その意味においても、今なお戦争や占領が継続する「沖縄の現在」をいかに認識して、どのような位置から眼差して論じるかが、今日でもきわめて重要な課題であることは指摘するまでもない。そのような文脈を背景に、イラク戦争の衝撃も含めて、戦争後の「占領」や「復興」とは何かを問うことが、沖縄大会における重要なテーマの一つとして浮上したのである。

沖縄大会のテーマを考えるうえで大きな契機となった二つめは、沖縄国際大学にアメリカ軍大型ヘリが墜落し爆発した「事件」であった。アメリカ軍大型ヘリが、大学構内に墜落爆発した事故は県内外に重大な衝撃をもたらし、多くの県民に強い不安感と危機感を募らせた。特に、事故直後に暴動鎮圧用のライオット・ガンを装備した海兵隊によって事故現場が一方的に強制封鎖され、墜落したヘリの確保と放射能調査がアメリカ軍によって強圧的に行なわれたことに対して、県民から強い抗議と不満の声が聞かれた。しかし、アメリカ軍は県民の声を無視して、民間地域である一帯を七日間にわたって「占領」するという異常事態が発生したのである。その状況を考えると、アメリカ軍ヘリ墜落は、地域住民にとって単なる事故ではなく「事件」であった。その意味でこの小論では、事故ではなく「事件」と記述することにした。その事件の全容については、黒澤亜里子編『沖国大がアメリカに占領された日』（青土社）として刊行されているので、ぜひ参照されたい。同書には、沖縄国際大学の教員を中心にして、同プロジェクトへ沖縄から参与している教員とともに沖縄大会に参加した日本と韓国の研究者が賛同者として論文を寄稿している(6)。そして、同書でも強調されているように、アメリカ軍による事故原因の調査報告書からあらためて明らかになったのは、在沖アメリカ軍基地とイラク戦争が次のように直結している事実であった。

大学に墜落爆発したアメリカ軍大型ヘリは、普天間基地所属で通常の訓練飛行ではなく、部品を取り外し着装するなど整備後の機能点検をする飛行中の事故だった。さらに、機体は一九七〇年に配備され、すでに七千三百時間も飛行した老朽化したヘリであったこと、墜落は後部回転翼の接続ボルトに装着するピンを付け忘れた整備士のチェック不備が直接の原因であることがわかった。そして、その整備士のミスの背景には、在沖アメリカ軍基地からイラク派遣に間に合わせるため、次のような過重で劣悪な労働条件が整備士たちに強いられていた事実があらためて明白になったのである。整備士には通常、一日八時間の睡眠が定められているにもかかわらず、「イラクの自由作戦」配備に間に合わせるために三日連続で十七時間勤務を行なった整備クルーもいて、「睡眠不足のため後部回転翼を調整中、手が震えた」という証言なども確認されている。つまり、その報告書からは、イラク戦争の勃発によって在沖アメリカ軍基地の劣悪な労働条件がもたらしたずさんな整備体制により、軍用ヘリの墜落爆発の事件につながったことが明らかになったのである(7)。

すなわち、このアメリカ軍ヘリ墜落事件からも、戦争と占領が継続している「沖縄の現在」が、あらためて突きつけられることになったのだ。そして、いまだ戦争と占領が継続している「沖縄の現在」から、「占領」とは何か、「復興」とは何かを問うことが、緊急で重要な課題として浮び上がってきたのである。

三つめは、構造的暴力であるアメリカ軍基地の存在によって、現在でも繰り返し発生している性暴力の問題である。沖縄では、一九九五年に起こった少女暴行事件の記憶が今なお鮮明に想起される。日本へ復帰して二十三年がたち、高率補助による経済振興策でカッコ付きの豊かさを享受するなか、基地問題が後景化したような雰囲気も漂っていた沖縄の状況に対して、九五年の少女暴行事件が県民に与えた衝撃は大きかった。周知のように、沖縄ではこの事件を契機として停滞していた基地撤去運動にあらためて火がつき大きく興隆したが、とりわけ女性たちの行動が主導的なはたらきを果たし、基地撤去運動を積極的に推進した。事件の翌月、いち早く「基地・軍隊を許さない行動する女たちの会」（高里鈴代・糸数慶子共同代表）が組織され、さまざまな活動を始めるが、その一環として沖縄駐留のアメリカ兵やアメリカ軍属によるレイプ事件の調査に着手することになった(8)。

女性たちによる基地撤去運動とレイプ事件の調査・研究は、少女暴行事件を契機に大きく展開していった。戦後沖縄におけるアメリカ兵による女性への性犯罪は、資料によって確認されただけでも復帰後から二〇〇二年まで一二〇件あり、アメリカ軍占領下を含めると三〇〇件近くあることが同調査でわかっている。地獄の沖縄戦がようやく終わった後に、アメリカ軍占領下でレイプ事件が頻発しており、女性たちにとって再び〝新たな戦争〟が始まったことをそれらの統計数字や女性たち自身の証言が表している(9)。また、兵士が戦場へ行く前よりも、戦場から帰った後の方で犯罪や事故が増大する事実もデータによって示されている。その事実を踏まえて、在沖アメリカ軍基地からイラク戦争へ派遣された海兵隊員たちが基地のある沖縄社会に帰還することの危険性について、粘り強く繰り返し指摘したのも同会の女性たちだった(10)。

そのようにレイプ事件の事実を究明し基地の撤去運動に結び付ける女性たちの活動は、アメリカや日本に対しての問題提起だけでなく、沖縄の事例調査の究明を通して戦後の東アジアの戦争や占領下の女性たちに対する暴力や抑圧の実態を明らかにし、その解決に向けて行動する姿勢の重要性を内外にアピールするものであった。他方、その過程で沖縄の女性たちにとって、「従軍慰安婦」問題に代表される戦前期の帝国日本の植民地主義における性暴力の問題や、戦後アメリカ軍の軍事占領下での性暴力の問題など、沖縄と共通する韓国やアジアの事例へと関心を広げることになった。それらの経緯をふまえて、沖縄大会では、戦後東アジアにおける暴力の継続と変成として、性暴力の問題を重要なテーマの一つとして位置付け、論議することになったのである。

この三つの事件が示すように、沖縄では今なお戦争と占領が継続しており、沖縄大会では「占領」「復興」「性暴力」をテーマとして議論することになったが、そのような認識に対して、復帰後の沖縄は日本国家の法制度下にあり、戦争時やアメリカ軍占領下とは異なる状況にあるとの批判が一部から聞かれた。しかし、前述した膨大なアメリカ軍基地を抱えている沖縄では、イラク戦争や沖国大のアメリカ軍ヘリ墜落事件、女性への性暴力の問題が端的に浮き彫りにしたように、それらの事件によって、表層上は平和に見える復帰後の沖縄社会に亀裂が走り、あらためて戦争と占領が継続する「沖縄の現在」が顕現化したことが再確認されたのである。

私たちは、形式的な法制度や真相を覆いかくした表層的な状況から考えてことたりるとするのではなく、そのような事件によって、継続する戦争と占領が顕現化した有事のなかの「沖縄の現在」にこそ、焦点を当てて批判的に論じるべきではないだろうか。その意味で、戦後東アジアにおける継続する植民地主義を考えるとき、「沖縄の現在」の様態についてさまざまに問われなければならない。東アジアにおける「戦後」を沖縄の地で考えることは、「沖縄の現在」を考えることでもある。その際、沖縄の「戦後」を東アジアのなかで考えるとともに、「沖縄の現在」から「戦後」東アジアに架橋して考える視点も同じく重要な論点だと言えよう。

3　暴力の継続と変成
——第二回国際共同シンポジウム in Okinawa：東アジアの「占領」と「復興」を問う

以上のような事件や認識をふまえ、沖縄大会のテーマは、「東アジアの『占領』と『復興』を問う——暴力の継続と変成」に決定することになった。沖縄大会の趣意書(11)で、次のように沖縄国際大学へのアメリカ軍ヘリ墜落事件とイラク戦争への言及から書き始めているのは、同シンポジウムがそのような認識のもとで開催されていることを表している。

今年の日本の敗戦記念日の二日前に、米軍普天間飛行場所属の大型輸送ヘリコプターが沖縄国際大学に墜落する事故が起きました。人々は事故の恐怖とともに、この地がいまだにアメリカの軍事暴力の布置に組み込まれ、学びを志す人々の命さえ脅かされていることを痛感させられました。対テロ戦の名の下にイラクで非人道的な殺戮と攻撃を繰り返すアメリカの軍隊の一部を支えさせられ、日米の「安全保障」のためには生命の危機までを耐えよという要請に従わされるなか、現場検証にさえ立ち入れない状況が続きました。

この文章は、沖縄大会に臨んだ沖縄側の参加者における現状認識の総意を表している。その文章に続けて、戦後の東アジアにおける植民地主義の残滓は、米ソの冷戦構造、国内の共産／反共の対立や抗争にからまれて幾層にも錯綜し、多様な暴力が巧妙に隠蔽され新たな見えないかたちで継続・再編されていること、さらに新たな植民地的暴力は、各地域のなかで人びとを分断し抑圧して、多くの犠牲者の声はいまだ届いていないことが指摘されている。そして、その問題群を戦前・戦中・戦後と呼ばれる時空を一貫して「有事」の継続と変容に直面している沖縄の地で、分断や国境を超える思考を模索するために、以下の視点を土台として第二回のシンポジウムが開催されたことが述べられている。

1、沖縄戦の体験は、いかなる言葉で紡ぎ直され、聞き直されうるか。体験者の声はいまどのようなものか、またこれまでの社会・政治的運動は、若い世代にはどのようなかたちで継承・批判され、どのような動きを生み出しているのかを考える。

2、戦後の「占領」や「復興」は東アジア地域でいかなる様相をまとったか。戦後の基地関係の犯罪や性暴力の構造を含め、「復興」の名の下に、国家的または非国家的暴力がどのようにして人々の声を封殺し、地域の分断をおこないつつ、生活文化やアイデンティティを再編させていったのかを考える。

3、戦後東アジアの時空のなかで、国家・ジェンダー・セクシュアリティ・階級・人種などはどのように相関し、あるいはねじれ、変容してきているか。それがどのようなかたちで暴力的に機能し、しかも不可視なものとして隠蔽させられたりしているのかを考える。

4　二つの問題提起
――戦後に継続する東アジアの戦争と戦場、占領、復興の問いなおし

最後に、東アジアの「占領」と「復興」を問う沖縄大会のテーマを議論するうえで、問題提起として以下の二つの点について言及しておきたい。一つは戦後に継続する東アジアの戦争という論点であり、もう一つは「戦場」「占領」「復興」の問いなおしという論点である。

まず、戦後に継続する東アジアの戦争と言う論点について言及することにしたい。戦後日本の歴史研究は、戦前期の帝国日本のアジア諸国への侵略戦争を一連のものとして認識するため、十五年戦争ならびにアジア・太平洋戦争と命名し、沖縄戦はその一連の戦争における最後の悲惨な地上戦だと把握し位置付けてきた。しかし、その枠組みでは、戦前の帝国日本による植民地主義と戦争だけが対象となり、戦後東アジアにおける分断や内戦、東西冷戦体制は分離され、別個の対象として扱われてきた。だが、前述した戦前と戦後体制の連続性を強調する総力戦体制の視点と継続する植民地主義の観点からすると、そのような枠組みがもっている問題点について、あらためて検討され問いなおされなければならない。

例えば、沖縄戦は、前述のように戦前の帝国日本の十五年戦争／アジア・太平洋戦争末期の地上戦と

して位置付けられてきた。だが、東アジアの戦後の状況を見てみると、一九四五年の沖縄戦は、四七年の台湾二・二八事件、四八年の済州島四・三事件、五〇年から五三年の朝鮮戦争、五〇年代の台湾白色テロルへと、戦後東アジア冷戦体制下での分断と内戦を含む熱戦（戦争）の起点としてとらえることもできるのではないだろうか。つまり、沖縄戦は戦前期の帝国日本の十五年戦争／アジア・太平洋戦争末期の地上戦としてだけではなく、戦後東アジア冷戦体制下における熱戦の起点としても浮び上がってくるのだ。その視角は、アメリカの戦後東アジア戦略の視点を入れると、東アジア地域におけるアメリカ軍のプレゼンスを核にして、日本、韓国、沖縄、台湾の相互連関性がより明白となる。五〇年の朝鮮戦争の際、東アジアの国々や諸地域で「戦場」「占領」「復興」という事態が重層的に混在し、同時並行的に起こっている。朝鮮半島はまさしく「戦場」であり、朝鮮戦争への出撃基地を抱えた沖縄は文字通りアメリカ軍の「占領」地であり、朝鮮戦争の特需によって日本本土は明らかに「復興」を成し遂げた。そのことは、朝鮮半島、沖縄、日本本土という各地域が「戦場」「占領」「復興」というそれぞれが違う状況にありながら、アメリカ軍の存在を介して相互に関係しあっていたことを示している。

言い換えると、アメリカ軍による沖縄の「占領」は、アメリカの戦後東アジア戦略において朝鮮半島の「戦場」へアメリカ軍兵士を送る前線基地であり、その後の在沖アメリカ軍基地拡張のために投下されたドルによって日本本土の「復興」を支えるベース（基地）でもあった。しかし、そのようなアメリカの戦後東アジア戦略を背景にした日本、韓国、沖縄、台湾の相互連関性は、東アジアの戦前と戦後を分離する枠組みと、アメリカと各国との二国間関係という視点によって分断され見えにくくなっているように思われる。さらに、そのような視点を推し進めて考えてみると、沖縄住民にとってのその一九四〇年代から五〇年代という時代は、「戦前」の日本軍による占領から、悲惨な地上戦を挟んで、「戦後」のアメリカ軍による占領へと変わっただけにしかすぎない、という視点にもつながっていく。すなわち、アメリカ軍と日本軍との違いはあれ、地上戦を挟んでその前後の沖縄住民は二つの軍隊によって「占領」されていたのだ。その視点は、沖縄住民にとって、軍事占領による「継続する植民地主義」という論点をあらためて認識させるものである。

もう一つは、「戦場」「占領」「復興」の関係は、時系列で単線的に推移するのではなく、相互に重層的に混在し同時並行的に展開するという論点である。これまで私たちは「戦場」「占領」「復興」の関係について、「戦場」が終わり、その後に「占領」があって、「復興」が行なわれたと、時系列による単線的な推移として解釈し理解してきた。しかし、そのような認識は、戦勝者ならびに占領者の視点による解釈だと言えるのではないだろうか。戦場として地上戦を経験し、占領地となった被占領者の視点からすると、むしろ「戦場」「占領」「復興」は重層的に混在し、同時並行的に進展したことが指摘できる(12)。例えば、次のような実態を詳細に分析した沖縄戦研究や沖縄占領史研究の成果は、そのことを示している。

沖縄戦研究の成果として、沖縄戦の期間においても次のようなさまざまな実態があったことが提示されている。沖縄戦の戦闘は、一般的には一九四五年三月二十六日のアメリカ軍による慶良間諸島上陸から日本軍の組織的戦闘が終わった六月二十三日までをさす。その戦闘期間は、沖縄本島は戦場になっているが、地域によってさまざまな相貌をもっている。アメリカ軍が沖縄本島に上陸して戦闘が始まった四月一日には、その前の慶良間諸島の島民だけでなく、アメリカ軍上陸地となった読谷、北谷地域の住民のなかにもすでに捕虜となって収容所での戦後生活が始まっている人びとがいる一方で、八重山では戦前の学校生活の延長線で一九四五年度（昭和二十年度）の国民学校の入学式が行なわれ戦前と変わらない生活が続いていた。また、日米両軍が本島南部の浦添・首里戦線で激しい死闘を繰り返していた五月七日には、その地点から北方へ十数キロ離れた石川では収容所内で戦後生活の一歩として城前初等学校が開校され、戦後教育がスタートしている。さらに、日本軍の組織的戦闘が終わった六月二十三日から十日間が経過していた七月三日には、疎開のため台湾へ向かっていた石垣島住民の疎開船がアメリカ軍機に攻撃されて約五十人の人びとが亡くなっている。

石原昌家は、そのような事実を例示しながら、沖縄戦の「戦闘が続く中で、住民各様に『戦前・戦中・戦後』状況が同時進行していた」(13)と言う注目すべき指摘をしている。その指摘は、言い換えると、一般に沖縄戦という戦闘期間でも、沖縄住民からすると「戦場」と「占領」と「復興」とが重層的に混在し、同時並行的に進展していた事実を示している。また、そのような指摘と同様な論点が、沖縄戦研究からだけでなく、すでに占領史研究でも言及されている。

天川晃は、日本本土の占領と異なる沖縄占領の特徴の一つとして、ニミッツ布告の事例をあげて、戦闘が終わって占領になるのではなく戦闘と占領が重なっている点を指摘して「交戦中の占領」と言う論点を提起している(14)。つまり、沖縄占領に対する研究でも、前述の沖縄戦研究と同様に「戦前・戦中・戦後」状況、言い換えると「戦場」と「占領」と「復興」とが重層的に混在し、同時並行的に進展していた点がすでに示唆されていたのだ。すなわち、その「戦場」と「占領」と「復興」とが重層的に混在し同時並行的に進展していたとする論点は、沖縄戦の期間だけでなく、それに続くアメリカ軍占領時でも同様に指摘されていたのである。その論点は、例えば、沖縄戦で「戦場」が終わり、それに続けてアメリカ軍による「占領」と「復興」が行なわれたとする、いわば時系列で単線的に解釈してきた従来の沖縄近・現代史の枠組みを問いなおすものと言えるだろう。

つまり、そのような詳細な実態分析に基づいた沖縄戦研究や占領史研究が示唆しているのは、戦場、占領、復興として時系列に単線的にとらえる視角は占領者の視点であって、むしろ沖縄のような地上戦の地や被占領地では、戦場／占領／復興が重層的に混在し同時並行的に進展していたととらえる被支配者や被占領者の視点が重要だと言うことである。そのことは、前述したように戦後東アジアの国々の関係でも、「戦場」「占領」「復興」の関係が、相互連関して重層的に混在し同時並行的に展開していること重なり合っている。さらに、それは本文でふれたように、沖縄の女性たちにとって、沖縄戦の戦闘がようやく終わってもアメリカ軍占領下にまた〝新たな戦争〟が始まった、という証言とも符合するものである。そのことは韓国の女性たちにとっても同様であり、帝国日本の植民地主義が終わった後も、戦後の済州島四・三事件、朝鮮戦争と続く〝新たな戦争〟によって、女性たちに対するアメリカ軍の軍事占領下での性暴力が多発した事実がそのことを如実に示している。

以上のように、二つの視角をふまえて考察すると、私たちは、「戦場」「占領」「復興」という事態が重層的に混在し同時並行的に進展している一九四〇年代から五〇年代と言う時代を、朝鮮戦争や台湾、中国本土などの東アジアにおける被占領者の視点からあらためて問いなおす必要性に迫られていることが確認できる。そのような状況のなかで、東アジアに生きる人びとが相互にどのように出会い、そしてつながる可能性があったのか(15)、未発の可能性も含めて、戦後東アジアの時空間を読みなおして検討する作業が私たち一人ひとりに問われていることは間違いない。

11 「国境」の顕現

沖縄与那国の密貿易終息の背景

はじめに

一九四五年四月一日、沖縄本島に上陸した米国軍は、後に読谷村比謝に米国海軍軍政府を置き、いわゆる「ニミッツ布告」を公布し、日本帝国政府の行政権の停止と、「総テノ政治及管轄権」は「占領軍司令長官」の権能に帰属すると言う軍政の施行を宣言した(1)。そのニミッツ布告は、「米国軍占領下ノ南西諸島及其近海居住民ニ告グ」と言う表題からわかるように、沖縄本島だけでなく「南西諸島及其近海並ニ住民」に向けて公布されたものであった。

天川晃によると、沖縄の占領の特徴は、日本本土の占領が「連合国の占領」であったのに対して、終始「アメリカの占領」だった点にあると言う。また、沖縄の占領が日本本土の占領と最も異なる点は、その二ミッツ布告に見られるように、アメリカ軍による「交戦中の占領」として始まった点にあり、九月二日のポツダム宣言の受諾に基づいて行なわれた日本本土の占領とは性格を異にしていると指摘している(2)。

ところで、その「交戦中の占領」を端的に示しているとされる二ミッツ布告が対象としているのは、前述したように「南西諸島及其近海居住民」であった。その布告は、ポツダム宣言を受諾する前のことであるから、考えようによると、日本帝国の領域のなかで米軍が新たな国境線を引きなおす行為だったと解釈することもできよう。だが同時に、その国境線は、沖縄にとって帝国日本に併合される以前の領域であり、また帝国日本にとっては琉球を併合し台湾を植民地化する間の国境線の外延でもあった。とくに与那国と台湾との間の国境線は、その境界線の領域で生活する人びとの意向や生活実態に関係なく、大国の政治的思惑によって、いくどとなく塗り重ねられ、ときとして消されることもあった。その意味において、その二ミッツ布告が対象とする境界も、大国の政治的思惑による、国境線の新たな塗り重ねであることは疑いない。

その二ミッツ布告が対象とする領域は、まず四五年九月七日に嘉手納の第十軍司令部で米軍と日本軍との間で調印された降伏条文のなかで、米国軍隊による地理的管轄区域として再指定された。そして、五一年九月八日に締結された対日講和条約に基づき琉球列島の地理的境界として再指定され(3)、さらに五三年十二月二十五日発効の奄美諸島にかんする日本協定に基づき、琉球列島の地理的境界として再指定された(4)。その琉球列島の地理的境界の再指定では、トカラ列島や奄美諸島の日本復帰によって、北東部と北西部の境界線の変更があったものの、大東諸島の位置する南東部や与那国の位置する南西部に変更はない。そして重要な点は、その境界線のいずれの再指定も、その境界線の領域で生活する人びとの意向や生活実態を無視する形で、国家の条約や法律によって制定され再指定されている点である。

国家の条約や法律によって制定され再指定されている国境線とは、その境界線の領域で生活する人びとの意向や生活実態にとって、どのような意味をもっているのだろうか。この小論では、その境界線上で生活する人びとの行動様式や意識の実態において、条約や法律によって制定された国境線がどのような意味をもち、彼らにいかなる状況下で国境線が顕現するかについて考えてみたい。その具体的事例として、米軍占領下の沖縄与那国における米軍政府の密貿易の取り締まりを考察することから、与那国島民に「国境」が顕現した意味について論じてみたい。

第一節では、先行研究の成果に依拠しながら、戦後初期における沖縄の米軍需物資の闇取引や密貿易の諸相と、与那国の密貿易の実態について叙述する。第二節では、与那国を取り巻く東アジア情勢、とくに台湾や朝鮮戦争をめぐるアメリカの政策と米軍の沖縄占領政策における警察制度の経緯を概観する。第三節では、米軍政府と沖縄の民警察との関係や民警察の密貿易の取り締りの状況について記述する。第四節では、米軍政府による与那国の密貿易取り締りについて分析し、与那国島民における「国境」の顕現化について考察する。

1　沖縄密貿易の諸相と与那国密貿易の実態

激しい戦場になった沖縄では、地形や景観も一変し、生活基盤も根底から破壊されたため、敗戦直後における沖縄住民の食料は、すべて米軍に頼る以外になかった。当初は、労働力を提供するのと引き替えに、無償配給だった食料や生活物資は後に有償配給に代わったが、その配給食料のほとんどが軍需物資の余剰食料であった。住民の食料は、その配給物資と開放された狭い土地からえた自給の作物が主なものだったが、生活するには圧倒的に不足していた。そのような状況のなかで、米軍基地内に山と積まれた軍需物資が、基地と隣接する地域住民にとって窃盗や流用の対象となるには時間はかからなかった。当時の沖縄では、それを「戦果」と呼び、生きるための行為として日常生活のなかで黙認されていた。そして、その戦果としてかすめ取った多くの軍需物資が、闇市に流れ、一方では日常生活の不足を補う生活雑貨の交換品になったり、他方では闇商人の利得の原資になったのである。それらの戦果は、闇業者の手によって主として日常の生活物資は沖縄本島南部、軍需物資は中部を中心に密売が行なわれ、その物資が密貿易によって沖縄本島から南は、宮古、八重山、与那国を経由して台湾、香港、マカオまで、北は、奄美諸島やトカラ列島を経由して日本本土へと密売された(5)。

以下、石原昌家の研究(6)に依拠して、戦後初期における沖縄の米軍需物資の闇取引や密貿易の諸相と、与那国の密貿易の実態について記述してみよう。

密貿易のルートは大別すると、台湾ルート、香港・マカオルート、日本本土・口之島ルートの三ルートがあり、それぞれのルートでは密貿易の発生や興隆した時期と密貿易品の品種において多少の違いが見られた。戦後沖縄の密貿易の始まりは、与那国と台湾との間の闇取引から始まり、それが宮古、八重山、沖縄本島住民の間に広がっていった。また、香港・マカオルートの開始は、沖縄の密貿易人が台湾で、たまたま台湾に闇取引にきていた香港・マカオの商人たちに出会い、それから始まったと言う。また、日本本土・口之島ルートは、日本本土から疎開者の引き揚げが開始されると、その引揚船の乗組員と沖縄の漁民との間でヤミ取引が始まったのが密貿易のきっかけだと言われている。

米軍占領下の琉球で南の国境線に位置し台湾に接している与那国と、北緯三〇度線の国境線で北の日本に接する口之島とが、密貿易の南北の中継基地として繁栄をほこった。それら三ルートにおける密貿易の輸入品は、主として日用雑貨が中心であるが、台湾からは、米、砂糖、茶、ビーフン、香港からは、米、メリケン粉、洋服、靴、日本からは、瀬戸物類、ミシン、ノコギリ、書籍など品種に多少の違いがあった。それに対して沖縄からの輸出品は、薬莢、真鍮、銅、鉛というように米軍基地からの軍需物資が主要品であった。また、密貿易の最盛期については、台湾ルートと香港・マカオルートが東アジアの情勢に影響されて、四〇年代後半から五〇年初期に最盛期が終わると、その後は日本本土・口之島ルートに移行していった。だが、その後も個別な闇取引は断続的に行なわれていたが、大勢としては五二年頃に密貿易は終息を迎えることになる。

次に、与那国の密貿易の実態を見ることにしよう。与那国島は沖縄本島から五二〇キロの洋上に浮ぶ、周囲はわずか二八キロの小さな国境の島である。与那国島から石垣島までは一一七キロで、与那国島から台湾の蘇澳までが一一一キロとより近い距離にある。現在、沖縄と台湾との間には一時間の時差があるが、戦前は台湾と与那国が同一時間帯で、与那国と石垣との間に一時間の時差があった（昭和十二年に改正）。それらの事実からも与那国と台湾との位置関係が理解されよう。

日本の敗戦で五〇年に及ぶ帝国日本の台湾統治が終わり、再び与那国と台湾の間に国境線が引かれたが、そこに生活する民衆にとって、交流する生活のサイクルは依然としてやむことはなかったと言う。例えば、与那国久部良の漁師たちは、戦前に引き続いて、戦後も台湾寄りの漁場で漁を営み始め、獲った魚は従来と同様に台湾のセリ市にもっていった。そして、その台湾のセリ市で魚を売ったお金で、日常生活で不足している米などの食料品を台湾で入手して与那国へ持ち帰ったと言う。戦前、与那国では、台湾銀行券が流通し、日常商品の売買をはじめ、役場の納税などでも使用されており、沖縄全域が米軍発行のB円軍票に統一された一九四八年七月頃においても与那国では台湾紙幣が出回っていた。

与那国での密貿易の最盛期には、久部良港に一日約六十隻、多いときには約八十隻の密貿易船が入港した。ほとんどが夜間に沖合で停泊し、サンパン（伝馬船）に荷を積み替えて港まで運んだ。密貿易船が多くなると、最初は数隻しかなかったサンパンの需要も増え、最盛期には二〇〇～三〇〇隻にまで増加し、サンパン業組合まで結成されるようになった。サンパンは港に入ってくるが、接岸はできないので、浅瀬のなかでサンパンの船員が担ぎ屋の肩に荷物を乗せて、その荷物を担ぎ屋が荷主の宿泊している宿舎まで運んだ。その担ぎ賃は、距離と荷物の重量で決まっていて、担ぎ屋の供給が与那国だけでは足りず、宮古、石垣だけでなく沖縄本島からも久部良港に出稼ぎにきた。最初担ぎ屋をしていた地元与那国の人びとは、荷運搬回数の帳簿付けやヤミ物資を物々交換するまで一時保管する倉庫業や下宿業へと仕事を移していった。

密貿易の台湾船は、だいたいカバキ漁用の突き船で、一隻に四、五名の台湾荷主が一つのグループを編成していた。台湾商人は、久部良港に上陸したら、バーター品を物色して、十〜二十日ほど滞在し、求めた品物が獲得できたら日本本土をめざした。久部良港を中継地として台湾と日本の間を往来しながら、最盛期には常時四〇〇人ほどの台湾人がいた。久部良港の護岸通りは、サンパン業や担ぎ屋などの岸壁労働者の溜り場となり、二〇〇メートルの両側には食事や飲み物を出す屋台や露店が二〇〇軒ほど軒を並べて、四八年当時ではまだ二軒しかなかった料亭も、四九年三月には二十軒に増え、さらに三十八軒まで増大した。米軍からの払い下げのモーターで小型発電所が設置され、その電気が料亭や映画館、理髪店やクリーニング屋などに供給され、久部良では夜間も煌々と明かりが燈り、多くの人びとで賑わっていた。当初、約七〇〇〇人から八〇〇〇人いた与那国の人口が、密貿易の最盛期には、一万二〇〇〇人から一万五〇〇〇人へ倍増し、久部良では沖縄、台湾、香港、日本などの闇商人が集まる国際的闇市の様相を呈していた。

2　朝鮮戦争前後のアメリカの沖縄政策

第二次世界大戦が終結してまもなく、ヨーロッパでは、その戦後処理や復興政策をめぐって、米ソ両陣営が形成され相対立する冷戦の時代が始まった。その状況に対して、一九四七年三月、アメリカのトルーマン大統領は「トルーマン・ドクトリン」を発表し、そのなかで、自由な生活様式と全体主義的な生活様式の二つの世界の対立論、ドミノ論、世界とアメリカの安全の一体化論などの、いわゆる「冷戦の論理」を展開した。そのヨーロッパの冷戦の影響はアジアにも波及し、アメリカはその冷戦イデオロギーに基づいて、アジア政策をしだいに冷戦構造下の政策として切り替えて展開するようになった。

山極晃によると、一九四〇年代後半から五〇年代前半の東アジアでの冷戦体制の成立と進展は次のように進められた(7)。四八年一月、アメリカは国連小総会で、朝鮮全土での総選挙を拒否していた北朝鮮を除き、南朝鮮だけでも総選挙を実施することを提案して可決させ、事実上、朝鮮半島における分断国家の成立を認める決定を行なった。それにより、同年八月には南朝鮮で大韓民国の設立が宣言され、九月には北朝鮮で朝鮮民主主義人民共和国が発足した。また同年十月には、アメリカは東アジア地域の安全保障における全体主義の脅威に照らして、対日占領政策の重点を「非軍事化」と「民主化」から「経済復興」策へと転換する、いわゆる「逆コース」へと方向を転じた。そして、アメリカのアジア政策の見直しと冷戦政策による再編を決定付けたのは、四九年八月のソ連の原爆実験の成功と、十月の社会主義国・中華人民共和国の成立であり、さらに五〇年六月の朝鮮戦争の勃発であった。

アメリカの対アジアにおける安全保障政策や軍事政策で、前二者において冷戦政策による「封じ込めの軍事化と世界化」が強調され、後者の朝鮮戦争では大幅な国防費増大による軍事介入が行なわれた。アメリカは、対アジア政策でも共産主義のソ連への対抗が最大の目標であり、朝鮮戦争をソ連による共産主義侵略における新段階だと見なしたのである。後述するように、日本とりわけ沖縄は、ソ連に対するアジアでのアメリカの前線基地として、その戦略的意義が高く評価され、五〇年に入ると沖縄では米軍基地の建設拡張が強行されていった。

山極によれば、四九年末から五〇年にかけてアメリカのアジア政策のなかで、最も論議されたのが台湾政策であった。五〇年一月五日、トルーマン大統領は、アメリカは「台湾ないし他のいずれかの中国領土に対しても掠奪的意図は有しない」し、「現在の情勢に干渉するため兵力を使用する企図」も、「中国の内紛にまきこまれることになるような道を進むつもり」もなく、さらに台湾に「軍事援助もしくは助言」を与えないという「台湾不干渉」声明を発表した。その台湾に対するアメリカの認識は、一週間後にアチソン国務長官が、アメリカが西太平洋において戦略上重要視しているのはアリューシャン列島から日本本土、沖縄、フィリピンを結ぶ防衛線であると述べた発言と符合している。そのときには台湾と朝鮮はアメリカのアジア政策から除外されていた。

しかし、その政策が六月二十五日の朝鮮戦争の勃発によって大きく転換することになる。戦争勃発の二日後、トルーマン大統領は、朝鮮戦争をソ連による共産主義侵略の新段階だととらえ、それに台湾が共産軍によって侵略されるようなことがあれば、太平洋地域の安全やアメリカ軍に対し直接の脅威となると強調して、台湾に対するいかなる攻撃をも阻止するため第七艦隊派遣の命令を表明した「台湾中立化」論を発表した。その二つの声明文の内容は、朝鮮戦争の勃発によって、アメリカの台湾政策が大きく変化したことを端的に示している。それは、後述するように、台湾と一衣帯水の位置にある沖縄、とりわけ国境の島である与那国の状況にとっても、ある重大な影響を及ぼすことにもなる。それを論じる前に、その時期のアメリカの沖縄統治政策についても少しふれることにしよう。

アメリカの沖縄に対する基本政策が決定されたのは、中華人民共和国が成立した一九四九年末頃だと指摘されている。宮里政玄によると、中華人民共和国の成立は、アメリカの東アジア政策にとって、次の二つの点で大きな影響を与えた。一点めは、中共の勝利によって、日本は東アジアにおける自由主義陣営の拠点として重要な存在になったこと。二点めは、国府軍の敗北から、アメリカがいわゆる「中国の教訓」を学んだことである。アメリカの沖縄統治政策においては、とくに二点めが重要な意味をもったと言う。国府軍の敗北は、アメリカ政府では軍事的要因によるものではなく、国府の行政能力と規律の欠如、そしてその結果としての民衆の信頼喪失にあったと理解されていた。そのため、健全な行政の助長や経済的安定が強調されるようになり、それがアメリカの沖縄基本政策や統治政策にも決定的な影響を与えることになったと分析している。そしてそのアメリカの沖縄統治のなかで具体的な政策として表れたのが、この時期に琉球米軍政長官に就任したＪ・Ｒ・シーツ少将による沖縄へのさまざまな経済振興策を推進した「シーツ政策」であった。シーツ政策は、これまで沖縄住民の要望を十分に取り入れた政策として高く評価されているが、その評価に対して宮里は、沖縄への経済振興策はあくまでも米軍基地を確保し維持していくための政策であり、むしろ沖縄経済の基地依存を形成した始まりだと批判的にとらえている(8)。

そして、その後に勃発した朝鮮戦争では、在沖米軍が北朝鮮へ出撃し参戦したことが示しているように、東アジアにおける沖縄の軍事戦略的価値は高まり、そのなかでアメリカの信託統治としての沖縄の帰属も決定されることになった。また宮里によると、アメリカの国務省のなかでは、その朝鮮戦争を契機にして、日本の再軍備問題が広く論議され、ダレスは朝鮮戦争によって日本人は共産主義の脅威について「目覚めた」と判断し、日本の再軍備の過程として、警察の中央組織化と、国連憲章によって日本人を国連軍として募集することを提出したと言う。とりわけ、警察の中央組織化は、緊急時に警察を日本防衛に使用するための前段として、警察を将来の日本軍の中核とするという統合参謀本部の考えにそうものであった、と指摘している(9)。

ところで、連合国軍最高司令官総司令部が、朝鮮戦争を契機として、五〇年七月八日に、日本に国家警察予備隊の設置を命じたことはよく知られている。最近それに関連して、我部政明や荒敬が、極東軍総司令部と琉球軍司令部との間で、同じく八月から九月にかけて、沖縄での沖縄人による武装部隊＝「琉球警察軍」創設の検討が行なわれていた事実を明らかにしている(10)。荒によれば、琉球軍司令官（軍政長官兼任）ロバート・B・マクルアー少将が極東軍総司令部参謀長アーモンド少将に、朝鮮戦争の勃発により在沖米軍の第二十九砲兵連隊戦闘隊が朝鮮へ出発したため、その穴埋めの一部を補塡して、沖縄人からなる警察軍の核をつくる理由から、軍事方針にそうような総計約二〇〇〇名からなる琉球特別警察大隊（Ryukyuan Special Police Battalion）の創設を提案した。アーモンドは、日本の国家警察予備隊が第八軍の朝鮮出動に伴う国内安全保障部隊の創設による穴埋めの意味があった点をふまえ、その琉球特別警察大隊案に対して、沖縄の対内的安全保障のための長期的な要件に対応するには「琉球警察軍」の方がよいとして、それの創設計画を逆に提案してきた。また我部によると、極東軍があげたその設置理由には、先の転出に伴う穴埋めの外に、先島が共産主義者の台湾への浸透の足場になっているが、琉球警察が対処できない点と、治安維持のために執行機関をもつことが不可欠だという点をあげている(11)。しかし、その「琉球警察軍」の計画も、琉球列島中央政府樹立構想などの機構組織の再編の動きと、その条件整備や財政面で多くの問題があって、結果として延期となった。

そしてさらに、それと関連して興味深い点は、その琉球警察軍の創設計画とは別に、極東軍総司令部のなかで、琉球列島への破壊分子の侵入や密輸活動を理由として「琉球沿岸警備隊（Coast Guard）」の創設の可能性も同じように検討されていた事実である。その検討過程において、「極東海軍司令長官の作戦管理のもとで、沖縄の船艇を使用する警察とともに、米国海軍巡洋艦が密輸取り締りの巡回を実施するという計画概要を提示した」点が明らかになっている。しかしその計画も、「琉球警察軍」のそれと同様に、実施不可能な条件のため結果として延期という結論になった(12)。だが、荒によると、「実際には機能を縮小した形で沖縄警察の創設は既成事実化され」、「現地の琉球軍司令部は現実対応の現存警察の強化拡充を既成事実として進める形で主導性を発揮していく」ことになったと指摘されている。

その当時の琉球における各群島警察は、南西諸島を四つの区域——北から奄美群島、沖縄群島、宮古群島、八重山群島に分かれ、各公安委員会の名称で消防や海上保安を含む治安行政を行なっていた。南西諸島全域に及んだ治安行政を行なう中央政府の法執行機関はなく、実態として、米軍がその機能を遂行していた。それが、南西諸島全域にわたって一つの警察機構に統合される全琉警察機構への明確な方針により、警察局が設立されたのは、琉球政府が発足した一九五二年四月一日を待たなければならなかった。琉球警察制度は、日本の国家地方警察や自治体警察が担当している警察本来の治安行政の外に、消防や海上保安及び出入国管理の行政事務までも担当し、それらの警察業務を統一の琉球政府警察局として、一、五一八名の職員により担い始められたのである(13)。

また、密貿易を担当する海上保安の領域では、先に計画された琉球沿岸警備隊は現実に創設されることはなかったが、次節で言及するように、実態においては朝鮮戦争前後から琉球警察を整備拡充し、さらに米国政府の巡視艇による密輸取り締りもときどき行なわれ、海上保安業務が強化されるようになる。琉球軍政府(民政府)は、密輸取り締りに対して、布令布告による法令整備や罰則の制定をはじめさまざまな場面で警備態勢の強化拡充の促進を徹底していくようになる(14)。その経過を見ると、荒が指摘するように、沖縄では現実対応として、現存警察の強化拡充により既成事実が積み上げられたことがうかがえよう。そして、琉球軍政府(民政府)によって、五〇年代前半に島嶼沖縄の対内的かつ対外的安全保障の強化のため、沖縄の警察制度の整備や拡充強化が行なわれていくことになるが、ここではその契機が朝鮮戦争の勃発にあった点を、あらためて強調しておきたいと思う。

3　密貿易の取り締り

琉球軍政府にとって、米軍物資の窃盗や密貿易などの、いわゆる「戦果」や「米軍陸軍配給品の闇取引について」の取り締りは、当初から重大な懸案事項の一つであった。一九四六年十月四日の『うるま新報』に「無自覚な徒の窃盗　重大結果を招来　知事より厳重に警告」という見出しの記事があるが、当時の米軍物資の窃盗がいかに大規模で広範なものであったか、そしてそれに対して米軍政府がどのような取り締りを命じたかについて、その様子をよく伝えている。

その記事によると、大規模な米軍物資の窃盗事件は、一人の男性が荷車に機関銃二挺を隠し帰宅するところを、たまたま軍憲兵に見付かり発砲されて負傷した事件を端緒にしている。その事件後、米軍政府から民政府知事と警察部長が呼ばれ、米軍と民警察がともに近くの米軍需品集積所を検分したら、部分品を抜き取られて山積する武器類の残骸を目のあたりにし、莫大な窃盗被害状況が明らかになった。近くの集積所では防水シートがはぎ取られ、軍需品の総ての梱包は破壊されて、真新しい機銃や銃弾ベルトや手榴弾などが持ち出されていた。ずらりと並んでいた戦車は片っ端からバッテリーや貴重な部分品が取り去られ、一台も余すところなく使用不能な状態であった。また他の集積所でも、地雷が散乱し危険この上もない状況のなかで、砲弾類の信管から火薬を充めた絹袋を窃盗するため、その火薬を手当たりしだいに打ち撒いた後があった。その後、民警察部が集積所近傍の集落の家宅捜索を行なったら、ほとんどの家に集積所からの軍需物資の部分品が発見され、窃盗が明らかになった。その窃盗事件に対して米軍政府から、知事や警察部長は、その使用不能にされた軍需品の損害高は沖縄復興に要する費用どころではなく、それらの窃盗は布告違反であり、集積所近傍の住民を離島や国頭の奥に移そうかと言う話も出され、厳しく叱責されたことが記されている。その新聞記事は、米軍物資の窃盗にかんする当時の沖縄の状況の一断面を詳しく伝えている。

また、米陸軍配給品の闇取引については、一九四七年五月二十九日の南部琉球軍政本部から宮古民政府知事に宛てた文章が当時の状況を示している。それによると、宮古で米軍政府の一斉検察が行なわれた際に、相当量の米軍物資が公然と取り引され店頭で売買されていることが判明し、それは法令違反のため多量の該当品が没収された。そして民政府にその入手経路を調査すること、違反した商店家族には配給品の支給を不定期間停止して起訴すること、さらに売買が多量であるため全島民の配給量を一日平均四五〇カロリーに減ずること、そのうえで違反者は新聞に公表して闇取引きの徹底的撲滅運動を開始することが通達されている(15)。

このように、米軍政府は米軍物資の窃盗や密貿易に対して、厳重な取り締りを各民政府警察に命じていた。そして、民警察部長も先の新聞では場合によっては「同胞とは云へ発砲せねばならず」と厳重警戒をするコメントをしており、実際、新聞の同じ紙面では窃盗発覚で軍憲兵の発砲による犠牲者の記事も散見される(16)。しかし、同じ沖縄人の軍需物資の窃盗の取り締りについては、米軍政府の方針と民警察の取り締りの実態とではかなりの温度差があり、検挙に手心が加えられていた事実は多くの証言が語っている(17)。そのことは、当時の沖縄警察の最高責任者で、沖縄群島警察本部長から琉球政府警察局長になった仲村兼信の次の回想が如実に示している。

私としては、極端な生産不足の時代で、住民の生活や経済も密貿易で成り立っているような思いで見ている。米軍が取り締まりを命じてきたからといって、取り締まりを徹底することは米軍の利益にはなっても県民の利益にはならない。仕方がないので、証拠を持ち込まれてきても「識別がつかない」などと苦しい言い訳をしながら、出来る限り見て見ぬ振りを続けた(18)。

しかし、そのような厳格に取り締らない民警察に対して、米軍政府が現場視察に同行し、その取り締りの強化を促す場合もあった。四九年頃、仲村は、米軍政府のスキューズ保安部長から勝連村のホワイトビーチに来るよう伝言を受けて行ってみると、米軍艦船に乗船させられ与那国の視察に同伴させられた。当時の与那国は、台湾や香港との密貿易の拠点であり、前述したように島内外から集まった密貿易商人であふれ、飲食店や映画館などの歓楽街ができて大変な繁栄ぶりであった。スキューズ保安部長は、与那国の密貿易の実態を一緒に見たので、民警察は言い逃れはできないはずで、一網打尽に取り締れと一段と厳しい命令により通達してきたと言う。それに対して仲村は、一網打尽に取り締ると住民生活や経済に大打撃を与えるし、しかし一緒に視察しているので、まったく取り締りをしないわけにもいかず、「板挟みでなやみながらその後は目に余るようなものは取り締まること」にしたと述懐している(19)。そのエピソードは、密貿易の取り締りにかんする当時の軍政府と民警察との関係をよく表していて大変興味深い。

また米軍政府は、中華人民共和国の設立前後から、米軍物資の窃盗や密貿易の状況に対して、違法行為の没収品処分や罰則規定を強化したり、海運にかんする法令の整備や合法的な民間貿易を促進する施策を行ないながら、多様な側面から取り締りを一段と厳しくした。一九四九年三月四日、琉球軍政府本部は、「軍事法廷に於ける罰金竝没収品処分に関する手続規定」として、密貿易などの没収品は軍事法廷の判決に従い競売処分によって代金化され、それを各地区軍政府財務官に預入することを通達している(20)。五〇年一月と二月には、全琉の経済復興をめざして海運と貿易にかんする二つのシーツ政策を発表し、自由企業と列島間貿易を促進するため画一簡明な規則としての海運法規を公布し、登録や免許証の付与など海運行政の一元化を推進することで側面から密貿易の排除を促した。

戦後沖縄の海運は、四六年五月に民政府内に海運課が設置され、保有船舶が戦争でほとんど全滅していたため、米軍より貸与された戦時型船舶二十二隻によって、琉球列島間の軍・民需物資の輸送が行なわれた。四八年四月には軍直轄の琉球海運部が設置され、翌年十一月には海運業務の民営への切替えの一環として琉球列島での民間海運会社の設立について軍政府より内示があり、先の海運法規の公布と海運行政の一元化とともに、民間会社の軍委託経営による合法的な海運業務が開始された(21)。また、東・東南アジア海域が緊迫してきた五〇年四月には「公海に於ける琉球人に関する海運規定」として、軍政副長官の名前で、琉球軍司令部が発行する南西諸島領域外の船舶航行許可証明書を作成し、それを所持するのは琉球諸島の居住民であることを明示した規定を通達して(22)、密貿易を排除する施策を推進させた。

一方、貿易政策では、琉球の輸出入貿易の復興をめざして琉日通商協定を成立させた。戦後沖縄の貿易は、四六年十月軍指令に基づき、合法的貿易並びに外国貿易復興の目的をもって、琉球列島貿易庁が設立したことから始まるが、四八年七月には、琉球列島間の貿易は民間自由貿易となって住民に開放され、貿易庁はもっぱら外国貿易のみを取り扱うようになった。四九年六月には、琉球貿易庁と改称し機構も拡大して、十二月には八重山で初めて日本より輸入雑貨の割り当てが行なわれ、高騰していた物価を安定に導く基準を作り、物価政策に寄与する試みを行なっている(23)。そして五〇年二月に琉日通商協定が、さらに十二月には琉台貿易が仮調印され、日用雑貨が市場に出回り物価が安定する政策を促進させた。

密貿易が住民のなかで広く黙認されていたのは、その闇物資が市場での日常雑貨の品薄を補っていたからであり、為替制度や合法的貿易の制度整備を推進することによって日常雑貨が安定して市場に出回ってくると、住民にとって密貿易の意義が次第に低下していき、結果的に密貿易を駆逐することにつながっていった。

4　米軍による与那国密貿易の一斉取り締り

さて、米軍政府は、密貿易の取り締りの捜査に積極的でない民警察の行動に業を煮やし、米軍武装部隊により単独で強行執行を行なった。それは、与那国の密貿易の一斉捜査と取り締りを強行した事例である。それには、沖縄からの密貿易の輸出品に米軍需品である薬莢や真鍮が、与那国を基点として台湾や香港を経由し中華人民共和国へと流出している事実を、米軍政府が重大な懸念事項として把握したからであった。その強制執行は、朝鮮戦争が勃発した六月に強行された。当時、与那国に在住し密貿易にも関与していた大浦太郎は、米軍の強制執行に至る状況を次のように伝えている。

ようやく米国軍政府が動き出した。交易物資の中の米軍用被服、薬きょう、小火器類が中国大陸に流出し、当時、大詰めを迎えていた国府軍と共産軍の戦場に現れたのである。この重大な事実を沖縄駐留の米軍がキャッチし、久部良港を基点に供給されていることが突き止められた。八重山民政官府の駐在官が高速艇で与那国島を巡視するようになった。取締りの布告が与那国町役場に通達され、与那国警察署にも指令された。それでも、久部良港に展開する多種多様でエネルギッシュな交易は、当局の動きをよそにブレーキの利かない暴走の様相を呈していた。……業を煮やした米国軍政府は一九五〇年六月、米軍武装部隊（ＣＩＣ）を送り込む。オール大尉指揮する約三十人が、久部良部落南側の「ナマ浜」にＬＳＴ舟艇で上陸し、軒並み民家の捜査を始めた(24)。

大浦によると、米軍部隊の上陸はまだ眠りから覚めぬ暁に実施され、その捜査は「三週間ほど」にわたり、「別に銃撃戦があったわけでない」が、「平静のうちに進められ、オール大尉の作戦は見事に成功した」。その捜査は徹底したもので、「部落から逃げ出した者を（密―引用者）貿易商人と断定し、部落周辺と主要道路を封鎖する作戦」により、「水と食糧を断てば必ず隠れ場所から降りて来ると計算」して行なわれた。その作戦で、多数の「台湾人の貿易商人たちは、ほとんど隠れ場所から降りて逮捕され」るにいたった。米軍部隊は、その捜査の間、広場でキャンプを張って、昼間は各方面で捜査を行ない、自動車はなかったが、夜間は発電機により余るほどの電灯を点けて、カービン銃をもった米兵が携帯無線電話で連絡を取りながら、久部良から祖納に至る道路や岐路を監視した。大浦によると、その米軍の強制捜査により、与那国の「住民は米軍を恐れ、協力という行動を取った」が、「その一方で、貿易商人たちに対する住民感情は複雑で、内心忸怩たるものがあった」と言う。

大浦の記述から、米軍部隊による与那国の密貿易の取り締りが、大規模で用意周到な作戦により執行されたことがわかる。その事例は、数多くある密貿易の取り締りにおいて、米軍武装部隊だけにより執行された唯一の事例だと思われる。そのような大規模な米軍武装部隊による強制執行については、それ以前にも、それ以後にも、そのような事例は見当らない。通常は、密貿易の取り締りにおいて、米軍政府が民警察に命令や指示をして、民警察が執行するのが普通であり、米軍が武装部隊によって単独で強制執行を行なったのは異例の事態だと言えよう。それから推しても、その与那国の密貿易がいかに米軍政府にとって重要視された懸念事項だったのかがうかがえる。その背景には、繰り返し指摘しているように密貿易による中共地区への薬莢の流出と、朝鮮戦争の勃発による東アジアの緊迫した情勢が強く影響していることは間違いない。事実、その朝鮮戦争以後から、米軍政府は密貿易の取り締りに対して、より一段と強化して徹底した取り締りを行なうようになる。

朝鮮戦争の勃発から四日後、沖縄軍政府副長官から「琉球列島外への不法渡航に関する件」が通告された(25)。その文書には、「本件は連合軍最高司令部並びに琉球軍政府法規に違反する事故であり、極めて重大事項である。認可されない者の日本並びにその他、すべての外国向出発に関しては、あらゆる方法に依り警戒を厳重にして貰い度い」と明記され、さらに具体策として各警察署長に対し、認可されない者が不法に「琉球外向出発を阻止すべく適当な処置をとる様通告され度し」と命じている。そして八月三十一日には軍政府から、軍政長官のマクルアー少将がその前日に、密航者や不法入国者、不法船舶の所有者や従事者に対して行なった警告、すなわち「斯くの如き船舶及びその荷物は、地方官憲之を拿捕し、軍政府が没収」し、その関連で「軍政長官は水上巡邏組織を、数隻の高速巡邏船を直ちに増加して拡張する」と言う発表を、各新聞社に提供するようにとの通達が行なわれた。そしてその後半部分の記述で、「斯かる密航又は不法入港の事件が多くなる事を懸念して、軍政長官は不法航行を除去する為、軍政府布令第一号の条項に依る強権を発動する」と明言している(26)。その密航や密貿易に対して軍政長官が発表した警告文は、ほぼ全文にわたって『うるま新報』や『与那国新聞』など地元各新聞紙にも大きく掲載され(27)、密貿易取り締りへの米軍政府の強い姿勢を明示し強調した。
その後、米軍政府は、台湾・香港に向けて沖縄から密貿易の主要な輸出品であった非鉄金属の薬莢や真鍮の取り締りを、法令の規制を一段と強化することで取り締っていくようになる。さらに、沖縄の米軍基地から軍需物資である非鉄金属の薬莢や真鍮が、台湾や香港を経由して、中共地区に流出している事実が、とうとう米国の議会で問題として取り上げられ、そのことが次のように外電で報じられたのも大きな影響を及ぼすことになった。五一年九月二十三日の『琉球新報』は、そのAP電に基づき、「琉球の軍需品／中共地区へ流れる」の見出しで次のように報じている。

「ワシントン十六日発AP＝共同　米上院商業委員会の輸出管理小委員会は極東における現地調査の結果を十六日次のように発表した。太平洋の米国管理下の地域から中共へ物資が輸出されていることが判明した。たとえば米国の大軍事基地のある琉球諸島からは、発動機船で石油、軍トラック用タイヤ、飛行機のくず、アルミクズ、鉛その他の物資が輸出されている。琉球から輸出される物資の大部分は巨大な米軍の倉庫から盗まれたものか、不正な手段で入手されたもので、その際米人がそれに協力していることも考えられる」(28)。

さらに、その前後から、米軍政府は、「非鉄性金属」にかんする三布告・一指令によって、わずか四年の間に三度も法規を改正して通達を行なっている。その背景には、密貿易や沖縄のスクラップブームの影響もあるが、繰り返すように密貿易の輸出品になっている軍需物資としての非鉄金属の薬莢や真鍮の中共地区への流出が大きな要因になっていたことは疑いない。

そのことは、その法律の改正の過程で、「非鉄性金属」を定義する文章にも表れている。その非鉄性金属にかんする最初の布告（琉球列島米国民政府布告第九号、一九五一年七月二十日）では、「国の何れを問はず、その軍部隊が使用せる陸海軍の備品にして、計画した当時の目的では将来使用するのに適せず、且つ鉄又は鉄合金以外の金属で出来ている物品又はその断片のことであると解すべきである」として定義されているが、三度めの布告（琉球列島米国民政府布告第九号改正民政府布告第三十一号、一九五五年六月一日）では、「非鉄性金属の所有、保有、使用、保管又は管理の禁止は、真鍮薬莢並びに裸線、絶縁線及び被覆線を含むあらゆる種類の針金及びケーブルのみに適用する」に改正されている。その文章の相違からわかるように、「非鉄性金属」という大枠な定義から「真鍮、薬莢、針金、ケーブル」と言う、より限定された具体的な定義に変化していることが確認できよう。さらに米軍政府は、密貿易による薬莢や真鍮などの非鉄性金属の島外持ち出しに対して、刑法を改正（修正刑法改正二十号）して厳罰に処することを発表し(29)、また非鉄金属のスクラップの住民払下使用の残余を米国に送り返すことを発表している(30)。そこにも、密貿易の輸出品として沖縄の米軍基地から中共地区へ流出する薬莢や真鍮に、米軍政府が神経を尖らせて、それを流用させないための取り締りをさまざまな面から強化していたことがうかがわれる。

このように、米軍政府は、薬莢や真鍮の非鉄性金属の島外持ち出しの取り締りを強化していたが、それで密貿易が完全に無くなるということはなかった。『うるま新報』には、朝鮮戦争以後も、密貿易検挙にかんする記事が多く散見されるが、それは逆に前述の軍政府の強い姿勢により民警察の密貿易への警備が厳しくなったことに起因していると言われている。それは、その当時の警察資料のなかで「朝鮮動乱は、軍需品特に非鉄金属の需要を激増せしめ、これに伴い、主として香港へ非鉄金属を密輸出する悪質犯罪が相当の数に上っている。これに対しては、取締を強化したので昨年一〇月頃（一九五二年—引用者）から激減の傾向にあるが、しかし楽観は許されない」(31)という記述からも確認されよう。しかし、与那国では五〇年六月の米軍武装部隊の一斉捜査で終息に向かった密貿易も、沖縄本島では一九五二年頃までは新聞でも散見されるが、それもしだいに終息するようになった。

結びにかえて

与那国久部良港を基点として、まだ台湾や香港と密貿易が殷賑していた一九四九年秋、与那国で当時唯一の情報媒体として創刊された新聞に『与那国新聞』がある。用紙は米軍から補給され、通常はB４版の手書きガリ版刷りによる二頁の紙面で、編集発行人が途中で替わって旬間から週間発行になった新聞である。現在、第九号（昭和二十四年十二月五日発行）から第六十六号（昭和二十六年六月四日発行）まで保存されており、一九四九年末から五一年前半の与那国の状況を伝えている。ごく少人数の編集による同紙二頁の紙面構成は、多少の変動はあるが、概して一頁は政治を中心にした世界情勢、二頁は地元与那国にかんする記事を中心にして、当時の与那国をめぐる社会全般にかんする多種多様な記事でうめられており、当時の情況をうかがい知ることができる。

そのニュースソースは、第二十四号（一九五〇年七月二十四日）によると、「石垣市各新聞紙と緊密なる連携」と個人の提供（無線傍受による提供か？）によって構成されていると記しているが、とくに内容で印象的なのは、一頁の世界情勢のなかで東アジア情勢にかんする記事が多く掲載されている点だ。一九四九年から五〇年代初期という時代状況も関係していると言えるが、中共軍と国府軍との戦争についての記事やそれに関連する台湾の記事、そして朝鮮戦争にかんする記事とアメリカ政府や在沖米軍にかんする記事が新聞紙面の大部分を占めている。実際、同号の社説で自らの紙面の役割として、「特に国際情勢の急変、愈々報道機関の重要性を増すものであって、一衣帯水の台湾の動きを始め朝鮮内戦の向後の見透し、或は欧州方面への関心等、一刻も等閑視を許さざる情勢下にあり……本紙の縦横の活躍が益々切望される所以である」と述べている。同紙が、編集の意志として、国境の島である与那国と言う地勢的特徴を意識した紙面構成をめざしていたことは疑いない。一衣帯水の位置にある台湾に関連する記事が多いのは、その反映と言えよう。

ここで、その紙面の記事を通して、前述した米軍武装部隊による密貿易の一斉捜査の前後における与那国の状況の変化にふれることにしよう。だが、最初に断らなければならないのは、米軍による一斉捜査の五〇年六月前後の時期が残念ながら休刊になっている点である(32)。その米軍部隊による密貿易の一斉捜査については、再刊（二四号）した最初の社説「休刊お詫びの辞」のなかで「本紙は此の程種々の理由の下に一時休刊のやむなきに至った」と記しているだけで、それに直接言及した記述はまったくない。その三ケ月以上の休刊の事実が、米軍による一斉捜査が与那国島民に与えた影響の大きさを、逆に物語っていると言えるかもしれない。だが、直接の言及はないが、その休刊前後の紙面を読んでみると、密貿易一斉捜査の前後における与那国の状況の変化がうかがえる記事がある。

例えば、第十号（一九四九年十二月十二日）では、「国府台湾に移動　大陸全土中共の手中へ」「（米国部隊）台湾占領不可」「英国中共承認決定」という中共国府戦争に関連する台湾の記事とともに、「明るい電燈出現！　祖納与那国発電所」の公告や「連合婦人会文化講演会」の記事も見られる。隣接する台湾情勢が緊迫していくなかで、与那国ではまだ久部良港を基点に密貿易が殷賑を極めており、新しいエンジンの設置による増燈で大変明るくなった電燈を宣伝する発電所の公告や、婦人会講演会で享楽のための避妊や堕胎を非難する話や犯罪の未然防止を訴える内容などが、当時の与那国社会をめぐる状況の一端を伝えている。また朝鮮戦争の勃発した後の新聞ではその関連記事が一面の最初に位置し、台湾関連の記事とともに紙面の中心を占めるようになる。「米戦闘機久部良港上空を旋回」という見出し記事では、「去る七月二十日午後二時頃米国機と思われる戦闘機二機編隊は突然久部良港上空に飛来、二回旋回の後南方海上に機影を没した。朝鮮戦争に伴う国際情勢のただならぬ動きに純朴平和な島民も一抹の不安をもつものである」との記述が見られるように、その小さな紙面を通しても、中共国府戦争、朝鮮戦争の情勢変化が与那国の社会に影響を及ぼしていることがわかる。

米軍による一斉捜査後の密貿易に関連する記事では、第三十四号（一九五〇年十月二日）での「秋風と共に久部良港も不景気風」という見出し記事があるが、そのなかで、その後の久部良港の情況を次のように伝えている。

「一頃はすばらしい殷賑振りに我世の春を謳歌した久部良港が特に目立って寂れて来た。五十は余ったサンパン（伝馬船）は大部が動かなくなり、わずか数隻が余命を保って居るにすぎない。之と関連する岸壁労働者の職を消して残り少くなった。一般露店、小売商、風呂屋、理髪店、料理屋、街トラック等其の影響は甚大である。漁船等も漁閑期の関係で動かないようであり、部落は火の消えた静けさである。」

その一斉捜査が与えた衝撃により、久部良地区だけでなく与那国町全体の経済に及ぼした影響は決定的であった。そして与那国の「唯一の言論機関」と自称しているその新聞の紙面は、台湾や朝鮮戦争の情勢にかんする記事とともに、密貿易の取り締りで崩壊した与那国経済の立て直しを強調する論調やその関連記事がしだいに多くなっていく。第三十七号（一九五〇年十月二十三日）の社説「町経済の将来」のなかで、それについて次のように論じている。

「当町経済の将来は今や重大なる転換期に際会した。或る意味に於ける島の特殊事情は終止を告げ、其の経済面も亦消失したと思はれる。此処に於いて向後に対する経済政策の根本問題の再確認が肝要事となろうが、結局は全面的に生産面への切り替が必然的となろう。即ち産業開発への態勢である。」

その具体策として、紙面では、米軍政府の復興資金による学校建設事業や、島民主体による戦前期興隆した鰹業の漁業復興や琉台貿易実現における久部良港活用による漁業振興策などの関連記事が見られる(33)。以上のようにその当時の新聞からは、米軍政府による密貿易の取り締りによって、生活実態においても新たな国境線を引かれ、それを嫌がうえにも受けとめざるをえなくなった与那国島民の嘆きとともに、それを契機にして、島民主体による生産面での新たな経済振興を説く声が聞こえてくる。

さて、これまで論じてきたことから、米軍占領下の「国境」の意味を考えると、どのようなことが言えるのであろうか。国境は、基本的に国際条約や法制度によって制定されるが、その領域で生活する人びとにとっては、その「国境」線の確定は生活実態からかけ離れたものである。条約や法的に国境が制定されたとしても、その領域で居住する人びとの生活実態からするとまったく別の側面がある。つまり、条約や法的に確定された国境と、その領域で生活する人びとの実態や意識における「国境」とは、時代状況や社会的環境においてまったく別の様態を帯びているのが一般的だ。

この小論の初めで言及したように、沖縄（南西諸島）の米軍占領は、アメリカ軍による「交戦中の占領」であるニミッツ布告によって始まった。そのニミッツ布告によって与那国と台湾との間で国境線が引かれ、ポツダム宣言の受諾により法的な意味において国境線の制定が再指定された。だがしかし、戦後に法的に制定された国境線であっても、与那国島民の生活行動や島民意識からすると、戦前期からの台湾との繋がりや戦後の密貿易の実態が示すように、相互の交流が途絶えることはなかった。戦争やニミッツ布告によっても、台湾との交流においては、与那国島民の意識や生活行動に大きな変化はなかった。つまり、法律や条約によって国境線が制定されたとしても、与那国島民の意識や生活実態において、国境線はないに等しい状態にあったのであり、「日常的な越境」が頻繁に行なわれていたのである。しかし、その状況や環境が大きく転換する事態が招来した。

その事態とは、一九四九年の中共国府戦争に伴う隣の台湾の状況であり、五〇年六月の朝鮮戦争であった。とりわけ、朝鮮戦争の勃発に伴うアメリカの台湾政策の転換や東アジア情勢の緊迫は、与那国と台湾との環境を大きく変化させるものだった。そして、占領米軍政府は、朝鮮戦争と言う対外的事件を契機として、沖縄の対内的安全保障の確保を説きながら、新たな国境線を再構築したのである。すなわち、米軍政府は、その朝鮮戦争を契機として、具体的には薬莢や真鍮などの非鉄性金属の密貿易の取り締りを強化することにより、あらためて与那国と台湾との間に「国境線」の構築を行なったのだ。その米軍政府の密貿易取り締りによって、与那国島民の生活行動や意識において、それまでないに等しい状態で、ほとんど意識されることのなかった法的に制定された国境線が、新たに浮上し顕現してきたのである。その意味で、朝鮮戦争を契機とした密貿易の取り締り強化は、与那国島民の生活実態や意識に対して、条約や法律によって制定された国境線を突き付けて、新たな「国境」を顕現させるものであった。

最後に、この与那国島と台湾の間の国境線の問題を考えるときに、同じく繰り返し問わなければならない、もう一つの課題について言及することにしたい。その課題とは、この戦後の〈分断〉の原史の、その先をさかのぼる必要性についてである。それは、近代日本による台湾の植民地統治についてであり、その近代日本の植民地統治での沖縄の位置と、戦後沖縄のアメリカ軍占領統治との連続性と断絶性の問題を考えることである(34)。そのことは沖縄人にとって、台湾の植民地統治における植民者としての沖縄人の位置や役割と、戦後沖縄のアメリカ軍占領期における被統治者としての沖縄人の「連累」(テッサ・モーリス゠スズキ)(35)を問うことへとつながっていく。それは、この章の文脈で言い換えると、その台湾との境界領域で生活する与那国島の人びとに表象される沖縄人とはいったい誰なのか、と問いなおすことに重なる。

この問題点については、今後沖縄のなかで繰り返し論じられなければならない重要な課題だと言えるが、とりあえずここでは、次の二点について言及しておきたい。

その一つは、沖縄にとって／において、日本帝国の植民地主義と戦後のアメリカ軍占領統治との関係性について、事実関係だけでなく記憶の問題も含めてどのように考えるか、という点である。よく知られているように、近代の帝国日本による台湾植民地支配のなかで、沖縄人は帝国日本の「先兵」の役割や位置を担った。だが、その事実については、アメリカ軍占領下の沖縄のなかで問題化されることはなく、ほとんど議論になることもなかった。又吉盛清がその問題群について最初に指摘したのは、沖縄が日本に復帰してから十数年後のことだった(36)。それらが論じられなかった背景には、戦後のアメリカ軍占領下での沖縄の苛酷な現実があり、そのアメリカ軍占領下における異民族支配からの脱却が当時の復帰運動の最大の課題だったという点が指摘できるだろう。

だがしかし、そのアメリカ軍占領下における沖縄の復帰運動の奔流のなかで、日本帝国の植民地主義における沖縄の担った位置や役割について、果たして沖縄のなかでその事実の隠蔽と記憶の切断がなかったと言い切れるだろうか。言い換えると、アメリカ軍による苛酷な沖縄占領は、復帰運動と言うナショナリズムの奔流のなかで、帝国日本の台湾植民地統治における先兵の役割をした沖縄人の実態と記憶を隠蔽して、加害者としての沖縄人の記憶を切断し、被害者としての沖縄人の意識を肥大化させる作用をもたらしたのではないだろうか。その点を解明するためには、今後さまざまな検証や議論が必要だと言えよう。

もう一つは、駒込武が指摘する、植民地統治での「折り重なる暴力」についてである(37)。植民地統治において、他者の暴力に怯える者が、同時に、異なる他者に対して暴力をふるう抑圧移譲の構図があることはよく知られている。すなわち、抑圧者であると同時に被抑圧者であるという両義性を含んだ、植民地支配での「折り重なる暴力」に関する問題である。それは、この章の文脈で言うならば、帝国日本の台湾植民地統治での沖縄人の両義性を示すものと言えるだろう。これまで、台湾植民地統治での日本帝国民としての沖縄人に対して、台湾人から次のような二種類の沖縄人の存在が指摘されている。すなわち、「大変悪い沖縄人」と「いい沖縄人」という二種類の沖縄人である(38)。しかし、その沖縄人は別々の沖縄人ではなく、一人の沖縄人のなかに存在する両面性として指摘できよう。その両義性を自覚しながら、現在の沖縄人としての私たちは、その二種類の沖縄人をどう考えるか(39)。

例えば、「大変悪い沖縄人」と「いい沖縄人」と言う二種類の沖縄人の指摘は、台湾の植民地統治だけで指摘されるだけではなく、東南アジアや南洋諸島での沖縄人の評価においても広く言及されている認識である(40)。そして、その「大変悪い沖縄人」という指摘は、沖縄人が被抑圧的位置から脱却して「りっぱな日本人」になり、現地の被植民地者を抑圧する沖縄人の生き方と重なっている。さらに「いい沖縄人」は、日系社会で被抑圧的位置にある沖縄人が植民地統治で抑圧されている現地の人びとと交流し、植民者としての「日本人」とは異なる被抑圧者としての「オートロハポン」(もう一つの日本人)の生き方へとつながっていく沖縄人のあり方である。そのような点をふまえると、帝国日本の植民地統治での沖縄人の位置として、抑圧者であると同時に被抑圧者であるという両義性を自覚しながら、「りっぱな日本人」を志向するあり方ではなく、いかに「オートロハポン」の生き方を見出すことができるかが私たちに問われていると言えるだろう(41)。

さらに、その「オートロハポン」と言う生き方を、そのなかにある「非国民」という志向性へといかにつなぐことができるか。そして、その「オートロハポン」と言う「非国民」としての記憶を、戦後沖縄のなかで主張されている「非国民」の思想(42)にどのように重ねて考えることができるか。さらにそれを、国境の境界線上を日常的に越境する人びとの生き方へと結び付けることができるか。それらの問いはまた、その折り重なる暴力をいかに切断して、その暴力から逃れる道筋をいかに育むことができるかを、私たちに質す問いでもある。

12 米軍統治下における沖縄の高度経済成長

――二つの対位的物語

1　米軍統治下の沖縄の高度経済成長の概要と特徴

日本本土における高度経済成長の時期は、一般的に経済成長率が二桁台を達成し続けた一九五〇年代中頃から七〇年代前半までの時期をさす。その要因には、主として所得倍増計画に表れた政府政策を背景に、民間企業の旺盛な設備投資と技術革新を基盤にして国民の所得上昇による消費拡大、さらに公共投資による地方の開発と防衛費の抑制、そして対外的にはＩＭＦ・ＧＡＴＴのブレトンウッズ体制の枠組みなどが指摘されている（渡辺・二〇〇四、浅井・一九九五、二〇〇五、河野・二〇〇二）。

果たして、沖縄の高度経済成長の特徴を考えるときに、そのような日本本土の高度経済成長における諸要因は、どの程度該当するのであろうか。そもそも、日本本土における高度経済成長の時期は、沖縄では米軍統治下の時期に当たっており、両者を取り巻く政治経済状況や社会環境は大きく異なっている。両者の間に大きな異同点があろうことは容易に想像されよう。

以下、沖縄の高度経済成長について考察していくが、その最大の特徴は今ふれたように「米軍統治下の高度経済成長」と言う点にある。したがって、沖縄の高度経済成長は、東アジア冷戦構造下のアメリカの軍事政治戦略に強く縁取られており、その枠組みのなかでの高度経済成長であるという点を最初に確認しておきたい。言い換えると、日本の高度経済成長が、主として国内的な政策課題として認識され論じられているのとは異なり、沖縄のそれは東アジア冷戦構造下のアメリカの軍事政治戦略に大きく枠付けられているのだ。

この小論では、沖縄の高度経済成長が、アメリカの軍事政治戦略に基づいた米軍統治下でなされたことを踏まえながら、その高度経済成長の物語がもつ両義性について論述する。すなわち、沖縄の高度経済成長の物語のなかにある複数のこだましあった声を聞き取ることを優先して考えたい。その物語の両義性を対位法的（サイード・一九九八、二〇〇七）にとらえ返し、沖縄における高度経済成長を、米軍統治下の米民政府による覇権的物語と、土地接収から経済成長期への移行によって地域社会が変容した事例をはさんで、沖縄住民の脱中心的な対抗物語（若林・二〇〇五）との並存関係に着目して叙述したいと思う(1)。

第一節では、米国による沖縄の統治政策の変遷と戦後沖縄経済の推移、そして米軍統治下の沖縄の高度経済成長の概要と特徴を記述する。第二節では、米国琉球高等弁務官府の広報誌であった『守礼の光』の記事を分析することで、米軍占領下の米民政府による覇権的物語としての沖縄の高度経済成長の物語を叙述する。第三節では、基地拡張のための土地接収により地域社会が大きく変容し、その後の経済成長期に移行した事例として沖縄本島北部地域の宜野座村の状況を分析し叙述する。第四節では、カウンターナラティブとしての沖縄住民の物語を、軍用地拡張のため武力による土地の強制収用を強行され、地域住民の移住を余儀なくされた宜野湾村（現、宜野湾市）伊佐浜地区の事例について論及する。そして、米民政府と沖縄伊佐浜住民の高度経済成長の物語の異同を浮かび上がらせることによって、沖縄における高度経済成長の物語の両義性について考察したい。

1　沖縄統治政策の変遷

まずは、米軍統治下の沖縄の高度経済成長の概要と特徴を見る前に、アメリカによる沖縄の統治政策の変遷について、先行研究の成果によって確認することにしよう。

日本には二つの占領があったと言われているように、沖縄の占領は、日本本土の占領とは事情を異にする。占領初期の統治形式については、敗戦後も地域末端まで行政機構が現存し機能していた日本本土における間接占領とは異なり、地上戦ですべての行政機構が破壊された沖縄の占領は米軍単独による直接占領であった。さらに、占領初期の方針において、日本本土では日本が再び軍事国家になってアジア諸国を侵略しないために、「非軍事化と民主化」が最大の眼目であった。それに対して、沖縄の占領では東アジアの冷戦下の政治状況をにらみ、「米軍基地の確保と安定的使用」が最大の方針であった（大

田・竹前・一九七八、天川・一九九三、大田・一九九四）。

そのように、占領方針において日本本土と沖縄の占領とは大きく異なっていたが、アメリカの戦後東アジア地域における軍事政治的戦略に基づいた構想の下で、その二つの占領は「表裏一体のもの」として関係付けられていたのである。

李鐘元によると、一九四〇年代後半以降のアメリカのアジア政策には、東アジアおよび東南アジア地域全体を視野に入れた「地域統合」構想があった。それは、アジアにおいて、日本を一つの機軸とする地域的な政治秩序と経済秩序の形成を意図したアメリカの構想である。すなわち、政治秩序では日米の安保体制を中心に置いて韓国や沖縄を対共産主義に対する防衛のための前線基地として位置付け、経済秩序では工業国日本に対して韓国や台湾、東南アジアの諸国を原材料の供給地および市場として位置付けるアジアでの垂直的国際分業の構築であった（李・一九九三）。そのようなアメリカの戦後アジアにおける地域統合の構想を背景に、アメリカの対日占領政策のなかで日本の経済復興と占領下沖縄での米軍基地の確保とは、「表裏一体のもの」として位置付けられていたのである。

周知のように、日本では経済復興のために経済安定九原則の指針が出され、とくに輸出産業の育成のために財政・金融の引締政策がとられて一ドル＝三六〇円という「円安」の単一為替相場が設定された。それに対して沖縄では、米軍基地の確保と安定的使用を最優先課題として、それを遂行するための経済的諸条件の整備に重点が置かれ、具体的には基地建設に投下される莫大な資金の波及効果を最大限に活用するための経済政策がとられた。そして、アメリカ政府は、日本と沖縄との戦後復興政策を効率的に結び付けるために、「ドルの二重使用」の政策を実施し、沖縄住民の必要とする生活物資の輸入は可能な限り日本から輸入させるために一ドル＝一二〇B円というB円高に為替が設定されたのである（牧野・一九九六）。それは、日本の経済復興と沖縄での米軍基地の保有とが「表裏一体のもの」として位置付けられた経済的な側面であるが、アメリカ政府にとって沖縄統治はあくまでも米軍基地の確保と安定的使用が第一義的であり、沖縄の住民生活については二義的なものに過ぎなかった。

ただ、一九四〇年代後半から五〇年代初期の沖縄における米軍基地の形成と土地問題にかんする最近の研究では、次のような点が指摘されている。四〇年代後半にアメリカ政府は、沖縄を長期保有し米軍基地の確保と安定的使用のために、沖縄の経済復興を図っていくことも決定していた。沖縄の経済復興では、戦前から沖縄は農業社会であり全就業者の七〇％が農林業に従事していたため、農業の再建が最重視された。しかし、その農業の再建には農耕地の確保が必要となるが、米軍の基地建設や拡張のための軍用地の収用とは矛盾することになる。そこで、米軍は当初、必要最低限度の軍用地を確保し恒常的基地を建設することと、必要以上に収用した米軍用地は縮小し、そのなかの耕作地を沖縄住民に開放することで農業の再建を図ろうと考えていた。ところが、五〇年の朝鮮戦争の勃発により、B－29爆撃機の出撃基地となった沖縄の米軍基地の重要性が再確認され、米軍用地の縮小計画は大幅に後退することになった（平良・二〇〇六）。

周知のように、一九四九年の中華人民共和国の成立、その後の中ソ友好同盟相互援助条約の締結による東アジア情勢の変化により、五〇年二月にＧＨＱは沖縄での恒久的な基地建設の開始を発表し、五一年から五三年の第一期と称される米軍基地の建設工事が本格化する。そして、米民政府は講和条約が発効した後、戦争で土地を強制的に没収された住民側から支払い要請のあった軍用地料に対して、五二年十一月に布令「軍用地の契約権について」を公布した。この布令は契約期間が二十年間と言う長期にわたり、しかも一坪の年間借地料がコーラ一本代にもならないと言うかなりの低額だったため、契約を結ぶ地主はほとんどいなかった。それもあって、米民政府は、地主が反対し契約が成立していなくても、一方的に通告することで土地使用を可能にするため、さらに五三年四月に「土地収用令」を公布し、強権的な土地収用を合法化した。そして、その公布から八日後に、真和志村に武装米兵を出動させ土地を強制収用した。また同月には、安謝、銘苅でも土地接収問題が起こり、七月には伊江島土地闘争、十二月には小禄村具志で武装兵による土地の強制収用、五四年には四節で詳述する伊佐浜土地闘争が立て続けに起こっている。

米民政府は、住民の土地を、武装兵をともない「銃剣とブルドーザー」により強制収用しながら、他方で五四年四月に軍用地の使用料として地代一括払いという新しい方針を発表した。土地の使用料を一括して支払うことにより、土地を無期限に使用しようとする米民政府の意図は、武力による土地の強制収用とあいまって、沖縄住民に強い反発と抵抗をもたらした。その住民の反対運動に押されて、立法院は地主への適正な補償を要望した「軍用地処理に関する請願」を全会一致で採択し、その後、一括払い反対、適正補償、損害賠償、新規接収反対の「土地を守る四原則」を打ち出して、土地問題に対処する行政府・立法院・市町村会長・軍用地連合会の四者協議会を発足させた。住民の反対運動に後押しされた四者協議会は、沖縄の土地問題の実情を米国政府に直接訴えるためワシントンに代表団を送り、その要請によって五五年十月、米下院軍事委員会のプライス議員を代表とする調査団が来沖し、三日間の現地調査と公聴会を行なって帰米した。

しかし、その調査団が五六年六月に議会に報告したプライス勧告は、「米国は軍事基地の絶対的所有権を確保するためにも、借地料を一括して支払い、特定地域については新規接収もやむを得ない」との四原則を否定する内容で、沖縄住民に大きな失望と強い反発をもたらした。それを契機に、反対運動はより一段と盛り上がることになり、沖縄全域で米軍の土地接収に対する反対運動が広がって「島ぐるみ闘争」が起こったのである。だが、米民政府は、反対運動への報復措置として米人の民間地域へのオフリミッツ(立ち入り禁止)を発動するなど、地域経済に揺さぶりや圧力をかけてきた。そのようなこう着状態が続いたころ、しだいに保守政治家や経済界の一部から、一括払いを認めて経済的妥協をすべきとの声が上がるようになり、島ぐるみ共闘のなかで亀裂があらわになった。

五六年十二月、米民政府は、前年に通達していた北部地区の新規軍用地の接収予定地である久志村(現、名護市)辺野古の土地所有者と借地契約を結んだと発表した。それは、沖縄住民にとって、土地を守る四原則の堅持で統一していた島ぐるみ闘争の一部が切り崩されたことを意味し、多少の動揺をもたらした。だが他方では、同月の那覇市長選挙で、島ぐるみ闘争の勢いを引き継いで市民の多数の支持を集めた人民党の瀬長亀次郎が当選し、米民政府に大きな衝撃を与えた(2)。そのような状況のなかで、五七年一月、米民政府は、軍用地問題の最終方針として、永代借地権(絶対所有権)を求めない、土地の評価を再検討し、未使用軍用地を返還すること、そして土地代の一括払い、新規土地接収を求めないことを発表した。それ以降、軍用地問題解決について米民政府と沖縄側、また沖縄のなかでの与野党間の見解の相違などさまざまな意見の表明や議論があったが、最終的には「沖縄側は一括払いに代わって〝毎年払い〟と〝適正地代〟という経済条件を確保した。一方の米国側は、『軍用地問題で満足な解決が得られるならば、沖縄の政治問題は完全に解消する』との確約にしたがって米軍基地に対する沖縄側の同意を取りつけるとともに、沖縄統治上最大の難題であった政治問題を解決した」（琉球銀行調査部編・一九八四、五二六頁）。その沖縄とアメリカ政府との間で合意した「毎年払いの賃貸借契約方式」を定めた「新土地補償計画」は、沖縄とアメリカ双方の妥協の産物として確立されたものであった（平良・二〇〇四）。

しかし、その最終決着では、損害賠償は未解決のままであり、新規土地接収については黙認されることになった。しかも、その新規に接収された土地は、日本本土に駐留する米海兵隊が沖縄へ移駐するために建設される新たな基地のための土地として使用されることになる。つまり、それらの土地は、前述の辺野古を中心に設置されたキャンプ・シュワーブ基地であり、金武村を中心に宜野座村、恩納村、久志村という広大な地域にまたがって設置されたキャンプ・ハンセン基地となった。それが、一九五六年から五八年にかけて主に北部地域を舞台に米軍によって土地収用された、第二期の米軍基地建設や基地拡張である。

ここで、島ぐるみ闘争が、その後の沖縄統治にもたらした意義についてあらためてまとめてみると次のような点が指摘できよう。第一に、島ぐるみ闘争は、米軍の沖縄統治のなかで、全沖縄的な規模で最初に沖縄民衆が統治政策に明確な反対の意思表示を表し、政治を動かしたという事実である。米軍統治下という戦後沖縄の歴史舞台に、初めて沖縄民衆が歴史の主役として登場した点でも画期的であった（新崎・一九七六）。第二に、島ぐるみ闘争で示された沖縄住民の主張は、後述するように米軍の沖縄統治政策を強硬政策から宥和政策へと変更させたように大きな転機をもたらした。米軍による沖縄統治政策に対して、米軍基地の確保と安定的使用を推進するうえでも、沖縄住民との関係や生活状況を重視しなければならないことを、米軍に再認識させた意義は大きい。第三に、島ぐるみ闘争での経験は、沖縄住民に大きな自信を与え、その後の運動にもさまざまな影響を及ぼしたことである。島ぐるみ闘争の経験により労組や人権団体、平和団体などの結成が進み、六〇年代には復帰運動を主導した沖縄県祖国復帰協議会が結成され、復帰運動が大きく盛り上がって沖縄問題が日本の政治の場で避けられない争点となった（新崎・二〇〇四）。

このように、軍用地接収問題に端を発した沖縄の島ぐるみ闘争はとりあえず収束に向かったが、この島ぐるみ闘争がアメリカ政府の対沖縄統治政策に与えた影響はきわめて大きかった。すなわち、米軍のこれまでの沖縄統治における「強硬政策」は、沖縄住民の反発と抵抗による島ぐるみ闘争によって挫折し、大きく見直されることになったのである。そのため、五〇年代後半になると、アメリカ政府はこれまでの強硬政策を変更して、沖縄住民を宥和するためのさまざまな政策や措置を講じるようになる。

例えば、五七年六月の大統領行政命令の発布による高等弁務官の設置、五八年七月の「一括払い方式」の放棄による軍用地問題の解決、五八年九月のB円軍票から米ドルへの通貨切り替え、同じく同年九月の日本政府の技術援助の受け入れ、六〇年七月のプライス法（「琉球列島の経済的・社会的開発促進に関する法」）の制定などである。とくに、五八年の「ドル切り替え」や六〇年のプライス沖縄援助法は、これまでの強硬政策に変化をもたらし、アメリカの沖縄統治を「正常化」する転機となった。そのプライス法の制定、その二年後の改定の後に、沖縄に対する日米援助は大幅に増額していった（宮里・一九六六、二〇〇〇）。

その変化は、対沖縄住民対策の中心的課題が、軍用地問題という政治課題から経済成長政策や文化政策へと大きくシフトしたことを示している。沖縄住民に対する宥和政策の中心は、大別すると経済成長政策の推進と文化政策であった。とくに、軍用地問題で離反した沖縄住民との関係を再構築するためにも、いかに戦後の米軍統治政策が沖縄社会の経済成長に大きく貢献し、沖縄の発展や進歩に寄与したかを訴えることが大きな意義をもった。その意味で、日本戦後史で六〇年安保闘争が池田内閣を国民の所得倍増計画という経済成長路線へとシフトさせたように、沖縄戦後史のなかで五六年の島ぐるみ闘争が、アメリカ政府の沖縄統治政策を宥和政策に変えて、沖縄社会を軍用地問題から経済成長路線へとシフトさせる大きな転機になったと言えよう。

事実、一九六〇年代に入ると、池田内閣の登場は、沖縄問題においても安全保障政策分野の争点化を回避し、主に財政援助の本格化による沖縄社会の経済発展や民生向上へ重点を移すことになった。また、アメリカ政府においても、六二年の沖縄にかんするケネディ声明に象徴されるように、日本政府と沖縄援助の協議をしながら、沖縄社会の教育・医療・社会保障などの生活関連分野への経済援助拡大を提唱した。しかし、援助拡大は復帰にかわる代替手段に過ぎないと、その後沖縄社会では統治政策への不満が増幅していった。そして、米国統治に対して沖縄保守の分裂が起こり、六〇年代中頃から日本本土の政治過程においても政策の重心が援助拡大から施政権返還問題に移行していくことになる（河野・一九九四）。とは言え、日米両政府にとって沖縄での「米軍基地の安定的使用」が最大の眼目であったことに変りはない。

2　沖縄経済の推移と六〇年代の経済成長

沖縄経済の発展時期は、だいたい次の三期に区分されよう。第一期は、一九四〇年代後半の期間で、戦後の混乱と再建への胎動の時期と称される。第二期は、五〇年から五〇年代後半までの期間で、沖縄経済の復興期と称される。第三期は、五〇年代後半から七〇年代初期までの期間で、沖縄経済が著しく発展した高度経済成長期として位置付けられる。以下、その時期区分をふまえながら、それにそって順次に、戦後の沖縄経済の推移を見ることにしよう。

第一期は、戦後の混乱と再建への胎動の時期である。激しい地上戦となった沖縄戦が終わると、沖縄の住民は一時収容所で生活するが、メリケン粉や缶詰類の食糧や生活物資のすべては米軍からの戦時物資の無料配布によって賄われた。四六年四月に布告でB円軍票が公式の法定貨幣として指定され、貨幣制度が復活すると配給物資も有償配給制度となった。当時はまだ経済統制のころで、四七年三月に昼間の住民通行が許可されて畑で甘藷や野菜などの農作物も作られ、また同年に開始されたガリオア資金（占領地域統治救済基金）やエロア資金（経済復興援助資金）で購入された援助物資や貿易庁の輸入物資から配給がなされていたが、全般的に食糧や生活物資は乏しく経済的に貧しい状況が続いていた。四八年十一月に自由経済の法的承認がなされたが、住民が必要とする食糧や生活物資はいまだ乏しい状態にあり、闇取引や密貿易が横行した。自由経済への移行により、四九年には商業従事者が著しく増える一方、零細農家は現金収入を得るため農業から離れていき、農業従事者は次第に減少していった。

第二期の五〇年に入ると、貿易庁が日本から五〇〇万ドルの日常雑貨品を買入れ一般商人の入札販売が行なわれ、また民間業者による日琉貿易も開始されて、ようやく一般にも生活物資が行き渡るようになった。そしてこの時期、沖縄経済に大きな転機をもたらしたのは、中華人民共和国の設立、朝鮮戦争の勃発などの東アジア情勢の変化により、米国政府が沖縄で恒久的な軍事基地の建設を開始し、基地建設ブームが起こり、基地収入が増大したことである。とくに、基地建設の労働者と基地で働く軍作業員の需要が増大し、沖縄社会や沖縄経済に構造的な変化をもたらした。一九五一年から五三年の第一期の米軍基地建設の工事にともなう労働力需要の増大や、五〇年四月に軍作業の賃金が一気に約三倍に値上げされたこともあって、基地周辺の中南部地区には軍作業に従事するため北部地域や奄美諸島や宮古島などの離島地域から移り住む人びとも多くいた（鳥山・二〇〇四）。五三年に朝鮮戦争が休戦になると、軍工事も下火となり景気も下り坂に入って一時経済は停滞したが、五六年から五八年には第二期の基地建設や拡充工事が着手され、景気も上昇して再び好況期を取り戻した。戦後の沖縄経済は、第三次産業の就業者数や所得が著しく増大したが、それは基地に関連する収入に支えられた、いわゆる「基地経済」に起因するものである。

第三期の沖縄における高度経済成長期は、主として基地関連収入に基づく基地経済に支えられている。米軍の沖縄統治は、前述したように基地の確保と安定的使用が最優先課題であり、住民の生活物資は域内生産力を創出するより輸入を重視するためB円高の為替相場が設定され、日本から生活物資を輸入する政策誘導がなされた。そのことは、国際収支に明確に表れており、輸入依存度がきわめて高く（例えば、一九五九年度は輸出依存度が一二・〇%、輸入依存度は六五・三%である）、その輸入超過を補っていたのが「基地収入」で、五九年度で国民所得の四三%に達していた（沖縄社会福祉協議会・一九六一）。

また、一九五〇年代後半から六〇年代初期において、基地収入以外に沖縄の経済成長を後押しした要因には次のようなものがあった。

一つは、五六〜五七年度におけるスクラップ輸出ブームである。五〇年代初め米軍は基地建設のために、戦争の遺物である二五〇万トンとも言われた戦争スクラップ収集を国際入札にかけて処分することになった。朝鮮戦争の影響もあってくず鉄が高値を呼んでいたため、住民は山野や海に残るくず鉄を家族総出で拾い集め売買した。五三年に米軍から陸上スクラップの処分権が琉球政府に移管されると、より一層スクラップ収集が広がっていった。そして、五六年には日本で鉄くずの原料不足により需要が激増し価格も急騰したため、沖縄ではスクラップブームとなり、輸出は同年の黒糖・分蜜糖を抑えて輸出総額の五八%を占めて第一位になった。二つめは、五八〜六二年度にかけて糖業への本土資本の導入である。五九年に日本政府は沖縄を含む国内糖業の育成のため、輸入糖の関税値上げによる「国内甘味資源の自給強化総合対策」を打ち出した。それによりサトウキビブームが起こり、本土資本との合資と技術提携により分蜜糖工場が琉球列島各地に建設された（鳥山・二〇〇三）。

三つめは、五九年度のB円からドルへの通貨切り替えである。そのドルへの通貨切り替えは、糖業部門への本土資本導入の後押しをしただけでなく、製造及びサービス部門への外資導入も促進し、ドルと言う国際通貨の安定と信用により一段と自由化と輸入化を推し進めることになった。四つめは、六〇～六二年度における十年前払い軍用地料の一括受け取りや遺族年金の一括受給である。その一括受給によるまとまった収入が、住民を積極的な消費行動へと結び付けた。五つめは、六〇年度から砂糖、パイナップル缶詰の輸出が増加したことである。戦後沖縄で、糖業やパイナップル産業が本格的に創業したのは五二年からであるが、順調に発展して輸出商品における重要な農産物と農産加工品として六〇年代には基幹産業の地位を確立するまでになった。ただ、輸出農産物として重要な位置を占めているが、日本政府の特恵措置が大きな役割を果たしていることは否定できない。マイナスの影響として逆に、サトウキビ、パイナップルの原料農作物へと生産構成が転換されたため水田が減り、水稲などの他の食料農産物の自給率は低下して輸入が著しく増大した。

また、六〇年代中頃になると、ベトナム戦争への米国の本格的介入により米軍特需ならびに日米両政府による財政援助の増額が、沖縄の経済成長を大きく押し上げた。

ここで、沖縄の高度経済成長期とされる一九五〇年代後半から七〇年代初期まで、とくに五七年から七一年までの十五年間の琉球の国民総生産の伸び率を、それぞれ前年比で記してみよう。五七年一一・三%、五八年五・九%、五九年五・九%、六〇年一五・二%、六一年一六・五%、六二年一一・五%、六三年一七・二%、六四年八・八%、六五年一四・四%、六六年一七・一%、六七年二〇・〇%、六八年一八・一%、六九年一二・三%、七〇年一八・〇%、七一年一五・八%となっている。五〇年代後半が高度成長の準備期間だとすると、六〇年以降の十二年間で、六四年を除いて、各年とも一〇%を超えた大幅な伸び率であることがわかる。とくに、六七年の二〇・〇%の驚異的な伸び率は、沖縄経済の特質が基地経済であるということを如実に示している。その要因は、六五年以降本格化した米軍のベトナム戦争における特需が最高潮に達したからであり、六七年度の基地関係収入は対外収支ドル収入の約五〇%に達し、前年度より三五・四%も増大している(琉球銀行調査部編・一九八四、沖縄社会福祉協会・一九七二)。また、六七年度は、沖縄への米国援助額に対して、日本政府の援助額が初めて上回った年でもある。前年に比べて日本政府による援助額がほぼ倍増していることでわかるように、沖縄統治のために、日本政府が財政面においても積極的に関与することが明確になった年でもあった。

いずれも、沖縄における米軍基地の確保と安定的使用を維持するための、両政府による財政投資であることは言うまでもない。その意味で、沖縄の高度経済成長は、米軍基地の確保と安定的使用を担保にした基地経済によって支えられていたことは明白である。それは同時に、六〇年代の米国の対沖縄統治政策では、米軍基地の確保と安定的使用が、五〇年代の「銃剣とブルドーザー」と言う強硬政策ではなく、宥和政策として沖縄住民の生活の実利実益を上げる経済成長策によって維持されるようになったことを示している。

この節の終わりに、沖縄の高度経済成長が、米軍の沖縄統治においてどのような意味をもっていたのかについて、あらためて確認することにしよう。

第一は、沖縄の高度経済成長は、米軍基地の確保と安定的使用を大前提にした基地経済に起因した点である。米民政府の発展段階論に依拠した沖縄の開発による経済成長路線も、米軍基地の確保と安定的使用という大原則を維持するための政策であった。島ぐるみ闘争が起こる以前は、銃剣とブルドーザーにより土地の強制収用が強行されたが、それ以後に宥和政策へ変更され経済成長政策が採られたとは言え、米国の沖縄統治の根底にあるのは米軍基地の確保と安定的使用であることに変わりない。

第二は、とは言え、米軍の沖縄統治のなかで二義的に位置付けられていた、沖縄経済の発展と住民生活の実利実益の向上が正面から取り上げられ、沖縄のなかでも経済成長政策が推進された点である。米軍は、基地維持という枠組みがあるとは言え、島ぐるみ闘争の挫折によって、六〇年代以降ではより一段と沖縄経済や沖縄住民の生活向上のための政策に重きが置かれるようになった点は注目されてよい。

第三は、五〇年代後半以降の沖縄の高度経済成長により、沖縄住民の生活も著しく向上したなかで、多数の沖縄住民は生活の豊かさを受け入れながら、同じく米軍基地撤去を主張する復帰運動をより一層推進させた点である。言い換えると、米軍基地の確保と安定的使用のために執られた沖縄住民の生活を向上させた経済成長政策は、米軍にとっては皮肉にも、米軍基地の撤去を主張する復帰運動を推進させる要因にもなったのである。

沖縄の米軍統治、とりわけ六〇年代の沖縄住民のなかには、構造的暴力としての米軍基地に反対する復帰運動と、経済成長によってもたらされた資本主義のアメリカ的生活様式への欲望と受容と言う二つのアメリカが共存していた。そして、復帰運動を中心的に担っていた人びとは、沖縄教職員会に所属していた教員や公務員層が中心であり、彼らは高度経済成長の恩恵を受けた沖縄の中産階層を代表する人びとである（屋嘉比・二〇〇二）。その点でも、沖縄の中産階層を豊かにした高度経済成長が、基地撤去を主張する復帰運動を推進させた要因の一つになった点は強調されてよい。

2　米民政府による沖縄の高度経済成長の物語

前節で論及したように、一九五六年の「島ぐるみ闘争」は、五〇年代後半にアメリカ政府の対沖縄統治政策に大きな変更をもたらしたが、それに伴って対沖縄の経済政策や文化社会政策においてもある変更をもたらした。それは、沖縄住民に対するこれまでの「銃剣とブルドーザー」という強硬政策から情報・文化政策による宥和政策への変更であった。具体的には、米民政府の方針に対して沖縄住民の支持と理解をうるために、琉米文化会館の設置や米民政府の放送メディアの財団・民報への移管、そして米国民政府広報誌『今日の琉球』（一九五七〜七〇年）と高等弁務官主宰で第七心理作戦部隊発行の『守礼の光』（一九五九〜七三年）の発行などの印刷物による教化宣伝が行なわれた（宮城・一九九二）。とくに、五〇年代後半に米民政府の広報誌として創刊された両雑誌の刊行は、米軍の対沖縄住民政策において、強硬姿勢から奨励宣撫工作への変化を象徴的に示しており、その記事内容も政治・イデオロギー的なテーマよりも経済や文化を中心とする話題へ重点が置かれている。

ここでは、米民政府が沖縄住民を宣撫するため、約七万五〇〇〇部（一九六五〜六六年は九万一〇〇〇部）を毎月無料配布したと言われている『守礼の光』の論調や内容を分析してみたい。なぜなら、『守礼の光』は、沖縄の高度経済成長と言われる時期に、米民政府による宣撫工作のための広報誌として刊行されており、この時期の沖縄の経済社会に対して米民政府が主張する物語を読みとることができるからである。十四年間刊行された『守礼の光』の論調や内容の特徴としては、琉米親善と相互理解の強調、共産主義批判の論調、経済発展による沖縄社会の近代化と文明化の強調という三点に集約できるが（屋嘉比・二〇〇二）、この節ではそのなかで主として米軍統治下の経済発展によって達成された沖縄社会の近代化や文明化にかんする記事を中心に分析することにしたい。それらの記事は、米軍統治下の沖縄の高度経済成長が米民政府から見た「進歩の物語」として描かれており、それと同時に米国の覇権的物語として読めるからである。

『守礼の光』の記事のなかには、琉球(3)の経済発展の記事が数多く掲載されている。例えば、当時の米国高等弁務官は、創刊二周年を迎えた年頭挨拶のなかで次のように述べている。

「『守礼の光』二年間の記事は、琉球のすばらしい発展の記録といえます。一九五八年以来、琉球に進歩のない日は、一日とてありませんでした。新しい学校、新しい病院、新しい産業、新しい企業、新しい建物など……数えあげればきりがありません。……どんな部落をのぞいても、この二十四ヵ月間に発展のなかったところはありません。水道が新しくひかれ、電気をひく村がふえ、最新式の自動電話が絶えず新設されています。新設あるいは改装された道路と進んだ輸送機関のおかげで、『陸のはなれ島』のような部落は、もうどこにも見当たりません」(『守礼の光』一九六一年一月号、一頁)。

このように、米軍統治下でいかに琉球が経済発展を遂げたのかを示す記事が、さまざまな場面で繰り返し掲載されている。さらに、その琉球の経済発展の背景には、いかに米国からの多額な財政援助が投下されているかが、具体的に統計数字を明示しながら強調されている。そして、米国による多額な財政援助の理由として、琉球には自由主義陣営の防衛拠点として米軍基地が存在しているからだと明記され、いわば琉球の経済発展は米国の多額な財政援助のおかげであり、それは琉球に米軍基地があるからだとする、一つの物語のプロットが繰り返し語られる。

そのような米国による琉球への多額の財政援助にかんする解説は、一九六〇会計年度から写真や数字を駆使して毎年掲載されるようになる。そのことを典型的に示しているのが、米国の直接援助が多方面に及び琉球の経済・社会生活を大きく変えたと解説する記事である(『守礼の光』一九六二年十二月号、二~九頁)。その記事には、米国の六三会計年度における琉球への直接援助は、全琉球人の総収入の約半額を占めており、援助がなければ琉球の国民所得は半減すると説かれ、キャラウェイ高等弁務官の「直接援助費の増額は米軍基地があるためであり、……ハワイと同様に、米国基地の存在は琉球経済にとってなくてはならぬもの」と言う発言が引用される。さらに、その巨額な直接援助費により、数多くの公共事業が行なわれ琉球人の生活水準の向上に大いに役立っているとして、その状況を写した道路や橋、護岸工事の写真や米軍基地で働く軍作業員、コンクリートの近代的校舎で児童生徒が楽しそうに勉強や給食を取っている写真なども同じく掲載された。

そして、そのような「琉球の経済発展」→「米国の多額な財政援助」→「米軍基地の存在」と言う一つの物語のプロットに、新たに「琉球人の勤勉努力」と言う要因を組み入れて語りなおされたのが、六三年に八回にわたって連載された「伸び行く琉球」と言う記事である。その連載は、琉球社会における経済成長、産業、農業、教育、運輸通信、保健福祉、政治、司法などの項目が取り上げられ、それらがいかに戦後十数年間で発展し成長したかが論じられる。その総論にあたる連載一回目のなかで、次のように語られている。

「米国が琉球の統治を始めたのは一九四五年で、その後の十七年間に、米国の最新技術と外部からの資金援助、それに近代感覚に目ざめた琉球人の勤勉努力が加わって、新しい社会が築き上げられた。戦禍のあとには、ビル、舗装道路、公共施設などが建設されたのである。欧米で百年かかった工業化と近代都市化を、わずか十年あまりで達成した琉球人は、農工業、技術、都市などの面で、社会的にも政治的にも静かな革命を果たしたといえる。沖縄の進歩は、主として米国の国防支出と、沖縄の戦略地理的な位置のおかげであるが、物覚えがよく、友好協力的な琉球人が、地元産業と貿易を発展させている」(『守礼の光』一九六三年一月号、四〜五頁)。

先の三要因に、新たに「目覚めた」「物覚えのよい琉球人」と言う要因が加わっているのが確認できよう。この物語に、米国による戦後沖縄の統治政策の特徴として指摘されている「パターナリズム」(宮里・一九六六)を見ることは困難ではない。だが、引用文の最後にあるように、琉球の経済発展や近代化による進歩は、琉球人の勤勉努力や友好協力もあったが、あくまでも「主として」は「米国の国防支出と、沖縄の戦略地理的な位置のおかげである」ことに変わりはない。

しかし、その時期、琉球経済と軍事基地との関係や軍作業員に対する琉球人の認識が問われ、軍作業員による組合結成の動きが顕在化するなど、米軍が語る成長の物語に対して、沖縄住民から矛盾や疑問が提示されたことへの反論や解説が『守礼の光』の記事に散見されるようになる。それは、米民政府の言う琉球の経済発展と成長の物語に対して沖縄住民から提起された疑問に答える記事であるが、逆に、米民政府の語る成長の物語における揺らぎを示すものとして興味深い。

例えば、六一年七月号の「誌説」において、「軍作業」について次のように論じられている。「軍作業」と言う呼称は米軍基地で働くことをさすが、琉球人のなかでは軽蔑した意味が込められており、軍作業は琉球の産業や社会に何の役にもたっていないとの批判に対して、「誌説」では、軍雇用員は非常に高度な技術と操作を必要とされており、技術的に訓練された労働者であると反論し、琉球人のなかで否定的に使われている「軍作業」と言う言葉そのものを追放しようと主張している。その文章から、当時は、土地を収用され生活のために基地で働かざるをえなかった人びとが多かったにもかかわらず、それでも琉球社会のなかでは「軍作業」を批判的否定的にとらえる人びとが少なくなかった状況がわかる。

また、六三年九月号では「労働事情特集」と言う異例の特集号を編集しているが、その巻頭で高等弁務官が、組合員個人が政治活動や社会政策を支持するのはよいとしても、「労働組合は、いついかなる場合でも、組合本来の使命から離れてはならない」と言うメッセージを強調している。その背景には、一九六一年六月に米軍基地に勤める少数の労働者たちで初めて結成された「全沖縄軍労働組合（全軍労連）」が組合員を拡大して、六三年七月には組織単一化、国際自由労連への加盟、運動方針に祖国復帰闘争への参加の明確化を方針とするなど、全軍労（全軍労連の単一化名）が軍従業員のなかで影響力を強め拡大していった時期に当たっている（上原・一九八二）。この特集号の編集と高等弁務官のメッセージは、全軍労の広まる影響力を意識して牽制する役割を担っているのは間違いない。その異例の労働組合にかんする特集記事は、逆に組織単一化や国際自由労連への加盟、そして祖国復帰闘争への参加を組合として明記した全軍労が、基地従業員のなかで影響力を拡大している状況に対して、米軍が強い危機感をもっていたことの反映でもあると言えよう。

そして、同じ時期に「軍事基地と琉球経済」と言う論考記事（六三年八月号）が掲載されている。その内容は、琉球経済は米軍基地に依存する「基地経済」で、不安定であるという一般の議論に対する反論として書かれたものである。同記事では最初に、一九五八年から過去五年間の住民一人当たりの所得は年平均六・四％、国民総所得の実質年間増加率は八・四％増加し、五三年から過去九年間の住民一人当たりの所得は二倍以上になっており、琉球経済は力強く成長を続けていると強調されている。次に、琉球の物価水準は過去五年間でやや上昇したが、年間平均上昇率はわずか〇・六％に過ぎず琉球の生活水準は確実に向上しているし、さらに五八年の法定通貨の米ドル切り替えが琉球経済に信用と安定をもたらしたと主張している。そして、その琉球経済の発展と安定に多大な貢献をしているのが、「当地において毎年軍隊と軍人が消費する数百万ドルの金」だと結んでいる。その記事では、国民所得や経済成長率の増大を示すことで琉球経済が発展していることを説明しているが、琉球内の地域間格差や産業別の不均等な所得配分などについてはまったく言及されず、基地経済の恩恵だけが統計数字を駆使して強調されているのだ。そのような基地経済の恩恵だけを強調する記事の掲載は、基地経済の恩恵を受けつつも、その不安定な経済構造への不安が住民のなかに根強く存在していたことを逆に表している。

このように、米民政府のいう琉球経済の成長と発展の物語に対して、琉球の人びとから提示されたいくつかの疑問や指摘を、『守礼の光』の論説は米国政府の多額の援助による琉球社会の経済成長と発展の物語のなかに回収し展開していった。さらに、六四年に入って目に付くのは、外資導入にかんする記事である。例えば、「繁栄への誘い水・外資導入」という記事（六四年三月号）には次のような記述がある。

「琉球は現在、農業経済から漸次都市工業経済に移行する過渡期の苦しみをなめている。琉球経済は地元経済に資本が不足している現状を考慮して、多角的な商工業振興策を打ち立てた。また、琉球政府は一定のわく内での外資導入を奨励している。」

前述したように、日米両政府の琉球への財政援助額は、六七年度に日本政府が米国の援助額を上回ったが、この時期の外資導入とその法整備にかんするいくつかの記事の登場は、米国の援助額の減少を補う方策としての側面もあったと考えられよう。そして、この時期以降に散見される記事は、前の引用文のなかにも見られるように、「農業経済から都市工業経済へ移行」すると言う経済の発展段階論に基づいた論述が少なくない。ちなみに、その経済発展段階論を提唱した著名な経済学者で、当時ケネディ、ジョンソン政権で国務省政策企画委員会委員長の要職にあったW・W・ロストウの文章と講演録が、この時期の『守礼の光』に掲載されている(4)。そのロストウの発展段階論に依拠した典型的な記事が、六四年五月号の巻頭記事「琉球産業は成長する」のなかにある次のような記述である。

「産業革命は、第二次大戦前には琉球を素通りした感があった。そのため琉球は依然として農業経済から脱却できず、工業化のもたらす恩恵に浴することができなかった。……戦後、アメリカの援助で琉球は近代化と高度成長の新時代にはいった。小企業は今でも琉球の典型的な産業形態ではあるが、比較的大きな工場でフルに操業生産しているものがかなりある。……過去十五年間に琉球は産業革命にはいったわけである。」

「一九四五年以来の産業開発が成功したことにはいろいろな理由がある。米国政府の財政援助が多くの事業に成功への道を開いたこともそうであるし、琉球および外国の投資家が生産設備や工場の拡張に積極的に財政的支持を与えたこともこの成功に非常に大きな役割を演じた。また乏しい資源を最大限に活用したことも産業の発展に大いに寄与した。しかし、戦後の琉球の産業発展には、なんといっても労働者をはじめ、立法院議員、会社役員、投資家など琉球諸島住民の努力を第一にあげねばなるまい。琉球の人々は、産業の育成に有利な条件を作るために一体となって協力した結果、障害を乗り越えたのである。」

この記述のなかには、前述した米民政府による琉球社会の経済成長と進歩の物語の構成要素、すなわち琉球の経済発展、米国の多額な財政援助、米軍基地の存在に加えて、外資導入、琉球列島住民の努力、産業革命、農業経済から都市工業経済への発展などの項目がすべて組み込まれている。さらに、その後、綿密に立案された長期計画の実行と言う項目が追加され、琉球経済のめざましい躍進は経済成長のテイクオフをまっているアジア諸国の羨望の的になっているとの記述が見える。それに続けて琉球社会の経済発展と近代化の物語の具体的な事例として、公共事業、輸送海運、通信電波、電力、水資源開発の発展と近代化、セメント工場などの琉球の新産業の紹介、解説記事が多く掲載されている。

このような米民政府の語る琉球社会の経済成長と発展進歩の物語に基づいて、戦後二十年の節目に琉球社会全般にわたる具体的な事例の検証を行なったのが、「進歩の20年」という特集号（一九六五年九月号）であった。同特集は、その表題に端的に示されているように、戦後の米軍統治下の二十年が「進歩の20年」であったことを、琉球・沖縄社会のほとんどの領域について、その分野を代表する沖縄の識者を総動員して論じている。この特集で取り上げられた領域は、農業、公衆衛生、文化財、教育、工業、経済、陸上運送、消防、生活水準、電気事業、水産業、海運業で、沖縄の産業全般から公共事業の領域、住民生活におよぶ領域など多岐にわたる。

特集の巻頭の文章では、現状認識として「戦後めざましい勢いで進歩発展してきた琉球は、これから『第二の黄金時代』にはいる」と示され、特集の目的として「『琉球の進歩と発展』という共通の主題」により、「戦後二〇年間にめざましい発展を遂げた琉球の実態を描き出すこと」であると記される。文化財保護の領域は別にすると、琉球・沖縄社会のすべての分野において、戦後二十年間でいかにめざましい復興と発展、進歩が成し遂げられたかが統計数字を駆使した分析と具体的事例をもって叙述され、とくに産業全般から公共事業の領域においては、戦後二十年の復興、発展という進歩の物語がどのように達成されたのかが詳しく記述されている。いわば、これまでに多くの記事で琉球経済の復興発展を叙述したものを、あらためてこの特集号で「進歩の20年」として物語化し集大成したものだと言えよう。

この特集は、戦後二十年間の琉球沖縄社会の各分野の復興、発展の経過が一覧できて興味深いが、とりわけ印象深いのは、「飛躍発展の琉球経済　だが自力経済へ一段の努力を」（松川久仁男・四四〜四七頁）と「琉球における生活水準の向上」（座喜味一男・五八〜六五頁）の二つの論考である。

前者は、琉球商工会議所専務理事の肩書きをもつ論者の執筆で琉球経済全般を論じたものだが、自らの戦前の貧しくて質素な生活状況から説き起こし、戦後二十年を経た現在の沖縄の経済発展ぶりを論じている。この文章のなかで使用されている「数十年前は夢想だにしなかったほどの進展」「驚異的な産業面の進歩」「隔世の感」と言う言葉が端的に示しているように、前半では戦前の自らの生活状況と比較しながら統計数字を駆使して、沖縄経済の発展を高く評価している。だが、後半では一転して現在の沖縄経済は日米両政府による経済援助で支えられているが、基地経済という不安定な基盤に立っており、沖縄自身が贅沢にながれ無駄な消費が多いと嘆いたうえで、沖縄経済の最大の問題は独立独歩の精神による自力更生だと強調する。

後者の論考は、戦後二十年間の生活水準の変化を論じたもので、戦後直後の現物交換や米軍の配給物資の体験時代から、五〇年代後半の経済成長の過程を国民所得や生活住居費などの統計数字を示して、生活水準がいかに発展したかを論じている。琉球の経済成長にともない家電製品や家具調度品などの耐久消費財の普及に見られるように、都市部住民の生活水準が種々の面で向上したことを喜びつつも、最後のほうで十年前に「現在のような生活水準を予想した人はおそらくひとりもいなかったであろう」と記し、琉球経済の発展と進歩の物語を都市部住民の生活水準の発展から補強している。

この特集号に表れている特長は、前述の基地経済の不安定な現況から自力更生を説く論調もあったとは言え、この戦後二〇年の琉球社会がほとんどアメリカ政府の財政援助によって、いかに経済発展と進歩を成し遂げたのかという米国政府の覇権的物語を沖縄側から補完する編集内容である。

六五年以降の『守礼の光』の論調も、六六年には宜野湾村普天間にある通信衛星用送受信局に設置された宇宙通信活動と宇宙開発にかんする記事や、六八年には原子力船の寄港や原子力が産業を生むと言う原子力の平和利用にかんする記事が見られ、琉球社会の経済発展による進歩の物語をさらに推し進める内容の記事が散見される。前者の宇宙通信に関する記事のなかで「沖縄最初の宇宙通信局は全面的に軍事通信の送受信のために使用されます」と明記され、また後者の原子力の平和利用や原子力船の寄港についての記事も、いずれも沖縄に米軍基地が存在していることと密接に関わっている。

そして、七二年の沖縄返還を祝う「沖縄返還特別号」として最後に刊行された『守礼の光』のなかでは、次のように記されている。

「経済的に見ると、製造と輸出を可能ならしめた第一の要因は、合衆国政府が膨大な建設事業、物資購入、人員雇用、直接または間接の財政援助などのために巨額の資金を費やしたことである。ここ数年は日本本土も援助や物資購入の形で沖縄経済に大いに寄与し始めている。とはいっても、もし沖縄住民自体の努力がなかったら、これら多額の金をもってしても製造輸出産業を振興させることはできなかったであろう。」

この記述にも、六〇年代前半に語られた沖縄社会の発展と進歩の物語における四つの要因のうち、「琉球の経済発展」「米国の多額な財政援助」「琉球人の勤勉努力」の三つの要因が確認できる。ただ、この三つの要因を支える基盤とも言うべき、もう一つの要因の「米軍基地の存在」についてはここではふれられていない。だが、同じ号の他の箇所の記述で「今日アジアの自由世界各地域は自国の経済発展ならびに自己防衛に関し、より多くの責任を分担してゆく方向に向かっている」とあり、日米同盟に基づく「沖縄の米軍基地の存在」が前提にあることは指摘するまでもない。

それからもわかるように、米国琉球高等弁務官府の出版物である『守礼の光』で描かれた、米民政府による琉球社会の経済発展と進歩の物語、ならびに沖縄の近代化や文明化の進展の物語の基盤には、「米軍基地の存在維持」があると言うこと、そして、その進歩の物語と米軍基地の存在とが表裏一体であることが確認できよう。米国政府による覇権的物語、すなわち米軍統治下における琉球社会の経済発展と進歩の物語の背後には、このように米軍基地の存在維持が基盤にあることを強調しておきたい。

3　沖縄本島北部社会の宜野座村の変容

この節では、基地建設による土地収用から経済成長期への移行によって、地域社会が大きく変容した沖縄本島北部の宜野座村の事例について考察する。宜野座村は、沖縄本島のほぼ中央部で東海岸側に面し、中南部の平坦地に比べ、山林地帯の多いヤンバルという地域の南側に位置する村である。北側に名護市、西側に分水嶺をはさんで恩納村、南西側に太平洋に面した金武町が隣接している。宜野座村の地形は、西側の山地丘陵から起伏の小さいなだらかな台地が海岸線へといたっている。現在の村域は、東西約七キロメートル、南北約八キロメートルとほぼ正方形に近い形をなし、面積は三一・三二平方キロメートルである。村域は北西部の山林原野と、南東部の可住地とに二分され、面積も半々である。林野面積は、村面積の五一・四%を占め、そのほぼすべてが村と四つの行政区が所有する公有林である。人口が五、四三三人で世帯数は約一、九七〇戸、北から松田、宜野座、惣慶、福山、漢那、城原の六つの行政区から成り立っている（二〇〇八年三月現在）。

この宜野座地区には、戦争直後に中南部からの避難民の捕虜収容所があり、約十万人の人びとが居住し生活していた。その後、収容所からの帰還が許され中南部の人びとも地元へ帰っていったが、収容所を統廃合した当時の宜野座地区の施設は軍専用の電機、電話、水道なども整備された北部唯一の文化農村であった。この宜野座地区は、もともと金武村の南北二つに分かれていた地区の北地域に位置する上四ケ字（古知屋／松田、宜野座、惣慶、漢那）に当たり、一九四六年四月一日に金武村から分村し、宜野座村として誕生した歴史をもっている。一八、五四〇人いた分村当時の人口は毎年減少していき、五一年には五、六七八人となった。五一年の統計によると、主要な産業は農業であり、総人口に占める農家人口の比率は七七・五%で、総戸数でも八二・三%の人びとが農業に従事している。しかし、農業の生産基盤は戦争による壊滅からまだ立ちなおれず、農業生産においても戦前期（一九四〇年）の約六割前後であり、農家でも食糧を完全に自給できず、その大半は購入する状態にあった。農家所得の三分の二は農業以外の収入であり、農業収入は農家総所得の三分の一しかなかった。そのため、五〇年代前半の宜野座村の重要な政策は、農業経済の速やかな建て直しと農業経営の改善合理化という農業政策の構築が掲げられ、とくに食糧の完全自給、糖業やパイン・茶・畜産業などの換金作物の奨励と増産、次世代を担う青少年の育成助成、村民生活の改善などの四点が重視されていた(5)。

そして、戦前期から五〇年代中頃まで宜野座村を含む北部農家にとって重要な換金作物になっていたのは、北西部の山林原野から産出される材木、薪、木炭などであった。一九五五年の統計によると、沖縄の林野面積は一一万九、〇九六ヘクタールで、国土面積(琉球列島)の約五四%、所有形態は官有林(国有林)が三二%、公有林が四五%、私有林が二三%となっており、公有林の割合がきわめて高率であることと、私有林の大部分が一ヘクタール未満の零細な所有者であることが特徴である。とくに、高い割合で広大な面積を占める市町村や字区が所有している公有林では、一九五〇年代までは字区による入会的慣行が根強く残っており、字区共有地から搬出した木材、薪炭材の売買は字区民の貴重な貨幣所得であった。だが、字区が保有する公有林については、一九三〇年代頃まで各区に林野を週三、四回巡守する山係りが置かれ厳しく管理されていたが、戦争や戦争直後の避難民による伐採や盗伐による疲弊もあって、戦後初期には造林事業への投資もほとんど行なわれず、きわめて粗放な略奪管理がなされているだけだった。

また、亜熱帯性気候に属する沖縄の自然環境的立地により、スギ・ヒノキなどの経済的価値の高い構造材の生産に適しておらず、ほとんどが低級の建築材の生産および薪炭材の生産が中心であった。木材の需要量に対して、とくに一九五二年に日本からの木材輸入が正式認可された後、例えば五三年から六一年までの木材生産および輸入量の平均は、沖縄島内生産量が一四%で、日本からの輸入量は八六%を占めている(6)。この数字からわかるように、建築材の大部分は日本からの輸入材で賄われており、島内生産の木材供給はごく少数で、しかも低級の建築材用の木材であった。さらに、沖縄の林野の八〇％を占めて主な林業地である本島北部地域は、林業経営でも後進的性格を有し、農業経営の規模もきわめて小さく耕地面積も平均〇・三七ヘクタールしかない厳しい状況にあった。

そのような厳しい状況は、宜野座村もまったく同様であり、そのなかで薪と炭材、山竹は、五〇年代中頃まで貴重な現金収入であった。宜野座村では、伐採搬入の冬の時期になると字区各戸ごと山から木材を切り出し集落まで搬入して業者に売買し、生活資金としていた。それぞれ山林を所有している松田、宜野座、惣慶、漢那の四字区は、計画的に山林を区分けして、区民に競争入札により伐採権を与えていた。また、字区民が税金を支払えるようにするため、年に一度日を決めて「ヤマユリー」と称し、字区の公有林を伐採して売買した代金から、税金に当てる慣習もあった(7)。さらに、山から搬出された薪や炭材などは、各字区の共同売店前で集められ、中南部から来た業者に売買された。戦前期は中南部への輸送はヤンバル船による海路が中心であったが、戦後も五〇年以降になると陸上交通によるトラックが中心となった。松田区では、中南部への薪炭、木材の運搬用のために、区で六トントラックを購入して直接経営を行なっていた(8)。また、本字区から分離して公有林を所有していない新しくできた他の二つの字区も、本字区から入林許可を得て無償で切り出すことができるなど、つながりも強かった。

しかし、とくに薪の生産高は、異なる要因によって五三年と五九年という二つの時期を境にして、急激にかつ大きく減少していった。最初の五三年における大幅減少の背景には、次のような要因が指摘される。

統計によると、五二年の一二九万七千九九二層積石が、五三年になると一桁減り四四万一千二〇二層積石へと大幅に減少している。五二年まで百万層積石以上あった薪の生産高は、五三年以降になると数十万層積石へと二分の一以下に大幅な減少となり、薪の生産高の大幅減少は、現金収入を山林に依存していた北部地域社会の経済に大きな打撃を与えることになる。新里民夫によれば、その原因は燃料革命により石油が安く入って来たために、薪炭を生産していた農家が軒並み影響を被ることになったからだと言う。具体的には、石油コンロの普及にともなう薪需要の減少であり、そのため薪の値段が二八％も大幅に値下がりしたことにあった。そのため、大きな影響を受けた宜野座村の山林農家は、農林業に見切りをつけて本島中南部での軍作業へと職を求めて転出する住民が増え、人口が減少していった（新里・二〇〇二、二〇〇五）。

その傾向は五八年まで変わらず、薪の生産高は数十万層積石の単位を増減しながら推移している。それは、ちょうどその頃女性たちによって推進されていた生活改善運動の展開と符合している。琉球政府は、五一年に農林省農業改良局のなかに初めて生活改善課を設置し、生活改善普及員の指導のもと「生活改善はかまど改善から」との呼びかけで、終戦直後の三つ石かまどからレンガあるいはタイルかまどなどの、改良かまどへの台所改善を提唱し実施研修を行なっていた(9)。そして、五三年から五〇年代中頃は、沖縄においても台所のなかで改良かまどやワクラかまどなどと併用して、石油コンロが徐々に普及していった最初の時期に当たっている（南風原・二〇〇五）。

つまり、薪の生産高が大幅に減少した五〇年代前半は、沖縄社会のなかで女性たちによる生活改善運動での台所改善の展開と重なっているのだ。さらに、五〇年に入ると、ガリオア資金により石油の輸入および販売機構が米国の石油会社との契約で整備され、また民需用油脂として米国の石油製品が地元の会社を通して販売されたことも大きかった(10)。また、同年の米民政府の布令により、禁止されていた民間の自由貿易が解禁されたことも、住民の消費意識に大きな刺激を与えることになった。すなわち、五〇年代に入って、沖縄のなかにも石油が安い値段で入ってきて、石油コンロの消費拡大を促していった時期でもあったのである。

次の五九年における薪の生産高の大幅な減少の原因は、五〇年代前半の台所改善にともなう石油コンロの普及と言った、沖縄社会の生活形態における内発的変化に伴う薪需要の大幅減少に、新たな要因が加わったことによって起こされた。五九年の転機は、薪の供給地である北部の山林原野が、米軍基地として接収されると言う外発的要因によるものであった。そのことは、米軍による沖縄社会の経済成長と言う進歩の物語とも深く関わっているので、詳しく言及することにしたい。

宜野座村の人口は、前述したように五〇年代に入ると毎年減少していった。五一年には五、六九七人いた人口は、五年後の五六年には約千人減少して四、六三〇人となり、六五年まで四千人台で推移している。とくに、五〇年代前半の北部農村では一五%以上減少しているが、そのなかで減少率が一番大きかったのが宜野座村で、二三%以上も減少している。そして、その北部から流出した人口を吸引したのが、中部の基地周辺の市町村と南部の都市地区であった。統計によると、五〇年代前半に人口が五〇%以上増加した市町村は、すべて中南部の基地周辺や都市地区の市町村であり、南部の真和志市（現在の那覇市の一部）と中部のコザ市（現、沖縄市）は九〇％以上増加している(11)。その数字が端的に示しているように、五〇年代の沖縄の人口動態の特徴は、本島北部や周辺離島、奄美や宮古島から本島中南部の基地周辺地域や都市地区への移動であり、その背景に五〇年代の米軍基地の建設や拡張による沖縄社会の構造的変化があった。五〇年に第一次産業就業者が全就業者の六〇・七％もいたが、五五年には五四・五％となり、五年間で約六・二％減少している。それに対して、第三次産業就業者は五〇年の三一・六％から五五年には三七・二％へと、逆に六・二％増加している。その背景にあるのは、農林業就業者一人当たりの実質所得が四〇年代後半に全産業一人当たり就業者の平均所得の七三％であったのが、五五年には四四％へと急激に低下したことが示しているように、農林業就業者の所得が減少し他産業と著しく均等を欠いたからである。そのような所得格差が、農林業から離れて中部の軍作業への就業へと押し出した大きな要因になったのである。

だが、五〇年代前半の中部の米軍基地拡張にともなう建設労働者や軍作業への就業が北部からの人口を吸引する要因でもあったが、さらに宜野座村で人口を押し出す大きな要因となったのは五〇年代後半に北部での基地建設のために山林原野部が接収され、現金収入源だった薪や炭材が取れなくなったことが大きかった。

宜野座村における軍用地の接収は、五二年八月、松田区の海岸に面した七万五千坪の土地が実弾射撃訓練場として接収されたことから始まる。その三年後の五五年には、米軍によって高射砲や原子砲の射撃訓練が強行され、基地から二百メートル以内に隣接していた松田小学校の窓ガラスが吹き飛ばされ、児童数人が負傷する事故が発生している。さらに大きな問題になったのは、同じ年に米軍からすべての山林原野を軍用地として新規接収する通告が出されたことであった。第一節で言及したように、米軍による北部地域における軍用地の新規接収の背景には、五〇年代後半に日本本土から撤退して沖縄へ移転する海兵隊のための基地建設と訓練場の拡張と言う要因があった。その基地とは、金武村を中心としたキャンプハンセンと辺野古（当時、久志村）に設置されたキャンプ・シュワーブである。海兵隊が駐屯する米軍基地には、キャンプ地区と訓練地区があるが、キャンプハンセンの場合はキャンプ地区が金武村に設置され、訓練地区の範囲は金武村から恩納村、宜野座村、名護町まで広域にわたっている。また、キャンプ・シュワーブの場合もキャンプ地区が辺野古に設置され、訓練区域は久志村、宜野座村へとまたがっている。宜野座村の山林原野は、キャンプ・ハンセンとキャンプ・シュワーブの両海兵隊訓練場の軍用地として接収されたのであった。

ところが、第一節で言及したように、当時は米軍の軍用地の強制収用に対して、沖縄全域で島ぐるみ闘争が興隆している時期であり、宜野座村長や議会も当初は軍用地の新規接収に対して全面的に反対を表明していた。その時期、沖縄の軍用地問題で米国下院のプライス調査団が来島しているが、現地調査で宜野座村を訪れたさいに、宜野座村は次のような反対の請願書を提出している。

新規接収を通告された予定地は、水源を含んだ山林で村面積の七六・一%に当たり、その山林からの建築資材や販売用薪炭などの年間林産物収入は村全体として一、〇七一八、一二〇円にものぼる。多くの村民は狭い土地の農耕と山林に依存した生活を送っているが、その予定地で専ら山稼ぎにより生活を維持する二十五戸、一、二九〇人がおり、転職もままならない彼らは結果として路頭に迷うことになる。そのような状況を考えると、宜野座村は反対であり、軍用地の新規接収はぜひ中止して欲しいとの内容の請願であった(12)。

しかし、そのような内容の要請をする一方で、請願書の末尾では、新規接収が不可避であれば、そのときの条件として「賃貸料の完納と移住者への補償、立ち退き者を最小限にするため接収予定地の境界線を縮小することなど」も同じく要請している。その背景には、次節で言及するように、沖縄本島中部の宜野湾村伊佐浜区と北部の伊江島で武装兵出動による土地の強制収用が強行されて、住民が離散した困窮状況が続いているさなかであり、要請の実現が困難な状況にあることが強く意識されていたからであろう。そのような背景や経緯もあって、村内各字区でも新規接収を受け入れる動きが徐々に広まっていき、反対決議から約二年半が経過した五八年十二月二十九日の村議会において、宜野座村は土地収用に同意する決議の請願書を採択することになった(13)。その理由として、土地接収反対と同時に受け入れ条件として提示していた接収予定地の境界線縮小が認められ、接収面積が村の六二・七%まで縮小されたことと、米軍が農耕地を避けて立ち退き者を最小限に止めたことがあげられている。また、同じく軍用地の接収を通告されていた隣村の久志村が五六年にキャンプ・シュワーブ基地を誘致決定したことと、金武村が五七年にキャンプ・ハンセン基地の拡張容認と基地経済と政策を転換したことが大きな影響を与えたと指摘されている(新里・二〇〇二、二〇〇五)。そのあたりの事情は、当時の村長の言う、隣村が同意して客観情勢が厳しくなりこれ以上反対ができなくなったことと、伊佐浜や伊江島のように

「強権発動されて接収されるよりはと思い、止むを得ず新規接収を受諾して署名した」(14)という回顧談からもうかがえる。

たしかに、宜野座村が軍用地接収を受け入れた背景には、そのような要因もあったが、前述の土地収用に同意する決議をした請願書の文面のなかに記されていた次のような理由も大きかったように思う。

「……村の経済は農業及び林業の収入によってのみ維持運営されている実情であります。将来村経済の発展を計るため、あらゆる角度から検討すべく……慎重審議の結果、米国の軍事政策に協力し米軍を本村に駐屯させることによって村経済復興促進と住民の福祉繁栄をもたらすものと確信し、万場一致軍を誘致することを村会にて決議した。」

前述したように、五〇年代前半の宜野座村は、人口の流出の割合が一番高い村であり、将来に向けての方針として農業振興を打ち出していたが、なかなか成果が上がらない状況にあった。そのうえ現金収入としての木材や薪の需要が減少し、その価格も値下がりして将来の生活設計や経済状況に多くの村民が不安を抱えた状態にあった。

請願書の文面にあるように、当時の宜野座村にとって、「村経済復興促進と住民の福祉繁栄」は最も切実で緊急な課題だった。ちょうどその時期に、米軍より軍用地拡張のための山林原野部の土地接収の話が通告されたのである。宜野座村の歳入の推移を見ると、自主財源である財産収入は一九五九年で一、三八二ドルしかないが、六〇年になり山林原野部の軍用地料が支払われると、自主財源は一気に九二、九六九ドルへと跳ね上がっている。その後の宜野座村は、毎年軍用地料として入る財産収入を自主財源として活用し、村経済の復興促進のためさまざまな施策を遂行している(15)。例えば、当時の村長は在職中の自らの業績として、村役所の建築、育英会への補助、土地改良事業への補助、全村電化の実現、各区農道の改修などの事業をあげて、それを成しえたのも軍用地料があったお陰だと回顧している。また、宜野座村が分村して二十周年を祝う記念誌のなかでも、本村では「一九六〇年度より自主財源（軍用地料）の収入により公共諸施設も充実し、終戦後の救済対策の時代から復興建設の時代に推移した」と高く評価している。

宜野座村の分村二十周年とは、一九六六年に当たり、前節で論及したように、米民政府が沖縄の経済成長による進歩の物語を謳い上げた時期と重なっている。たしかに、山林原野部からの軍用地料が宜野座村に「村経済復興促進と住民の福祉繁栄」をもたらし、その後の経済成長を促したことは否定できない。ところが、他方では山林原野部の軍用地接収により、近世・近代から連綿と続いていた宜野座村各字区の山林野の入会慣行も途絶え、宜野座村の社会構造も大きく変容した。そして、宜野座村は、米軍に軍用地を提供したことで豊かな自主財源をもち、村民が経済発展の恩恵を受けている反面、それと引きかえに、七二年の復帰までほぼ毎年複数の基地被害が発生しているのも事実である(16)。

以上、宜野座村の事例が示すように、沖縄における経済成長の物語の前提には、米軍基地の建設と拡張のために沖縄住民の土地の接収や強制収用があった事実を忘れるわけにはいかない。米軍統治下の沖縄では、軍用地拡張のための土地接収と、経済成長は陸続きのものである。その点で、沖縄の経済成長の物語の裏面には、米軍による土地接収の事実が折り重なっており、それを複眼的にとらえる視点が重要である。

4 カウンターナラティブとしての伊佐浜住民の「物語」

最後の節では、米民政府の語る沖縄の経済成長による近代化や文明化の進歩の物語に対して、それと関係しながら共存を強いられた沖縄伊佐浜住民の「生活の物語」について記したい。それは、米軍基地の拡張による土地の強制収用により、地域社会が分断され引き裂かれてしまった、沖縄本島中部に位置する宜野湾村伊佐浜地区の事例である。これは、米民政府の語る沖縄の経済成長の進歩の物語に対する、カウンターナラティブとしての沖縄伊佐浜住民の「物語」である。

まずは、立法院の「軍使用土地特別委員会」に配布された資料「伊佐浜問題の経過」(17)をベースに、当時の新聞記事や関係著作で補充しながら、米軍による伊佐浜地区の土地の強制接収の経過を記述することにしよう。

同資料や新聞報道によると、伊佐浜土地問題の発端は、一九五四年七月八日に米民政府土地課から中部地区の該当する村へ、蚊の発生などの衛生問題を理由に軍施設の一マイル以内での水稲植付けを禁止する旨の口頭の通達であった。それに対して、該当する伊佐浜を含む宜野湾村四集落の住民は、その植付け禁止により扶養家族一、二三七名の生活が成り立たなくなること、同水田が地力優秀で収穫も多く多額の収入を失うことを指摘し、蚊の防除では農民が自発的に薬剤散布や田魚を飼入する内容の解禁陳情書を村長を通して立法院や琉球政府に提出した。住民は生活のため、その後も水稲の植付けを行なっていたが、米民政府は七月二十一日付と八月三日付で「軍用地域内の水田（湿地帯）使用禁止の件」の文書を再度通達するとともに、伊佐浜地区を三地区に分けて随時埋立工事に着工する旨の軍指令を通達して、強硬姿勢を明白にした。

このような米民政府の強硬姿勢の背景には、同地域が占領中より将来の米軍施設建設のために指定された赤線区域内（収用予定地域）で講和前には土地賃貸借契約により地代が払われていたことと、前述の五三年十二月九日に布告した「軍用地域内における不動産の使用に対する補償」の法律を根拠としていた。この布告により、講和前から米軍が使用占有してきた土地は、地主の意思の如何にかかわらず、「黙約」によってアメリカ合衆国政府に賃貸したものと見なされることになったからである。そのため講和後に土地賃貸借契約が行なわれてなくても、米軍はその布告を根拠にして住民の土地を強制収用することが可能になったのである。そのため、伊佐浜の地主たちが、講和後に土地賃貸借契約を行なわず、軍の提示する賃借料の受領を拒否しても、米軍は権利を行使できたのである。

だが、農業で生計を負っていた住民たちにとっては、土地収用は生活が破壊される文字通り死活問題であった。とりわけ、農地だけでなく、同地区に家屋を立てて生活していた伊佐浜地区三十二戸の家族にとって、水田を埋め立てて強制排除する土地の強制収用は、生活の基盤が根底から解体されることを意味した。住民にとっては、沖縄戦の惨状から生き残り、収容所からようやく生まれ育った集落に戻った後で、荒れ果てていた荒地を耕して水田に整備し、やっと生産基盤が安定してきたところでの米軍による土地の強制収用であった。新聞報道によると、伊佐浜農民の間で、この強制収用の通達により「半分気狂い」になった人も出たと言う(18)。

しかし、農民たちは、米軍の強硬姿勢をただ座視していたわけではなく、生活補償や農耕代替地として海岸三万坪干拓の具体的提案を含めて、立法院や琉球政府へさまざまな陳情を続けた。そして、住民の陳情を受けた琉球政府は、耕作禁止により伊佐浜を含む該当する宜野湾村四集落の耕作面積の約七一・四%が耕作できず、四集落五〇五戸（人口二、三四一人）のうち、六四・三%の三二五戸の農耕地が皆無となり、農業に従事している三一五戸が収入源を絶たれて路頭に迷うことなどの説明文を付して、米民政府へ要請した。しかし、土地の強制収用のために住民を強制排除するという米軍の強硬姿勢には、まったく変化がなかった。

さらに、そのように米軍と伊佐浜住民との間で対立状況が続くなかで、他集落に居住し伊佐浜地区に土地を所有し農耕する農民と、そこで農耕だけでなく居住し生活している三十二戸の伊佐浜住民との間でも、しだいに意見の食い違いが浮き彫りとなり、米軍が提示する立ち退きの際の条件や生活補償の内容に対して、両者の間で意見の相違が徐々に明らかになってきたのである。立ち退かない姿勢を示した伊佐浜の三十二戸の住民に対して、他集落に居住して伊佐浜地域で農耕する農民たちが、米軍による強制執行が行なわれ補償がもらえない場合には、伊佐浜住民の責任で賠償してもらいたいとの意見が提起されるまでに追い詰められるようになった。

そのように、米軍と伊佐浜地区の住民との対立が、具体的な補償や条件問題の交渉過程で、伊佐浜住民と他の三集落の農民との間へ抑圧移譲されたが、それを粘り強く宜野湾村や立法院、行政府が介入し分裂を避けてまとまるように説得し、米軍との交渉が持続的に行なわれた。そして、七回の折衝を経て五五年一月十七日に、伊佐浜地区海岸よりの湿地帯を埋め立て、そこに三十二戸の住宅地を移動させる案を含む補償八条件が承認され、解決することになった。翌日の新聞は、この結果を「円満解決」と見出しを付け、「以上のように相当有利な条件で軍の土地接収に伴う部落の移動に関しとられた措置はこれまで例をみなかったし、今後の軍用地に関する補償の際、新しいケースをつくったものとして注目される」(19)と報じた。その報道がなされて、立法院も伊佐浜土地問題の打ち切りを決定し、軍使用土地特別委員会をいったん閉鎖するまでにいたった。しかし、その「円満解決」として報道された解決内容は、伊佐浜住民にとって決して解決策にならないと強い抗議の声をあげたのが、伊佐浜地区の婦人たちであった(20)。

一月三十一日、伊佐浜地区の婦人たち二十数名が琉球政府に大挙して訪れ、「土地接収反対」の抗議と陳情をあらためて行なったのである。婦人たちは異口同音に、伊佐浜の男たちは行政側から強い圧力を掛けられ妥協したが、台所を預かる私たちは子どもたちの養育や、将来自分たちの生活や病気・老後を考えると、あの補償条件ではとても生きていけないと主張し、「私達は絶対に立ち退けない。どうしても立ち退かせるというのなら、そのまま自分の家で殺された方がましだ。新聞は円満解決だというが、私達が死に追い込まれるのが円満解決なら沖縄の問題はすべて私たちが死んでしまった時片付くだろう」(21)と強く訴えた。意を決した婦人たちの抗議の背景には、同じ仲間のなかで最も弱い立場にある戦争未亡人たちの叫びへの共感があった(22)。その伊佐浜地区の婦人たちの悲痛な抗議の声に圧倒されて、立法院でも閉会していた軍使用土地特別委員会を二月五日に再開し、彼女たちの意見をあらためて聞く公聴会を設定している。その委員会の記録によると、五十名ほどの婦人たちが傍聴に訪れ、三名の婦人が次のような意見を述べている。

「今の所から立退いたら死ぬばかりで、それでこのような所（偉い人が集まる立法院）に恥をも顧みず伺った。戦争が終わってこうしてやって来たが、今また死に追い込まれようとしている。どうせ死ぬんなら、自分の家で殺された方がよいと思っている。」

「最初から自分のものは自分で守るという気持ちだったが、男達はあまり圧迫が強くて折れてしまった。しかし男が出来なければ、女が守る。いろいろ補償してやるというが、そうした補償は要らぬ。自分の土地で暮した方がよい。」

「私達は農家である農民にとって土地を失ってやって行けない。それで絶対に立退くわけにはいかない。立退先は海岸端で潮が吹きつけて、とても住めるところじゃない。そこは昔から捨て所だ（荒廃地）。子供達を連れて行って、そこで生活することはとてもできない。われわれは、自分の土地だから自分で使わなければならない。」

当時の新聞は、伊佐浜婦人たちの訴えは「生存権の主張」であって「反米で非ず」と報じているように、彼女たちの主張は世論に強い共感と感銘を与え、立法院を動かした。三月五日立法院は「土地収用に関する請願決議」を行なっているが、その文面のなかで婦人たちの訴えに対して「家父長的観念の根強く残っている沖縄の農村において、この様に婦人が叫ばねばならなくなった事実こそ、諸般の事情を物語っている」と記し、婦人たちの主張を支持している。

しかし、米軍は、先の八条件が沖縄現地軍として取りうる最大限の補償措置であり、最終的決定であると再度表明した。その後、婦人たちの訴えを支持した立法院から、次善策として伊佐浜海岸の三万坪干拓が提案されるが、米軍からは莫大な予算を要するとの理由で拒否の回答があり、米軍と伊佐浜住民との対立状況は続くことになった。さらに、三月十一日に武装兵と伊佐浜住民との間でこぜりあいがあり、伊佐浜立ち退きの軍命が再度出され、緊迫した状況が四ヶ月続くことになる。

そして、七月十九日の早暁、銃剣を携行した武装兵に守られたブルトーザーにより、伊佐浜住民の住居取り壊しと土地の強制収用が断行されることになった。その強制収用を伝える当日夕刊の記事には、「伊佐浜部落の周辺に容赦なくバリケードは張り回らされ、きのうまでのわが愛執の土地に〝立入禁止〟の高札が高々とかかげられた」と記されている。また翌日の新聞記事には、武装米兵に守られてブルトーザーに乗って強制収用する沖縄人作業員に、「アメリカ人がやるならともかく同じ沖縄人のあなた方が沖縄人を売るようなことをするのは情けない」と必死に食い下がる伊佐浜婦人に対して、荒々しい英語で女性たちを追い散らす米憲兵隊の様子も記述されている。

米軍による早暁の強制接収により、住宅が破壊され住む家がなくなった伊佐浜区民三十二戸一三六名は、とりあえず夏休み中は近くの小学校に仮移転することになった。そこで、約四十日間を過ごし、八月三十日、琉球政府の斡旋で新移動地である美里村高原（通称インヌミヤードイ）へ二十四世帯十三家族、一一六名が転居することになった。しかし、新しく移住した地域は、低地と高台に分かれているため近くに水源がなく常時水不足で、しかも開墾した土地もやせていて風が強くあたり、農耕に不向きな場所であった。とくに転居した伊佐浜住民を悩ませたのは、代替地は石が多く農耕地として不適格な土地であるうえ、低地に住居を構えた所では湿気で白蟻被害が多く、高台に居住した所は風の通り道にあって台風の被害をまともに強く受けることであった（沖縄市・一九九三）。

美里村高原へ転居した数ヶ月後、住民たちは、そのような農耕地として悪条件の場所から琉球政府の斡旋もあり再度新天地を求めて八重山移住を模索したが(23)、農耕地やマラリヤの問題で合意形成ができず、結局十四世帯はそのまま美里村高原に留まり、九世帯は高原から元の伊佐浜近くの北前区へ再移動している。ところが、高原にとどまった十四世帯は度重なる台風により高台に構えた家屋は全半壊し、農耕地も甚大な被害を受けることになった。伊佐浜の土地の強制収用からほぼ二年近くの歳月が流れたとは言え、数回の台風被害もあって、強制立ち退きを余儀なくされ高原に安住の土地を求めた伊佐浜住民たちの生活基盤が安定するにはほど遠い状況にあった。その時期の新聞記事は、「忘られた伊佐浜部落」という見出しで、二年前に多くの耳目を集めた伊佐浜地区が今では政府役人や関係者も来なくなり閑とした状況にあると記し、生活援助も打ち切られた伊佐浜住民の発言として「皆忘れっぽいもんです。生活に困っていても援助もないし、はげましもない全くお先真暗だ」と言う不満を伝えている(24)。そしてその後、厳しい生活状況を打開するため、琉球政府の仲介により、十四世帯の中から十世帯が、高原(インヌミヤードイ)から第二の故郷を求めてブラジルへと移民することになった。

ブラジルへ移民するある婦人は、その決意を次のように述べている。

「伊佐浜からインヌミヤードイに移ってから死に物狂いで働いたが、小石が多くて農業では食べて行けず、僅かの貯えも、政府の補助金も食い尽くしてしまった。そして考えに考えた揚句同じような苦しみをするなら希望の持てない沖縄より、希望の持てる土地を……と思って南米移民に応じました。」

当時の新聞は、ともに伊佐浜の強制立ち退きによりインヌミヤードイへ移住しそのまま残る四世帯が、ブラジルに移民する十世帯のために貧しいながら盛大な送別会を行なったと報じている。そして、米軍基地拡張による伊佐浜の強制立ち退きから二年一ヶ月後の五七年八月二十日、伊佐浜住民十世帯、五九人は、第一次農業技術移民として南米ブラジルへ旅立つことになったのである。

それから数ケ月後の新聞には、伊佐浜住民を移民に送り出した宜野湾村と伊佐浜地区の状況を伝える、次のような対照的な内容の記事が掲載されている。一つは、「軍用地料で潤う」という見出しの記事である(25)。その記事によると、約三千万坪を軍用地に提供している沖縄本島中部の各市村は、それにより莫大な軍用地使用料収入が入り、各市村の財政を潤して住民の購買力を高め資本蓄積となっている。宜野湾村にも約八千五百万円の軍用地料の収入が入ったため、現在八百十万円の予算を投じて百七十八坪の新庁舎が建築中であることが報じられている。それは、基地収入により経済成長の恩恵を受けている宜野湾村の経済活況を伝える記事である。もう一つは、「生活に悩む伊佐浜の地主」という見出しで、土地の強制収用の後も古里を離れるのを嫌って伊佐区五班に住んでいる二十三戸、約九十人の人びとにかんする記事である(26)。その内容は、軍用地に接収されて耕す土地もなくなったため、日雇いで付近の田畑を耕し賃金をえている人や日雇い労働をしている者、また近くの海岸で魚釣りをしてその日暮しをしている人びとが多くいて、生活が厳しい状態にあることを伝える記事である。宜野湾村が経済活況を呈しているとは言え、同じ村の伊佐浜地区は強制収用の後、経済基盤が崩されて不安定のままの状況であることを伝えている。その二つの対照的な記事は、土地の強制収用後の所在村落と当事者である字区民の状況を伝えており、沖縄の高度経済成長の一断面を照らし出している。

一方、ブラジルへ移民した伊佐浜十世帯、五九人は、その後どのように生活基盤を築いたのであろうか。むろん、彼らや彼女たちの生活の道も決して平坦ではなかった。ブラジル移民当初、十世帯は二つの組にわかれ、コーヒー園に一ケ年と二ケ年の契約で入植した(ブラジル・二〇〇〇)。日の出から日の入りまで働くコーヒー園での仕事は、たいへんな重労働で、まじめに働いても生活費にも事欠くほどの低賃金だった。移民の際には、名目上は農業技術移民者として移民したが、実際は日雇い農業労働者であった。その契約期間の生活は、労賃だけではほとんど賄えず、なかには沖縄の土地を売却して蓄えた資金を切り崩して生活せざるをえない逼迫した世帯もあった。以前に米軍との交渉で妥協した男性たちに代わり、立法院の委員会で「補償はいらない、男が出来なければ女が守る、自分の土地で暮した方がよい」と訴えたある婦人は、移民当初の苦しい状況を次のように回想している。

そんなに働いても、お金が残るということはなかった。うっかりすると食い込みです。一か月いくらで暮らすか決めてかからないと、食い込むばかり。工夫に工夫をして借金をつくらなかった。だから食べるのも注意して食べたものですよ。沖縄戦で食べものに飢え、ブラジルにきてもそうだねと、あきらめていましたよ。あの戦争は伊佐浜のそういなめ戦争でしたよ。もうあきらめて笑って暮らすしかないと、みんな集って言ったものです（石田・一九九七、二二四頁）。

コーヒー園との契約期間が過ぎると、十世帯は個々の考えで各自の生活の道を模索していくことになる。だが、多くの世帯は現地の言葉が不自由なこともあって、その後も数年間は沖縄からもってきた資金で奥地の荒蕪地を購入、開墾して農業に従事していくが、それもほとんどうまくいかなかった。そして、伊佐浜のほぼすべての移住者が、農耕地のある地方から日系人が多く住んでいるサンパウロ近郊へと移動している。ここで、ブラジルへ移民したなかで一番若い夫婦で、本人によると一番貧乏な世帯だったと述べている伊佐浜住民の生活の軌跡を見てみよう。

若い夫婦は、コーヒー園との契約期間が終わると、琉球政府からの定着資金を元手に原始林を買い、開墾して農業を始めるがうまくいかなかった。それで農耕地と山を売って、サンパウロに出て、最初は夫婦でミシン裁縫の仕事に従事する。しかし、その仕事も低賃金で家賃も払えず生活もままならない。その後、知人から自動車会社の整備の仕事を夫に世話してもらい、妻の裁縫の仕事との共稼ぎで、ようやく生活が安定するようになったのは移民から十年ほどの歳月が経ってからであった。さらに、夫は沖縄でタクシー運転手の経験があったので、叔父から資金を借りてポルトガル語もうまく話せないなかタクシー運転手をして生活を支えた。そして、軽食を出すお店を開店し、続けて小さなスーパーを経営するようになって十八年間になり、やっと蓄えもできて順調に業績を伸ばしてきたと言う。彼は、ブラジル移民について次のように回想している。

振り返ってみると、住めば都です。日本は経済がよくなったというが、ブラジルにきて損したとは思わない。つらいときは沖縄でもこっちでも同じですよ。沖縄戦で家族を四人なくし、伊佐浜をまるごとアメリカに取られて絶望したときよりも、ブラジルでの苦労には未来があった。こっちでは、働けば働くほど働きがいがあった（石田・一九九七、四八〜四九頁）。

伊佐浜から移住した十世帯のうち、一世帯が八年目に沖縄に引き揚げたが(27)、他の九世帯はサンパウロ近郊を中心にブラジルの大地を安住の地と決めて定着している。

ところが、軍用地の強制収用で伊佐浜を追われた住民のディアスポラの生活は、それで終わらなかった。一九八〇年代になると、ブラジルの経済不況により、二十数年を掛けてようやく確保した安定した生活基盤がまたもや崩される事態に遭遇してしまう。インフレによるブラジル経済の不況に起因して、伊佐浜の移民家族は出稼ぎ労働者として再び日本へ移り住むことになったのである。

五七年にブラジルへ移民したとき、まだ子どもだったある人物は、ブラジルで成長したが八〇年代のブラジルの経済不況に巻き込まれ、八八年からは家族全員で働くため日本へ出稼ぎに来ている。それ以降、九〇年代中頃まで五回にもわたって日本へ出稼ぎに来ていると言う。ブラジルへ移住したのにまた日本へ出稼ぎに来ることの矛盾を問われたことに、最初の出稼ぎ当初はなぜブラジルへ移民したかと母親を責めた、と時代に翻弄されるディアスポラの苦悩を率直に述べている。さらに、伊佐浜からブラジルへ移民した関係者の証言として「あれは棄民ですよ」と言う発言も指摘されている（石田・一九九七、一五〇頁）。

結びにかえて

このように米軍による土地の強制収用に端を発し、移住したブラジルの経済状況という、国家の政治的経済的状況に振り回され翻弄された伊佐浜住民の苦労の軌跡は、今なお終わっているとは言えない。そのような伊佐浜住民の生活の軌跡は、土地の強制収用から高度経済成長にいたる米民政府の描く沖縄住民の進歩の物語とは、まったく異なる別の物語である。そして、米軍統治の成功と進歩の物語からは、この伊佐浜住民の生活の軌跡は排除され叙述されることのない物語である。事実、『守礼の光』の記事には、米軍基地が沖縄の経済に多大な貢献をしているとの記述は数多くあるが、その基地建設の過程で強制収用され排除された人びとの生活にかんする記述は一つも掲載されていない。

沖縄における高度経済成長の物語（沖縄に限らないが）には、多様な相互に関係する複数の物語が折り重なっている。米軍統治下の沖縄の高度経済成長を考えるとき、そのような複数の折り重なった物語を叙述するためにも、米民政府の語る沖縄住民の進歩の物語に対して、カウンターナラティブとして存在する伊佐浜住民の生活の物語を並置して考察することが重要となろう。その意味で、米軍統治下の沖縄の高度経済成長の物語から押しやられた、伊佐浜住民の生活の軌跡は、決して手放してはならない貴重な物語である。今、私たちに問われているものの一つは、中心から排除された物語を、いかに組み込んで重層的に叙述できるかにあるのではなかろうか。この小論は、米軍占領下における沖縄の高度経済成長の物語を重層的で複眼的に考えるための一つの試みである。

13 越境する沖縄

アメリカニズムと文化変容

はじめに

「アメリカ」は、戦後の沖縄に、どのような形で立ち表れて存在し影響を与えているのだろうか。また沖縄は、「アメリカ」をどのように経験して抵抗し受容したのであろうか。そしてその際、「日本」はどのような役割を果たしたのだろうか。この小論は、「越境する沖縄」というテーマで、戦後沖縄におけるアメリカニズムについて考察する。

まず、それを論じる前に、その「アメリカ」とはいったい何を意味するかが問われなければならない。吉見俊哉は、二〇世紀のアメリカニズムの内実を、「軍事的、政治経済的ヘゲモニー」としてのアメリカと、資本主義の大量生産方式と結び付いた「大衆消費文化としてのアメリカ的生活様式」と言う、二つの「アメリカ」を指摘している。その二つの「アメリカ」は、戦後日本におけるアメリカニズムについてもあてはまり、それは「暴力」としての米軍基地のアメリカと、大衆消費文化としてのアメリカ的生活様式とに大別される。吉見によると、それらは同じ一つの身体である「アメリカ」の二つの異なった側面である。その二つの「アメリカ」は、日本本土においては高度経済成長へと向かう一九五〇年代半ばあたりを境にして、両者の間に亀裂が入り、断層が広がっていったと言う（吉見俊哉「日本のなかの『アメリカ』について考える」『環』八号、二〇〇二年冬、一三一～一四三頁）。

そしてその背景には、四〇年代後半以降のアメリカのアジア政策における東アジア及び東南アジア地域全体の「地域統合」構想があった。すなわち、アジアにおいて日本を一つの基軸とした地域的政治秩序と経済秩序を形成するというアメリカの構想である。それは、政治秩序では日米の安保体制を中心に置き、韓国や沖縄を対共産主義に対する防衛のための前線基地として位置付け、経済秩序では工業国日本に対して韓国や台湾、東南アジアの諸国を原材料供給地及び市場として位置付ける、垂直的国際分業の構築であった（李鍾元「戦後米国の極東政策と韓国の脱植民地化」『岩波講座 近代日本と植民地8』岩波書店、一九九三年、三一～三八頁）。

そのようなアメリカの戦後アジアにおける地域統合の構図は、戦後日本のアメリカニズムを考察するうえでも重要な枠組みを提出しており、それと同様に戦後沖縄におけるアメリカニズムを検討するうえでも注目すべき論点を提起している。例えば、占領研究の成果によると、日本本土と沖縄との統治形態や占領政策には大きな違いがあった。日本本土では、間接占領による非軍事化と民主化が推進され、

「逆コース」以降は民主化から経済復興策へと比重が移されたのに対して、沖縄では米軍の直接占領による米軍基地の確保と安定的使用が最重要課題として政策の根幹に存在していた。そしてアメリカの対日占領政策において、その日本の経済復興と沖縄での米軍基地の保有とは、「表裏一体のもの」として位置付けられて推進されたのである。

周知のように日本では、経済復興のために経済安定九原則の指針が出され、とくに輸出産業の育成のために財政金融引締政策がとられて「円安」の単一為替相場が設定された。それに対して沖縄では、米軍基地の確保と安定的使用を第一原則として、それを遂行するための経済的諸条件の整備に重点が置かれ、具体的には基地建設に投下される莫大な資金の波及効果を最大限に活用するための経済政策がとられた。しかも、早期の基地建設のためには時間を要する生活物資の域内自給ではなく、輸入に依存する政策が優先され、「B円高」の為替レートを設定した金融政策によって、沖縄経済は「基地依存型輸入経済」に誘導された。そして米政府は、日本と沖縄との戦後復興策を効率的に結び付けるために、「ドルの二重使用」の政策を実施し、沖縄の必要とする生活物資の輸入は可能なかぎり日本から輸入させることにしたのである（牧野浩隆『再考沖縄経済』沖縄タイムス社、一九九六年、一二一〜一三六頁）。

さらに、その沖縄に実施された政策は、対日本との関係だけでなく、前述したアメリカのアジアにおける経済秩序の構想である、日本を基軸として韓国や台湾など他の東南アジアの諸国に割り当てた垂直的国際分業の一環として位置付けられた可能性も示唆されている。そのとき、日米間で日本の「潜在主権」が確認されていた沖縄の位置は、アメリカが構想するアジアの政治秩序においては、日本ではなく、むしろ対共産主義に対する防衛の前線基地として位置付けられている韓国に類似していると言えよう。

さて、沖縄が軍部の支配下にあったのは、ジョン・ダワーの言い方を借りると、一九三〇年代初期から四五年までの日本の軍国主義の時代だけでなく、戦後沖縄で米軍占領が終わる一九七二年までの、実に四十年を超える期間であった。しかも、沖縄における「アメリカ」の軍事基地の存在は、現在にいたるまで圧倒的な面積を占有しており、その構造的暴力が沖縄に被害を及ぼしている実態にほとんど変わりはない。その点で、戦後沖縄における「アメリカ」の存在とは、米軍基地の暴力を抜きにして語ることはできない。この小論では、まずその事実を確認しながら、その圧倒的な米軍基地の存在のなかで、沖縄の人びとがどのような経験をし、米軍とどのような交渉を行なったのかについて考察したい。その際、「アメリカ」の存在に対する沖縄の人びとの経験や交渉には、抵抗や闘争そして流用や受容、あるいは分離共存などさまざまな様態が含まれている。

ここでは、すでに数多く論究されている五六年の「島ぐるみ闘争」から六〇年代に大きな流れとなる「復帰運動」の、いわば沖縄戦後史の本流を取り上げるのではなく、その「島ぐるみ闘争」を分岐点として、その前の四〇年代後半から五〇年代前半と、その後の六〇年代の復帰運動とは別の文脈の、二つの時代に焦点を当て、その経験や交渉の特徴について論述したい。その特徴を先取りして言うと、戦後沖縄の人びととのアメリカ経験や交渉は、暴力としての米軍基地の圧倒的な存在のなかで、それへの抵抗や受容を含めた沖縄住民のサバイバル生活から消費文化生活への移行であったと指摘できよう。

その際、一九四〇年代後半から五〇年代前半に沖縄の人びとが経験したアメリカとは、米軍基地から放出された、あるいは流用した「アメリカ軍文化」との交渉であったと言い換えることができる。四〇年代後半の沖縄の人びととの日常生活では、衣食住におけるサバイバル生活が最も優先される重要な課題であった。五〇年代前半になると「銃剣とブルドーザー」による土地の強制収用という厳しい現実のなかで、米軍基地から放出される軍需物資を介在させながら、沖縄住民と米軍との交渉がいろいろな形で模索された。その具体的なあり方としては、五〇年代半ばまで沖縄の人びとによって行なわれた「戦果」やその後のスクラップブーム、そして密貿易などのさまざまな活動が見られる。

六〇年代に入ってくると、米軍基地の存在とは別にもう一つの「アメリカ」の影響が確認されるようになる。それには大別すると二つあって、その一つは沖縄の中所得者層の家庭において、アメリカの生活様式や大衆消費文化が徐々に浸透していった点である。六〇年代中頃になると、沖縄においても経済成長にともなう個人所得の上昇によってテレビ、洗濯機、冷蔵庫などの家電製品が、沖縄の一般的家庭にも漸次に浸透し、アメリカ的生活様式や大衆消費文化への欲望と受容がなされてくる。もう一つは、基地に隣接した地域で生活する人びとや音楽関係者に見られる米軍基地からのアメリカ軍文化の影響である。ベトナム戦争の激化のなかで基地隣接の街で商売をする人びとや、ロックミュージシャンたちに及ぼした米軍基地からの文化的影響は大きかった。その二つの「アメリカ」の浸透は、圧倒的な米軍基地の存在に対する反対運動において、五〇年代後半まで親米派を除いてほぼ一枚岩であった沖縄の人びとの間に、その後の生活レベルの格差やアメリカ認識の変化につながる、ある亀裂を胚胎させる契機にもなった。

1 サバイバル生活

戦後、嘉手納基地に隣接するコザの街で福祉事業に尽力した島マスは、日本本土の敗戦の日の記憶として、次のようなエピソードを記している。戦争が終わり収容所で教師をしていると、米軍将校が学校に現れ生徒たちを整列させ、「あなたがたはもう日本人ではない、アメリカ人になったのだ」と述べて、米軍の野戦食料であるレーションを配ったと言う（『島マスのがんばり人生』島マス先生回想録編集委員会、一九八六年、七三〜七四頁）。そのエピソードは、戦後沖縄の人びとがアメリカ文化と最初に出会ったのが、米軍の軍需物資の放出食料であったことを象徴的に表している。敗戦直後、沖縄住民の食料はすべて米軍に頼る以外になく、その食料をはじめ生活物資の無償配給は一九四六年五月まで行なわれ、それ以降は有償配給で配給食料品は約一五〇種にもおよび、ほとんどが米軍の軍需物資の余剰食料であった。また翌年には、米国の占領地域救済を目的としたガリオア援助資金が交付され、食料や生活物資の買い付け輸入が開始された。その後は援助目的も救済から復興に変化していくが、沖縄の食生活は自給の作物以外に米軍の放出食料や輸入外来の食料品に依存する構造が形成され、アメリカ軍食品やアメリカの食文化が受容され定着するようになる。

沖縄の食生活でアメリカ軍食品の定着した代表が、レーションから連なるポークランチョンミートやコンビーフなどの缶詰食品である。ランチョンミートそのものが、第二次世界大戦前に米軍当局から軍需食料として開発を要請された缶詰であり、そのランチョンミートの食習慣は他国でも第二次大戦中の食料配給によって定着したと言う。その軍需食料の味覚体験は、沖縄の人びとにカルチャーショックをもたらし、それに沖縄伝統の豚肉食習慣とが重ね合わさって、今でも続く沖縄特有の「ランチョンミート嗜好」ができたと言われている（金城須美子「沖縄の食生活にみるアメリカ統治の影響」照屋善彦・山里勝己編『戦後沖縄とアメリカ』沖縄タイムス社、一九九五年、一五二〜一八〇頁）。

このように、一九四〇年代後半から五〇年代の沖縄の食生活への影響と言えば、米軍の軍需物資の食品である缶詰類が主であり、それはアメリカ文化というより「アメリカ軍文化」と言えるものだ。沖縄住民は、米軍との間に圧倒的な物量の格差があった状況下で、自らが生き残るためにその「アメリカ軍文化」をいかに活用するかが緊急で重要な課題であった。しかし、沖縄住民は、そのような食料品などのさまざまな軍需物資の「アメリカ軍文化」を、ただ一方的に受容しただけではなかった。生きるためにその「アメリカ軍文化」を流用して、自らの生活に合うようにさまざまに工夫して活用したのである。

当時の沖縄住民が、配給物資や闇商品を別にすると、米軍放出の缶詰類や食料あるいは日常生活に役立つような物資や資財に出会うことができたのは、米軍が捨てたチリ捨て場や基地の食堂から廃棄される残飯であった。残飯は基地内の食堂で働いている軍作業員によって持ち帰られ、それを水に薄めてスープとして販売され飛ぶように売れたと言う。また、米軍のチリ捨て場には、古くなった缶詰類や兵舎を壊した際の木材やトタンなどが捨てられていて、そのチリ捨て場から拾ってきた廃材を利用したり、膨張して今にも破裂しそうな缶詰を重さや振った感触で中身の見当をつけて拾い、倍の塩を入れて保存食にした。

さらに、米軍の他の捨て場には破壊された自動車や飛行機の残骸などがあり、そこから生活に必要な物資や部品などを探して持ち帰って活用した。その機体からジュラルミンを取り外して溶かし、鋳型に流し込んで鍋やヤカンなどを造って生業にまで発展させた人や、マグネットを抜き取って石油ランプに点火させるマグネットランプを作り、それを近隣の農家の食料と交換する者もいた。あるいは、燃料タンクの厚いゴムのカバーを切り取って、ゴムゾーリ（ゴムサンダル）を作る人もいたと言う。そのようにして、米軍物資をさまざまに活用した事例は多く、それらは生活全般に及んでいた（那覇市総務部女性室編『なは・女のあしあと　那覇女性史（戦後篇）』琉球新報社、二〇〇一年、七五〜七六頁）。この時代の沖縄の人びとは、厳しい状況のなかで外来の文化を自らのものに取り入れて、生活のなかに組み込み、アイデンティティの一部にさえしていたのである。

一方、当時の食料事情では、配給される食料や自給の農作物だけでは足りず、住民の間では米軍基地の物資集積所から品物をかすめ取ることが一般的に行なわれた。それらの行為は、いわゆる「戦果」と呼ばれ、当時の沖縄の住民生活のなかに日常的に埋め込まれていた行為だった。庶民の間で、当時よく歌われた狂歌に「上や役得に　中や闇商売　わした下々や　戦果あぎら」と言う琉歌がある。その琉歌は、上層階級は米軍にとりつき役得に奔走し、中流層は闇物資で生計を豊かにし、われら下層民は戦果でもあげようかという意味で、当時の世相を反映した狂歌としてよく知られている。

しかし、その戦果をあげることは危険と隣り合わせであり、発覚して憲兵に逮捕される人も少なくなかった(1)。だが、戦果は、当時生きるために必死だった状況下で、個人の所有物を盗むこととは区別され、道義心もほとんどなく、むしろ米軍基地から戦果をあげることを誇るような世情だったと言う。ただ、その戦果がえられたのは沖縄全域でなく、米軍基地に隣接していた地域に限られ、基地に働く軍作業員や隣接地域の住民たちが中心で、その戦果でえた多くの軍需生活物資は闇市に流れたのである。

それらの戦果は、闇業者を通して日常の生活雑貨は沖縄本島南部、米軍物資は中部を中心に密売がなされ、その物質が与那国や宮古を経由して南は台湾、香港ルート、北は口之島、本土ルートと言うように物々交易による密貿易のネットワークが広がっていた。密貿易では、台湾や香港からは米、砂糖、その他の食料品や生活物資、本土からは生活物資や缶詰、日用品などが輸入され、沖縄からの闇輸出品は米軍基地からの軍需物資が主であった。とくに与那国や宮古を経由した台湾や香港ルートの密貿易では、薬莢が重宝されその輸出の主力商品だった。

例えば、香港との密貿易では一航海で約二万斤の薬莢が運ばれたが、戦後初期まで沖縄に豊富にあった薬莢も段々と取り尽くされ、真鍮や米軍の資財置場に多く保管された銅線まで盗まれて輸出品に代わった。当時、中華人民共和国と台湾とが交戦状態にあり、薬莢や真鍮は重要な軍需物資として沖縄から密貿易され、その闇輸出品は香港を経由して中国本土に流れたとも指摘されている(石原昌家『空白の沖縄社会史』晩聲社、二〇〇〇年、同『戦後沖縄の社会史』ひるぎ社、一九九五年、古波津清昇『沖縄産業史』文教図書株式会社、一九八三年)。その薬莢も、いわば沖縄戦の遺産と言えるもので、米軍と深く関わる品物であったが、沖縄戦での「鉄の暴風」によるもう一つの遺物が沖縄には大量に残存していた。

その遺物とは、使用された砲弾や機銃弾、破壊された戦車や戦闘機、そして浅瀬に沈没した軍艦などの残骸である。

五〇年になると、米軍基地の本格的な建設が始まり、戦争スクラップの国際入札が行なわれ、朝鮮戦争の影響もあいまって屑鉄が高値を呼んだ。五三年には米軍にあったスクラップ処分権が、琉球政府に委譲されてスクラップブームが起き、住民は家族総出で原野や海辺に繰り出し、屑鉄を集め業者に売って生活の足しにした。五六年には日本は神武景気で、世界ではスエズ運河のエジプト国有化問題でスエズ動乱が勃発したこともあって、スクラップブームはピークをむかえ、沖縄では輸出額でスクラップがサトウキビの約二倍の額となり第一位を占めた。しかし、このブームの一方で、不発弾や沈船の解体作業中に爆発事故が相次ぎ、そのため戦後一三年間で六二三人が死亡し、一、〇〇〇人を超える住民が負傷している。そのスクラップブームも、景気下降による鉄屑価格の暴落によって、泡沫のように立ち消えたが、五〇年代半ばの米軍と沖縄住民との関係を象徴する一つの事例だと言えよう。

さらにここで、四〇年代後半から五〇年代前半の米軍統治下において、密貿易に関わった一般的な事例として、ある二人の人物の行動様式を見ながら、その時代の「越境する沖縄」がもっている意味を考察してみたい。その二人とは、宮古出身の真栄城徳松と下地常盛の両氏である。

台湾で敗戦をむかえた真栄城は、台湾に疎開していた家族を一刻も早く宮古に帰すため独自に小型船をチャーターして引き揚げを行なった。その後行政に頼ることなく、自分たちで台湾疎開引き揚げ促進の組織を宮古で作り、資金を出し合ってその業務に従事した。しかし引き揚げて来た宮古は人口が増大して、食料や日常物資が不足したので、今度は物資の豊かな台湾から生活必需品を輸入するため、非合法のなかで密貿易を行なうことになった。沖縄と宮古の間で配給物資を運んでいた米海軍の戦車揚陸艦の艦長や機関長に渡りを付けて、宮古からカツオ節や海人草を密かに持ち込み、それを沖縄本島中部で米軍の軍需物資と物々交換し、その品物をまた宮古行きの揚陸艦に持ち込んで交易を行なった。彼はその混乱した時代に、行政に頼ることなく自らの力で外地引き揚げを行ない、さらに米軍の揚陸艦を活用しながら密貿易を行なって、厳しい現状を打開していったのである。

また下地は、米国政府が占領地域復興のために設けたガリオア資金で建造された木造漁船を、資金の用意がないにもかかわらず香港密貿易に活用するために購入した。その漁船を最初は知人の密貿易のために貸し、その貸料を購入費に充てて、後に自らも密貿易に従事した。その香港との密貿易で興味深いのは、薬莢などの米軍物資と交換に、日常必需品とともに米軍当局と折衝するためにOEDなどの英語辞典や、また本土との密貿易では宮古になかった印刷機械一式を仕入れた点である。食料などの生活物資とは異なるその辞書や印刷機の交換品から、米軍統治下を生きる宮古の人びとの巧みな交渉術がうかがえて興味深い。下地はその後、北は日本から南は香港まで密貿易でえた体験や知識を生かして、琉球政府の物産斡旋所の大阪支所の職務に従事し、当時沖縄に伝わっていなかった本土市況の情報や材料を提供して、沖縄の貿易に尽力した（『私の戦後史　第八集』沖縄タイムス社、一九八五年、一九〜二二・一六二〜一六九頁）。

この二人の密貿易における行動様式を見ると、当時の米軍統治の権力関係を巧みに活用しながら、自らの生活力で国境線や制度的枠組みを自由自在にくぐり抜けて、独自に世界を切り開いていることが確認できよう(2)。それらの戦果や闇市、そして密貿易に代表される「島ぐるみ闘争」以前の沖縄の住民の行動様式は、アメリカ軍と沖縄住民との圧倒的な物量の格差のなかで、支配者と被支配者との力関係を逆手に取りながら、被支配者の位置から自らの生活のために「アメリカ軍文化」を流用(appropriation)して活用するあり方だと言える。彼らの行動様式は、四〇年代後半から五〇年代前半の米軍統治下において形成された、沖縄人の「主体性」を表象していると言えよう。その「主体性」とは、沖縄の人びとが生きるために力関係で圧倒的格差のある米軍と折衝(negotiation)し、その交渉のなかで自らの生活空間を自力で開きながら構築したものである。例えば、そのような米軍に対して沖縄住民が行なった陳情や戦果という行為は、米軍の軍用地の強制収用に対する五六年の「島ぐるみ闘争」の前段として、「闘争以前の闘争」(若林千代「『オフ・リミッツ』の島」『現代思想』二七巻三号、一九九九年三月、二八頁)や「日常型の抵抗」(鳥山淳「軍用地と軍作業から見る戦後初期の沖縄社会」『浦添市立図書館紀要』一二号、浦添市教育委員会、二〇〇一年、七七頁)として指摘されている。

その時代を生きた沖縄の人びとからすると、その行動は当事者にとって、ただ生きるための行為にすぎなかったものであろうが、当時の沖縄ではその生きるための行為が日常生活での闘争や抵抗のあり方につながっていた点が注目される(3)。当時の沖縄の過酷な状況では、生きることは交渉し抵抗することであり、またそのような抵抗を含んだ交渉が生きることでもあった。ただ、その時代の特徴は、戦果や密貿易のように「物」を介在させている点にあり、そのことは四〇年代後半から五〇年代前半の「越境する沖縄」をよく表している。

2　米軍基地と対沖縄住民文化政策の変更

一九五〇年代前半、新たな基地建設のために土地の強制収用が強行される状況下で、前節でふれたように、沖縄ではまだほとんどの人びとが生きるための生活を余儀なくされた状況にあった。それに対して、沖縄に駐留した米軍人家族の米軍基地内の生活や暮らしぶりはどのようなものだったろうか。アメリカ本土では、一九四〇年代後半から退役軍人の中産階級のサラリーマン家庭を中心にして、「レヴィット・タウン」という郊外の住宅地が形成され、アメリカの大量消費型のライフスタイルが確立していた。レヴィット・タウンとは、その郊外の住宅様式を形成した人物の名前に由来するものであり、彼はアメリカの衣食住における大量生産消費型のライフスタイルを成立させた代表的人物として、ヘンリー・フォード（大衆自家用車）やレイ・クロック（マクドナルド）とならんで称されていることはよく知られている。五〇年代前半のアメリカ本土では、中産階級のサラリーマン家庭において、すでにモダンな冷蔵庫や洗濯機、テレビなどの家電製品を備えた郊外の芝生のある住宅地で、家族の団欒や豊かな消費生活をおくるアメリカン・ウェイ・オブ・ライフが成立していた（三浦展『「家族」と「幸福」の戦後史』講談社、一九九九年）。

しかし、アメリカ本国から沖縄に派遣され、米軍基地内に住んでいた米軍家族の生活の実態は、その五〇年代前半のアメリカ本土の生活様式に比較すると大きく異なるものだった。例えば、五〇年代初期の沖縄の米軍基地内の生活は活気には満ちていたが、アメリカ本土と比べて物質的にもかなり不十分な状況だったと言う。その基地内の生活水準が急速に「本国並み」に改善されたのは、四〇年代末に相次いで台風にみまわれ、その被害調査のため沖縄にきた米軍調査団の勧告により、改善の方針が決定された後の一九五五年頃であった。その頃の在沖米軍基地内では、住宅や教育、娯楽施設といった非軍事的施設も完備され、フェンスのなかで特異な「基地コミュニティー」が形成されていた。五五年八月の『タイム』誌は、その頃の那覇上之屋にあった広々とした芝生の裏庭を擁した米軍住宅地を「太平洋のレヴィット・タウン」と称して次のように記している。

「家族連れの下士官は軍から支給された家具と最新式の冷蔵庫、それに上下水道施設の完備した、ベッドルームが三つにシャワールームが二つもついた、ランチ・スタイルの住宅が与えられる。押し入れには沖縄特有の高湿度から生ずるカビを防ぐための除湿用電球がともされている。それにフルタイムのメイドが月一五ドルである。米軍用のゴルフ場が三つ、ビーチが四つ、P・Xは冷房がきいている。クラブでは毎晩ダンス・パーティーが開かれる。」

しかし宮城悦二郎によると、その「太平洋のレヴィット・タウン」も、五〇年代に世界各地にできた米軍基地と同様に、権威主義的構造をもった特殊的な「基地社会――Garrison Community」であったと言う。その基地内の駐留軍社会は、閉鎖的で本国からのアメリカニズムや人種的偏見をさらに強化させる傾向をもった特殊な社会であった。沖縄社会における米軍基地は、フェンスの内と外との社会文化的な構造や意識面における異質性もあり、その閉鎖的な基地コミュニティーにおける人種的な偏見も含め、占領者・統治者の一員としての優越感がさらに強化されていた。基地と沖縄社会の両者の間には対等な意味でのコミュニケーションが生まれる関係は存在しなかったと言う（宮城悦二郎『占領者の眼』那覇出版社、一九八二年、一一七〜一二三頁）。

そのように五〇年代では、閉鎖的な米軍基地は生活における機能や利便性においてそれ自体で完結しており、沖縄の人びととの交流や関係は基地に隣接した地域の軍作業員やハウスメイド、ガーデンボーイなどの基地関連の仕事に従事する人びとに限られ、その影響も一部に限定されたものにすぎなかった。しかし、米軍基地に隣接している地域の人びとから見ると、忽然と出現したその豊かな米軍住宅地はまさしく次のような「別世界」の出来事であった。

金網の向こうにはリトルアメリカがあった。ゲートを入ると、まず目に入るのはよく手入れされた青い芝生に形よく刈り込まれた樹木、そしてゆったりした敷地に点在する平屋建ての白い家々である。広い庭にはブランコがあり、ハイビスカスの花が咲いている。……舗装された道路を大きなアメリカ車で走り、家の前に車が横付けにされる。土足のままあがるように促がされた家には、厚いじゅうたんが敷かれ、……明朗できさくな女主人は、手作りのケーキやクッキーを披露し、レディファーストの国らしく夫も肉を焼いたり飲み物をサービスしたりとかいがいしく家事を手伝う。……沖縄では臭い便所は家の外にあるのが当たり前なのに、外人住宅は一軒の家に客用と風呂場と二つも三つもあった（前掲『なは・女のあしあと　那覇女性史（戦後篇）』四三〇頁）。

その限定された交流のなかから、沖縄の人びとが垣間見た米軍住宅地でのアメリカ人の生活やスタイルは、近代的で清潔な空間による目のくらむような豊かさの象徴であり、夢のような憧れの対象であった。しかし、現実には基地内外を仕切るフェンスの内と外では、圧倒的な物量の落差があり、その影響が及んだ範囲は限定され、文化的な影響や受容された領域は食事や洋服などの日常生活のごく狭い分野にすぎなかった。大多数の沖縄の人びとにおいては、一九五〇年代後半までは、四〇年代後半や五〇年代前半と比較して多少の生活の余裕が生まれたとは言え、日々生きるための生活という状況にほとんど変わりはなかった。

そのような状況が変わっていったのは、一九五〇年代後半頃からであった。米政府の沖縄に対する統治政策の転換にともない、法制度的側面を含めて経済的ならびに社会的側面における整備が行なわれたことが大きかった。米政府は五〇年代に入ると、東アジアでの米国の軍事戦略にともない軍事基地を拡張するため、文字通り「銃剣とブルドーザー」により新たな軍用地の強制接収を行なった。しかし、その米軍による沖縄統治の「強硬政策」は、住民の反発によって五六年の「島ぐるみ闘争」として拡大し、その政策は挫折し見直されることになった。そのため五〇年代後半に入ると、米政府はこれまでの強硬政策を変更して、沖縄住民を宥和するためのさまざまな措置を講じるようになる。

例えば、五七年六月の大統領行政命令の発布による高等弁務官の設置、五八年七月の「一括払い方式」の放棄による軍用地問題の解決、五八年九月の米ドルへの通貨切り替え、同じく同年九月の日本政府の技術援助の受け入れ、六〇年七月のプライス法（「琉球列島の経済的・社会的開発促進に関する法」）の制定などである。とくに、五八年の「ドル切り替え」や六〇年のプライス沖縄援助法は、これまでの強硬政策に変化をもたらし、アメリカの沖縄統治を「正常化」する転機となった。そのプライス法の制定、その二年後の改定の後に、沖縄に対する日米援助は大幅に増額されていった（宮里政玄『アメリカの沖縄統治』岩波書店、一九六六年、一一一～一九〇頁、同『日米関係と沖縄』岩波書店、二〇〇〇年、一三七～二一四頁）。

その時期の米政府の沖縄統治政策の変更は、同様に沖縄住民に対する文化政策においても重要な変化をもたらした。反共主義によるアメリカン・イデオロギーを強制的に押しつけようとするこれまでのあり方から、その露骨な反共主義の強制が薄らいで、「米国の政策・国際的な役割に対する理解と認識を得る」方向へと変化した。その際に、アメリカ人に対しては「琉球人の文化と生活」への理解を求めるとともに、琉球人には日本人とは異なる自らの琉球文化への知識と誇りをもつように「琉球人アイデンティティー」の育成が目的として掲げられた。

制度的には、一九五一年に米民政府の情報教育部内に「計画・政策分室」が設置され、五〇年代後半には沖縄住民に対する情報・文化政策における宥和政策が、人民党や沖縄教職員会などの革新グループへの抑圧的な方法とは別に、本格的・組織的に展開されるようになった。具体的には、米民政府の方針として沖縄住民の支持と理解をうるために、琉米文化会館の設置や米民政府の放送メディアの財団・民放への移管、そして米民政府広報誌『今日の琉球』（一九五七～七〇年）と高等弁務官主宰で第七心理作戦部隊発行の『守礼の光』（一九五九～七三年）の発刊などの印刷物による教化宣伝が行なわれた（宮城悦二郎『沖縄占領の二七年間』岩波書店、一九九二年、三四～五八頁）。

五〇年代後半に米民政府の広報誌として創刊された両雑誌の刊行は、米軍の対沖縄住民政策において、強硬姿勢から奨励宣撫工作への変化を象徴的に示しており、その記事内容も政治・イデオロギー的なテーマを避けて経済を中心とする話題に重点が置かれている。例えば、沖縄住民を宣撫するため約七万五〇〇〇の部数を毎月無料配布したと言われている『守礼の光』の論調や内容を分析してみると、少なくとも次の三点が特徴として指摘できる。

第一に、琉米親善と相互理解の方向性がことさら強調されている点である。それは、その創刊の辞で雑誌の方針として明快に述べられている。また、同雑誌に掲載された米軍兵士と駐留地住民との友好関係を強調する多くの記事や論調からも、米民政府の対沖縄住民政策が島ぐるみ闘争を経た後で、強硬姿勢から宥和政策へ変更したことがうかがえる。その琉米親善は、沖縄住民への宥和政策としてペルリ提督来琉を記念日として設定され、その後は徐々に拡大されて週間の行事としてさまざまな催しが行なわれ、多くの諸団体が参加するようになった。

とくに興味深いのは女性たちの交流である。例えば同雑誌には、米国と琉球の婦人たちが沖縄国際婦人クラブを設立し、その琉米親善の活動として語学講座やお互いの料理・文化講座の開催、社交や文化事業などを行なっている記事が数多く掲載されている。だが六一年六月の同誌の「誌説」には、その婦人間の琉米親善で米婦人が琉球婦人を基地内の自宅に招いたり、レストランや劇場に招待しているが、琉球婦人の側ではそのようなことはなく、「一方的な友情」だと指摘されている。その背景には、基地内の住宅に比べて質素な自宅に米婦人を招くのは失礼ではないかという琉球婦人の消極的な考え方があるためで、そのような「ひっこみ思案はやめよう」と説かれている。この時期の雑誌をよんで興味深いのは、それ以前の琉米間の交渉が沖縄側からいわば戦果などの「物」を介しての関係だったのに対して、米国側から琉米親善という「人間の交流」が主張されている点である。しかしその人間の交流は対等なものではなく、この婦人間の交流にうかがえるように、琉米親善という相互交流の実態は統治者と被統治者との関係が歴然として存在しており、一方的な関係を抜け出ることは困難であった。

第二は、「誌説」で繰り返し説かれている共産主義批判の論調である。ソ連や中国、東欧諸国やキューバなどの共産主義政策に対する批判だけでなく、沖縄県内にそれに賛同するような扇動者がいると繰り返し論及されている。読者から『守礼の光』の政治記事や誌説はいつも反共のことばかりではないかとの苦情の手紙に対して、編集部は民主主義を守る立場から共産主義の誤りを指摘していると説明している。六〇年代に入り、沖縄住民に対し抑圧的な強硬姿勢から宥和政策への変更があったとは言え、「誌説」において共産主義批判は繰り返し説かれており、その批判の論調に変化はない。米民政府によって、人民党機関誌『人民』の発行不許可や沖縄教職員会の『愛唱歌集』の回収命令が出たのも、政策変更後の六〇年に入ってからであった(4)。とくに六五年以降にベトナム戦争が激化すると、共産主義・北ベトナム政府に対する批判が行なわれ、他方で自由主義陣営を軍事戦略的に支えている沖縄の米軍基地の重要性が強調されている。

第三は、米政府の沖縄統治や援助によって、いかに沖縄の経済が発展し、沖縄社会の近代化と文明化がなされたかを強調する論調である。そしてそのような琉球への発展に大きく寄与したのが、高等弁務官資金をはじめとする米国政府の沖縄への多額の予算投下であり、米国民によるララ物資やリバック物資などの直接援助であると繰り返し主張される。例えば、一九六三会計年度に米国が琉球に落とすお金は全琉球人の総収入の半額を占め、その援助がなければ琉球の国民所得は半減し、その多額の直接援助が行なわれているのは沖縄に米軍基地があるためであり、米軍基地は琉球経済にとってなくてはならないと説かれている。そして、米国によるその多方面に及ぶ多額の琉球援助によって、琉球の経済社会生活は近代化され、多大な発展や進歩がもたらされたと繰り返し論及される。

その主張を集大成したのが、戦後二〇年の節目の年に編集された「進歩の二〇年」という特集号(一九六五年九月号)である。その特集号では、この二〇年における米政府の援助により沖縄社会がいかに進歩したかを、異例の八〇頁を越える編集(通常は四五頁)で沖縄の識者を動員しながら、農林水産業や海運電気などの産業経済から教育文化、公衆衛生まで多方面にわたって論述がなされている。その特集号でも、米政府の膨大な援助によって沖縄の経済が発展し、沖縄の近代化や進歩がなされたことが統計数字を駆使して強調された。

『守礼の光』は、前述のように約七万五〇〇〇部（一九六五〜六六年は九万一〇〇〇部）が印刷され無料配布されたが、米民政府の宣撫工作の一環だと認識されていたこともあって、大量の発刊部数のわりには読まれた割合は少ない(5)。当時の大学生たちからは、米民政府のプロパガンダの雑誌だと批判されており、一部ではその抵抗の意志を込めて配布のために琉米文化会館をはじめ主要な公共施設に置いてあった雑誌を密かに廃棄し、焼却したとの話は広く伝わっている。鹿野政直は、もう一つの広報誌である『今日の琉球』を分析した論考で、それらの印刷物の分析は沖縄に対する米軍の統治や戦略の論理を明らかにする一助として重要だと指摘しながらも、多くの部数を発行したそれらの広報誌は沖縄側の抵抗の気持ちもあって多くは読まれなかったと推定している（鹿野政直『戦後沖縄の思想像』朝日新聞社、一九八七年、一六五〜一六六頁）。

当時の人びとに聞いても誌名は知っているが読んだ記憶はないとの声が多く、米軍の宥和政策としての印刷物による教化宣伝は、多くの成果をあげたとは言い難い。ただ、その二つの広報誌で繰り返し強調されている政治主義から経済繁栄への論調の方向性は、その後の沖縄社会にも次第に影響を与えていった。日米両政府の援助政策による沖縄の経済成長とその影響は、沖縄社会における米軍基地の存在とは異なった、もう一つの「アメリカ」の浸透を促すものであった。

3　生活改善とアメリカの影響

そのもう一つの「アメリカ」の浸透とは、沖縄の中所得者層において、家電製品に象徴される近代的なアメリカの生活様式に対する欲望と受容である。それは、その受容の過程において、沖縄を取りまく日米の政治経済的状況のなかで、さまざまな要因が複合的にからみながら浸透していった。前節でふれたように、五〇年代の米琉の間では圧倒的な格差があり、基地内の米軍住宅はまさしく「別世界」で、そのあまりの違いにより当初は羨望という感情さえも抱かなかったと言う（それが年を重ねるごとに段々と羨望の対象になっていく）。だが沖縄経済は、一九五三年以降の基地建設ブーム、五五、六年のスクラップブーム、五八年のドル切り替え後の外資導入による設備投資や、パイン、キビ作ブーム、六〇年の軍用地料の集中支払いと日本政府からの恩給・援護年金等の増大、その後の日米援助拡大と日本経済の高度成長に刺激されながら、経済発展の経過をたどっていった。

六〇年代に入ると実質国民所得も前年対比で一〇％以上の伸び率をあげており、一人当たりの実質国民所得も、五五年度が一四八ドルに対し六四年度が二九八ドルで、この十年間で二倍以上も増加した。そして、そのような所得の伸びに伴い沖縄の生活水準も向上し、六六年には耐久消費財ブームがおこり、テレビ、電気洗濯機、電気冷蔵庫などの家電製品をはじめ扇風機やトースター、ミキサーなどの電気製品が一般家庭にまで普及するようになった。その家電製品の一般家庭への普及には、直接的には沖縄経済の成長による所得の増加が大きな要因となっているが、アメリカ文化との関係を考えるうえで次のような興味深い経緯が指摘できる。

それは、農家の生活改善運動における大学の普及活動の役割と、沖縄の一般家庭における家電製品の普及に見られるアメリカ文化の受容との関連性についてである。沖縄の農業は家族労働が基本で、農業生産と日常生活とが不可分な関係にあり、農家の生活改善のためには農業生産の増大と健全な日常生活の向上が重要な意義をもっていた。沖縄における農家の生活改善の重要性を最初に指摘して行政へ強く働き掛けたのは、ハワイ大学普及部家政学関係のフィーゲン女史であった。

彼女は、米軍政府の示唆で日本視察の帰りに沖縄へ立ち寄り、農村の生活を視察してその貧困さに衝撃を受け、その足で直接農業改良局を訪れ生活改善普及事業の必要性を力説し、農業での４Ｈクラブ（米国で芽生えた農業普及事業における青少年教育を目的とする組織）の育成を進言した。それが戦後沖縄における行政による生活改善普及事業が始まる契機になったと言われ、一九五一年琉球政府に生活改善課が設置されて日本への視察研修が行なわれ、すでに始まっていた農業改良普及員の指導に加えて、多様な生活改善普及事業が推進されるようになった。その普及活動の大半は、主として施設改善と食生活改善指導に当てられた。施設改善では、五〇年代前半の農村部で大きな課題であったカマド作りやその改良、さらに台所改善が中心に行なわれ、食生活改善では、当時の食料不足に対し、いかに農作業で食料を確保し食生活を工夫して合理化していくかが目標とされ、豆腐や味噌作りによる栄養改善と漬物などの保存食作りが指導された。そして当時重要だったのが、アメリカからのララ物資やリバック援助で配給されたメリケン粉（小麦粉）や脱脂粉乳をどのように活用し、料理するかという問題であった。

実は、そのアメリカからの援助配給物資を活用する課題において、沖縄で大きな役割を果たしたのが琉球大学家政学科の存在であった。

琉球大学は、戦後の混乱が落ち着きを見せた一九四〇年代後半に関係者から大学設置の世論が喚起され、米軍政府に要請が行なわれて、五〇年に米民政府布令により設置された大学である。設立当初、その所轄が米軍政府情報教育部にあったとは言え、沖縄では戦前戦後を通じて初めての大学の設置であった。その管理運営は、六五年に琉球政府に移管されるまで、米民政府の布告、布令によって行なわれ、その監督下に置かれていたため「布令大学」とも言われていた。開学当初は、米軍の所轄で根拠となる法令の制定もなく、米軍政府情報教育部から琉大のディレクターとして派遣され常時勤務していたチャップマンと、沖縄人の学長代理との話し合いで運営されていたという。チャップマンは第一回の入学式で、琉大の役割について次のように述べている。

本学ハ日本ノモノデモナク、米国ノモノデモナイ。コレハソノ創立者ガ勉強シヨウトスル者ノ要望ヲ充タシ且ツ琉球諸島ノ人々ノ役ニ立ツ学府ニ成長スルヨウニト念ジテ創設サレタモノデアル。……私達ハ本学ガ云ワバ文化的原動力トナツテソコカラ新シイ力ト新シイ光ガ琉球諸島ノアラユル村ニ流レテ行ク様ニト大学ノ全教科ヲ高度ニ実用的ナモノニナラシメタイ。……コノ諸島ノスベテノ家庭ニ福祉ヲ齎ラスモノトナルデアロウ。

この発言からも確認できるように、琉球大学は戦後沖縄再建のために重要な「実用的」役割を果たすことが強調されている。また米国国防省は、戦後まもなく琉球の占領政策の一環として、琉球列島米国民政府に対し新しく創設された琉球大学の発展を促進するために、土地下附大学（Land-grant University）の原理、概念、運営方法を導入し、大学による研究および普及事業の運営を勧告した。米国における普及事業は、州立の土地下附大学の農学部や家政学部を本拠に、農業試験場を附設して大学の教育・研究・普及の機能が三位一体の形で運営されていた。

琉球大学は、米国のそれらのランド・グラント大学（The Land Grant College）の教育理念に範をとり、とくに戦後沖縄社会の再建のために知識を一般の人びとに還元する普及事業の運営に力を入れたのである。それは、琉球大学の学部編成にも表れて農学とともに家政学が重視され、家政学科が農学とタイアップして普及活動が行なわれ、日本の大学ではめずらしく農学部のなかに編成された時期もあった。さらに、国防省占領地域再教育支部は、琉球の教育にかんして米国議会に提言し、琉球大学援助計画発展のため陸軍省を援助することを要求している。そして米国陸軍省は、琉球列島民政官の提言に応じて、普及事業を活発に行なっている著名な農業大学で、琉球大学に協力し援助と助言を行なう米国の大学として、ミシガン州立大学を選定して契約を結んだ。

ミシガン州立大学は、普及事業において農学や工学、ホーム・エコノミックスを重要分野として位置付けており、その分野で大きな寄与を果たしていた大学だった。一九五一年から六八年まで、そのミシガン州立大学から琉球大学へ五十一人を数える教授が派遣され、常時五人から六人が沖縄に滞在し、それぞれの専門分野の講義だけでなく学科運営や教育行政に対する援助と助言を行なっている。とくに、家政学科には、一九五一年から五九年までに四人の教授が派遣され、一般への普及事業活動にかんして大きな影響を与えている。その普及事業活動では、農業や畜産の分野と家政学の分野で共同で月刊の小冊子の発行や展示会を行なったり、琉球列島の各地にある琉米文化会館を主会場にして、生活改善講習会や料理実技の講習会、さらに新聞雑誌の紙面やラジオ・テレビ放送や映写会などを通して料理実演などを行なっている(6)(新垣博子「琉球大学における家政学教育」『琉球大学教育学部紀要』第二三集、一九七九年、『農業改良普及事業の歩み——沖縄県農業改良普及事業四〇周年記念誌』沖縄県農林水産部営農指導課発行、一九九一年)。

沖縄における生活改善普及事業は、先に言及した行政側の改良普及員の活動とともに、琉球大学家政学科の教員ともタイアップして行なわれてきた。五二年に家政学部の助教授に任命された翁長君代は、その家政分野の普及事業の中心を担い、同僚やミシガン州立大学から派遣された教授らと、沖縄本島の国頭地区や離島地域を含む全域で、料理講習会をはじめとする生活改善の普及活動に尽力した。沖縄各地で行なわれた料理講習会では、ララ物資やリバックなどの援助物資で配給された脱脂粉乳やメリケン粉を使った料理の指導を行なっている。翁長自身もその援助物資で初めて脱脂粉乳に出会い、それを固まらず溶かすために試行錯誤して独自に泡立て器の道具を作ったり、甘くない脱脂粉乳のミルクを冷たいままでも飲みやすくするためさまざまな工夫を行なったと言う。

翁長は、家政学科で普及事業に従事しながら、米国政府の派遣する「国民指導員」として米国視察やミシガン州立大学に留学し、農家でホームステイをするなどアメリカ生活を実体験して学んだ。その米国視察や留学体験が、帰国後の沖縄での生活改善普及事業で、アメリカの食文化や生活様式を取り入れて教授する際に、大きな影響を与えている。帰国後の料理講習会では、鍋やまな板などの料理道具を積み込んだワゴン車で各地を回り、軍から配給されたメリケン粉を利用したケーキ作りやお菓子作りの実演、配給缶詰のポークランチョンミートを活用した料理、生野菜を使ったサラダ料理の普及などを指導した（翁長君代自伝刊行会編『素晴らしきかな人生　翁長君代自伝』若夏社、一九八五年、一八六〜二七六頁、琉大農家政学部発行『琉大　農家便り』二四号、一九五七年十一月）。

六〇年代前半になると、沖縄ではアメリカの食文化の影響によりパン食が一般化するが、それに伴いサラダ料理のためにレタスなどの生野菜も食するようになる。翁長は、『守礼の光』で六三年三月から料理欄を担当し、そこで一般読者に向けて生野菜やパインを使ったサラダ料理や、配給のメリケン粉を利用したケーキやお菓子作りのレシピを発表している。それによると、翁長が初めて生野菜を食べたのは、五二年に米人家庭に招待されサラダを出されたときで、そのときはあまりおいしいとは感じず、料理をせずに生野菜を出す米人は失礼もはなはだしいと思ったと言う。しかし、それから十年余たった今は逆に、生野菜を食べなかった日は何かを忘れたような気がするとさえ述べている。その生野菜に対する翁長個人の感覚の変化は、アメリカの食文化や生活様式が沖縄の家庭で浸透していく経過を表しているとも言えよう。

占領当初において、生野菜を食するのは米軍人だけであり、沖縄ではサラダを食する習慣はなかった。だが、基地に隣接する農村部では、行政のテコ入れでいち早く米軍人に生野菜を供給するために、「清浄野菜」と称して生産に力を入れるようになった。米軍は、日々食する新鮮な生野菜を確保するため、沖縄で生産する地域を限定し、その農法にも厳しい条件をつけたが、清浄野菜の需要はますます高まり、その生産量は増大していった。『守礼の光』の記事（一九六二年七月）には、「琉球の清浄野菜」はかつてサツマイモしか作らなかった畑で生産され、いまや在琉米軍の各部隊だけでなく、韓国や日本、フィリピンに駐留する米軍部隊が買い上げており、農家の大きな収入源になっているとの記述が見られる。

そして米軍人の食卓を飾るその新鮮な野菜が、翁長の料理欄で紹介されているように、六〇年代中頃になると今度は沖縄の中流家庭でも一般的に食するようになったのである。沖縄におけるサラダ料理の受容は、単なる料理法としてだけでなく、機械化された近代的な農業の栽培方法で生産された、健康で新鮮な生野菜を清潔な食卓でいただくアメリカの食文化や生活様式を受容する過程でもあった。

このように農家の生活改善普及事業において、沖縄では行政だけでなく琉球大学の役割が重要な位置を占めており、日本本土とは異なった特徴だと指摘できよう。しかも、それらの事業は、米民政府やミシガン州立大学の援助や協力を背景に、アメリカ食文化や生活様式の考え方が講習会や実演を通して、地域の主婦にまで影響を及ぼしたのである。つまりアメリカ食文化や生活様式の浸透は、農家や一般家庭の生活改善運動の一環として、琉球大学の普及活動を通して同じく推進されたのである。その大学が果たした役割は、戦後日本における生活改善普及活動やアメリカニズムの浸透には見られない沖縄の特徴だと言えよう。さらに注目すべき点は、その生活改善普及活動が、日本の生活改善事業を参考に推進した行政側と、アメリカの大学の普及事業を手本にした琉球大学の活動を通して、いわば日米合作による沖縄の生活改善事業だったと言う点である。

一九五〇年代から六〇年代前半の沖縄では、一方で新たな基地建設がなされアメリカが暴力としての米軍基地の存在を堅固にするなかで、他方でそのような生活改善普及事業に重なる形でアメリカ食文化と生活様式の考え方が一般家庭のなかに静かに浸透して受容されていったのである。アメリカ文化は、広報誌などの印刷物による教化宣伝よりも、生活の実態に即した改善運動や料理講習会などを通して、沖縄のなかに徐々に浸透したと言えよう。

4　家電製品の浸透

さて、六〇年代半ばにそのような動きに連なったのが、アメリカの消費文化と生活様式を象徴するテレビや電気洗濯機、電気冷蔵庫などの家電製品が、沖縄の一般家庭のなかに浸透したことである。沖縄でテレビ放送が開始されたのは、沖縄本島が一九五九年で、宮古・八重山では一九六七年であった。六〇年には沖縄本島で新しいテレビ局が開設され二局となり、地元紙ではいち早く今年はテレビ時代がやってくると報じている。テレビ放送を考えるうえで、制度的に大きな転機になったのは、六四年に日本本土と沖縄との間でマイクロ回線が開通したことである。それ以前は、放送時間も限定され、本土のキー局で放映されたフィルムを後で航空便で送ってもらい、また乏しい制作費のなかで作った自社制作の一六ミリフィルムを流すような番組構成が中心だった。開局当時に沖縄にあったテレビ受像機は、二〇〇〇から二五〇〇台だったが、回線が開通した後では日本本土のニュースも同時間帯で見られ、東京オリンピックも同時中継で放映されるようになり、テレビの普及も一〇万台前後(7)と飛躍的に伸びている。

沖縄経済の成長が続いて所得が増大した六〇年代中頃になると、暮らし向きも向上し、かつての生活形態に大きな変化が生じてきた。その頃の地元紙は、戦後十数年たって沖縄社会にも「消費革命」という「新しい波」がきたと指摘し、一般の家庭でも衣食住の面で充実した消費生活を迎えつつあり、テレビ、ステレオ、電気洗濯機、冷蔵庫などの「家庭電化ブーム」に拍車がかかっていると報じている。また、そのような家電製品などの耐久消費財の購入の主役は、都市部における高所得者層から次第に中所得者層へ移ってきており(8)、それは月賦制度が大きな役割を果したためで、今や「月賦貧乏」が悩みのタネになっているとの新聞記事も見られる。ただ、その家電製品を月賦で組めて購入できた中所得者層の主役は、互助福利制度として共済組合のある公務員や教員たちが中心であった。さらに六八年になると、沖縄でもカラー放送が開始され3C（カー、クーラー、カラーテレビ）時代が到来し、アメリカンスタイルの「大型消費時代」を迎えたとの記事が、地元紙でも確認できるようになる。

ところで、前述した農家の生活改善普及事業の一環として、農村部の生活器具及び施設改善状況の調査が、五二年から六五年まで全琉の農家を対象にして行なわれ（琉球政府資料で調査一覧表として確認できたのは六二年から)、さらに六六年から七〇年まで五ケ年計画として各村内の二集落と村内改善グループの調査を沖縄全域で行なっている(9)。その統計調査は、六〇年代の沖縄の農家に、テレビや電気洗濯機、電気冷蔵庫などの家電製品がどれほど浸透していたかについて教えてくれる。それによると、一九六二年の全琉農家八万六一六五戸のうちテレビを所有しているのが一万七六三戸で全体の一二・四%、冷蔵庫や洗濯機になると三・八%と二・四%にすぎない。業者の推計によると、都市部世帯では五〇%から六〇%が月賦を利用してテレビや電気洗濯機を購入しているとの指摘もあり、その電化製品の購入において都市部と農村部との格差が沖縄のなかでも非常に大きいことがわかる。

さらに六六年になると、テレビは農村部の平均でも五〇%近くになっているが、冷蔵庫や洗濯機はまだ一二%前後の割合にしかすぎない。ただ、農村部でも、地域によって大きなバラツキがあり、中部や南部地区の割合は高いが、離島は本島農村部よりかなり数値が低くなっている。本島内の農村では、冷蔵庫や洗濯機の割合はあまり開きがないが、テレビは基地に隣接した中部地区や那覇市近郊の南部地区においては七五%と八〇%で高い割合を示しており、北部地区との格差は大きい。その調査の所見でも、中部地区では電化製品の購入が他地域より伸び率が高いのは、基地に接していてアメリカの生活に刺激された結果であろうと指摘されている。

その指摘からうかがえるように、五〇年代とは異なり六〇年代になると、沖縄の生活水準も向上して、基地内のアメリカの生活様式から影響を受けていたことがわかる。そして六〇年代後半になると、全琉の農家でも電化製品が漸次普及していった。五ケ年計画最後の年である七〇年には、全琉農家平均で冷蔵庫が三八％で、まだ地域的な差が目に付くが、テレビや洗濯機は八三％と五二％を超えており、地域的格差もあまり目立たなくなっている(10)。

さて、吉見俊哉は、戦後日本でアメリカニズムが国土全域に拡大した点に言及して、そのアメリカ的なるものへの欲望は、自らのアイデンティティをアメリカの文化へゲモニーと積極的に妥協することから作りなおそうとした表れだと指摘する。そして、戦後日本のアメリカナイゼーションを考えるうえで生活イメージの変化の考察は重要だとして、戦後日本における「家庭電化」をめぐる広告のなかのイメージの展開について検証している。吉見によると、アメリカナイゼーションとしての「家庭電化」の商品のイメージがモダニティと結び付けられ、戦前から戦後にかけて時代状況を先取りする形で、都会的モダニズム、ジェンダー、ナショナリズムの言説として編成される。五〇年代の日本本土での広告では、家庭電化が民主化のイメージに重ね合わされ、それを使いこなす主婦の主体化の物語が読み取れると言う。また六〇年代の広告では、日本企業の技術的先端性が強調され、ジャポニスムとテクノロジズムとが日本人の器用さとして、一個のイデオロギーに統合されている（吉見俊哉「アメリカナイゼーションと文化の政治学」見田宗介他編『岩波講座現代社会学　第一巻　現代社会の社会学』岩波書店、一九九七年、一八〇～二一四頁）。

沖縄では、前述したように一九五九年十一月に最初のテレビ局の開局をみたが、その前後から地元紙においてもテレビを中心とする家電製品の広告が確認できるようになる。それは日本の家電メーカーが本土紙に掲載している広告と同様のものであるが、家電メーカーのなかにはキャプションで多少の工夫を行なっているのもある。当初、目に付くのは「モダン住宅の家庭電化」と言うコピーが示しているように、「モダン」という言葉が数多く使われている点である。テレビそのものの説明では「鮮やかな映像」や「迫力あるハイファイ音」などと表現しているように、各メーカーとも映像や音響を喧伝しており、有名な女優が笑顔を振りまきながら広告写真に納まっている構図は本土紙の広告と同じである。

また他の広告では、自社の家電製品が国際的な品質競争に勝って、国境や思想を越えて世界第一位の輸出実績を記録していることが謳われている。さらに別の広告では、日本の生んだ世界の技術によって世界一小さくて軽いマイクロテレビが、世界で初めて開発されたことが強調されている。それらの事実から沖縄の新聞では、五九年末からテレビや家電製品の広告が掲載されたこともあって、日本での五〇年代と六〇年代の両広告の特徴が混在している点が指摘できる。ただ、六〇年代に沖縄の新聞に掲載された家電製品の広告で興味深いのは、本土と同じ広告のなかに次のようなキャプションが添えられていることである。

「沖縄に日の丸が掲げられるようになってはや一年半、そして二度目のお正月。門松の緑とともに仰ぎみる日の丸は一段とあざやかです。」

それは、六四年正月の富士電気製品の広告である。その背景には、六一年六月から米軍占領下の沖縄では法定祝祭日に公共建築物で日の丸の掲揚が認められ、それにより日本への一体化を促進する復帰運動が一段と高揚した状況がある。このように六〇年代前半では、沖縄と日本との一体化をさりげなく示唆するようなナショナリズムの言説が、家電製品の新聞広告のなかにキャプションとして添えられている点が特徴だと言える。また家電製品ではないが銀行や観光関係の広告のなかにも、「沖縄と本土を結ぶ」とか、「〝日本の沖縄で〟外国気分」などの沖縄と日本との一体化を記したコピーが見られ、ナショナリズムを示唆する記述が少なくない。それは広告のなかに米政府が公的に使用する「琉球」ではなく、「沖縄」と言う名称を使用している点にも表れている。

さらに、六七年十二月に宮古・八重山においてテレビ放映が開始されると、「画期的なシャープの〈太陽電池〉」により「久高島西端に、久米島西目崎に、石垣島観音崎に……沖縄の海を、すみずみまで照らし続ける」と言うコピーが掲載されるようになる。六〇年代前半には沖縄と本土との一体化を謳うナショナリズムの言説が見られたが、沖縄の日本復帰が具体的な日程としてほぼ確定できるようになる六〇年代後半には、宮古・八重山を含めた沖縄全域の一体化を強調するような記述の広告が現れる。六〇年代前半の沖縄の広告に見えるのは沖縄と日本との一体化であり、その後半では日本との一体化を既定としたうえで、先島を含めた沖縄の一体化が主張されることが特徴的だ。

くわえて六〇年代の日本本土の広告は、世界を意識した広告が多いが、それは日本の技術力が世界のなかで優秀な技術だと誇る内容になっており、その際の世界とは技術力の優れた欧米世界を想定していた。しかし、同じ家電メーカーの沖縄での広告でも、同様に世界の誇る技術力が強調されているが、同時に、その際の「世界」とは欧米世界と言うよりも、輸出先の東南アジアや中近東の世界が意識され、沖縄では、同製品がその優秀な技術力と品質管理によって、東南アジアや中近東に数多く輸出されている実績がことさら強調されている。つまり、技術力を誇る日本という主体の当事者としてではなく、沖縄は輸出先である東南アジアの世界と同様な地域として想定されているのだ(11)。そのように同じ家電メーカーの広告においても、日本本土と沖縄との間では「世界」と言う言葉によって想定されている対象が違うように、両広告の内容も微妙に異なる。そこには、前述の日本と沖縄の一体性を示唆したナショナリズムの言説とのズレが確認され、日本の沖縄に対する一体性と差異性という二重の視線が指摘できる。

さらに注目したいのは、家電製品に象徴されるアメリカの生活様式が、沖縄の家庭生活のなかに米軍基地との交流から直接的に浸透したのではなく、日本を経由して流入したという点である。そのため、沖縄におけるアメリカ的生活様式への欲望は、日本を経由することで、日本のナショナリズムの言説とも重なるものとなった。六〇年代の沖縄社会では、一方では、「日本復帰」運動の推進による反基地・反米運動の高揚があり、他方で、アメリカ的生活様式の象徴である家電製品が日本を経由して、日本への一体化の言説を介在させて浸透した。

日本へのイメージは、六〇年代の沖縄の住民にとって、戦後日本がアメリカの文化的ヘゲモニーに積極的に妥協したことで、暴力としての米軍基地に象徴される沖縄のアメリカ問題を解決する政治的存在と言うよりも、むしろアメリカの大衆消費文化という生活様式や近代的なアメリカの商品文化の豊かさを体現する「祖国」として受けとめられた。それは、米軍基地のアメリカと消費文化としてのアメリカという二つのアメリカのイメージにおいて、後者の消費文化としてのアメリカをすでに体現している豊かな日本社会というイメージである。

すなわち、沖縄にとって、アメリカニズムにおける日本の担った役割には二つの意味があった。その一つは、先にふれたように、日本政府が、暴力としての米軍基地に象徴される沖縄のアメリカ問題を解決する政治的存在として立ち表れる姿勢に乏しかったために、それとは対照的に、アメリカの大衆消費文化の生活様式を身に付けた豊かな日本と言うイメージが拡大された点である。もう一つは、アメリカの消費文化や生活様式が日本を経由してイメージされたことにより、五〇年代の沖縄ではまさしく「別世界」であったアメリカの生活様式や消費文化が、六〇年代には日本国民への一体化の志向性もあいまって、沖縄住民でも手を伸ばせば届く対象として感じられるようになったことである。その消費文化や生活様式としてのもう一つのアメリカが、日本を経由してイメージされたことにより、沖縄の中流家庭のなかに米軍基地としてのアメリカの存在とは分離された、別のアメリカが受容されるようになったのである。

その意味で、アメリカの生活様式や文化を体現した日本のイメージは、六〇年代に日本国民への一体化を志向した沖縄にとって、ある面で基地としてのアメリカの存在を後景化させる役割を担うことにもなったと言えよう。例えば、それは、「復帰運動」を主導し基地反対運動を中心的に担った公務員や教職員などの沖縄の中所得者層において、米軍基地としてのアメリカとは別に、アメリカ的生活様式や消費文化を、生活の近代化や合理化のスタイルとして欲望し受容する土壌を形成させた。そのため、沖縄の中流階層を形成する公務員や教員層の家庭のなかでは、米軍基地反対の復帰運動と、家庭電化製品に象徴されるアメリカの消費文化や生活様式とが次第に分離して、矛盾することなく共存するものとして受けとめられていったのである。

5　米軍基地と生活との矛盾

さて、一九六〇年代の沖縄の中流家庭で、米軍基地としてのアメリカと家電製品に象徴されるアメリカ的生活様式とが分離共存するなかで、その二つのアメリカの矛盾を日常生活のなかで生きざるをえなかった人びとがいる。基地に隣接し、そこで商売をしていた人びとや米軍基地から文化的影響を受けたミュージシャンたちである。彼や彼女たちは、基地と隣接した地域に住み米軍人と日常的に交渉していた人びとであり、二つのアメリカを分離共存させて生活できる境遇になく、その矛盾やきしみのまっただなかで暮らさざるをえなかった人びとである。

ベトナム戦争が本格化した一九六五年以降のコザの街は、ベトナムの戦場から帰った米兵やこれから戦場へ行く米兵たちの荒くれだったすさんだ状況があった。毎夜のように米兵同士のトラブルがあり、とくに白人兵と黒人兵との集団的な抗争は、特飲街だけでなくその周辺地域の人びとの生活まで脅かしていた。その当時のコザの街における黒人兵と白人兵との集団的な対立と抗争を、娼婦あがりの一人の老女性の目を通して描いた小説に、長堂英吉の「黒人街」(『新沖縄文学』創刊号、沖縄タイムス社、一九六六年)という作品がある。その主人公の「うめ」は、美里村の貧しい農家で生まれ育ち、戦前は大阪で娼婦生活を送り、戦後は沖縄に引き揚げて黒人兵相手の娼婦をしながら金を貯え、コザの黒人街で大きなクラブを開いていた。黒人兵と白人兵との集団的な対立と抗争で特飲街も住み分けされていたが、白人兵が知らずに黒人相手のクラブに入りこんでしまい、たむろしていた黒人兵に袋叩きにあう事件が起こった。そのため黒人兵と白人兵との乱闘が始まり、「うめ」が経営する店はその乱闘の舞台になったのである。苦労を重ねてようやく開いた店は、その乱闘により大きな損害を被ることになった。「うめ」はその件で腹をたて沖縄の巡査に抗議を行なうのだが、逆にMP（米憲兵）に米兵相手の営業免許まで取り上げられる結果になる、と言う粗筋である。

岡本恵徳によると、この作品の特徴はその当時のコザの現実をふまえて、下積みの娼婦あがりの「うめ」を主人公として、その彼女の黒人兵に親近感を寄せる視点で描きあげた点にあると言う。「うめ」に身を寄せて沖縄の現実をとらえようとする作者の視線は、ベトナム戦争の出撃基地としての沖縄に増幅して表れる、米国内の人種対立の矛盾を取り上げている。さらにこの小説は、米軍の体制に反抗する黒人兵の反抗と、沖縄での公務員や教師などの恵まれた階層が主導する「日本復帰運動」に対して、下積みの「うめ」の反発とを重ねることによって、支配者と被支配者双方の内部矛盾を同時にとらえ、下積みの人間同士の結び付きの可能性も示唆されていると指摘されている（岡本恵徳『現代文学にみる沖縄の自画像』高文研、一九九六年、一二七頁）。

この小説の舞台となった場所や状況、その主人公の人物設定は、当時のコザの特飲街を彷彿とさせるものがある。小説の主人公である「うめ」の存在が興味深いのは、六〇年代の沖縄におけるアメリカの受容において、日常生活のなかで二つの「アメリカ」が分離し共存している公務員や教員のあり方とは、明らかに異なった視点を提示していることである。米兵と日常的に接する「うめ」の生活は、一方で米軍基地に反対して復帰運動を主張しながら、他方で日本を介在させてアメリカの消費文化や生活様式を欲望すると言う、その二つのアメリカが分離共存している沖縄の中流家庭の日常とは異なるものであり、それを批判するものであった。そして、その「うめ」の考えや生き方は、六〇年代の米軍基地に隣接したコザの街のセンター通りやゲート通りで商売する生活者のそれと重なっている。

六三年十一月、米国統合参謀本部が在沖米軍に対して正式にベトナム出動を下令した後、在沖米軍基地だけでなく、その隣接地域もベトナム戦争の戦況に大きく影響されることになる。それまで土産品店が連なっていたセンター通りは、ベトナム戦争の激化にともない米兵を相手にする酒場や売春宿などの特飲街に変貌した。その後のベトナム特需景気により、米兵を相手にするセンター通りの特飲街は、未曾有の大繁盛期をむかえたが、それはベトナム戦争から一時的休息のため帰還してきた「山帰り」と称された米兵たちが落とす戦地手当ての大量のドルによって支えられていた。米兵に人気のあった店では、当時の公務員平均月給の二〇倍近くの売り上げを一日で稼いだ日もあったと言われ、そこでは沖縄の一般的な生活とは「別世界」の日常が営まれていた。しかし、その別世界は、ベトナム特需という経済的側面だけでなく、戦争に直面して殺気立った米兵たちの荒れ狂った精神状態により、地域住民を巻き込んだ暴力や抗争など異様な「狂気状態」をもたらした。センター通りで育ったレストラン経営者の息子は、ベトナム景気は両面あって、その景気で生活水準が上がった良い面もあるが、反面精神的には米兵たちから物凄い屈辱を受けており、お陰さまという部分と同時に憎む部分もあって複雑だと述べている

（沖縄国際大学文学部社会学科石原ゼミナール編『戦後コザにおける民衆生活と音楽文化』榕樹社、一九九四年、二三九〜二八六頁）。

このようなベトナム戦争期における米軍基地の影響や米兵に対する両義的な感情は、米軍基地を通して流れてくる米国音楽に影響されて、そのセンター通りを中心に音楽活動をしたミュージシャンたちの心情にも通底している。そのミュージシャンの一人である宮永英一は、米兵と徳之島出身の母親との間に生まれ、幼い頃から「養い親」のおばあちゃんによってコザで育てられた。そのおばあちゃんは沖縄芝居が好きで、小さい頃にはよく連れられて劇場に行っていたと言う。その後、中の町の歓楽街で母親と一緒に住みながら小学校や中学校に通い、学校では「あいの子」などと呼ばれ差別を受けた。だが日常的に接していたアメリカ音楽に影響を受け、中学を卒業すると、独学で音楽を学びながらバンドを組み、客である米兵たちを相手にセンター通りやゲート通りの店で音楽活動を重ねていった。ベトナム戦争が激化していくと、荒れ狂った米兵たちを相手に演奏を行なうため、毎週週末はけんかや乱闘でほとんどトラブルの連続だったと言う。

ベトナム戦争によって米兵たちの精神は高ぶっていたほか、白人と黒人の対立という米国内の人種差別の矛盾が基地やコザの街にも持ち込まれた。また、沖縄人は戦争の相手であるベトナム人と同じ東洋人だと見下す黒人兵の人種差別意識も激しく、差別構造は重層的で複雑に屈折していた。そのような状況下で、宮永は、戦地に行き明日死ぬかも知れない米兵たちの落とすドルで仕事が成り立っている「恩恵」を受けつつも、その「山帰り」の米兵たちをカモにしてたかっている自らの生活のあり方にも矛盾を感じるようになったと言う。そのなかでベトナムに行きたくないとの心情を吐露しながらも、翌日戦争に行かざるをえない米兵の友だちを見て、複雑な心境になるとともに、個人としての友だちを失いたくないとの思いから反戦的な気持ちになったと述べている（企画部平和文化振興課編『沖縄市史資料集４　ロックとコザ』改訂版、沖縄市役所、一九九八年、三七〜七六頁）。

その時期、沖縄住民の大多数は、一方で「ベトナム特需景気」の「恩恵」を受けながら、公務員や教員たちを中心にして「基地全面撤去と即時返還」をスローガンに掲げて、ベトナム戦争に反対し、「日本復帰運動」を強力に推し進めていた。そのような状況のなかで、ベトナム戦争に従軍した米兵たちの落とすドルで生計を立てていたセンター通りやゲート通りで商売をする人びとは、一九六七年に「コザ市民の生活を守る会」を発足させ、「基地撤去」と「即時復帰」に反対を表明した。

彼／彼女らのその主張は、「復帰運動」が高揚していた当時の沖縄の状況のなかで少数の限られた主張であった。しかも、六〇年代の沖縄社会の一般的な家庭において、二つの「アメリカ」が分離し共存していくなかで、彼／彼女らの矛盾を抱えた日常生活も段々と周縁部に押しやられるようになった。しかし、彼／彼女らは、その生活のなかで米軍基地の暴力とアメリカ的生活様式を担う二つの「アメリカ」の矛盾を、日常的に体験しながら保守的に生きていた人びとである。そして、その人びとの生活は、六〇年代の沖縄の一般家庭のなかで、二つの「アメリカ」が分離して共存していくあり方を逆に鋭く照らし出す鏡でもあった。六〇年代中頃の経済成長やベトナム景気の恩恵のなかで、公務員や教員たちの中所得者層は、一方でベトナム戦争の反対と米軍基地の撤去を主張しながらも、他方では自らの生活のなかにアメリカの生活様式や消費文化を欲望し受容しており、いわば米軍基地の暴力とアメリカ的生活様式の二つの「アメリカ」が、彼らの日々の生活のなかで矛盾することなく共存していた。そのことへの批判を、基地周辺で米兵に接し日常生活を営んでいた人びとの視線は含んでいた。

つまり、米軍基地に隣接して日常的に米兵と折衝して生きていた人びとの生活にとって、その二つの「アメリカ」は決して分離され共存するものではなく、きしみや矛盾をはらむものであった。前述したセンター街の特飲街で働かざるをえない人びとやミュージシャンたちの、アメリカに対する「恩恵」と「屈辱」という二重の矛盾した意識は、そのことを如実に表している。そこにあるのは、二つの「アメリカ」を分離し並存していた多数の沖縄住民の生活とは異なり、その矛盾やきしみを沖縄とアメリカとのいわば文化的混血によって生き抜こうとするあり方であった。その生活のために矛盾を生きるあり方において、センター通りの人びとやミュージシャンたちは、米軍基地への対処や姿勢の面で敵対し、双方の政治的主張に大きな隔たりがあったとは言え、基地で働く全沖縄軍労働組合（以下、「全軍労」と記す）の組合員たちと決して遠くない地点に位置していたように思われる。

六〇年代前半、働く場がなくて米軍基地に就職した人びとが、軍職場で米軍から非民主的で人権無視や人種差別を受けたのに反発を感じ、人権と労働権の尊重を求めて全軍労という組合を結成した。その過程でさまざまな抑圧や嫌がらせを受けながらも、全軍労を組織し軍雇用員の人権や生活保障の一部を実現してきた。その定期大会では、対米軍関係が悪くなり諸要求の実現が遅れることを危惧し、第一回から掲げられた「祖国復帰の推進」は別として、組織運営では政治的スローガンの主張は慎重に取り扱われた。しかし、ベトナム戦争の激化や復帰運動の高揚にともない、時代状況の変化のなかで、全軍労は生活保障などの経済的要求から基地反対の政治的主張にまで踏み込むことになる。その過程において組合員のなかで多くの苦悩と逡巡が生じるようになった。軍雇用員は、米軍基地で働くことで生活が成り立っている。基地の暴力や理不尽さを強く感じながらも、首切りされた後の生活をどうするのか。またベトナム戦争が激化するなかで、米軍基地で働くことがベトナムの人びとに対し、どのような意味をもっているのか。そのような矛盾のなかで不安を抱え悩みながら、軍雇用員は、基地で働いて基地反対の復帰運動を行なっていたのである（上原康助『基地沖縄の苦闘——全軍労闘争史』創広、一九八二年）。

その米軍基地と生活との矛盾のなかで不安や悩みを抱えながら生きるあり方において、軍雇用員とセンター通りの人びととは、ほとんど近い地点に位置していたと言えよう。しかし、両者の共通性を認めつつも、やはり決定的に異なっている点がある。それは、全軍労の組合員たちが、その矛盾のなかで苦悩しながらそれを引き受けて生きつつも、その矛盾を乗り越えて「基地反対」にまで踏み出していったことである。全軍労の「基地反対」という主張は、単なる観念的なイデオロギーを主張しているのではなく、基地で働く自らの生活基盤まで掘り崩すことを承知のうえで、その矛盾を社会に開き他者と共闘することにより新たな展望に踏み出していったことが重要である。その全軍労の運動の展開には、自らの生活領域における矛盾を生きながら、それを社会に開き他者と共闘することによって越えていった、六〇年代後半の「越境する沖縄」の姿がある。

おわりに

越境することとは何だろうか。この小稿は、「越境する沖縄」というテーマに基盤を置きながら、戦後沖縄がどのようにアメリカニズムを受容したかについて、一九四〇年代後半から五〇年代前半、そして六〇年代の二つの時代を中心に論じてきた。この二つの時代を論じたのは、「越境する沖縄」と言うテーマを考察する際に、戦後沖縄におけるアメリカニズムの受容に関係して、興味深い重要な論点を提示していると思われたからである。

最後にもう一度要点を確認しておきたい。

一九四〇年代後半から五〇年代前半は、米軍と沖縄の人びととの間に、権力関係や物量において圧倒的な落差のある時代であり、その状況のなかで沖縄住民が出会ったアメリカとは、米軍の軍需物資に体現された「アメリカ軍文化」であった。沖縄の人びとが、そのアメリカ軍文化を経験し受容したあり方には、次のような二つの特徴があった。

その特徴の一つは、米軍の軍需食料であるレーションから続いている沖縄の人びとの缶詰食品への受容のあり方に見出される。例えばそれは、その当時から輸入品の九〇%前後を消費している沖縄の「ランチョンミート嗜好」に表れており、沖縄の人びとは、その食品にさまざまな工夫を加え、自らの食生活のなかに取り入れて定着させた。また他方では、基地から「戦果」と称して軍需物資をかすめとり、それを闇市に流し、さらに宮古や与那国を経由して、南は台湾や香港ルートから北は本土や口之島ルートまで、国境や法制度を自由自在にくぐり抜けて切り開いた密貿易ネットワークの形成である。

それらは、その混沌とした時代を生きるために、沖縄の人びとが自らの生活空間を押し広げた行動であり、またその生きるための行為が、圧倒的な権力をもった米軍統治に対する沖縄の日常的な抵抗へとつながっていた。その戦果や密貿易に表れた行動様式は、沖縄戦と言う未曾有の悲惨な体験に続く、米軍の強圧的な直接統治下において剝奪された沖縄の人びとの主体を、強大な権力を有する米軍と折衝することで形成された沖縄の新たな「主体性」を示している。その時代の「越境する沖縄」は、圧倒的権力を誇った米軍との支配－被支配関係のなかで、さまざまな交渉を通して、ある状況や場面ではその支配関係さえも逆手に取り、自らの生活空間を押し広げていったあり方だったと言えよう。

しかし六〇年代の前半になると、米国のベトナム戦争への本格的な介入により、その最前線基地として沖縄の米軍基地の役割はますます強化され、その米軍基地から派生する基地被害や構造的暴力は一段と増大した。だが他方では、日米両政府の財政援助、ドル切り替え、ベトナム戦争特需などによって沖縄でも経済成長が続いて個人所得が上昇すると、アメリカニズムの新たな様相が沖縄の中流家庭のなかに浸透するようになった。それは、米軍基地としてのアメリカの存在とは異なった、もう一つの「アメリカ」である大衆消費文化としてのアメリカ的生活様式の流入であった。そして、そのアメリカ的生活様式である大衆消費文化を代表するものが、テレビや洗濯機、冷蔵庫などの家庭電化製品で、それが六〇年代前半の経済成長にともなう生活水準の向上によって、沖縄の中所得者層の家庭のなかに浸透していった。六〇年代の沖縄におけるアメリカニズムの受容を考える際に、その家電製品の浸透は、アメリカからの援助物資を活用した料理講習会でのアメリカ食文化の浸透とともに、一般家庭に大きな影響を及ぼした。

六〇年代の沖縄におけるアメリカニズムの浸透は、五〇年代前半までの「アメリカ軍文化」とは異なった、「大衆消費文化としてのアメリカ的生活様式」への欲望と受容である。しかも興味深いのは、その家電製品に代表されるアメリカ的生活様式が、米軍基地から直接に流入したのではなく、「アメリカ」の消費文化として日本を経由し、日本製品として浸透したことである。つまり、一般の沖縄の人びとにとって、そのアメリカの大衆消費文化を受け容れる前に、その仲介として日本社会と日本製品の姿が前景として現れたのである。その家電製品の浸透は、日米合作によって米軍基地の安定使用を支える政治経済的文脈においてではなく、アメリカの大衆消費文化を受け入れていち早く「近代化」を成し遂げた豊かな日本社会への一体化という文脈で表れたのである。沖縄から見て、それまでアメリカの後ろに隠れていた日本が、米軍基地という政治問題を解決する主体としてではなく、大衆消費文化を受容する文脈においてその仲介の位置で立ち表れた事実は注目されてよい。

しかし、前述したように、六〇年代の沖縄にとってアメリカの存在が強大な米軍基地であることになんら変化はなかった。そのような状況下で、米軍基地としてのアメリカと、大量生産と大衆消費文化としてのアメリカという、二つの「アメリカ」の関係性が問われるようになった。その後、「復帰運動」を主導していった公務員や教員などの沖縄の中所得者層では、一方で「基地反対」を主張しながら、他方では家電製品を欲望し受容していったように、その二つの「アメリカ」は分離されて共存するものであった。だが、米軍基地に隣接して生活を営む人びとや基地からの文化的影響を受けたミュージシャンたちは、この二つの「アメリカ」の矛盾のなかで生きざるをえなかった。

彼/彼女らは、その生活のなかで矛盾や不安を抱えながら生きていたが、その位置は米軍基地に矛盾を感じながら生活のために働かざるをえない全軍労の組合員たちと、ほとんど変わらない地点にあった。しかし、その矛盾を抱え自分の生活基盤を掘り崩しながらも、自らの生活空間を社会に開いて「基地反対」の意思表示や行動を行なった点で、両者の間には決定的な違いがある。とりわけ全軍労の運動は、自らの生活が抱える矛盾を引き受けて、自らの生活空間を社会に開き他者と共闘することでその矛盾を越えていった。それは、国家の枠組みや法制度が揺らいでいる時期に、自らの生活空間を拠点にして、自由自在に国境や制度的枠組みを越えた、一九四〇年代後半から五〇年代前半の「越境」のあり方とも異なっている。その全軍労の運動は、占領が進行して統治機構や制度的枠組みが確立したなかで、自らの生活空間を社会に開き他者と共闘していくことで越えていった、六〇年代の「越境する沖縄」の姿だと言える。越境することとは、何も国家や民族を越えることだけを意味するものではない。自らの生活する領域を、いかに他者や社会に開いて越えていくかという点も同じく重要な意義をもっており、全軍労の運動はそのことを示しているように思われる。

五〇年代前半は、米軍が既存の基地の拡張とともに新たな基地建設のため、新規の土地接収を「銃剣とブルドーザー」によって強行し、アメリカがこの小さな沖縄に対して基地という構造的暴力をより強固に確立した時代であった。しかし五〇年代後半では、その米軍の圧政に対して、沖縄住民が「島ぐるみ闘争」によって抵抗し、戦後沖縄の「主体」の本流を形成した時代でもあった。その米軍に抵抗することによって形成された五〇年代後半の沖縄の主体は、沖縄戦後史における沖縄の「主体」の本流として、その後の六〇年代に大きく展開する「復帰運動」へとつながっていった。その「復帰運動」に連なる沖縄の抵抗する「主体」の本流については、これまで多く論じられており、この小論の最初で述べたようにここではほとんど論及していない。その沖縄の抵抗する「主体」の本流については、「越境する沖縄」と言う問題構成とはまた別の枠組みが必要だと考えたからである。私自身の認識では、米軍占領下の沖縄においても、その時代状況やさまざまな場面や文脈に関係して形成された、複数の沖縄の「主体」があったと考えている。これまで論じてきた、その二つの時代の「越境する沖縄」の「主体性」は、まさしくその戦後沖縄がもっている複数性を表しているように思う。

終わりにあらためて強調しておきたい点がある。この小論の最初の方で私は、「戦後沖縄の人びとのアメリカ経験や交渉は、暴力としての米軍基地の圧倒的な存在のなかで、それへの抵抗や受容を含めた沖縄住民のサバイバル生活から消費文化生活への移行であった」と記した。その移行は、ジョン・ダワーが日本占領を分析した論点で言うと「日米合作」によってもたらされたものと言えよう（ジョン・ダワー『敗北を抱きしめて』上・下、岩波書店、二〇〇一年）。しかし米軍占領下の沖縄では、その「日米合作」は決して「抱擁」というものではなく、むしろ「レイプ」という構造が実態であった。次の事実はそのことを端的に示している。

「基地・軍隊を許さない行動する女たちの会」は、「沖縄・米兵による女性への性犯罪」について地元新聞や関連著書で確認できた事例を調査し、一九四五年三月から七二年五月まで二四五件のレイプ犯罪を報告している(12)。その犯罪年表を読んで驚愕させられる点は、犯罪の残忍性は言うまでもなく、米兵によるレイプ犯罪の被害者の中心が、一九五〇年代前半までは食料確保のため畑に芋掘りに出た女性たちが巻き込まれた事例が多く、その後は基地従業員やハウスメイドの女性たちへと移行し、さらに六〇年代になると特飲街のホステスの女性たちがレイプ犯罪の被害者として増大していることである。

つまり、その調査報告が示しているのは、米軍占領下の沖縄におけるサバイバル生活から消費文化生活への移行の各時期に中心的な役割を担っていた女性たちが、レイプ犯罪に巻き込まれている事実が確認できる点である。それは言い換えると、米軍占領下の沖縄では、女性たちは常にレイプの危険性に脅かされていた事実を如実に示している。そのことは、間接占領下の日本本土における日米合作の「抱擁」とは異なって、直接占領下の沖縄では米軍による「レイプ」の構造が常態であったことを示しており、米軍占領下の沖縄を論じる際に、その視点を欠落させて考えることができない事実を私たちに突きつけている。

註

はじめに

1　慰霊の日の午後に見られる平和の礎の情景や平和の礎が抱える問題点については、第六章と第七章を参照されたい。
2　「モニュメント」と「メモリアル」との理念の違いについても、同じく第六章を参照されたい。
3　知花昌一「インタビュー　土地が支える思想——読谷波平への愛着」（聞き手／屋嘉比収・浦島悦子）『けーし風』九号、一九九五年十二月。
4　沖縄戦の非体験者が、体験者と共同作業をしながら〈当事者性〉を獲得していく事例については、第一章を参照。
5　名乗頭は、琉球近世期に士族の各姓ごとに特定されていた名乗の頭文字のことを言う。一七世紀前半からしだいに各系統ごとの頭文字の継承が進み、一七世紀末の系図座の設置により家譜が成立・確定し、姓と名乗頭字が一つとして各系統ごとに固定され、その有無により琉球での実質的な士農分離が行なわれた。代表的な名乗頭には、尚姓の「朝」、毛姓の「盛」などがある。

6　一九八〇年の韓国光州事件の民衆蜂起のなかにいた芸術家・洪成潭（ホンソンダム）氏の指摘による。ホン氏が個展開催のため沖縄を訪れた際、「コザ暴動」の話を聞き、それは「暴動」や「騒動」ではなく、「沖縄民衆の蜂起」であると言及した（知花昌一「インタビュー　沖縄は、復帰以後も戦争を問い続ける」『図書新聞』二〇〇九年四月十一日号）。

7　コザ暴動の概要は以下のとおりである。深夜のコザ市で軍雇用員の沖縄男性が米兵の運転する乗用車に跳ねられたが、米軍憲兵は被害者を放置し、加害者の事故車を持ち帰ろうとした。近くで見ていた群衆が糸満事件と同様に無罪放免かと抗議すると、米軍憲兵が威嚇射撃を放った。反発した群衆は加害者をふくろだたきにし、憲兵の車、米軍トラック、黄色ナンバーなどの米人乗用車から米人を引きずり出し、それらの米人車両に次々と火を付けた。米軍車両だけをねらい道路中央まで移動させ、道路沿いの民家に飛び火しないようある種の統制が取られた。その後、群衆は数千を超え、交番などに投石し、米軍基地になだれ込み、ガードボックスや米人学校に放火した。午前四時頃になると、米軍や警察機動隊が阻止線をはって、上空からヘリコプターで催涙ガスをまいたため、群衆は引き揚げていった。約二週間後、コザ暴動に関与したとして一〇人が逮捕されたが、騒乱罪では起訴ができなかった。

8　仲宗根政善『ひめゆりと生きて　仲宗根政善日記』琉球新報社、二〇〇二年、六二頁。

9　継承することの前提にある対話を想定すれば、「学びなおす」、「学びほぐす」（鶴見俊輔）、「学び捨てる」（スピヴァック）という姿勢は一連のものとして考えたい。

1 戦後世代が沖縄戦の当事者となる試み

1 復帰以前の市町村史における沖縄戦記述の分析については、藤澤・二〇〇六、を参照。

2 比嘉豊光氏によると、映像「島クトゥバで語る戦世」は二〇〇八年七月現在、一〇〇〇人を越える人びとの「語り」を収録編集していると言う。その映像の一部分を編集し、文字に記録したものとして、琉球弧を記録する会・二〇〇三、比嘉・二〇〇七の刊行がある。

3 聞き手の立場性をはじめ、多様な「語り」の揺れを規定するさまざまな条件を検討することの必要性については、清水・二〇〇六、一一～一九頁を参照。

4 八二年の教科書検定問題は、アジアへの「侵略」が「進出」に書き換えられアジアの国々から強い批判や抗議の声が起こり、教科書問題が外交問題と化した最初の事例として知られている。このときの教科書問題は、アジアとの外交問題へ展開しただけでなく、沖縄戦の認識も同じく問われ、沖縄戦を考えるうえで大きな転機となった出来事であった。そのことは、はからずも教科書検定問題を通して、アジア太平洋戦争を把握するうえで、アジアでの戦争と沖縄戦がつながっている事実を示唆するものであった。一方、地元紙での教科書問題に対する一般読者からの投稿においても、沖縄戦のことだけでなく、アジア太平洋戦争における日本軍のアジアでの加害性の問題を同じように批判的に論及した文章が少なくなかった。それらの認識は、沖縄戦を、日本の枠組みだけでなく、アジアの文脈において考えることの重要性を私たちに示している。

5 米山リサ氏は正義と法廷闘争との関係について次のように述べている。「赦しや正義といった概念は、『政治と司法の位階とは異質なもの』としてありつづけるために、論理上、余剰として規定されつづけなければならないのである。しかし逆にだからこそ、既存の法的および立法的な回路を通じてリドレスを追求することは、余剰自体が何であるのかを明らかにするまさにそのために欠かせない作業であるということができる」（米山・二〇〇五、二一七頁）。

6　林博史氏も教育を受けていない幼少者の一言で「集団自決」を思いとどまったケース、また「集団死」や「強制集団死」が事態を表す表現として必ずしも適切な表現ではないのではないかと指摘している（林・二〇〇八、六・一二頁）。

【引用・参照文献】

安仁屋政昭「沖縄戦を記憶する」歴史学研究会編『事実の検証とオーラル・ヒストリー――澤地久枝の仕事をめぐって』青木書店、一九八五年。

――『裁かれた沖縄戦』晩聲社、一九八九年。

――「意見書　沖縄戦における住民の被害」教科書検定訴訟を支援する全国連絡会編『家永・教科書裁判　裁かれる日本の教育　第三次訴訟地裁編　第五巻　沖縄戦の実相』ロング出版、一九九〇年。

阿部小涼「大学図書館のデジタル情報をハーレムで考える」『けーし風』四六号、二〇〇五年三月。

石原昌家「沖縄戦体験記録運動の展開と継承」『沖縄文化研究』12、法政大学沖縄文化研究所、一九八六年。

――「沖縄戦における日本軍と住民犠牲」教科書検定訴訟を支援する全国連絡会編『家永・教科書裁判第三次訴訟高裁編　第3巻　沖縄戦・草莽隊・歴史教育』民衆社、一九九六年。

――「『戦争』を記憶しつづけることの意味」『歴史学研究』七四二号、二〇〇〇年十月。

――「教科書の中の沖縄戦」石原ほか『争点・沖縄戦の記憶』社会評論社、二〇〇二年。

糸満市史編集委員会編『糸満市史』戦時資料下巻・資料編7、一九九八年。

浦添市史編集委員会編『浦添市史』戦争体験記録・第五巻資料編4、一九八四年。

大江健三郎「陳情書　視座沖縄ノート」『沖縄タイムス』二〇〇七年十二月九日～二十三日。

大城将保『沖縄戦の真実と歪曲』高文研、二〇〇七年。

太田良博『戦争への反省』ボーダーインク、二〇〇五年。

岡野八代『法の政治学』青土社、二〇〇二年。

岡本恵徳「『責任の追及』ということ」『沖縄タイムス』一九七〇年四月五日。

――「水平軸の発想――沖縄の『共同体意識』について」同『現代沖縄の文学と思想』沖縄タイムス社、一九八一年。

沖縄タイムス社編『挑まれる沖縄戦――「集団自決」・教科書検定問題・報道総集』沖縄タイムス社、二〇〇八年。

金城重明『「集団自決」を心に刻んで』高文研、一九九五年。

嶋津与志『沖縄戦を考える』ひるぎ社、一九八三年。

清水透「フィールド・ワークと歴史学」『歴史学研究』八一一号、二〇〇六年二月。

下嶋哲朗『生き残る――沖縄・チビチリガマの戦争』晶文社、一九九一年。

謝花直美『証言　沖縄「集団自決」――慶良間諸島で何が起きたか』岩波書店、二〇〇八年。

新城郁夫「見直される沖縄戦の語りのために」『けーし風』二五号、一九九九年十二月。

『世界』臨時増刊号・沖縄戦と「集団自決」、岩波書店、二〇〇八年。

字楚辺誌編集委員会『楚辺誌　戦争編』一九九二年。

高橋哲哉『戦後責任論』講談社、一九九九年。

高橋哲哉他編『法と暴力の記憶――東アジアの歴史経験』東京大学出版会、二〇〇七年。

田里修「戦災実態調査と字誌」『岩波講座　日本通史』別巻2、岩波書店、一九九四年。

知花昌一『焼きすてられた日の丸――基地の島・沖縄読谷から』社会批評社、一九九六年。

冨山一郎編『歴史の描き方3　記憶が語りはじめる』東京大学出版会、二〇〇六年。

鳥山淳「沖縄戦をめぐる聞き書きの登場」『岩波講座　アジア・太平洋戦争』6、岩波書店、二〇〇六年。

トンプソン、ポール／酒井順子訳『記憶から歴史へ――オーラル・ヒストリーの世界』青木書店、二〇〇二年。

仲正昌樹『〈法〉と〈法外的なもの〉』御茶の水書房、二〇〇一年。

中村誠司「沖縄における地域史づくりの動向」『沖縄文化』七四号、沖縄文化協会、一九九一年。

中山良彦「〝沖縄戦〟をどう展示するか」『青い海』六二号、一九七七年四月。

成田龍一「戦争と記憶――一九七〇年前後」『日本近代文学』六三集、二〇〇〇年。

――「戦争像の系譜」『岩波講座　アジア・太平洋戦争』1、岩波書店、二〇〇五年。

――「『証言』の時代の歴史学」前掲冨山一郎編『記憶が語りはじめる』東京大学出版会、二〇〇六年。

ナンシー、ジャン＝リュック／西谷修・安原伸一郎訳『無為の共同体』以文社、二〇〇一年。

西谷修・仲里効編『沖縄／暴力論』未来社、二〇〇八年。

西原町史編纂委員会編『西原町史　第三巻資料編2　西原の戦時記録』西原町、一九八七年。

日本近代文学会編『日本近代文学』六三集、二〇〇〇年。

南風原町史編纂委員会編『南風原沖縄戦戦災調査』1～12、一九八三～九六年。

林博史「『集団自決』の再検討――沖縄戦の中のもうひとつの住民像」『歴史評論』五〇二号、一九九二年二月。

――『沖縄戦と民衆』大月書店、二〇〇一年。

――「『集団自決』問題を考える視点」『戦争責任研究』六〇号、日本の戦争責任資料センター、二〇〇八年。

比嘉豊光『わった～「島クトゥバで語る戦世」』ゆめあ～る、二〇〇七年。

フィールド、ノーマ／大島かおり訳『天皇の逝く国で』みすず書房、一九九四年。

藤澤健一「沖縄戦時下における『日本軍』記憶の表象――『復帰』以前に刊行された市町村誌の分析――」『東

アジアにおける戦争記憶の保存と表象』平成15・16・17年度科学研究費補助金〈基盤研究(c)(2)〉、二〇〇六年。

保苅実『ラディカル・オーラル・ヒストリー――オーストラリア先住民アボリジニの歴史実践』御茶の水書房、二〇〇四年。

宮城晴美『新版・母の遺したもの――沖縄・座間味島「集団自決」の新しい事実』高文研、二〇〇八年。

屋嘉比収「ガマが想起する沖縄戦の記憶」『現代思想』二〇〇〇年六月号、青土社、二〇〇〇年〈本書第2章に収録〉。

――「歴史を眼差す位置――『命どぅ宝』という発見」上村忠男編『沖縄の記憶/日本の歴史』未来社、二〇〇二年〈本書第9章に収録〉。

――「水平軸の発想/私的覚書――『集団自決』を考える視点として」『琉球アジア社会文化研究』6号、琉球大学大学院琉球アジア社会文化研究会、二〇〇三年。

――「あえて『強制的集団自殺』に　追い込まれた命　『集団自決』と『集団死』をめぐって」『琉球新報』二〇〇五年六月二十七日a。

――「ガマの中で誰の声を聞くか」『図書新聞』二〇〇五年七月三十日号b。

――「記録による記憶の浮上/写真集のための補遺」比嘉豊光『わった～「島クトゥバで語る戦世」』ゆめあ～る、二〇〇七年。

吉浜忍「沖縄戦後史にみる沖縄戦関係刊行物の傾向」『史料編集室紀要』二五号、沖縄県教育委員会、二〇〇〇年。

米山リサ『暴力・戦争・リドレス――多文化主義のポリティクス』岩波書店、二〇〇三年。

――「リドレス不可能性について――サイゴン、広島、フランツ・ファノン」大越愛子他編『戦後思想のポリティクス』青弓社、二〇〇五年。

読谷村史編集委員会編『読谷村史　第五巻資料編4　戦時記録』上巻、読谷村、二〇〇二年。

――――同前、下巻、二〇〇四年。

琉球弧を記録する会『島クトゥバで語る戦世』琉球弧を記録する会、二〇〇三年。

歴史学研究会編『オーラル・ヒストリーと体験史――本多勝一の仕事をめぐって』青木書店、一九八八年。

――――「(特設部会)『記憶』の意味――コメモレイション論と現代」『歴史学研究』七四二号、二〇〇〇年十月。


〔付記〕本稿の前半は、二〇〇三年九月に開催された日本社会文学会秋季大会「沖縄の戦後と現在」で報告した内容と一部重なっている。また後半の記述の一部は、屋嘉比（二〇〇五a、二〇〇五b、二〇〇七）と重複している点もお断りしておきたい。

2　ガマが想起する沖縄戦の記憶

1　徐京植・高橋哲哉『断絶の世紀　証言の時代――戦争の記憶をめぐる対話』岩波書店、二〇〇〇年、三頁。

2　一九九九年五月に開館した八重山平和祈念館においても、監修委員会に無断で展示内容を変更していた事実が明らかになり、県事務局に対し同様な批判や抗議がなされ監修委員会案に戻された。

3　新たに開館した平和祈念資料館の展示資料説明文の英訳の不備が、テッサ・モーリス＝スズキさんらに指摘され、その後の報道で約五〇点の英訳文のうち約四〇カ所に欠落や誤訳などの不備があったことが明らかになっており、その修正が迫られている（『沖縄タイムス』二〇〇〇年四月十九日）。

4　沖縄県新平和祈念資料館と八重山平和祈念館の展示変更問題にかんし一九九九年末に県内で発刊している雑

誌二誌で特集を組んでいる。一つは沖縄県歴史教育者協議会編『歴史と実践』二〇号「平和祈念資料館問題特集・歴史の真実は歪めてはならない」。もう一つは新沖縄フォーラム『けーし風』二五号である。その資料館問題が本土紙でほとんど報道されていないこともあって、両雑誌とも評論とともに事実経過の記録を重視する編集になっている。前者では資料を含め事実経過の記録が充実しており、後者では多様な観点からその問題が論じられている。とりわけ『歴史と実践』では、資料として「資料館展示内容変更一覧表」や「資料館問題日表」「新聞記事目録」が収録されており、その全体像が把握できるようになっている。それによると、六月二十三日から十一月二十日まで地元紙の社説やコラムを含んだ関連新聞記事は五〇八点、評論が七一点、読者からの投稿が一五六点を数えている。その数字だけ見ても、この資料館問題が沖縄県内で大きな話題になっていたことがうかがえよう。また監修委員の論考として『歴史と実践』にも数点収録されているが、代表的なものに石原昌家「新沖縄平和資料館展示内容変更の経緯と問題点」(『歴史学研究』七三三号、二〇〇〇年二月)がある。

5　エルネスト・ルナン他/鵜飼哲他訳『国民とは何か』インスクリプト、一九九七年。鵜飼哲「ルナンの忘却あるいは〈ナショナル〉と〈ヒストリー〉の間」小森陽一・高橋哲哉編『ナショナル・ヒストリーを超えて』東京大学出版会、一九九八年。

6　タカシ・フジタニ「公共の記憶をめぐる闘争」『思想』八九〇号、一九九八年八月、岩波書店、三頁。

7　姜尚中『ふたつの戦後と日本』三一書房、一九九五年、「はじめに」を参照。

8　琉球新報社と毎日新聞社は、論議をよんだ沖縄県平和祈念資料館問題にかんする世論調査を行い、次のような質問と結果を公表した。質問「どういう展示方法がいいか」。結果は「沖縄戦の実態をありのまま伝える」が八〇・五パーセントで最も多く、「残虐性が強調されすぎないような工夫は必要」が八・五パーセントで「反国家的にならないように展示した方がいい」が七・四パーセント、「分からない」が三・六パーセントであった。また「沖縄戦の実態をありのまま伝える」が、県政を支持しない人で九五・二パーセントで、県政を支持する人でも七二パーセントもあり、「残虐性が強調されすぎない……」「反国家的にならない……」を合わせた二四・九パーセントを大きく上回った(『琉球新報』一九九九年十一月十二日)。

9 岡本恵徳・屋嘉比収「対談 資料館問題を開く」『けーし風』二五号、一九九九年十二月。

10 秋山勝「編集後記」『けーし風』二号、一九九四年三月。

11 ヨネヤマ・リサ「記憶の未来化について」小森陽一・高橋哲哉編『ナショナル・ヒストリーを超えて』東京大学出版会、一九九八年、二三二、二三六頁。

12 タカシ・フジタニ、前掲論文、四頁。

13 二つのガマにかんする認識については、下嶋哲朗『生き残る――沖縄・チビリガマの戦争』(晶文社、一九九一年)を参照。また、事実関係の一部については、チビチリガマ遺族会発行『チビチリガマから世界へ 平和の祈りを』(一九九五年)、『広報よみたん』四二七号~四二九号を参照した。後者の二つの資料については、泉川良彦氏からご教示とご提供をいただいた。

14 ノーマ・フィールド/大島かおり訳『天皇の逝く国で』みすず書房、一九九四年。フィールドさんはその本で「集団自決」の背景には、「二国の軍隊の存在」と「(沖縄で)日本皇民をつくりだすための長年の教化・訓練」という「二重の強制力」があったことを指摘しつつ(七六頁)、「ガマの出来事では強要と同意、加害と被害性が暗くからみあって働いていたことを示唆したい」ために「強制的集団自殺」(compulsory group suicide)という「形容矛盾」の訳語を使用すると述べている(八二頁)。

15 「集団自決」の八三名の人数は、チビチリガマ遺族会が、「平和の礎」調査事業のおり、一九九五年三月十三日に「再度犠牲者の調査」を行ない、最終確認をして碑へ刻銘した数字(チビチリガマ遺族会、前掲書)に基づいている。

16　林博史氏は、サイパン・テニアン―フィリピン―沖縄―「満州」の各地の「集団自決」の事例を分析して、その繋がりを指摘しながら次のように述べている。「それらは日本軍が敗北していくなかで、日本住民が一緒にいた地域で共通に起こっているのである。日本軍がアジアの民衆におこなった残虐行為が日本人の『集団自決』を引き起こす大きな要因となっているのであり、『集団自決』は日本の侵略戦争が生み出した一つの帰結である」（林博史「『集団自決』の再検討――沖縄戦の中のもうひとつの住民像」『歴史評論』五〇二号、一九九二年二月、九三頁）。

17　下嶋哲朗、前掲書、一六八頁。

18　同右、一七二頁。

19　北谷町史編集委員会『北谷町史　第五巻資料編4　北谷の戦時体験記録（上）』一九九二年、六九三頁。

20　「出征地での体験」（沖縄県北谷町企画課町史編集室『北谷町　戦時体験記録』一九九五年、七一〇～七一二頁）。

21　大江志乃夫『徴兵制』岩波書店、一九八一年、一一二～一一四頁。

22　那覇市企画部市史編集室『那覇市史　資料篇第3巻8　市民の戦時・戦後体験記2（戦後・海外篇）』一九八一年、四九一頁、五五九～五六〇頁。前掲書『北谷町　戦時体験記録』六九六頁などを参照。

23　新崎盛暉「中国で沖縄を考える」新崎『世替わりの渦のなかで』凱風社、一九九二年、四九頁。

24　新崎氏は、同右論文の後半で、沖縄の知識人が沖縄戦での被害者体験を、「一五年戦争の総体的な体験のなかに位置づける努力を怠ってきたことは否定できない」と重要な指摘をしている。

25　下嶋哲朗、前掲書、八三～九一頁、一五四～一五八頁。

26　沖縄戦では、移民帰りの人たちが、「集団自決」に向かう地域住民を押し止め、米軍と交渉して地域住民を投降させ命を救った事例が多い。林博史氏の前掲論文では、県内市町村史の戦時体験記にあたって、その事例を拾いあげて分析している。その論文によると、宮城島、平安座島、浜比嘉島、伊計島、伊是名島、読谷村シムクガマ、北谷町上勢頭、北中城島袋、北中城瑞慶覧、宜野湾市新城、浦添市屋富祖などの事例が指摘されている。

27　石川友紀「沖縄県の移民」金武町史編さん委員会『金武町史　第一巻　移民本編』一九九六年、一三頁。石川友紀『日本移民の地理学的研究』榕樹書林、一九九七年、「第八章」「結論」の論文を参照。

28　与那城茂・小波津浩利・新垣安子「フィリピン」前掲『金武町史　第一巻　移民本編』二八九頁。

29　冨山一郎『戦場の記憶』日本経済評論社、一九九五年、六三頁。

3　沖縄戦における兵士と住民

1　日本軍の沖縄住民に対する防諜政策に関する代表的な先行研究には、我部・一九八一、二〇〇一、玉木・一九八五、一九八六、一九八七a、一九八七b、大城・一九八七、一九九九、纐纈・一九九九、地主園・二〇〇一、林・二〇〇一などがある。とくに、防諜関係にかんする玉木真哲や我部政男の一連の研究や、沖縄戦にかんする大城将保や林博史の総合的な研究が大いに参考になった。記して感謝したい。

2　〔秘〕昭和一八年五月二十四日、陸密第一六八八号別冊第一三号「軍防諜参考資料」。同文書は、最初に「国頭支隊関係資料」の一部として本部町史編集委員会編・一九七九（以下、「『本部町史』」と記す）に収録され、その後、原資料の写真版として大城将保編『沖縄秘密戦に関する資料』（以下、「『沖縄秘密戦』」と記す）・一九八七が発刊された。同文書を含めて『秘密戦ニ関スル書類』のなかに収録された文書の引用は、『本部町史』を参照しながら、『沖縄秘密戦』の頁数に基づいて行なった。

3　「軍防諜参考資料」『沖縄秘密戦』一〇一頁。同資料の図表については地主園・二〇〇一でも論及している。

4　その訓示で通達された内容は、昭和十九年十一月十八日球第一六一六部隊により「報道宣伝防諜等ニ関スル県民指導要綱」『沖縄秘密戦』二五〜三三頁にも反映されている。

5　防衛隊と学徒兵との行動様式の違いにかんする先行研究として、嶋・一九八三、大城・一九八八、林・二〇〇一を参照。

6　独立混成第一五聯隊本部『陣中日誌』自昭和一九年七月一日至七月三十一日。

7　大城将保は、一連の論考で、防衛隊員の意識や行動様式を分析して、日本軍の玉砕の思想とは異なる、瓦全の思想としての「命どぅ宝」の思想を見出している（大城・一九七九、嶋・一九八三）。なお、その「命どぅ宝」の思想が、一九八二年の教科書検定で沖縄戦での住民虐殺の記述が削除されたことを契機に、沖縄戦があらためて見直されて「（再）発見」された経緯については、屋嘉比・二〇〇二を参照されたい。

8　村上治夫「護郷隊の沿革」護郷隊編纂委員会・一九六八、一一〜二一頁。護郷隊にかんする記述は、同書に大きく負っている。また、「第三遊撃隊の戦闘」の記述については、防衛庁防衛研修所戦史室編・一九六八にもあるが、その注で同記述が先の「第三遊撃隊村上大尉の戦後の手記及び回想による」とあるように、記述において村上治夫「護郷隊の沿革」の方が詳しい。

9　父兄による少年兵への感想については他にも次のような記述がある。「或る日、帰郷して家族と面会をして来いと言う命令が出た。……銃は持たずに帯剣だけの武装で、威風堂々と帰ったつもりだが、父や兄は涙ぐんでいた。何しろ帯剣の先が膝頭の何寸か下まであって、均整がとれていなかったからであろう。いくら僕が力んでいても、立派な兵隊さんには見えなかったのかも知れない。むしろ哀れんでいる様子だった。父は言った。『やあ童戦世や』とあとは言葉が続かなかった。弟や本家の甥たちは、交互に帯剣を腰に吊るしてはしゃいでいた。父や兄はこれが見納めと思ったのであろう。山羊をつぶして御馳走してもらった」（我那覇宗信「機動演習」郷護の会・一九八六、八九頁）。

10　防衛庁防衛研修所戦史室編・一九六八、六二四頁。三中学徒隊の全体像や証言については、宮里・一九八二、沖縄県立第三中学校12期生回想録編集委員会・二〇〇一、そして北部の市町村史の戦争体験記録集に数多く収録されている。

11　標準語以外の沖縄語を使用した者をスパイとみなすとの通達は、首里城地下壕陣地の第三二軍司令部内にかんする二つの文書にしか見られない（玉木・一九八七ａ）。方言使用そのものが問題というよりも、「非国民」が使用する「非国家語」として、「沖縄語」が表象された点が問題だったと言えよう。

【参考・参照文献】

安仁屋政昭「沖縄戦の現代史的意義」沖縄県教職員組合那覇支部編・発行『沖縄戦と平和教育』一九七八年。

――「意見書　沖縄戦における住民の被害」教科書検定訴訟を支援する全国連絡会編『家永・教科書裁判　裁かれる日本の教育　第三次訴訟地裁編　第五巻　沖縄戦の実相』ロング出版、一九九〇年。

天川晃「日本本土の占領と沖縄の占領」『構浜国際経済法学』一巻一号、一九九三年。

石原昌家「沖縄戦における日本軍と住民犠牲」教科書検定訴訟を支援する全国連絡会編『家永・教科書裁判第三次訴訟高裁編　第3巻　沖縄戦・草莽隊・教育現場』民衆社、一九九六年。

――「教科書の中の沖縄戦」石原他『争点・沖縄戦の記憶』社会評論社、二〇〇二年。

――「『国体護持』の沖縄戦」『琉球新報』「沖縄戦新聞」二〇〇五年六月二十三日ａ。

――「沖縄戦体験のジレンマ」石原昌家ほか編『オキナワを平和学する！』法律文化社、二〇〇五年ｂ。

浦添市史編集委員会編『浦添市史　第五巻資料編４　戦争体験記録』一九八四年。

大宜味村史編集委員会編『大宜味村史　通史編』一九七九年。

大城将保「戦争体験は継承しうるか――靖国思想から瓦全の思想へ」『新沖縄文学』四三号、一九七九年十一月。

――――「防衛隊とは何か」福地曠昭『防衛隊』沖縄時事出版、一九八五年。

――――「解説」大城将保編・解説『十五年戦争極秘資料集　第三集　沖縄秘密戦に関する資料』不二出版、一九八七年。

――――『改訂版　沖縄戦』高文研、一九八八年。

――――「第32軍の沖縄配備と全島要塞化」『沖縄戦研究Ⅱ』沖縄県教育委員会、一九九九年。

――――「近代の帰結・沖縄戦」豊見山和行・高良倉吉編『琉球・沖縄と海上の道』吉川弘文館、二〇〇五年。

大城将保編・解説『十五年戦争極秘資料集　第三集　沖縄秘密戦に関する資料』不二出版、一九八七年。

沖縄県立第三中学校12期生回想録編集委員会『友垣　沖縄県立第三中学校12期生回想録』二〇〇一年。

我部政男「国頭支隊関係資料　解題」本部町史編集委員会編『本部町史　資料編1』本部町役場、一九七九年。

――――『近代日本と沖縄』三一書房、一九八一年。

――――「沖縄――戦中・戦後の政治社会の変容」天川晃・増田弘編『地域から見直す占領改革』山川出版社、二〇〇一年。

纐纈厚『侵略戦争――歴史事実と歴史認識』筑摩書房、一九九九年。

郷護の会『さともり』一九八六年。

金成禮／板垣竜太訳「国家暴力と性の政治学――済州4・3虐殺を中心に」『トレイシーズ』二号、岩波書店、二〇〇一年。

護郷隊編纂委員会編・発行『護郷隊』一九六八年。

国場幸太郎「一九五〇年代の沖縄」徐勝編『東アジアの冷戦と国家テロリズム』御茶の水書房、二〇〇四年。

嶋津与志『沖縄戦を考える』ひるぎ社、一九八三年。

地主園亮「沖縄県民の戦場動員と第32軍の防諜対策」『史料編集室紀要』二六号、沖縄県教育委員会、二〇〇一年。

徐勝編『東アジアの冷戦と国家テロリズム』御茶の水書房、二〇〇四年。

玉木真哲「戦時沖縄の防衛隊に関する一考察」山本弘文先生還暦記念論集刊行委員会編『琉球の歴史と文化』本邦書籍、一九八五年。

――「沖縄戦像再構成の一課題」島尻勝太郎・嘉手納宗徳・渡口真清三先生古稀記念論集刊行委員会編『球陽論叢』ひるぎ社、一九八六年。

――「戦時沖縄の防諜について」『沖縄文化研究』一三号、法政大学沖縄文化研究所、一九八七年a。

――「戦時防諜のかなた」地方史研究協議会編『琉球・沖縄』雄山閣出版、一九八七年b。

照屋忠英遺徳顕彰碑期成会編『鎮魂譜　照屋忠英先生回想録』青い海出版社、一九七八年。

林博史『沖縄戦と民衆』大月書店、二〇〇一年。

比嘉春潮『沖縄の歳月』中央公論社、一九六九年。

福地曠昭『村と戦争』「村と戦争」刊行会、一九七五年。

――『防衛隊』沖縄時事出版、一九八五年。

――『少年護郷隊』沖縄時事出版、一九八七年。

『辺野古誌』辺野古区事務所刊、一九九八年。

防衛庁防衛研修所戦史室編『沖縄方面陸軍作戦』（戦史叢書）朝雲新聞社、一九六八年。

松尾章一『関東大震災と戒厳令』吉川弘文館、二〇〇三年。

宮里松正『三中学徒隊』三中学徒之会、一九八二年。

本部町史編集委員会編『本部町史　資料編1』本部町役場、一九七九年。

本部町教育委員会編・発行『町民の戦時体験記』一九九六年。

屋嘉比収「歴史を眼差す位置――『命どぅ宝』という発見」上村忠男編『沖縄の記憶／日本の歴史』未來社、二〇〇二年〈本書第9章に収録〉。

山田昭次『関東大震災時の朝鮮人虐殺』創史社、二〇〇三年。

吉浜忍「沖縄戦後史にみる沖縄戦関係刊行物の傾向」『史料編集室紀要』二五号、沖縄県教育委員会、二〇〇〇年。

読谷村史編集委員会編『読谷村史　戦時記録上巻』二〇〇二年。

6　戦没者の追悼と〝平和の礎〟

1　ベネディクト・アンダーソン／白石さや・白石隆訳『想像の共同体』NTT出版、一九九七年、二三七頁。
2　同右、三三二頁。
3　ノーマ・フィールド氏は『天皇の逝く国で』（みすず書房、一九九四年）で、沖縄県読谷村のチビチリガマにおける「集団自決」について、その背景に「二国の軍隊の存在」と「（沖縄で）日本皇民をつくりだすための長年の教化・訓練」と言う「二重の強制力」があったことを指摘しつつ（七六頁）、「ガマの出来事では強要と同意、加害と被害性が暗くからみあって働いていたことを示唆したい」ために「強制的集団自殺」（compulsory group suicide）と言う「形容矛盾」の訳語を使用すると述べている（八二頁）。「集団自決」にかんして、その「形容矛盾」の行為に注目する同様な指摘に、林博史『沖縄戦と民衆』（大月書店、二〇〇一年、一五六頁）がある。私見では、ナショナリズムを考えるときも、同じくその「形容矛盾」の行為をどう分析するかが重要な課題だと考えている。
4　靖国神社国営化反対沖縄キリスト者連絡会『戦争賛美に異議あり！――沖縄における慰霊塔碑文調査報告』

一九八三年。
5　平良修「沖縄戦跡の慰霊碑に欠けているもの」同前『戦争賛美に異議あり！』四八～四九頁。
6　マリタ・スターケン／中條献訳「壁、スクリーン、イメージ――ベトナム戦争記念碑」『思想』八六六号、一九九六年八月、三三頁。
7　「『平和の礎』デザインコンペ」『沖縄タイムス』一九九三年九月八日。
8　新崎盛暉『基地のない世界を』凱風社、一九九六年、九八～一〇九頁。安仁屋政昭・高嶋伸欣「『沖縄魂』が語る日本」黙出版、二〇〇〇年、一三〇～一四四頁。「『平和の礎』問題シンポ」『琉球新報』一九九四年十一月十八日。「平和の礎除幕から半年」『琉球新報』一九九五年十二月二十三日。
9　石原昌家・大城将保・保坂廣志・松永勝利『争点・沖縄戦の記憶』社会評論社、二〇〇二年、三一八～三二〇頁。石原昌家・新垣尚子「戦没者刻銘『平和の礎』の機能と役割」『南島文化』一八号、沖縄国際大学南島文化研究所、一九九六年、一三三～一四八頁。
10　マリタ・スターケン、前掲論文、五三頁。
11　フレドリック・ジェイムソンの言葉を借りれば、「つねに歴史化せよ！」と言うことになる（フレドリック・ジェイムソン／大橋洋一他訳『政治的無意識』平凡社、一九八九年、九頁）。
12　屋嘉比収「歴史を眼差す位置――『命どぅ宝』という発見」上村忠男編『沖縄の記憶／日本の歴史』未来社、二〇〇二年、一三五～一六四頁〈本書第9章に収録〉。
13　大田昌秀『沖縄　平和の礎』岩波書店、一九九六年。
14　新沖縄フォーラム刊行会議編『けーし風』二五号。沖縄県歴史教育者協議会編『歴史と実践』二〇号。石原他、前掲書。
15　防衛庁防衛研修所戦史室編『戦史叢書　沖縄方面陸軍作戦』朝雲新聞社、一九六六年、二五二頁。

16　岩崎稔「総括提案にかえて」『Quadrante』二号、東京外国語大学海外事情研究所、二〇〇〇年三月、七八～八〇頁。
17　岡真理『記憶／物語』岩波書店、二〇〇〇年、七四頁。
18　同右、九二頁。
19　テッサ・モーリス＝スズキ／本橋哲也訳「記憶と記念の強迫に抗して」『世界』二〇〇一年十月号、三九頁。
20　テッサ・モーリス＝スズキ、前掲論文、三九～四一頁。
21　高嶋伸欣「沖縄から考えていく」安仁屋・高嶋、前掲書、一六六～一七七頁。

7　追悼する地域の意思

1　「イラク派遣の隊員ら見送り／那覇駐屯地」『沖縄タイムス』二〇〇五年六月二十一日。「イラク支援／沖縄から6人派遣　陸自第一混1人は県出身」『琉球新報』二〇〇五年六月十八日。地元両新聞の取り扱いは概して小さな記事だったが、地元テレビ局での報道を見た限りでは大きな儀式に映った。
2　「自衛官ら『私的』慰霊祭」『沖縄タイムス』二〇〇五年六月二十三日、夕刊。
3　ベネディクト・アンダーソン／白石さや・白石隆訳『想像の共同体』ＮＴＴ出版、一九九七年、二三七頁。
4　同右、三二頁。
5　ベネディクト・アンダーソンの著作のほかに、ジョージ・モッセ／宮武実知子訳『英霊——創られた世界大戦の記憶』柏書房、二〇〇二年を参照。それに対して、古代ギリシャ・ローマ時代から英霊祭祀があったとする指摘として、エルンスト・カントロヴィッチ／甚野尚志訳『祖国のために死ぬこと』みすず書房、一九九三年がある。それについては、高橋哲哉『靖国問題』筑摩書房、二〇〇五年も参照。

6　大江志乃夫『兵士たちの日露戦争――五〇〇通の軍事郵便から』朝日新聞社、一九八八年。
7　田中伸尚氏は、死者の意味付けを国家の独占から、〈私〉の方へと死者を取り戻すことの企てについて、次のように述べている。「そもそも死は、生や性と同じようにきわめてプライベートな領域に属する事柄だという事実である。死は、どんな場合であっても、まず何より、もっとも身近な家族の『祭祀』によって個人として悼まれる。『国民国家』の『国民』として悼まれるのではない。いかなる死も私的であるからだ。すでに触れたように『国民国家』は、戦争で亡くなった人びとを『英霊顕彰』（あるいは感謝や敬意であっても同じ）という独占的な意味づけによって家族から『奪って』きた。しかし、国家のなした戦争による死であっても、追悼する主体は死者に最も身近な個人や家族である。そうであれば、勝手な意味づけをする国家に追悼させないことが、〈私〉に死者を取り戻し、『国のための死』からの解放・否定につながっていくのではないか」（田中伸尚編『国立追悼施設を考える』樹花舎、二〇〇三年、四六～四七頁）。田中が指摘するように、国家が意味付けをしている死者を〈私〉の方へ取り戻すことは非常に重要な試みである。実際、自衛隊合祀反対訴訟や靖国神社合祀反対訴訟などにおいて、死者を〈私〉の方へ取り戻す実践が行なわれている（田中伸尚『靖国の戦後史』岩波書店、二〇〇二年、田中伸尚『自衛隊よ、夫を返せ！』現代書館、一九八〇年）。その実践は、死者の意味付けを国家の独占から取り戻す一つの方策だと言えよう。
8　『家永・教科書裁判5　沖縄戦の実相』ロング出版、一九九〇年。『家永・教科書裁判3　沖縄戦・草莽隊・歴史教育』民衆社、一九九六年。なお、私の「集団死」にかんする見解は、「あえて『強制的集団自殺』に」（『琉球新報』二〇〇五年六月二十七日）を参照されたい。
9　防衛庁防衛研修所戦史室編『戦史叢書　沖縄方面陸軍作戦』朝雲新聞社、一九六八年、二五二頁。
10　金城重明「金城重明証人意見書」『家永・教科書裁判5　沖縄戦の実相』ロング出版、一九九〇年、一二五～一二六頁。

11 『読谷村史　第五巻資料編4　戦時記録』上巻、読谷村、二〇〇二年、四六二頁。
12 屋嘉比収「ガマが想起する沖縄戦の記憶」『現代思想』二〇〇〇年六月、二八巻七号、〈本書第2章に収録〉。
13 屋嘉比収「歴史を眼差す位置――『命どぅ宝』という発見」上村忠男編『沖縄の記憶／日本の歴史』未来社、二〇〇二年〈本書第9章に収録〉。
14 下嶋哲朗『生き残る』晶文社、一九九一年。
15 石原昌家「全戦没者刻銘碑『平和の礎』の本来の位置づけと変質化の動き」田中伸尚編、前掲『国立追悼施設を考える』一〇七～一一九頁。
16 高橋哲哉、前掲書、二二六頁。
17 屋嘉比収、前掲「ガマが想起する沖縄戦の記憶」。
18 テッサ・モーリス＝スズキ／本橋哲也訳「記憶と記念の強迫に抗して」『世界』六九三号、二〇〇一年十月、三九、四一頁。
＊この小論の一部は、拙稿「戦没者の追悼と〝平和の礎〟」（『季刊　戦争責任研究』三六号、二〇〇二年五月）〈本書第6章に収録〉と重複している。同拙稿を参照されたい。

8　殺されたくないし、殺したくない

1 鶴見俊輔「イラク反戦に見る新しい形」『朝日新聞』二〇〇三年三月二十四日夕刊。
2 諸見里道浩「座標」『沖縄タイムス』二〇〇三年四月六日。この文章は、春の新聞週間にあたり、朝刊一面で「座標」として書かれた文章である。その内容は、米軍のバグダッド進攻について言及しながら、沖縄の立場から「平和を喚起し非戦の想像力」の重要性を説いている。イラク戦争に対する沖縄の反戦運動の様子や沖

縄の主張について見事にまとめている。

3　平和市民連絡会イラク派遣団『この民と共に生きる――平和市民連絡会イラク派遣団報告』沖縄・平和市民連絡会、二〇〇三年二月。『けーし風』三八号・特集「戦争に反対する人々との〈出会い〉」新沖縄フォーラム刊行会議、二〇〇三年三月。

4　浦島悦子「名護と沖縄の未来へ向けて」『ＰＲＩＭＥ』一七号、明治学院大学国際平和研究所、二〇〇三年三月、五〇頁。

5　「イラク戦争で講演会」『琉球新報』二〇〇三年四月二十日。

6　田中孝彦「イラク戦争を考える」『琉球新報』二〇〇三年四月九日。

7　鶴見俊輔、前掲論文。

8　イラク戦争に反対する観光土産店では、若いデザイン担当者によって、沖縄の私たちは基地の内なのか外なのかを問う「フェンス」のデザインを描いたＴシャツや、沖縄を中心に英語やアラビア語などで平和という文字を描いた「タイフーン」と言うＴシャツを売り出している。

9　金平茂紀「イラク占領と沖縄占領」『沖縄タイムス』二〇〇三年五月一日。

10　水越伸「戦争報道とのつきあい方」『沖縄タイムス』二〇〇三年四月六日。

11　「朝日歌壇」『朝日新聞』二〇〇一年十一月二十六日。その短歌の関連記事として「痛み重ねて沖縄歌壇」（『朝日新聞』西部版、二〇〇二年九月七日夕刊）も参照。

12　共苦（compassion）については、下河辺美知子『歴史とトラウマ――記憶と忘却のメカニズム』（作品社、二〇〇〇年）、キャシー・カルース編／下河辺美知子監訳『トラウマへの探究――証言の不可能性と可能性』（作品社、二〇〇〇年）を参照。その共苦という概念は、沖縄語に当てはめて考えてみると「チムグルサン（肝苦しい）」という言葉に該当するが、それは他者への同情だけでなく他者とともに苦しみを分かち合うという意味が含意されており、沖縄では今でも一般的に使用されている言葉である。

13 重冨真一他編『アジアは同時テロ・戦争をどう見たか』明石書店、二〇〇二年。

14 『けーし風』二八号・特集「G8サミットを越えて」新沖縄フォーラム刊行会議、二〇〇〇年九月。

15 「命どぅ宝」という語句が、沖縄のなかで一般的に使用されるようになるのは、一九八二年後半以降からである。その「命どぅ宝」という語句は、一九八二年の教科書検定で沖縄戦の「住民虐殺」の記述が削除されたため、沖縄戦の認識があらためて問いなおされ、その体験や記憶を語る新たな言説として「発見」された言葉である。その経緯については、屋嘉比収「歴史を眼差す位置」(上村忠男編『沖縄の記憶/日本の歴史』二〇〇二年、未来社)を参照されたい〈本書第9章に収録〉。

16 武藤一羊「『民衆の安全保障』への一歩」前掲『けーし風』二八号・特集「G8サミットを越えて」。

17 武藤一羊『帝国の支配/民衆の連合』社会評論社、二〇〇三年、一一二~一二九頁。

18 仲宗根政善『ひめゆりと生きて 仲宗根政善日記』琉球新報社、二〇〇二年、六三頁。

19 崎山多美「忘れ得ぬ『私』的記憶」『沖縄タイムス』二〇〇二年五月二十日。

20 岡本恵徳・屋嘉比収「往復書簡 沖縄の現在――日本復帰三〇年を考える」『社会文学』一七号、日本社会文学会、二〇〇二年。

＊なお本論考の内容は、二つの拙文・屋嘉比収「沖縄からテロ事件を考える」(『情況』第3期一九号、二〇〇二年六月)、屋嘉比収「九・一一後の『人間の安全保障』について沖縄からどう考えるか?」(『ＰＲＩＭＥ』一七号、明治学院大学国際平和研究所、二〇〇三年三月)と一部重なっている部分がある。

9　歴史を眼差す位置

1　その平和の礎でのクリントン演説に関連して、沖縄では新聞紙上で多く論じられた。それを列挙すると次のようになる。高良倉吉「識者評論・クリントン米大統領演説」(『沖縄タイムス』二〇〇〇年七月二十二日)。我部政明「識者評論・クリントン米大統領演説」(同前)。石原昌家「米大統領の演説を聞いて」(『琉球新報』二〇〇〇年七月二十二日)。宮里政玄「米大統領演説を聞いて」(同前)。宮城康博「『平和の礎』での大統領演説」(『沖縄タイムス』二〇〇〇年七月二十七日)。高良倉吉「クリントン大統領演説」(『同』七月三十一日)。ダグラス・ラミス「クリントン演説」(『同』八月一日)。安里進「クリントン演説の『命どぅ宝』」(『同』八月十一日)。花城豊「論檀・歴史的根拠と現実」(『同』八月十一日)。鄭柚鎮「沖縄と韓国の連帯のために――米大統領の『命どぅ宝』」上・下(『同』八月十四日、十五日)。大城立裕「『命ど宝』異聞――クリントン演説を機に」(『琉球新報』二〇〇〇年七月二十五日)。目取真俊「まやかしのクリントン演説」上・下(『同』七月二十九日、三十一日)。上里和美「サミット――沖縄の心は?」(『同』八月四日)。新城栄徳「命ど宝! 山里永吉の芝居の世界」(『同』八月三十日)。田里修「沖縄研究概観二〇〇〇・サミットをめぐる問題」(『沖縄文芸年鑑二〇〇〇年版』沖縄タイムス社、二〇〇〇年十二月三十日)。屋嘉比収「歴史への眼差し」(『けーし風』二八号、二〇〇〇年九月号)。屋嘉比収「歴史を眼差す位置」(『沖縄タイムス』二〇〇一年十月三十一日)。

2　米国の沖縄統治における「パターナリズム」については、宮里政玄『アメリカの沖縄統治』(岩波書店、一九六六年)を参照。なお、ダグラス・ラミス氏はクリントン演説のなかの一文「知事、私はあなたの(略)当地でのリーダーシップに感謝します」という発言について次のように指摘している。「クリントンのこの感謝は、米大統領が、沖縄県知事は『米合衆国のため』に沖縄を統治しているものとみなしていることを意味する。それは宗主国が植民地の統治者に向かって言う言い方である」(『沖縄タイムス』二〇〇〇年八月一日)。そのクリントン演説のなかに、米軍占領下の沖縄統治から今でも続いている「パターナリズム」を指摘するのは困難なことではない。

3 「基地問題には不満」「未来志向に感激」『沖縄タイムス』二〇〇〇年七月二十一日夕刊。

4 目取真俊「まやかしのクリントン演説」上・下『琉球新報』二〇〇〇年七月二十九日、三十一日。

5 宮城康博「『平和の礎』での大統領演説」『沖縄タイムス』二〇〇〇年七月二十七日。なお、ノーマ・フィールド氏は九五年九月の少女暴行事件に対する沖縄の抗議運動への賛同を表明しつつも、その展開における少女（女性）の貞操・純潔思想と共同体の自立が絡み合う論理への危惧をいち早く指摘している（ノーマ・フィールド「日本とアメリカ」天川晃・五十嵐武士編『戦後日本史と現代の課題』築地書館、一九九六年、一二三頁）。

6 ダグラス・ラミス「クリントン演説」『沖縄タイムス』二〇〇〇年八月一日。

7 『沖縄タイムス』夕刊、二〇〇〇年七月二十一日。

8 朝日新聞社編『沖縄報告――サミット前後』朝日文庫、二〇〇〇年十月、三三七～三四四頁。

9 宮里政玄「米大統領演説を聞いて」『琉球新報』二〇〇〇年七月二十二日。

10 「米大統領『基地は減らせない』」『琉球新報』二〇〇〇年七月二十四日。

11 目取真前掲論文（上）。朝日新聞前掲書、三四一頁。

12 高良倉吉「『沖縄イニシアティブ』の考え方」『沖縄タイムス』二〇〇〇年五月二十三―二十四日。なお、その提言を行なった三氏は、そのイニシアティブの本文と関連論文に新たに三氏による鼎談を加えて、共著『沖縄イニシアティブ』（ひるぎ社、二〇〇〇年九月）を発刊している。そのなかで、前述の会議が「非公開」で小渕首相が出席した点について、事実関係が正確ではないと指摘している。本文でも言及したように重要な論点は、同提言がどのような政治的文脈で、だれに対して何をどう語ったのかが問われているのである。なお、その「沖縄イニシアティブ」の論争を「グローバル化の中における沖縄の記憶とアイデンティティをめぐる闘い」として論じた見事な論考に、井上雅道「グローバル化のなかの『沖縄イニシアティブ』論争」（『思想』九三三号、二〇〇二年一月）がある。

13 高良倉吉「クリントン大統領演説」『沖縄タイムス』二〇〇〇年七月三十一日。

14 ミシェル・フーコー／渡辺守章訳『性の歴史I 知への意志』新潮社、一九八六年。見田宗介『現代日本の感覚と思想』講談社学術文庫、一九九五年、一九三～一九八頁。

15 高良前掲論文。

16 丸山真男「思想史の考え方について」（『思想史（近現代） 歴史科学大系20』校倉書房、一九八三年、一九八頁）。

17 神話を、事実性や実証性の観点からだけでなく、なぜその神話が形成されたかを考察することの重要性をいち早く指摘した論考に、岡本恵徳「曽野綾子『ある神話の背景』をめぐって」（『沖縄タイムス』一九七三年六月八日―十日）がある。岡本氏はそこで、沖縄県渡嘉敷島の「集団自決」を扱った曽野綾子『ある神話の背景――沖縄・渡嘉敷島の集団自決』（文藝春秋、一九七三年）がはらむ問題点を、先の論点から鋭く論じている。最近、それと同様な指摘を上野千鶴子氏が行なっている（上野千鶴子・川村湊・成田龍一鼎談「戦争はどのように語られてきたか」『小説トリッパー』一九九八年夏季号、朝日新聞社、一九九八年六月、一八頁）。

18 ミシェル・フーコー／伊藤晃訳「ニーチェ、系譜学、歴史」『ミシェル・フーコー思考集成Ⅳ』筑摩書房、一九九九年、一一～三八頁。

19 同日の『琉球新報』の、「B52の駐留と核の脅威」という見出しの「社説」で次のように記述されている。「……仮に、こんどのB52爆発事故が、推察されている核貯蔵庫に影響して誘爆でもしていようものなら、沖縄全島が吹っとんだであろうことを思うと、りつ然とする。……核装備できるB52が駐留している現実から推論して、核装備できるＢ52があれば、核貯蔵庫があるのは、別に不思議ではない。美里村の知花弾薬集積所の地下室に、核兵器が貯蔵されているという推論も、未確認情報とはいえ確率は高いであろう。以上の立論から沖縄における核の秘蔵は、ほとんど公然の認識になっているといえる」（『琉球新報』一九六八年十一月二十一日）。

20　その表現は、十二月七日の「いのちを守る県民共闘会議」の結成大会で語られたものだが、その時期の多くの県民の気持ちを表しているものと言えよう。例えば、ある高校生の「いのちこそすべてに優先」と言う文章で、米軍大佐のＢ52墜落は交通事故のようなもので基地がないと沖縄住民の生活が困るだろうという発言や、主席公選で応援にきた自民党の石原慎太郎の沖縄は米国支配で経済発展を遂げたと言う発言に対して、「沖縄の経済は基地に依存しているかもしれないが、それは生命の次の問題ではないか。一体生命なくして何が存在するのだ」と批判している（「高校生は訴える」『高教組情報』一六号、一九六九年一月二十日）。

21　当時の関係者によると、その「いのちを守る県民共闘会議」と言う名称は「大変ショッキングな名称」で、当時の状況を「これ程、言い得て妙なる表現は他にない」と指摘され、とくに本土側にとって、とうとう沖縄は「『生命』という言葉を使うまでにきたかという思いがしていた」と述べられている。嘉手納で開催された同会議主催の「Ｂ52撤去要求県民大会」では、漁民やマチヤ小（小売店）のおばさんたちも含めて雨の中を約四万人が参加した（沖縄県祖国復帰闘争史編纂委員会編『沖縄県祖国復帰闘争史　資料編』一九八二年、一三一四〜一三一六頁）。

22　それ以前に、沖縄タイムス社編『鉄の暴風――現地人による沖縄戦記』朝日新聞社、一九五〇年、がある。

23　吉浜忍「沖縄戦後史にみる沖縄戦関係刊行物の傾向」『史料編集室紀要』二五号、沖縄県教育委員会、二〇〇〇年三月、五八〜五九頁。

24　大城将保「戦争体験は継承しうるか――靖国思想から瓦全思想へ」『新沖縄文学』四三号、一九七九年十一月。

25 大城将保「『沖縄戦』の現在」『青い海』一四二号、一九八五年六月。

26 地元紙に共同通信配信の「教科書、厳しい検定が定着　五六年度の文部省検定」の見出しの記事解説（一九八二年六月二十六日付）が掲載され、その後『沖縄タイムス』の七月四日付に「高校教科書から全面削除　日本軍による住民殺害」の見出し記事が掲載された。その後、九月いっぱいまでのほぼ三ケ月のあいだ、その関連記事が連日掲載されており、紙面を通して県民の関心の高さがわかる。

27 「本紙の投書欄から」『沖縄タイムス』一九八二年八月十六日。

28 地元二紙で新たな証言記事の見出しと期日を記すと次のようになる。「県人の殺害現場を見た　日本軍虐殺に新証言　読谷村の池原さん　スパイ容疑で二人　日本刀で首バッサリ」（一九八二年八月三日夕刊『琉球新報』）、「私も憲兵の残虐行為を見た　読谷村の松田さん　池原さんの証言裏付け」（八月五日『沖縄タイムス』）、「ここです！現場は…　記憶たどって確認」（八月六日『沖縄タイムス』）、「殺害された二人の身元確認できず」（八月七日『沖縄タイムス』）、「姉は日本兵に殺された　伊江島出身の山城氏が本土紙に手記」（八月十日『琉球新報』）、「羽地でも日本兵が住民虐殺　スパイ容疑で八人　沖縄市・西銘成徳さんが証言」（八月十三日『琉球新報』）、「あそこが殺害現場　旧日本軍の県民虐殺　三七年ぶりに羽地へ　西銘さん新たな証言者も」（八月十三日夕刊『琉球新報』）、「『生き証人の会』結成へ　県民虐殺の真相」（八月十四日『沖縄タイムス』）、「金武町屋嘉でも虐殺が……　妻の目前で斬殺　久場政昌さん証言」（八月二十九日『琉球新報』）、「私も虐殺現場見た　次々と証言者　スパイ扱いされた大城さんが語る　耳斬り落とし惨殺　許田さん黙っておれず……」（九月十四日『沖縄タイムス』）。

29 「広がる波紋　教科書問題」『沖縄タイムス』一九八二年九月三日。

30 「私も虐殺現場見た　次々と証言者」『沖縄タイムス』一九八二年九月十四日。

31　翌年の『沖縄タイムス』は「復帰十一年を迎える」という見出しの「社説」で、次のように記述している。「復帰満十年だった昨年は、くしくも教科書問題が吹き荒れた。高校教科書から、沖縄戦の中で行われた『日本軍による住民殺害』の事実が文部省検定で削除され、県民の反発を呼んだ。しかし、その中から県民はあらためて『沖縄戦は何であったか』を問い直し、戦争体験を風化させない——平和への認識を深めた」（一九八三年五月十五日）。

32　『沖縄タイムス』では「削られた〝事実〟」は七月七日から十一日まで五回の連載。また「平和への検証　いまなぜ沖縄戦なのか」の「第一部　実相」は八月十四日から九月二十二日までの三五回連載と識者座談会（九月二十五日夕刊）、「第二部　三七年目の風景」は十月三日から十三日の連載一〇回で、延べ四五回の連載が行なわれた。『琉球新報』では、「沖縄戦と継承」という表題で「第一部　虐殺はあった」「第二部　記録再見」「第三部　教育」の構成で、七月十一日から八月十五日まで延べ二六回の連載が行なわれた。両紙の長期連載記事から、その問題に対する県民の高い関心がわかる。

33　沖縄守備軍は「兵役法」に基づいて、満一七歳以上満四五歳までの男子に軍人の資格を与え、補助兵力として二次にわたり沖縄住民を防衛召集した。第一次は一九四四年一〇—十二月で主として特別警備工兵隊などに編成して飛行場建設工事に従事させた。第二次は四五年一—三月で部隊配置変更に伴う兵力補充を目的として持久戦方針のため陣地構築作業を主任務とした。防衛召集は原則として沖縄連隊区司令部司令官の召集令状をもって執行されたが、実際には正規の手続きを経ることなく各部隊ごとに恣意的な召集がなされ、年齢に関係なく身体障害者なども強制的に入隊させられた。防衛隊の多くは一家の大黒柱であり、戦火のなかで家族の安否を気遣って独断で部隊を離脱する者も少なくなかった（大城将保「防衛隊」『沖縄大百科事典』沖縄タイムス社、一九八三年）。

34　本部高校では、一九八四年の6・23「慰霊の日」の取り組みとして、「今の時代をどう生きるか」という全体テーマのなかで、図書館が独自に「命どぅ宝」をテーマに掲げて、対馬丸遭難体験者にインタビュー、学校長・教頭へ戦争体験記を依頼、伊江島の集団自決壕の遺品を借用して反戦資料展を開催するなどしている。また八重山高校では八五年慰霊の日の特設授業（英語）で「An Oral History of The Battle of Okinawa」という英文証言集を読んで沖縄戦を学んでいる。授業を担当した江川義久氏は、その授業の目的として「『命ドゥ宝』を教えつづけよう」をあげて、「命ドゥ宝（命こそ宝）という、沖縄戦の残したゆずることのない信念が、生徒たちの胸の中で次々と増殖して、反戦平和の確固とした意識にまで高まってくれることを期待したい」と述べている（沖縄県教育文化資料センター・平和教育研究委員会編『オキナワ・平和への実践――学校から、地域から』一九八八年、八一～八五頁、一二七～一三三頁）。

35 天妃小学校は、八七年に行なった憲法記念日や春の遠足での平和集会（健児の塔）での取り組み、教科での取り組み、学年平和集会（教師の戦争体験）、記録映画（「人間をかえせ」）などを収録した平和教育実践報告集『命どぅ宝』を発刊している（沖縄県教育文化資料センター・平和教育研究委員会編『中央教研・平和教育分科会集録』一九九〇年）。

36 「那覇で『ぬちどぅたからコンサート』」『沖縄タイムス』一九八四年六月二十四日。

37 「戦後四十年沖縄からのアピール」沖縄戦記録フィルム一フィート運動の会十周年記念誌編集委員会『一フィート運動十周年記念誌』子どもたちにフィルムを通して沖縄戦を伝える会、一九九三年、一七五～一七六頁。

38 「反戦平和の闘い強化〝命どぅ宝〟をアピール」『沖縄タイムス』一九八五年五月十六日。

39 「命どぅ宝の思想で平和行動を」『沖縄タイムス』一九八六年六月二十四日。

40 「国連でも〝命どぅ宝〟」『沖縄タイムス』一九八八年六月四日夕刊。「世界へ響け〝命どぅ宝〟」『同』六月二十一日。なお、第三回国連軍縮特別総会への同行取材が「世界へ響け〝命どぅ宝〟」という表題で五回にわたって連載されている（『同』六月二十二日―二十八日）。

41 栗野慎一郎「学問の『自由』とは何か」『沖縄タイムス』二〇〇一年十二月十日。その栗野氏の文章は、先述の私の文章（同、十月三十一日）への疑問として提出された。それに対する私の反論（同、十二月二十二日）があり、栗野氏の再反論（同、二〇〇二年一月八日）、そして私の再々反論（同、一月二十九日）がある。

42 成田龍一『〈歴史〉はいかに語られるか――一九三〇年代「国民の物語」批判』NHKブックス、二〇〇一年、二七〇頁。

43 上野千鶴子『ナショナリズムとジェンダー』青土社、一九九八年、一一～一五頁。

44 高橋哲哉『戦後責任論』講談社、一九九九年、六八頁。

45 同右、七七頁。

46 フレドリック・ジェイムソン／大橋洋一他訳『政治的無意識』平凡社、一九八九年、二三頁。

10 重層する戦場と占領と復興

1 中野敏男「東アジアで『戦後』を問うこと」岩崎稔・大川正彦・中野敏男・李孝徳編著『継続する植民地主義――ジェンダー／民族／人種／階級』青弓社、二〇〇五年、一二～二二頁。

2 ジョン・W・ダワー「イラク占領は沖縄を参考に」U. S. Frontline, No.192（August 20, 2003）, pp. 59-60. ジョン・W・ダワー「忘れられた日本の占領」三浦陽一訳『世界』七一八号、岩波書店、二〇〇三年九月（“The Other Japanese Occupation” by John Dower from the July 7, 2003）。

3 「『敗北を抱きしめて』著者ジョン・ダワー氏に聞く／イラク占領と沖縄統治」『琉球新報』二〇〇三年五月

二十二日。

4　阿部小涼「沖縄から占領を想像する」『けーし風』四一号、新沖縄フォーラム刊行会議、二〇〇三年十二月。

5　阿部は同論文で、前者を主張する文章として金平茂紀「イラク占領と沖縄占領／「大義」の裏に軍事戦略／民主化イメージは詐術」(『沖縄タイムス』二〇〇三年五月一日)、後者を主張する文章として船橋洋一「船橋洋一の世界ブリーフィングスペシャル／イラク、マッカーサー型占領の幻想」(『週刊朝日』二〇〇三年四月十八日号、朝日新聞社)をあげている。

6　鄭根埴「記憶と忘却との闘争」黒澤亜里子編『沖国大がアメリカに占領された日——8・13米軍ヘリ墜落事件から見えてきた沖縄／日本の縮図』青土社、二〇〇五年、一八八〜一九〇頁。なお、鄭根埴は、沖縄大会で「韓国から見た東アジア・沖縄の〝戦後復興〟」という応答報告を行なった。

7　「ヘリ墜落　米が報告書公開」『沖縄タイムス』二〇〇四年十月九日。

8　宮城晴美「ねらわれる女性たち」前掲『沖国大がアメリカに占領された日』一一三〜一二一頁。

9　基地・軍隊を許さない行動する女たちの会編『沖縄・米兵による女性への性犯罪(一九四五年四月—二〇〇四年八月)』第七版、二〇〇四年、高里鈴代『沖縄の女たち——女性の人権と基地・軍隊』明石書店、一九九六年。

10　高里鈴代インタビュー「イラクからの帰還」『沖縄タイムス』二〇〇五年四月八日。

11　沖縄大会の趣意書は、宮城公子が文案を作成し、受け入れの沖縄側参加者が議論して文章を校正しまとめた。

12　屋嘉比収「沖縄戦における兵士と住民」倉沢愛子他編『岩波講座　アジア・太平洋戦争』5、岩波書店、二〇〇六年、一七二〜一七四頁〈本書第3章に収録〉。

13　石原昌家「『国体護持』の沖縄戦」『琉球新報』「沖縄戦新聞」、二〇〇五年六月二十三日。

14　天川晃「日本本土の占領と沖縄の占領」『横浜国際経済法学』一巻一号、横浜国際経済法学会、一九九三年。

15 佐藤泉『戦後批評のメタヒストリー――近代を記憶する場』岩波書店、二〇〇五年、佐藤泉「始まりの反基地運動――一九五〇年代ナショナリズムの多義性」中野敏男他編『沖縄の占領と日本の復興』青弓社、二〇〇六年を参照。

11 「国境」の顕現

1 米国海軍軍政府布告第一号「米国軍占領下ノ南西諸島及其近海居住民ニ告グ」。なお、米国軍政府、民政府の布令、布告、指令については、『アメリカの沖縄統治関係法規総覧Ⅰ〜Ⅳ』(月刊沖縄社、一九八三年)に因った。

2 天川晃「日本本土の占領と沖縄の占領」『横浜国際経済法学』一巻一号、一九九三年、三八〜三九頁。

3 琉球列島米国民政府布告第一一号(一九五一年十二月十九日)「琉球列島の地理的境界」。ちなみ、北緯二九度以北のトカラ列島が日本に返還されたのは、一九五一年十一月二十四日だった。

4 米国民政府布告第二七号(一九五三年十二月二十五日)「琉球列島の地理的境界」。

5 戦果や密貿易にかんする証言集や解説集として比較的入手しやすいものに、『那覇市史　資料編第三巻8』(那覇市史編集室、一九八一年)、『沖縄の証言』上・下(沖縄タイムス社、一九七一・七三年)、『庶民がつづる沖縄戦後生活史』(沖縄タイムス社、一九九八年)、『沖縄二〇世紀の光芒』(琉球新報社、二〇〇〇年)、琉球新報社編『ことばに見る沖縄戦後史』一・二(ニライ社、一九九二年)などがある。戦果や密貿易にかんする筆者の認識については、拙稿「越境する沖縄――アメリカニズムと文化変容」(『岩波講座　近代日本の文化史9』岩波書店、二〇〇二年)を参照されたい〈本書第13章に収録〉。

6 本節の記述は、戦後沖縄の戦果や密貿易の研究を開拓し多くの業績を提示している石原昌家の次の二つの著書に大きく依拠している。石原昌家『空白の沖縄社会史――戦果と密貿易の時代』晩聲社、二〇〇〇年。石原昌家『戦後沖縄の社会史――軍作業・戦果・大密貿易の時代』ひるぎ社、一九九五年。
7　山極晃「東アジア戦後体制の成立と変容――アメリカの構想と政策を中心に」山極晃編『東アジアと冷戦』山嶺書房、一九九四年、三一~五〇頁。
8　宮里政玄『アメリカの沖縄統治』岩波書店、一九六六年、二四~三四頁。
9　宮里政玄『日米関係と沖縄　一九四五―一九七二』岩波書店、二〇〇〇年、四八頁。
10　我部政明『日米関係のなかの沖縄』三一書房、一九九六年。荒敬「朝鮮戦争前後の在日米極東軍――戦争計画・沖縄『再軍備』計画・朝鮮原爆投下計画を中心に」『年報日本現代史4　アジアの激変と戦後日本』現代史料出版、一九九八年、一一~一九頁。
11　我部政明、前掲書、八二頁。
12　我部によると、琉球沿岸警備隊の計画が、予算措置も認められたにもかかわらず実現されなかった理由は、人材の要員確保という技術的な点があったからだと指摘している（我部政明、前掲書、八四頁）。
13　『琉球史料　第二集　政治編2』那覇出版、一九八八年、一九六~二〇一頁。
14　我部によると、ライカムは沖縄警察の一九五〇年以降の密貿易取り締りの沿岸警備の優秀さを高く評価して信頼を寄せており、そのため新たな沿岸警備隊の設置を必要としなかったのではないかと指摘している（我部政明、前掲書、九〇~九一頁）。
15　『琉球史料　四集　社会編1』那覇出版、一九八八年、二七一頁。
16　『うるま新報』一九四六年十月四日。また、それの象徴的な記事として「射殺御免　窃盗に軍警告」（『うるま新報』一九四七年四月四日）がある。
17　警察官が戦果や闇取引きを見てみぬふりをした証言は、前掲『那覇市史　資料編第三巻8』を参照。例えば、戦前期から戦後初期（一九五一年八月）まで警察官を続けた仲里全良は、米軍から密貿易の取り締りがゆるいと咎められたため、嫌になって一八年一〇ケ月にも及ぶ警察官生活を辞めたと言う（「仲里全良」『私の戦後史　第七集』沖縄タイムス社、一九八三年、五七頁）。

18 「仲村兼信」『私の戦後史　第二集』沖縄タイムス社、一九八〇年、三四〇頁。また、警察官が編集して沖縄民警察部が発刊していた雑誌に『ニューポリス』があるが、その一九五〇年八月発刊号で、糸満署に勤務する「刑事のうちあけばなし」の座談会が掲載され、そこで密貿易の取り締り状況が話し合われている。その座談会で、糸満は沖縄本島南部の密貿易の出港の地であるが、出席した刑事から、「住民の中には沖縄で手に入らない日常雑貨、生活必需品、建築材料を持って来る船を取締ってもらっては困るといったあやまった考へ方を持つ人もある様で、密航船狩りに対しては余りいい顔はしない様ですね」という発言がある。

19 前掲「仲村兼信」三四〇頁。仲村兼信編著・発行『沖縄警察とともに』（一九八三年）も同様な記述がある。

20 琉球軍政府本部「軍事法廷に於ける罰金並没収品処分に関する手続規定　一九四九年三月四日」『警察部書類綴　一九五〇年』（沖縄県公文書館所蔵琉球政府文書R00000496B「文書課」）。

21 『琉球史料　第八集　経済編3』那覇出版、一九八八年、一七三～一七五頁。

22 南部琉球軍政官府「公海に於ける琉球人に関する海運規定　一九五〇年四月三日」前掲『警察部書類綴　一九五〇年』。

23 『琉球史料　第七集　経済編2』那覇出版、一九八八年、一一三～一一五頁。

24 大浦太郎『密貿易島――わが再生の回想』沖縄タイムス社、二〇〇二年、二〇～二一頁。一九五〇年六月の米軍武装部隊による与那国密貿易一斉捜査に関する記述は、大浦のこの著書に因っている。大浦自身が、この自著のなかで語っているが、この米軍による一斉取り締りにかんする資料はほとんど残っておらず、管見のかぎりでは、大浦の記述がもっとも詳しく書かれている。なお、大浦には他に自叙伝『星霜』（一九九四年、非売品）がある。
25　宮古軍政官府「琉球列島外へ不法渡航に関する件　一九五〇年六月二十九日」前掲『警察部書類綴　一九五〇年』。
26　宮古軍政官府「下記ニュースを各新聞社に提供されたし　一九五〇年八月三十一日」前掲『警察部書類綴　一九五〇年』。
27　『うるま新報』一九五〇年八月三十一日。『与那国新聞』三六号、一九五〇年十月十六日。
28　『琉球新報』一九五一年九月二十三日。
29　『うるま新報』一九五一年一月四日。
30　『うるま新報』一九五〇年十一月二十九日。同紙の関連記事として同年十二月五日がある。
31　『琉球史料　第二集　政治編2』那覇出版、一九八八年、二〇六頁。なお、沖縄群島政府弘報室は、公報誌『沖縄週報』を発行しているが、二八号（一九五一年十一月四日発行）は沖縄群島政府発足一周年記念特集号で「群島政府一年の歩み」を特集している。そこで各課が業務内容を述べているが、一九五一年五月に発足した海上保安課は密貿易の状況について次のように記している。「薬きょうを海外に持出す相当悪らつな者もあり、密航船の取締は厳重に之を実施している。一九五〇年十一月以降本年九月までの違反検挙数は、四四件（内二件は小型運搬船）である」。
32　『与那国新聞』の休刊前の最後の号は二三号（一九五〇年四月六日発行）で再刊後の最初の二四号は七月二十四日から復刊された。なお、『与那国新聞』については、沖縄県公文書館の久部良和子氏からご教示いただいた。記して感謝したい。
33　それの関連記事は、『与那国新聞』二四号（一九五〇年七月二十四日発行）、三七号（一九五〇年一月二十三日発行）、三九号（一九五〇年十一月十三日発行）などで確認できる。

34　「戦後東アジアプロジェクト」準備会（二〇〇三年十一月九日）での私の報告に対する戸邉秀明氏からのご教示による。

35　テッサ・モーリス＝スズキ『批判的想像力のために——グローバル化時代の日本』平凡社、二〇〇二年、五六頁。

36　又吉盛清『日本植民地下の台湾と沖縄』（地域国際交流叢書）、沖縄あき書房、一九九〇年。

37　駒込武「日本の植民地支配と近代——折り重なる暴力」『トレイシーズ』二号、岩波書店、二〇〇一年、一五九～一九七頁。

38　星名宏修「『植民地は天国だったのか』——沖縄人の台湾体験」西成彦・原毅彦編『複数の沖縄』人文書院、二〇〇三年、一六九～一九六頁。

39　それを論じる前提として、サルトルの次の指摘を自覚しておこう。「植民地化とは偶発的事実の集まりでも、幾千もの個人的事業の統計的結果でもないということである。それは一つの体制である。……良い植民者がおり、その他に性悪な植民者がいるというようなことは真実でないからだ。植民者がいる。それだけのことだ」（サルトル／鈴木道彦他訳『植民地の問題』人文書院、二〇〇〇年）。サルトルが言うように「植民地主義は一つの体制である」。

40　与那城茂・小波津浩利・新垣安子「フィリピン」金武町史編纂委員会『金武町史　第一巻　移民本編』一九九六年、二八九頁。

41　拙稿「ガマが想起する沖縄戦の記憶」『現代思想』二八巻七号、二〇〇〇年六月、青土社〈本書第2章に収録〉。

42　新川明『反国家の兇区——沖縄・自立への視点』社会評論社、一九九六年。

＊この小論は、中野敏男氏との会話に触発されて生まれたものである。記して感謝したい。むろん、その内

容や解釈についての文責は私にある。

12　米軍統治下における沖縄の高度経済成長

1　エドワード・サイードは、『オリエンタリズム』の続編と位置付ける『文化と帝国主義』の最初で、本書を世界規模の帝国文化の全般的パターンと、帝国への抵抗という歴史的経験と言う二つの要素を基底において書いたと述べている。さらに、帝国主義における主要な戦いは土地をめぐる問題であり、その問題に考察を加え、異議をとなえ、一時的であれ結論をもたらすのは「物語」であると記している。そして、物語は両義的であり、帝国主義の覇権的物語になると同時に、「また物語は、植民地化された人びとが、みずからのアイデンティティとみずからの歴史の存在を主張するときに使う手段」すなわちカウンターナラティブになることも指摘している。そのことは、同時代の歴史のなかで相互に関係しあいながら重なりあい、同時進行する物語を、対位法的に読むあり方の重要性の指摘とともに、歴史叙述のあり方を模索するうえでも大変示唆的である。また、本文で言及した若林千代論文は、沖縄現代史研究のなかで、サイードの言う物語の両義的性格への関心を喚起しており、刺激的である。この小論では、沖縄の高度経済成長の物語における両義性について叙述したい。

2　米民政府は、ただちに瀬長那覇市政へ介入して、市町村議会議員及び市町村長選挙法と市町村自治法を布令で改正し、瀬長の被選挙権を剥奪して、市議会は市長の不信任案を可決した。その後、市長選挙となったが、追放された瀬長の後任として推薦され民連統一候補として立候補した兼次佐一が当選し、米国にさらなる衝撃を与え、沖縄の統治政策に大きな変更を促した（我部・一九九六）。

3　米民政府は、日本統治下の沖縄という呼称ではなく、公式にも琉球と称しており、米民政府広報誌の『守礼の光』では琉球の名称が使用されている。他方、沖縄の人びとや地元の新聞紙面では、地理的呼称は別として、沖縄の名称が一般的に使用されている。この小論では、呼称する主体を明らかにするために、琉球と沖縄という名称を両方使用している。

4　『守礼の光』に掲載されたW・W・ロストウの文章は、「都会人マルクスと農業問題」（一九六三年十二月号）と「われわれの共通の熱望」（一九六六年六月号）の二つであるが、本誌の記事には琉球の経済発展を解説するとき、その発展段階論に依拠した記述が多い。

5　宜野座村『分村十周年記念誌』一九五六年四月一日発行。なお、同記念誌はB5版八九頁のガリ版刷りの冊子であるが、その資料の一部は『宜野座村誌　第一巻通史編』第Ⅷ章「戦後の村政」第二節「村行財政の歩み」（新里民夫執筆）に収録されている。なお、宜野座村の軍用地問題は新里民夫氏の先行研究に負うところが大きい。記して感謝したい。

6　林務課「沖縄の林業概況①」『みどり』17号、琉球政府経済局林務課、一九六三年五月。なお、五〇年代中頃の沖縄の林業、とくに木材や薪炭材が抱える問題点についての概要は琉球政府経済局林務課編「琉球林業の概要　一九五七年二月十日」（農林水産行政史編集委員会編『沖縄県農林水産行政史　第十六巻』一九八四年）を参照。

7　宜野座村の山林原野への入会権や旧慣、そして生業や民俗事象については『宜野座村誌　第三巻資料編Ⅲ民俗・自然・考古』第Ⅲ章「生業」第三節「林業と狩猟」（幸喜均執筆）、林業については『宜野座村誌　第一巻通史編』第Ⅸ章「産業経済」第三節「林業」（玉代勢宗栄執筆）を参照されたい。

8　宜野座村字松田教育振興委員会編『松田の歴史』一九七七年を参照。その後、宜野座村内の六字区は、各字誌を刊行しており、参照されたい。

9　沖縄県農林水産部営農指導課『農業改良普及事業の歩み　沖縄県農業改良普及事業40周年記念誌』一九九一年、「台所の改善について」琉大農家政学部発行『琉大農家便り』一三号、一九五六年十二月などを参照。改善カマドは、従来のものより熱効率が良く薪が少なくすんだ。

10 琉球銀行調査部「ガリオア資金について」（琉球政府文教局編『琉球史料第六集　経済編1』）を参照。

11 琉球政府経済企画室「琉球の人口問題」一九五七年二月（琉球政府文教局編『琉球史料第四集　社会編1』）を参照。

12 プライス調査団への宜野座村の請願書の全文は、宜野座村『分村十周年記念誌』一九五六年四月一日発行に収録され、一部の記述を除き、ほぼ全文が『宜野座村誌　第一巻通史編』に再録されている。

13 その同意決議を受けて、翌五九年一月二十二日に第一回の臨時議会が開催され、浦崎村長から「軍使用地域決定」の説明がなされている。その説明を受けて、ある議員が「軍使用地域決定について、民意を聞くと云ふことは、大変よいことであります。当局より説明の通りの山林区域ならよいと思います。山林からの収入は、毎年減少するのみで、それよりは軍に使用させて賃貸料を受けた方が得策ではないか。山がなくなれば、産業面も発展すると思ひますので、軍用地に使用させたいと思います」との発言などがあり、山林の現地調査及び米軍と折衝後決定することが了承されている（「宜野座村議会議事録一九四八年～一九六六年」宜野座村議会事務局、一九九一年）。

14 浦崎康裕（一九五二～一九六四年村長）「軍用地新規接収の経緯について」（宜野座村役所『分村20周年記念誌』一九六六年）。

15 沖縄県宜野座村『分村40周年記念誌』一九八六年。

16 『宜野座村誌　第一巻通史編』第Ⅷ章「戦後の村政」第三節「軍用地と基地被害」（新里民夫執筆）に「米軍演習による被害状況」の一覧表が掲載されている。

17 軍使用地関係令規・軍使用土地特別委員会『伊佐浜問題の経過』（沖縄県公文書館所蔵琉球政府文書0000061819「軍用地に関する書類」所収）。この文書は、当時、立法院軍使用土地特別委員会の委員の一人だった平良幸市氏が所有していた資料である。他に資料として、琉球政府・一九五六、一九五九を参照した。伊佐浜闘争にかんする論考には、国場・一九七三、新崎・一九九五などがある。また、経過については石原昌家「宜野湾における土地闘争」『宜野湾市史第一巻　通史編』宜野湾市教育委員会、一九九四年、当事者の証言には澤岻安助「伊佐浜土地接収闘争」『宜野湾市史第三巻　資料編二』宜野湾市教育委員会、一九八二年などがある。

18 「農村は訴える④現地レポ」『沖縄タイムス』一九五四年八月十三日。

19 「円満に解決みる伊佐浜の接収問題」『沖縄タイムス』一九五五年一月十八日。

20 近年、当時の沖縄非合法共産党事務局の責任者であった国場幸太郎氏の証言によって、伊江島・伊佐浜闘争や伊佐浜婦人たちの再抗議行動の展開などに、国場氏をはじめ非合法共産党関係者が深く関与していた事実が明らかになっている（国場・二〇〇〇、二〇〇四）。

21 前掲資料『伊佐浜問題の経過』三一頁。

22 伊佐浜と伊江島の土地問題が日本本土で報道されると、当時夜間高校生だった黒田操子さんから両地へ慰問文が送られ、それをきっかけに沖縄から数百通の感謝の手紙が返信され交流が続いた。その黒田さんへ伊佐浜の戦争未亡人が次のような手紙を送っている。

「操子様！御手紙ありがとう御座います。同胞の皆々様からのげきれいのお手紙によりまして、伊佐浜農民の心にも明い光がともりつつあります。……すでに御存じのことでしょうが、伊佐浜の婦人は男たちの軟化を気ずかって立上りました。沖縄一とも言われる父祖伝来の美田をまもるために、沖縄の運命をまもらんがために、われわれは死にものぐるいで戦っています。無力、無抵抗のわれわれ農民にたいして、アメリカ軍がおこなった暴力行為は、われわれは永久に忘れることができません。銃剣を突きつけて、うろたえる女子供を、田んぼにとってなげる沖縄戦さながらの光景でございました。これでもアメリカ人は、文化人でしょうか。われわれは、かりにも彼等を文明人だと呼ぶことはできません。……操子さん、貴女もお父さんが戦死なすって、いらっしゃらないそうですねェ。新聞で拝見いたしました。私にも十三になる男の子が一人おりますのよ。この子の父親も、昭和十九年にニューギニアで戦死いたしました。ちょうど子供は生れて六ヶ月しかたっていませんでしたから、むろん父親の顔を覚えてはいません。いつかも、お父さんの写真はないかと聞かれ、一枚もないのですから、何と答えてよいやらこまってしまいました。南洋のパラオでこの子は生まれ、三つのときに台湾に疎開し、六つのときに沖縄に帰ってきました。それから十年間、母子で、なんと苦しい生活がつづいたことでしょう。貴女のお母さんも同じであったでしょうと、おもいやられます。私たち母子は、こうしてアメリカ人が来たために、十年後の今日でも安定のない生活においこまれているのです」（高城重吉他編『望郷』三光社、一九五七年）。

また、当時の新聞には共感を伴った戦争未亡人の発言がいくつか散見される。なお、その後も、黒田さんの呼びかけで全国から沖縄への献本運動が起こり、伊江島では五六年一月に黒田さんが来島した記念碑「沖縄の太陽」が建立されている。

23　軍用地問題と八重山移住との関連については、沖縄開発庁沖縄総合事務局総務部『八重山群島における開拓移住地の実態と問題点』一九七六年三月、金城朝夫『ドキュメント八重山開拓移民』あーまん企画、一九八八年、「伊佐浜の立退者八重山へ」『沖縄タイムス』一九五六年一月十六日を参照。

24　「忘られた伊佐浜部落」『沖縄タイムス』一九五七年五月二十一日夕刊。

25　「軍用地料で潤おう　役所庁舎も新築ブーム」『琉球新報』一九五七年十二月二十九日夕刊。

26　「生活に悩む伊佐浜の地主」『琉球新報』一九五八年三月六日。

27　沢岻安良「対策委設けて戦った」沖縄タイムス社編『沖縄の証言』下、一九七三年、一九二〜一九四頁。

【文献一覧】


新崎盛暉・中野好夫『沖縄戦後史』岩波書店、一九七六年。

――『新版　沖縄・反戦地主』高文研、一九九五年。

石田甚太郎『米軍に土地を奪われた沖縄人――ブラジルに渡った伊佐浜移民』新読書社、一九九七年。

上原康助『基地沖縄の苦闘――全軍労闘争史』創広、一九八二年。

エドワード・サイード／大橋洋一訳『文化と帝国主義』上、みすず書房、一九九八年。

――／大橋洋一他訳『権力、政治、文化』上、太田出版、二〇〇七年。

大田昌秀『見える昭和と「見えない昭和」』那覇出版社、一九九四年。

沖縄タイムス社編『沖縄の証言』下、沖縄タイムス社、一九七三年。

沖縄朝日新聞社編『沖縄大観』日本通信社、一九五三年
沖縄社会福祉協議会編・発行『沖縄の社会福祉――沖社協創立十周年記念誌』一九六一年。

――『沖縄の社会福祉25年』一九七一年
沖縄市史編集室『インヌミヤードイ』沖縄市、一九九三年。

我部政明『日米関係のなかの沖縄』三一書房、一九九六年。

宜野座村史編集委員会編『宜野座村史』第一巻（一九九一年）、第三巻（一九八九年）、第四巻（一九八八年）。

宜野湾市史編集委員会編『宜野湾市史』第一巻（一九九四年）、第三巻（一九八二年）、第七巻（一九八八年）。

河野康子『沖縄返還をめぐる政治と外交――日米関係史の文脈』東京大学出版会、一九九四年。

――『日本の歴史24　戦後と高度成長の終焉』講談社、二〇〇二年
国場幸太郎『沖縄の歩み』牧書店、一九七三年。

『地方自治七周年記念誌』沖縄市町村長会、一九五五年。

南風原町史編集委員会編『南風原町史　第七巻　社会・文化編　ゼロからの再建――南風原戦後60年のあゆみ』
二〇〇五年。
牧野浩隆『再考沖縄経済』沖縄タイムス社、一九九六年。
宮城悦二郎『沖縄占領の二七年間』岩波書店、一九九二年。
宮里政玄『アメリカの沖縄統治』岩波書店、一九六六年
――『日米関係と沖縄　一九四五―一九七二』岩波書店、二〇〇〇年
ブラジル沖縄県人会・日本語編集委員会編『ブラジル沖縄県人移民史――笠戸丸から90年』移民史刊行委員会、
二〇〇〇年。
琉球銀行調査部編『戦後沖縄経済史』琉球銀行、一九八四年。
琉球政府行政主席官房情報課編『情報』四号、一九五六年三月。
琉球政府行政主席官房情報課編『軍用土地問題の経緯』一九五九年六月。

【論文一覧】

浅井良夫「高度経済成長への道」『戦後日本 占領と戦後改革6　戦後改革とその遺産』岩波書店、一九九五年。
――「現代資本主義と高度成長」歴史学研究会・日本史研究会『日本史講座10　戦後日本論』東京大学出版
会、二〇〇五年。
天川晃「日本本土の占領と沖縄の占領」『横浜国際経済法学』一巻一号、一九九三年。
新崎盛暉「日米安保体制と沖縄」渡辺治編『日本の時代史27　高度成長と企業社会』吉川引文館、二〇〇四年。
大田昌秀・竹前栄治〈対談〉（司会―佃実夫）「軍政下の沖縄」思想の科学研究会編『共同研究　日本占領軍その
光と影』下巻、徳間書店、一九七八年。

国場幸太郎「一九五〇年代の沖縄　米軍政下の民衆闘争の発展」『日米の冷戦政策と東アジアの平和・人権　沖縄シンポジウム報告集』みずのわ出版、二〇〇〇年。

――「沖縄の非合法共産党　資料案内」『戦後初期沖縄解放運動資料集　第2巻』不二出版、二〇〇四年。

新里民夫「宜野座村が軍用地を受け入れた諸要因と交渉過程の特徴について」平成一四年度名桜大学大学院国際文化研究科修士論文、二〇〇二年。

――「一九五〇年代の宜野座村の軍用地問題」『沖縄法政学会会報』一七号、二〇〇五年。

平良好利「『沖縄軍用地問題』の政策決定過程」『沖縄文化研究』三〇号、法政大学沖縄文化研究所、二〇〇四年。

――「沖縄米軍基地の形成と土地問題一九四五～一九五二――耕作地の配分問題を中心に」『沖縄戦と米国の沖縄占領に関する総合的研究』成果報告書、研究代表・我部政男、二〇〇六年。

鳥山淳「軍用地と軍作業から見る戦後初期の沖縄社会――一九四〇年代後半の『基地問題』」『浦添市立図書館紀要』一二号、浦添市教育委員会、二〇〇一年。

――「さとうきびの戦後史」「沖縄を知る事典」編集委員会編『沖縄を深く知る事典』日外アソシエーツ、二〇〇三年。

――「一九五〇年代初頭の沖縄における米軍基地建設のインパクト」『沖縄大学地域研究所所報』三一号、沖縄大学地域研究所、二〇〇四年。

屋嘉比収「越境する沖縄――アメリカニズムと文化変容」『岩波講座　近代日本の文化史9　冷戦体制と資本の文化』岩波書店、二〇〇二年〈本書第13章に収録〉。

李鐘元「戦後米国の極東政策と韓国の脱植民地化」『岩波講座　近代日本と植民地8』岩波書店、一九九三年。

若林千代「沖縄現代史の展望と方法をめぐって――国際関係研究における理解の一つの試み」『地域研究』一号、沖縄大学地域研究所、二〇〇五年。

渡辺治「高度成長と企業社会」渡辺治編『日本の時代史27　高度成長と企業社会』吉川弘文館、二〇〇四年。

13　越境する沖縄

1　一九四六―五四年の「全琉犯罪発生検挙人数調」を見ると、その「罪名」の項目に殺人や傷害とともに「密貿易」やその関連の罪名、また「軍施設立入」「軍需品不当所持」などの「戦果」に関連する罪名が見られる。四九年までの犯罪検挙数では、「夜間通行違反」（四九年の数字、一三〇四人）の次に「軍需品不当所持」（六九二人）、「密売淫」（七六八人）、「密貿易」（六一人）が高い数値を示している。五〇年以降になると、「車両運輸規則違反」（五二年の数字、三六〇九人）の次に「密売淫」（七〇四人）や「軍施設立入」（四一五人）が増大するが、五二年までは「軍需品不当所持」（二七一人）、「密貿易」関連の数値（計一一六人）も高い数値を示している（沖縄市長村長会『地方自治七周年記念誌』沖縄市町村長会、一九五五年、八一四～八一九頁）。ただ、多くの証言にあるように、取り締るべき警官も当時の住民生活の厳しい状況を知っているので、見てみぬふりをしたり、逮捕を見合わせて住民に「苦しい配慮」をした事例も数多くあり、その検挙数に表れた数字は、実態からすると氷山の一角だと言えよう。

2　たしかに、「密貿易」や「戦果」の時代は、それまでの社会規範が崩壊して生じたアノミーの状況だったと言えようが（与那国暹『戦後沖縄の社会変動と近代化』沖縄タイムス社、二〇〇一年、五九～六三頁）、そのような時代に国境線や制度的枠組みを自由自在にくぐり抜けて独自に世界を切り開いた沖縄の人びとの「主体性」に注目したいと思う。例えば、四七年に米軍民政官チェース少佐が来島した後の与那国では、与那国の将来に不安を感じた人びとから、「目前の生きる道を密貿易で救ってくれた台湾に頼る」ほかないとして、「台湾合併論」が「現実論」として議論され、その台湾との合併への陳情委員会が組織されて蔣介石宛てに陳情書まで作られたと言う（大浦太郎『密貿易島』沖縄タイムス社、二〇〇二年、七四～七六頁）。

3　その代表的な事例は、阿波根昌鴻氏（一九〇三―二〇〇二年）の言う「無抵抗の抵抗」という語句に見出される。阿波根氏は、五三年からの米軍による伊江島の土地強制収用に対して、一貫して「陳情、祈り、おねがい、悲願、嘆願」などの「無抵抗の抵抗」によって、反対運動の中心的役割を担った人物として広く知られている。その阿波根氏の「無抵抗の抵抗」に対して、本土からきた青年が「陳情」は「あまりにもおとなしく「たたかいではない」と批判したことに、阿波根氏は次のように答えたという。「かならずしもすぐれたたたかいとは思わない。だが、支援団体も、新聞記者も、見る人も聞く人もいないとき、この離れ小島の伊江島で殺されたらおしまいだ。これ以外に方法はない」（阿波根昌鴻『米軍と農民』岩波書店、一九七三年、五四頁）。この「無抵抗の抵抗」は、その後の「島ぐるみ闘争」から「復帰運動」へと引き継がれている。

4　二つの事件を含む「出版許可関係資料」については『那覇市史　資料篇　第3巻2』（二〇〇二年）を参照。当時の印刷出版物は「許可制」が採られており（一九六五年二月に廃止）、軍政府や琉球政府によって事前検閲が行なわれていた。そのため、編集出版側の自主規制も強かったという。ちなみに一九五二年から六二年までの出版物の申請件数は七九一件で、不許可は二五件であった。

5　門奈直樹氏は、「Media Survey. Prepared by Research and Evaluation Division Public Affairs Department USCAR, APO 96248」に依拠して、「必ずしも『守礼の光』や『今日の琉球』を熟読しているとは思われない。実際、米国民政府の調査によると、これら二雑誌の閲読率は全沖縄の雑誌のわずか一％前後であるといわれている」と指摘している（門奈直樹『沖縄言論統制史』現代ジャーナリズム出版会、一九七〇年、三一四頁）。

6　琉球大学農家政学部による農業普及と家庭生活改善の普及事業活動は一九五五年から行なわれたが、六〇年度の一年間では『農家便り』や叢書の発行が一四回、講習会や懇談会が一〇八回、新聞・ラジオ・テレビ・映写会が一三一回の活動を行なっており（『琉球大学十周年記念誌』一九六一年、一二〇頁）、数多くの普及事業が行なわれていたことがわかる。

7 テレビの普及率については、『沖縄統計年鑑』、米民政府の記録、放送会社の資料などの各出典により数字が異なっている（宮城悦二郎『沖縄・戦後放送史』ひるぎ社、一九九四年、一九一〜一九二頁）。ここでは、『沖縄統計年鑑』からのテレビ普及台数の数字を記すと以下のとおりになる。一九六〇年〈一万九〇〇〇台〉、六三年〈七万九〇〇〇台〉、六四年〈九万八二二八台〉、六五年〈一二万二〇五〇台〉、六八年〈一六万七九〇〇台〉、七〇年〈一九万九三二五台〉。

8 住民生活の消費支出に占める光熱費の伸び率から、一九六六年以降の「耐久消費財ブーム」について分析している論考に、松田賀孝『戦後沖縄社会経済史研究』（東京大学出版会、一九八一年、六七七頁）がある。また、その当時の消費者の、家電製品や自動車の月賦販売の状況の分析については、琉球銀行調査部「消費者信用の動向」（『琉銀ニュース』九六号、一九六七年二月）を参照されたい。

9 「生活改善状況調査まとめ　一九六六年―一九七〇年（五年間）」沖縄県公文書館所蔵琉球政府文書R00059686B「農林局農業改良課生活改善係」所収。「農山漁家の生活改善普及に関する書類」沖縄県公文書館所蔵琉球政府文書R00061114B「北部農業改良普及所　一九六五年　第11号第4種」所収。

10 琉球政府における家電製品や耐久消費財にかんする調査は、農家の生活改善状況を対象とした先の農林局農業改良課の調査だけでなく、統計局における主要耐久消費財の調査もある。その調査は、全琉の三千数百世帯（調査年によって世帯数が異なる）を対象に、それを農家、勤労者世帯、一般世帯に区分けして一九六三年、六五年、六八年、七〇年の四回にわたって行なわれている。その統計局調査による七〇年の主要家電製品（白黒テレビ、冷蔵庫、洗濯機）の保有状況調査を記すと、以下のとおりである。全琉世帯〈八五・七％、五九・九％、五三・五％〉、農家〈七八・二％、二六・六％、四二・二％〉、勤労者世帯〈八八・六％、九八・一％、五七・一％〉、一般世帯〈八五・二％、七〇・七％、五四・〇％〉である（琉球政府企画局統計庁『沖縄統計

月報』一七九号、一九七〇年四月、五九～六五頁)。

11 新崎盛暉氏は、六一年以降に「飛躍的に増大」した日本政府による琉球への経済援助政策の背景に、軍事的、政治的な要素とともに経済的要素があるとして次のように指摘している。「『日本』の『琉球』への輸出は、毎年、輸出総額の三％近くを占めている。『琉球』は、東南アジアにおいて、香港、タイ、韓国と並ぶ、日本の重要な輸出市場なのである。他の地域では、イギリス、カナダに匹敵する。……沖縄への輸出は、沖縄からの輸入をはるかに上まわっている。こうして本土は、沖縄から毎年約七千万ドルの外貨収入をえている。これは、経済援助の十数倍に当っている」(中野好夫・新崎盛暉『沖縄問題二〇年』岩波書店、一九六五年、一九三頁)。このように六〇年代の沖縄は、日本企業にとって、日本製品の輸出先である東南アジアの国々と並ぶ有力な輸出市場としてとらえられていた。

12 「基地・軍隊を許さない行動する女たちの会」編・発行『沖縄・米兵による女性への性犯罪(一九四五年四月―二〇〇一年六月)』第六版、二〇〇一年。その犯罪表は、宮城晴美氏と高里鈴代氏によって、『うるま新報』『沖縄タイムス』『琉球新報』の地元新聞、米民政府の資料、『那覇市史』の「戦時・戦後体験記(2)」や証言、著書など二八点の著作から戦後沖縄のレイプ犯罪を抜き出して作成されている。ただ、米軍占領時代の米兵によるレイプ犯罪を示すその数値は、事件の性格もあって伏せられたものも多く、新聞や著書に掲載されている事例はごく一部で限られたものと言えよう。その数値は実態のごく一部を表しているにすぎないが、米軍基地から派生する構造的暴力の実態を端的に示している。

あとがき

本書に収録された論考はいずれも、沖縄の現実的課題から問われた諸問題に、自分なりに「学びなおし」応えようとして書いた文章である。

現在、沖縄では日刊紙として二つの新聞が発行されているが、私のような者にも、沖縄戦の問題や基地問題に関して原稿を依頼されることが少なくない。自分なりに、できるだけ沖縄社会の現実的課題に接点をもって発言したいと考えていることもあって、どうしても無理な場合は除き、なるべく新聞社の要請には応じるようにしている。そのため、自分の専攻分野である近現代思想史に関わる原稿執筆だけでなく、沖縄戦の問題や基地問題などについても、たびたび発言の機会を求められることがある。そのようなこともあって、その延長線上で自分自身の関心領域を、沖縄戦の問題や米軍占領下の歴史にまで、自ずと広げながら考察せざるをえなくなった。本書に収録された諸論考は、その成果の一端と言えるものである。

その意味で、本書の起点にあるのは、沖縄の現実的課題から問われた諸問題に対し、いかに自分なりに応えることができるかに起因しているといえる。くわえて、それらの論考は、沖縄戦の問題や米軍占領下の歴史について、それまでの研究成果をふまえて自分なりに「学びなおし」、新たな枠組みや視点から考察して論じた文章である。

また、それらの論考の執筆の過程において、次の二つの研究会から大きな刺激と示唆を受けた。一つは、東京外国語大学の中野敏男氏と岩崎稔氏を中心とした文部科学省助成の科学研究費プロジェクト「総力戦体制後の社会とポストコロニアルの文化」および「変容する戦後東アジアの時空間――戦後／冷戦後の文化と社会」のワークショップやシンポジウムでの議論である。もう一つは、国立歴史民俗学博物館の安田常雄氏を中心とする文部科学省助成の科学研究費プロジェクト「二十世紀における戦争Ⅰ、Ⅱ」の研究会である。前者では、ワークショップやシンポジウムで集った第一線の在日朝鮮人研究者、日本や韓国の研究者のすぐれた発表報告や議論に多くのご教示と示唆を受けた。後者では研究会や調査旅行を通じて、戦争を社会生活や民衆史の観点からとらえなおす議論に大きな刺激と触発を受けた。両研究会において刺激的な議論を提起し、多くのご教示と示唆をいただいた関係各位の先生方に、あらためて感謝の言葉を申し上げたい。

さらに、研究会とは別に個人的に、論考の執筆に際してだけでなく、さまざまな局面において直接、間接的に大きな励ましをいただいた、新崎盛暉、故岡本恵徳、新川明、川満信一、比屋根照夫、松田賀孝、喜久川宏、仲地博の各先生方にお礼を申し上げたい。先生方からは、沖縄社会に接点をもって、沖縄で発言することの意味、書き続けることの意義の重要性について教えていただいた。

そして、具体的な議論やユンタクを通して多くの刺激と示唆をもらった沖縄をめぐる友人たち——波平恒男、新城郁夫、阿部小涼、鳥山淳、黒澤亜里子、稲福日出夫、稲福みき子、西泉、宮城公子、若林千代、岡本由希子、伊佐眞一、新城栄徳、崎山多美、仲里効、高良勉、比嘉豊光、輿石正、田仲康博、宮城晴美、安里英子、上間かな恵、牧志寿子、新垣安子、粟国恭子、秋山勝、渡久地健、田場由美雄、我部聖、土井智義、徳田匡、仲田晃子、納富香織、戸邉秀明、崔真碩、米谷匡史、丸川哲史、高原孝生、伊藤るり、竹尾茂樹の各位に感謝申し上げたい。

本書の表紙や中扉には、写真家の比嘉豊光氏の写真を使用することができた。写真から立ち上がる熱気に対し、文章が気後れするのを承知しながらの私の申し出に、笑いながら快諾していただいた比嘉氏のご厚情に感謝し、お礼の言葉を述べたい。

論文にかんする史資料のご教示については、浦添市立図書館沖縄学研究室・長間安彦、宜野座村役所・新里民夫、沖縄県公文書館・久部良和子、読谷村史編集室・泉川良彦の各氏にお世話になった。記して感謝の意を表したい。

また、校正作業については、多忙にもかかわらず原稿に目を通していただき貴重なご教示をたまわった作家の崎山多美氏と、事実確認と語句の訂正では沖縄大学非常勤講師の我部聖氏にお世話になった。お二人の校正におけるご教示と示唆がなければ、本書はさらに読みにくい文章となったことに違いなく、深くお礼の言葉を申し上げたい。

毎年沖縄を訪れる世織書房編集者の伊藤晶宣氏は、横浜で沖縄の新聞を購読しており、その際、新聞に掲載された拙文を読んで、本書刊行の誘いの声をかけてくださった。声をかけていただいてから数年間の時間が経過したが、伊藤氏の適切で丁寧な編集作業により本書が刊行できたことに、あらためて謝意の言葉を述べたい。

最後に、故玉野井芳郎先生に対し深甚なる感謝の言葉を申し上げたい。私にとって、先生と出会うことがなければ、ものを考えることの楽しさや苦しみ、そして文章を書くという行為からは遠く離れた位置にあったように思う。この道に慫慂していただいた玉野井先生の学恩に深く感謝し、霊前にお礼の言葉を申し上げたい。また、奥様のご配慮にも感謝したい。先生が亡くなられて二十数年がたつが、君は沖縄問題についてどう思うか、と最初のゼミで先生から問いかけられうまく応えられなかった質問に、ようやく自分なりに少しだけ答えることができたのをうれしく思う。

二〇〇九年三月二十六日

屋嘉比　収

初出一覧

はじめに——書き下ろし

Ⅰ　沖縄戦を学びなおす

1　〈戦後世代が沖縄戦の当事者となる試み〉——屋嘉比収編『友軍とガマ——沖縄戦の記憶』（沖縄・問いを立てる4）、社会評論社、二〇〇八年一〇月

2　〈ガマが想起する沖縄戦の記憶〉——『現代思想』二八巻七号、青土社、二〇〇〇年六月

3　〈沖縄戦における兵士と住民〉（「むすびにかえて」は割愛）——『岩波講座　アジア・太平洋戦争5　戦場の諸相』岩波書店、二〇〇六年

4　〈仲間内の語りが排除するもの〉——『ＥＤＧＥ』一三号、ＡＰＯ、二〇〇四年七月

5　〈質疑応答の喚起力〉——『現代思想』二九巻九号、青土社、二〇〇一年七月臨時増刊

6　〈戦没者の追悼と〝平和の礎〟〉——『季刊　戦争責任研究』三六号、日本の戦争責任資料センター、二〇〇二年五月

7　〈追悼する地域の意思〉——『現代思想』三三巻九号、青土社、二〇〇五年八月

8　〈殺されたくないし、殺したくない〉——『現代思想』三一巻七号、青土社、二〇〇三年六月

9　〈歴史を眼差す位置〉——上村忠男編『沖縄の記憶／日本の歴史』未来社、二〇〇二年

Ⅱ　米軍占領史を学びなおす

10　〈重層する戦場と占領と復興〉——『沖縄の占領と日本の復興』青弓社、二〇〇六年

11　〈「国境」の顕現〉（拙稿「顕現する国境——沖縄与那国島の密貿易終息の背景」『継続する植民地主義』青弓社、二〇〇五年所収の「結びにかえて」を追加）——『現代思想』三一巻一一号、青土社、二〇〇三年九月

12　〈米軍統治下における沖縄の高度経済成長〉——書き下ろし

13　〈越境する沖縄〉——『岩波講座　近代日本の文化史9　冷戦体制と資本の文化』岩波書店、二〇〇二年

※本書収録に際し、初出論文の文意を変更しない程度に、若干の語句の訂正と加筆・削除を行なった。

〈著者紹介〉
屋嘉比 収（やかび・おさむ）
1957年生。九州大学大学院比較社会文化研究科日本社会文化専攻博士後期課程単位取得退学。現在、沖縄大学法経学部法経学科准教授（日本近現代思想史・沖縄学）、季刊『けーし風』編集委員。共編著に、屋嘉比収編『友軍とガマ——沖縄戦の記憶』（社会評論社、2008年10月）、屋嘉比収他編『沖縄の占領と日本の復興』（青弓社、2006年）、論文に、「『日琉同祖論』という言説」（九州史学研究会編『境界のアイデンティティ』岩田書院、2008年12月）、「『反復帰論』を、いかに接木するか」（『情況』2008年10月、情況出版）、「『日本語』『日本民族』の編成でいかに翻弄されたか——沖縄の郷土史家・島袋全発の軌跡」（古川ちかし他編『台湾・韓国・沖縄で日本語は何をしたか』三元社、2007年３月）などがある。

沖縄戦、米軍占領史を学びなおす
——記憶をいかに継承するか

2009年10月30日　第１刷発行©
2021年12月 8日　第２刷発行

著　者｜屋嘉比 収
写真撮影｜比嘉豊光
装幀者｜M. 冠着
発行者｜伊藤晶宣
発行所｜(株)世織書房
印刷所｜新灯印刷(株)
製本所｜協栄製本(株)

〒220-0042 神奈川県横浜市西区戸部町７丁目240番地 文教堂ビル
電話045(317)3176　振替00250-2-18694

落丁本・乱丁本はお取替いたします　Printed in Japan
ISBN978-4-902163-45-2

栗原　彬・編（天田城介＋内田八州成＋栗原彬＋杉山光信＋吉見俊哉・著）
人間学
〈時代・社会・日常の中で私をいかに生きるか〉
2400円

佐川享平
筑豊の朝鮮人鉱夫◆一九三〇～三〇年代　労働・生活・社会とその管理
〈筑豊で朝鮮人鉱夫たちが負った役割と彼らの暮らしの実態〉
4400円

緒方正実（阿部＋久保田＋高倉＋牧野・編）〈公式確認60年・語り継ぐ水俣〉
水俣・女島の海に生きる　わが闘病と認定の半生
2700円

野澤淳史
胎児性水俣病患者たちはどう生きていくか〈被害と障害〉〈補償と福祉〉の間を問う
〈「自立の条件」とは何か。新しい環境社会学からの応答〉
2700円

目取真俊
沖縄／地を読む・時を見る
〈揺ぎない沖縄への眼差し〉
2600円

上原こずえ
共同の力　一九七〇～八〇年代の金武湾闘争とその生存思想
〈継ぎ続ける沖縄の市民革命。金武湾闘争に学ぶ〉
3500円

〈価格は税別〉

世織書房